周膺 吴晶／著

宋韵

极致与高度

浙江教育出版社·杭州

图书在版编目（CIP）数据

宋韵：极致与高度 / 周膺，吴晶著. —杭州：浙江教育出版社，2023.8
ISBN 978-7-5722-6475-7

Ⅰ. ①宋… Ⅱ. ①周… ②吴… Ⅲ. ①文化史—研究—中国—宋代 Ⅳ. ①K244.03

中国国家版本馆CIP数据核字（2023）第159725号

宋韵：极致与高度

SONGYUN: JIZHI YU GAODU

周 膺 吴 晶 / 著

出版发行：浙江教育出版社
（杭州市天目山路40号 电话：0571-85170300-80928）
责任编辑：傅 越 洪 滔
责任校对：李 剑 苏心怡
美术编辑：韩 波 刘亦璇
特约编辑：孙科镂
责任印务：陈 沁
封面设计：周 膺
排 版：杭州林智广告有限公司
印 刷：浙江海虹彩色印务有限公司
开 本：710 mm×1000 mm 1/16
印 张：31
插 页：4
字 数：443 000
版 次：2023年8月第1版
印 次：2023年8月第1次印刷
标准书号：ISBN 978-7-5722-6475-7
定 价：168.00元

卷首语

　　宋人、宋代或宋文化特具魅力，宋韵则构成具有永恒价值的文化气象和审美形态。宋韵代表着中华文明的高度，它对人、人性、人格或人权给予充分尊重，将中华文明提升到具有近世特征的新层次和新境界。宋韵有一种巨大的思想和精神魔力，它追问万事万物的"理趣"，将争论提升为思辨，也更高程度地思考科学技术的可能，将文化艺术和创意设计推向极致。宋韵代表着一种雅正的审美文化，中正、本色、简约而自然，在常形常态中见才华、见创建、见思想、见真趣。宋韵引领着一种社会性大众化的审美风尚，将国人整体建构为审美主体，将世俗生活最大程度化变为艺术，使文化成为一种生活态度、艺术成为一种生活内容，极大程度开发了审美想象力和审美想象时空。宋韵展现了一种十分宽阔的包容胸怀，宣誓社会公平和社会公正，标示各色人等共同的话语权，让人之间有智慧启发和互助互爱的可能。宋韵体现了某种财务自由意义上的自由生活权利，它以民生为价值尺度，通过推行土地私有制和开禁商品经济使国人有可能让工作或生活更多地寄寓于兴趣、爱好或理想，可以更真实、更诚实地观照世界和面对自己。宋韵提供了一种宏阔的开放眼界，以宽容的态度集纳天下，倡导协商共赢和广域合作，激励海内外交流。宋韵开创了开明的政治气象，弘扬了文官不爱财、武将不怕死的时代精神，扬以天下为己任的士人志操和壮怀激烈的英雄气节，引士大夫与君主共治天下，很大程度上将政治建基于社会道义之上。宋韵让人梦回萦绕，让人欲想回归，让人思考生存的可能性，让人发觉创造的可能性。当今中国处于全球化、现代化的新时代，可以应宋韵之精神进行新的文化创造，将宋韵化入时代精神以服务于文化、制度和社会建设。

作者简介

　　周　膺　1991 年毕业于中国社会科学院研究生院，现为浙江省历史学会副会长，科创之江百人会成员，浙江大学、浙江外国语大学兼职教授，原杭州市社会科学院副院长、研究员，杭州市社会科学界联合会巡视员。对中西哲学和文化史的比较研究有较多积累，涉猎历史学、考古学、美学、文化学、经济学等较多学术领域。主持 10 余项省级课题研究，其中 3 项获省级优秀成果奖。著有《南宋美学思想研究》《宋朝那些事儿》《德寿宫传》《杭州史稿》《杭州文化史》《杭州经济史》《中国 5000 年文明第一证：良渚文化与良渚古国》《创意时代："创意良渚"的思想实验》《西溪湿地的文化与历史》《生态城市美学》《书法审美哲学》等 40 余种专著，校勘《西溪文献集成》《杭州丁氏家族史料》《杭州史料别集》《杭州稀见文献辑刊》《何天行文集》等文献，发表论文和研究报告 100 余篇、散文随笔 100 余篇。

　　吴　晶　1991 年毕业于南京大学中文系，现为浙江省社会科学院、浙江省社会科学院浙学研究中心研究员，浙江省"新世纪 151 人才"第二层次培养人员，主要研究方向为宋代、清代文化史和浙江地域文化史。主持或参与 10 余项省级课题研究，其中 3 项获省级优秀成果奖。著有《永嘉四灵：徐照、徐玑、翁卷、赵师秀合传》《百年一缶翁：吴昌硕传》《画之大者：黄宾虹传》《诗词里的宋韵》《西湖诗词》《洪昇与西湖》《湘湖诗韵》《南宋四明"八行"史氏家族》《西溪与蕉园诗社》《西溪望族》《丁丙与杭州》等 10 多种专著，参与《温州通史》（宋元卷）写作，发表论文和研究报告 40 余篇。

目　录

绪　言　有一种极致有一种高度叫宋韵

　　宋代"生于忧患，长于忧患"①，却创造了璀璨炫目的文化，将中华文明和整个中国的经济社会发展推向全新的高度。法国汉学家谢和耐（Jacques Gernet）《蒙元入侵前夜的中国日常生活》一书序指出："13世纪的中国在近代化方面进展显著，比如其独特的货币经济、纸币、流通证券，其高度发达的茶叶和盐业企业，其对于外贸（丝制品和瓷器）的倚重，以及其各地区产品的专门化等等。无所不在的国家掌握了许多商业部类，并通过一种国家专卖权体制和间接税收而获得其主要岁入。在社会生活、艺术、娱乐、制度和技术诸领域，中国无疑是当时最先进的国家。它具有一切理由把世界上的其他地方仅仅看作蛮夷之邦。"②

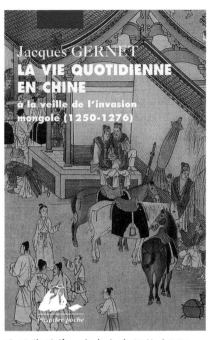

法国菲利普·皮奎尔出版社（Editions Philippe Picquier）2008年再版的谢和耐《蒙元入侵前夜的中国日常生活》（*La Vie Quotidienne en Chinc: à La Veille de L'Invasion Mongole, 1250-1276*）

这种观点代表了国际学术界的普遍认识。而由于宋代面临着来自内部和外部的诸多新问题、新挑战，呈现着不少看似矛盾的现象，历史上对它的评断也多争议。钱穆写于抗日战争背景下的《国史大纲》指出："晁说之元符三年应诏上疏，谓：'宋赋、役几十倍于汉。'林勋《政本书》则谓：'宋二税之数视唐增七倍。'宋之疆土民庶远不如汉唐，而国家税入远过之，此其所以愈贫而愈弱

<hr />

① 邓小南：《一个"生于忧患，长于忧患"的朝代》，《光明日报》2017年1月2日第6版。

② 谢和耐：《蒙元入侵前夜的中国日常生活》，刘东译，北京大学出版社2008年第1版，第5页。

矣。"① 宋代建立了以文制武为特色的政治制度，不再推行汉唐那种军事扩张或兼并政策，所以不过分强调军事竞争力，也没有形成汉唐帝国的宏大版图，税收确实也增加较多。许多人受救亡意识影响而简单承袭钱穆的这种"积贫积弱"说论说宋代，但这种观点并不客观公允。宋代推行文治政策，是为了防止五代藩镇割据、兵变篡位局面重演，同时在解决包括统一在内的重大矛盾时倾向于怀柔招抚、稳健微调以减轻社会负担，提高了军事、政治效率。汉代的匈奴、唐时的突厥还不是真正的国家，只是部落联盟或游牧民族，唯军事上畸形强大，争战目标主要是抢掠财富，而不是灭掉中原政权和抢占领土。北宋的主要敌人辽则已是北方强国，并早于宋 50 年立国，是一个业经汉化的半农业文明国家，军事上却保有游牧民族的强悍，其军事目的也已演化为争夺领土空间。北宋末开始，气候逐渐转向旱凉，又进一步驱迫农耕化的游牧民族南迁。而因彼此实力相差不大，战争也长期趋于僵持状态，往往动辄举国作战，给各方造成巨大的生存压力乃至危机。宋、辽、金、西夏后来都亡于这种战争消耗。蒙古崛起于宋代，后横扫天下。不过当其兵锋指向南宋时，这个所谓羸弱的"偏安王朝"却迸发了惊人的战斗力，蒙古人灭南宋花费了约半个世纪。宋代的疆域虽比唐代小，但土地开垦面积却多于唐代，而且单位面积粮食产量也较高，工商业更是远比唐代发达，所以税收增长是必然的。至于是否有晁说之、林勋说的那么多，还需要进一步考证。令人赞叹的是，宋代开创了中国古代优越的政治统治和经济发展格局，富民强国，构建了当时世界上最先进的国家之一，在很大程度上成为中华文明绝无仅有的特例。评价一个时代或社会的发展水平有多种标准，就现代价值取向而言，以人、文化和生态三要素为根本。人的全面发展是最高尺度，物质文化（生产力）和精神文化（包括制度文化）是衡量人全面发展的客观标准，生态文化是更高的综合性标准。宋代是中国古代政治最为开明、文化最为发达、人性释放最为充分的时代，特具文化和精神意蕴，因而有十分特殊的历史地位和历史价值。

---

① 钱穆：《国史大纲》，商务印书馆 1991 年第 1 版，第 548 页。

　　宋代对中国古代文化进行了系统总结和改造。破除了秦汉式的皇权专制统治，以"立纪纲"与"召和气"为基本政治基调。"纪纲"是制度，"和气"在宋人心目中是一种交感于天地阴阳的和谐雍睦之气。由此开创了全新的政治气象，特别是缔造了全新的社会群体，即中国最早的士人群体和市民阶层。他们政治上或经济上相对自足，可以有独立的价值追求。由于推行土地私有制和租佃制，鼓励发展商品经济和海外贸易，并且建立了较为完善的社会保障常制，改善了生产关系或社会关系，大大消解了社会矛盾，使宋代成为中国古代唯一一个未爆发全国性农民起义的朝代。宋代出现了平民化、世俗化、人文化的社会发展大势。人的身份背景相对淡化，政府放弃了对臣民的身份或人身控制，将奴仆解放为自由民，贵族制、门阀制政治生态基本不复存在，普通民众获得了比以前更多的生存发展机遇。社会生活有了更多的俗世化取向，思想文化和宗教教义更加世俗化，尤其是实现了文化大众化。文学艺术重心下移，文化繁荣昌盛，甚至日常生活也充满美学意蕴，追求闲雅生活成为一时风气。百姓不仅成为文化享受的主体，也成为文化创造的主体。宋代更加注重人自身的价值，社会价值取向更加理性，更多地关注人的教养和成长。全面推行科举考试，大力发展官学以及包括书院等在内的私学，培养选拔多层次人才，使人的聪明才智极大释放。较大程度地消解了"外儒内法"或"独尊儒术"的传统，思想多元化，不以言论滥杀文臣，也不制造冤狱戕害百姓。宋学集古代学术大成，开近世学术先河。钱穆《中国近三百年学术史》第一章《引论》也说："治近代学术者当何自始？曰，必始于宋。何以当始于宋？曰，近世揭橥汉学之名以与宋学敌。不知宋学，则无以评汉宋之是非……故不识宋学，即无以识近代也。"[①]宋代科学技术大发展，诞生了沈括等中国古代科学技术史上的标杆性人物，中国人常说的古代四大发明有三大发明也是在宋代诞生或广泛使用的。宋人崇尚节俭，以简约为美，生态环境得到较好保护，生态审美成为一种普遍的社会意识。

----

① 钱穆：《中国近三百年学术史》，商务印书馆 1997 年第 1 版，引论第 1 页。

传宋马远《高士观月图》（日本MOA
美术馆藏）

宋人、宋代或宋文化构成中国文化史上一种特具魅力的韵意，所谓宋韵。"韵"原指声音和谐。东汉文字学家许慎《说文解字》卷三《音部》云："韵，和也。"① 南朝梁、陈时训诂学家顾野王《玉篇》第一百一《音部》引三国李登《声类》云："音和，韵也。"② "韵"也指乐曲声绝而似余音缭绕意味不断。东汉音乐家蔡邕《琴赋》云："繁弦既抑，雅韵复扬。"③ 东晋名道葛洪《抱朴子外篇·博喻卷第三十八》又云："丝竹金石，五声诡韵，而快耳不异。"④ 后引申为声律之美或弦外之音，诗文中的押韵、绘画中的气韵即指这种意思。中国诗词曲赋是韵言文学，中国画以气韵取胜，所谓幺弦孤韵、喉清韵雅、嘤嘤成韵、四韵俱成、气韵生动，所谓韵律、余韵，所谓余音袅袅、余音绕梁。又再延伸为有回味、品味或联想意义上的审美趣味，既指隐在的神秘内涵，也指迷人的外在风度，指说一种风神气质，如高情远韵、高标逸韵、逸韵高致、清音雅韵、霞姿月韵。人有特别的审美意味、风度情趣、器量气度，称为有韵度、韵宇。有才华的文人也称为雅人韵士，女子有气度才华

---

① 许慎：《说文解字》，中华书局1963年第1版。

② 顾野王：《原本玉篇残卷》，中华书局2004年第1版。

③ 蔡邕：《琴赋》，载蔡邕撰，邓安生校注：《蔡邕集编年校注》，河北教育出版社2002年第1版。

④ 葛洪撰，金毅校注：《抱朴子内外篇校注·博喻卷第三十八》，上海古籍出版社2008年第1版。

称林下风韵，文章写得好称锋发韵流、清音幽韵，生活有情趣称玄韵澹泊。明人胡应麟《少室山房笔丛·九流绪论下》称颂南朝刘宋文学家刘义庆所撰《世说新语》"以玄韵为宗，非纪事比"①。据汤球辑晋代文献之作《晋诸公别传》，晋人喜欢以"韵"品评名士风流，如称卫阶"风韵标令"，王澄"风韵迈达"，阮孚"风韵疏诞"，郗昙"性韵方质"，高坐"风韵道迈"，王彬有"雅正之韵"，向秀有"拔俗之韵"。②《晋书》卷九六《列传第六十六·列女》赞美才女王凝之妻谢道韫云："道韫风韵高迈，叙致清雅。"有济尼者曰："王夫人神情散朗，故有林下风气。"③宋人也喜欢用"韵"品评人事。黄庭坚《题绛本法帖》云："论人物要是韵胜为尤难得。蓄书者能以韵观之，当得仿佛。"④朱弁《曲洧旧闻》卷八述北宋崇宁、大观年间（1102—1110年）"士大夫不能诵坡（按：苏轼）诗者，便自觉气索，而人或谓之不韵"⑤。南宋周辉《清波杂志》卷六《冷茶》载宋徽宗宠妃刘氏去世宰相王黼奉敕撰墓志事："顷得一小说，书王黼奉敕撰《明节和文贵妃墓志》云：'妃齿莹洁如水晶，缘常饵绛丹而然。'又云：'六宫称之曰"韵"。盖时以妇人有标致者为"韵"。'辉曾以此说叩于宣和故老，答曰：'虽当时语言文字间或失持择，恐不应直致是亵黩。然"韵"字盖亦有说：宣和间，衣着曰"韵缬"，果实曰"韵梅"，词曲曰"韵令"。'"⑥以"韵"品评皇妃也不为冒犯，或说明这在当时已经是一种普遍的社会风尚。辛弃疾《小重山·茉莉》词乃云："莫将他去比荼蘼，分明是，他更韵些儿。"⑦又宋人曾慥曾作《十友·调

① 胡应麟：《少室山房笔丛》，中华书局 1958 年第 1 版。

② 汤球辑：《晋诸公别传》，广雅书局清光绪年间（1875—1908 年）刊本。

③ 房玄龄等：《晋书》，中华书局 1974 年第 1 版。

④ 黄庭坚：《豫章黄先生文集》卷二八《题绛本法帖》，《四部丛刊》初编，商务印书馆民国 25 年（1936 年）版。

⑤ 朱弁：《曲洧旧闻》，孔凡礼点校，中华书局 2002 年第 1 版。

⑥ 周辉撰，刘永翔校注：《清波杂志校注》，中华书局 1994 年第 1 版。

⑦ 辛弃疾：《小重山·茉莉》，载唐圭璋编纂，王仲闻参订，孔凡礼补辑：《全宋词》第 3 册，中华书局 1999 年第 1 版。

宋佚名《女孝经图》之《三才章》（故宫博物院藏）

笑令》，将10种花比作"十友"，其中荼蘼为"韵友"。①韵是非常耐人寻味的，又是难以指称或言表的，如明末清初戏剧家李渔言女子之"态"："媚态之在人身，犹火之有焰，灯之有光，珠贝金银之有宝色，是无形之物，非有形之物也。唯其是物而非物，无形似有形，是以名为'尤物'。尤物者，怪物也，不可解说之事也。凡女子，一见即令人思，思而不能自已，遂至舍命以图，与生为难者，皆怪物也，皆不可解说之事也。吾于'态'之一字，服天地生人之巧，鬼神体物之工。使以我作天地鬼神，形体吾能赋之，知识我能予之，至于是物而非物，开形似有形之态度，我实不能变之化之，使其自无而有，复自有而无也。态之为物，不特能使美者愈美，艳者愈艳，且能使老者少而媸者妍，无情之事变为有情，使人暗受笼络而不觉者。"②明清时实以"态"为"韵"，如清人梁巘《评书帖》云："晋尚韵，唐尚法，宋尚意，元明尚态。"③韵是使美者更美、艳者愈艳并让无情变有情的无形之"态"，如火之焰、灯之光、珠贝金银之宝色。反映的是比表象更真实的事物本质，也是人或文化之灵魂深处散发出来的光芒。

---

① 陈景沂：《全芳备祖》前集卷七，浙江古籍出版社2014年第1版。

② 李渔：《李渔全集》第3卷《闲情偶记·声容部·选姿第一》，浙江古籍出版社2010年第1版。

③ 梁巘：《评书帖》，载上海书画出版社、华东师范大学古籍整理研究室编：《历代书法论文选》，上海书画出版社1979年第1版。

人说宋代多雅士韵人，但宋韵并不局限于雅士韵人及其生活趣味，不局限于宋词、宋画、宋瓷的精绝，也非简单的风雅文化，而是一种综合性的文化气象和审美形态。包含衣食住行之韵缅韵事，特别是宋人宋事之幽情逸韵。不止有雅韵，也有世韵、俗韵、尘韵，乃至包含生态文化意义的神籁自韵、林籁泉韵。

宋韵在很多方面代表中华文明的极致，它综合多元文化因素进行多维度多层次集成创新，同时又在扬弃中进行蜕变性原始创新，在许多方面将文化表达内涵和形式发掘到极限，让后人叹为观止。就说"不可言说"而言，宋韵大体有如下一些内涵：一是宋韵代表着中华文明的又一高度，标示对人、人性、人格或人权的充分尊重，没有元明清文化那种肃杀强迫，也超越汉唐文化的未羁野性，上升到具有近世特征的新层次和新境界。让后世高看，所谓"高山仰止"。二是宋韵有巨大的思想和精神魔力，它追问万事万物的"理趣"，将争论提升为思辨，也更大程度地思考科学技术的可能，将文化艺术和创意设计推向极致，并在一定意义上提出了"人何以可能""思想何以可能""知识何以可能"的问题。三是宋韵代表着雅正的审美文化，中正、本色、简约而自然，在常形常态中见才华、见创建、见思想、见真趣，而非矫揉造作、狂怪作态，摒弃了粗率和直露，更没有元明清文化的简单蹈袭。四是宋韵引领着一种社会性大众化的审美风尚，将国人整体建构为审美主体，将世俗生活最大程度化变为艺术，使雅俗互通、互构、互成，使文化成为一种生活态度、艺术成为一种生活内容，极大地开发了审美想象力和审美想象时空。五是宋韵展现了十分宽阔的包容胸怀，宣誓社会公平和社会公正，标示各色人等共同的话语权，让人之间有智慧启发和互助互爱的可能，如《文心雕龙·声律第三十三》所谓"同声相和谓之韵"①。六是宋韵体现了某种财务自由（Financial Freedom）意义上的自由生活权利，它以民生为价值尺度，通过推行土地私有制和开禁商品经济使国人有可能让工作或生活更多地寄寓于兴趣、爱好或理想，可以更真实、更诚实地观照世界和面对自己。七

---

① 刘勰撰，王运熙、周锋译注：《文心雕龙译注》，上海古籍出版社 2010 年第 1 版。

宋佚名《二我图》（台北"故宫博物院"藏）

是宋韵提供了一种宏阔的开放眼界，以宽容的态度集纳天下，倡导协商共赢和广域合作，激励海内外交流，而非狭隘的闭锁、限制或兼并。八是宋韵开创了开明的政治气象，弘扬了文官不爱财、武将不怕死的时代精神，表现以天下为己任的士人志操和壮怀激烈的英雄气节，建立了较高水平的清廉政治体制，引士大夫与君主共治天下，广泛而深切地关注民生，将政治建基于社会道义之上。

　　由于别韵独具且流风不泯，不少著名学者对宋代或宋文化特别推崇。严复《与熊纯如书》云："古人好读前四史，亦以其文字耳。若研究人心政俗之变，则赵宋一代历史，最宜究心。中国所以成于今日现象者，为善为恶，姑不具论，而为宋人之所造就，什八九可断言也。"① 陈寅恪《邓广铭〈宋史职官志考证〉序》一文言："华夏民族之文化，历数千载之演进，造极于赵宋之世。"② 又《论再生缘》一文称："六朝及天水一代思想最为自由，故文章亦臻于上乘。"③ 王国维《宋代之金石学》一文指出："宋代学术方面最多，进步亦最著。其在哲学，始则有刘敞、欧阳修等脱汉唐旧注之桎梏，以新意说经；后乃有周敦颐、程颢、程颐、张载、邵雍、朱熹诸大家，蔚为有宋一代之哲学。其在科学，则有沈括、李诚等，于历数、物理、工艺均有发明。在史学，则有司马光、洪迈、袁枢等，各有庞大之著述。绘画则董源以降，始变唐人画工之画而为士大夫之画。在诗歌，则兼尚技术之美，与唐人

---

① 严复：《严复集》第 3 册《书信·与熊纯如书五十二》，中华书局 1986 年第 1 版。

② 陈寅恪：《邓广铭〈宋史职官志考证〉序》，载陈寅恪：《金明馆丛稿二编》，生活·读书·新知三联书店 2001 年第 1 版。

③ 陈寅恪：《论再生缘》，载陈寅恪：《寒柳堂集》，生活·读书·新知三联书店 2001 年第 1 版。

尚自然之美者蹊径迥殊。考证之学，亦至宋而大盛。故天水一朝人智之活动与文化之多方面，前之汉唐，后之元明，皆所不逮也。近世学术多发端于宋人，如金石学，亦宋人所创学术之一。宋人治此学，其于搜集、著录、考订、应用各面，无不用力，不百年间遂成一种之学问。"① 钱锺书在《中国文学史》一书中指出："在中国文化史上有几个时代是一向相提并论的：文学就说'唐宋'，绘画就说'宋元'，学术思想就说'汉宋'——都得数到宋代。"② 日本学者宫崎市定《东洋的近世》

民国 14 年（1925 年）在德国留学的陈寅恪

一书对宋代的评价代表了国际汉学界的一般观点："中国宋代实现了社会经济的跃进、都市的发达、知识的普及，与欧洲文艺复兴现象比较，应该理解为并行和等值的发展。因而宋代是十足的'东方的文艺复兴时代'。"③ 这些观点说到了人心政俗之变、文化盛衰之变，以及社会道德之变，它们其实都是宋韵的深度内涵。甘肃天水是赵宋王朝的郡望，在某种意义上也可以看作中国古代文化的郡望；北宋都城开封、南宋都城临安在很大程度上则是中国当时的文化首都。日本学者池田静夫曾指出，南宋之后，蒙古人定都北京，但在当时汉人的心目中都城依旧是杭州。那些不满元朝政治的文化人以杭州为中心展开

① 王国维：《宋代之金石学》，载王国维：《王国维全集》第 14 卷，谢维扬、房鑫亮主编，浙江教育出版社、广东教育出版社 2009 年第 1 版。

② 中国社会科学院文学研究所编：《中国文学史》第 2 册《宋代文学》第 1 章《宋代文学的承先和启后》（本章为钱锺书撰），人民文学出版社 1962 年第 1 版。

③ 宫崎市定：《东洋的近世》，载刘俊文主编：《日本学者研究中国史论著选译》第 1 卷，黄约瑟译，中华书局 1992 年第 1 版。

了一场很大的文化运动，起源于杭州的文化就逐渐向四方流传。后来，那些与杭州文化关系密切的文化人逐渐分散到各地，孕育了地方文化。这些文化不断地相互排斥又相互影响，最终形成近世的中国文化。现代中国文化即长江文化在历史上居于支配地位的现象，大概可以上溯到 1000 余年前。在这 1000 余年间，中华民族的传统文化曾几度经历危机，一直发展到今天。从这一立场上来看，杭州就是近世中国的文化（括物质文化和精神文化两个方面）的摇篮。在中国知识界，宋韵是许多人的文化情结或心理情结，是精神故乡。

宋韵的文化意蕴主要体现在如下方面：一是特别的深邃性。内涵既深又广，不仅包含前代的文化精华，而且似乎后代的文化精神也被其容括。二是平易中见真奇。宋人将高雅文化引入世俗生活，也拔高了世俗文化，化庸常为神奇，使日常生活全面审美化。同时，也确立了以平常生活、简易形式表现不平常或真奇为最高审美原则的观念。高雅和神奇在不经意中发生。唐君毅指出："中国民族之精神，由魏晋而超越纯化，由隋唐而才情汗漫，精神充沛。至宋明则由汗漫之才情，归于收敛，充沛外凸之精神，归于平顺而向内敛抑。心智日以清，而事理日以明。"[①] 三是知识与智慧相容与。由于出版业的发达，宋人可读到大量典籍，但他们并不满足于一般的阅读，而总是以思想来化解知识图谱，让知识发散思想的能量，也让知识主体充盈智慧的光芒。四是高雅的感化。高雅往往与高冷、精心制作或姿态等相联系，宋人则将高雅化变为一种风度或风气，解构了其中的工巧造作，可以感化每个平常人，帮助他们完善提升。五是进入"游于艺"的自由境界。"游于艺"是宋代士人群体的普遍生活方式和从容涵泳的生活态度，《论语·述而》所谓"志于道，据于德，依于仁，游于艺"在宋代有了整体性实现，人更多地获得了至美至乐的生命体验，成就至高的生活艺术、生命艺术。宋韵是中国传统文化的高度凝练和升华，就"极致"和"高度"而言此后几个朝代都难以超越。可以用"国风宋韵"来指称，以表达其"国家文化代表"的意涵和地位。

---

① 唐君毅：《中国文化之精神价值》，台湾正中书局 1994 年第 1 版，第 70 页。

　　美国国际关系理论新自由主义学派的代表人物约瑟夫·塞缪尔·奈（Joseph Samuel Nye）在20世纪80年代首先提出软实力（Soft Power）理论。他认为，软实力是一种依靠吸引力而非通过威逼或利诱手段来实现目标的能力。一个国家的软实力主要来源于其文化、价值观和政策（包括对内政策和对外政策两个方面）。奈又把这种能力称为"同化性权力"（Co-optive Power）。他解释说，"与使其他人做你想要他做的事情的命令性权力相对，同化性权力依赖于思想的魅力或是以塑造他人所表达的偏好来设置政治议程的能力"，"倾向于与无形资源如文化、意识形态和体制联系在一起"。①"与通过强制和收买手段实现目标的硬实力不同，软实力的大小还依赖于对方的感受。如果一种文化对其他国家的人民没有吸引力，就不会在其他国家的人民中产生软实力；如果一种价值观不被认同，或者政策在他人眼中缺乏合法性，也不会产生软实力。"②他还指出："软实力主要是来自我们的价值观。这些价值观通过我们的文化来表达，通过我们在国家内部的政策实施来表述，通过我们在国际上的行为来显示。"③宋韵感化或感召人的秘密正是来源于这种同化性权力。宋韵是一种真正意义上的软实力，它的迷人之处在于具有永恒意义的价值观，回答了最高的心灵归属问题，总能点化人的思想和情感。它让人梦回萦绕，让人欲想回归，让人思考生存的可能性，让人发觉创造的可能性。

　　宋韵所形成的软实力一直透射到元明清以至当代。由于感召力太强，这1000多年来的中国历史在很大程度上不得不被其构形或同化，中华文明因这种遗韵而一直葆有鲜活的生命力。大而言之，宋代以后的很多优秀文化因子都可以找到宋韵之魅影。由于宋文化提供了太多的富于创造性的现存，以至于后世的人很多时候只需模仿便可以再生

① 约瑟夫·塞缪尔·奈：《美国注定领导世界？——美国权力性质的变迁》，刘华译，中国人民大学出版社2012年第1版，第27—28页。

② 约瑟夫·塞缪尔·奈：《提升国家软实力是中国的明智战略》，《人民日报》2015年2月16日第15版。

③ Joseph Samuel Nye, *The Paradox of American Power: Why the World's Only Superpower Can't Go It Alone*, Oxford, New York: Oxford University Press, 2002, p.9.

产，宋代以后很长时间的中国优秀文化多凡为宋文化的"勾兑"。当然也有不少宋文化优秀成分跳脱了人们的记忆，被遗忘了，被遗失了。当今中国处于全球化、现代化的新时代，不能再简单继承或复刻宋文化，但可以应宋韵之精神进行新的文化创造，将宋韵化入时代精神以服务于当今文化、制度、社会建设。如前所述，宋韵是一种价值体系，其永恒性本身具有现代性内涵。宋韵问题的提出，可以让现代中国人重新思考文化或文明发展的极致和高度问题，至少可以发挥现代美育价值，并在此基础上进一步向社会生产和社会生活领域延伸。

宋韵在许多方面也有有形的表现或表达，如北宋古都开封、南宋古都临安、巩义北宋皇陵、绍兴南宋皇陵、开封开宝寺塔、定州开元寺塔、杭州六和塔、太原晋祠、正定隆兴寺、宁波保国寺、温州朔门古港遗址、晋江安平桥，以及分散在中华大地的一些历史街区和千年古村落等；另外还有大量的非物质文化遗产。对这些遗产应当及时进行全面系统保护，让宋韵有更多现实的可触摸的形象体现。宋代建筑不仅典雅，而且体现了节俭实用的生态理念，本也是现代城市规划和建筑设计的优秀范本。开封皇城、临安皇城以及巩义北宋皇陵、绍兴南宋皇陵等可以联合申报《世界遗产名录》，以树立世界性的宋韵标志。

第一章　世俗化共建共享大众文化

一、从精英制霸高门弄雅到大众娱悦和文化产业化

当代人对中国古代文化有不同的偏好，有所谓"秦粉""汉粉""三国粉""晋粉""唐粉""宋粉"等等。其中汉唐的认同度一直较高。通常认为汉唐文化代表中国传统文化宏阔开放的一面，具有开放性、兼容性、多源性、异质性特质。但也不容否定，汉唐文化还有外露、驳杂、粗放乃至野蛮的另一面，特别是精英贵族制霸独享的特权色彩仍十分强烈，存在开放与保守、高雅与单调并存等内在矛盾和问题。尤其是雅俗的分野很大，如汉代思想家王充《论衡》卷二三《四讳篇》所说"雅俗异材，举措殊操"[①]。即便汉唐之间较为自由开放的魏晋南北朝时期，文化活动大体也只局限于士族内部，犹如"王谢堂前燕"，不入寻常百姓家。出身寒微的西晋诗人左思《咏史·郁郁涧底松》诗云："郁郁涧底松，离离山上苗。以彼径寸茎，荫此百尺条。世胄蹑高位，英俊沉下僚。地势使之然，由来非一朝。金张藉旧业，七叶珥汉貂。冯公岂不伟，白首不见招。"[②]说庶族士人也像种在山涧低处的松树一样无奈，没有文化上的平等性。参与兰亭雅集、也写过《兰亭集序》的东晋诗人孙绰《孙绰子》云："判风流，正位分，泾渭殊流，雅郑异调，题帖分明，标榜可观，斯谓之雅俗矣。"[③]南朝萧梁著名文学家沈约在融通雅俗方面做了一些努力，如融合民歌作诗，对唐代文学发展有积极影响。不过即便到唐代，教育普及率或识字率还很低，普通百姓或许知道诗歌之类文学艺术作品，但因缺乏与之匹配的文化素养，并没有能力去欣赏。蹴鞠是春秋战国时发明的体育或娱乐活动项

---

① 王充：《论衡》，北京大学历史系《论衡》注释小组，中华书局 1990 年第 1 版。

② 左思：《咏史》，载丁福保编：《全汉三国晋南北朝诗》之《全晋诗》卷七，中华书局 1959 年第 1 版。

③ 孙绰：《孙绰子》，萧统编，李善注：《文选》卷三八任昉《为范尚书让吏部封侯第一表》注引，中华书局 1977 年第 1 版。

传宋钱选《蹴鞠图》（上海博物馆藏）

目，但一般也只有贵族才有资格玩，直至唐代在民间仍不普及。"百戏"在秦汉时期已经有较多品类，不过唐代以前，百姓一般也只有在节日期间才能观看，平时只有教坊艺人在宫廷或贵族家中表演。唐代城市仍实行宵禁，一年中只有元宵节3天开禁，基本没有夜生活，城市居民文化生活的时间和空间都非常有限。唐代以前的文化享受主体和创造主体主要局限于上流社会，文化的生活来源和思想来源也就十分有限。

近几年"宋粉"越来越多，原因在于宋文化或者宋韵不断出圈破圈，从学术圈走向社会大众，从历史典籍向世俗文学转化。后世家喻户晓的中唐著名诗人白居易"老妪能解"的故事，就是宋代文献记载的，而且最初是作为反面例子来举证的。北宋孔平仲笔记《孔氏谈苑》卷四云："白乐天每作诗令老妪解之。问曰：'解否？'妪曰'解'，则录之；'不解'，则易之。故唐末之诗近于鄙俚。"[1] 此后北宋释惠洪《冷斋夜话》、彭乘《墨客挥犀》和南宋曾慥《类说》、胡仔《苕溪渔隐丛话》等书也有记载，观点几乎完全相同。这大约是宋人杜撰出来的段子，是时人新观念的某种折射。中唐之后的诗确有通俗化倾向。除了元稹、白居易为首的元白诗派以平朴易懂为审美追求外，与之齐名的以韩愈、孟郊、李贺为首的韩孟诗派虽多艰深，但其中的孟

---

[1] 孔平仲：《孔氏谈苑》，杨倩描、徐立群点校，中华书局2012年第1版。

郊也追求文浅情深，其著名的《游子吟》是中国知名度最高的诗作之一。杜甫在安史之乱时深入民间，创作的诗不仅深雄而且贴近普通人，与元、白、韩、孟等共同开启了后来欧阳修等人通俗近情的"宋型诗"先河。唐五代出现的词，发展至

宋李嵩《水殿招凉》（台北"故宫博物院"藏）

宋代，在体裁和内容的包罗万象、雅俗共赏之路上走得更远。宋代在精英贵族的另一面造就了别一种文化创造主体与受体庶族文人和市民群体，形成了入世落地的亦雅亦俗的宋型文化，实现了文化的世俗化、大众化和近世化转型。宋文化、宋韵提出了文化发展的根本性问题，比起汉唐文化与当下生活关涉更多，所以更能引起当代人共鸣，在当下还可助推新一轮互联网语境下的文化世俗化。

日本中国学京都学派创始人内藤湖南提出"唐宋变革论"命题，从宏观视野上分析概括唐宋的历史特征，认为唐代和宋代在文化的性质上有着显著差异，其政治制度、社会结构、经济发展、学术文艺等各个方面都发生了根本性变化。经过这一变革，"文学曾经属于贵族，自此一变成为庶民之物"[1]。美国汉学家包弼德（Peter Kees Bol）《唐宋转型的反思：以思想的变化为主》一文指出："在文化史上，唐代

---

[1] 内藤湖南：《概括的唐宋时代观》，载刘俊文主编：《日本学者研究中国史论著选译》第 1 卷，黄约瑟译，中华书局 1992 年第 1 版。

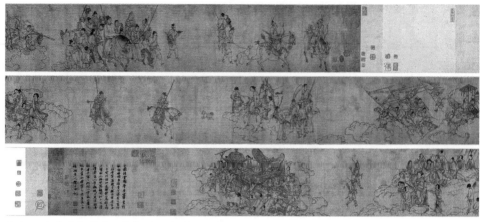

宋李公麟《西岳降灵图卷》（故宫博物院藏）

这个由虚无和消极的佛道所支配的宗教化的时代，让位于儒家思想的积极、理性和乐观。精英的宫廷文化让位于通俗的娱乐文化。科举制的扩展鼓励那些新富起来的人在教育上多投资，从而对教师和书籍的需求增长了。而新的印刷技术被应用得越来越多，越来越多的科举落第者成为教师，甚至远远超出所需，这些都满足了对书籍和教师的需求。根据检验一个人受教育程度的考试制度来选拔政治精英，这与私人财富的稳步积累，以及不断发展的城市中心的日益增多结合在一起，促使一种国家文学文化的出现，这种文化为更多的人所易于接受（因此带来了从雕琢向平易文风的转变以及词、戏剧、说书和小说的兴起），它支持对公共生活更活跃的参与（因此从佛道的退避转向儒家的复兴），它证明平民兴起、掌权是合理的（由此出现了一种新的理性的形上学，支持人人皆可学以成圣的观念）。"① 经济制度的优化和受教育人数的增加，使文化世俗化具备了社会基础。欧洲宋史研究先驱、法国汉学家白乐日（Etienne Balazs）还曾发起一个庞大的"宋史研究计划"（Sung Project），立志要研究宋代如何比西方更早地成为"现代的拂晓时辰"。②

尽管"唐宋变革论"并不完全为中国史学界所认同，但对中国的史学研究以及中国人对唐宋社会的认识产生了巨大影响，至少唐宋社

① 包弼德：《唐宋转型的反思：以思想的变化为主》，载刘东主编：《中国学术》第3辑，商务印书馆2000年第1版。

② 陈英：《"宋史研究计划"及其实施情况》，《中国史研究动态》1983年第4期。

会所发生的划时代意义的变革得到了公认。钱穆曾明确指出："论中国古今社会之变，最要在宋代。宋以前，大体可称为古代中国，宋以后，乃为后代中国。秦前，乃封建贵族社会。东汉以下，士族门第兴起。魏晋南北朝迄于隋唐，皆属门第社会，可称为是古代变相的贵族社会。宋以下，始是纯粹的平民社会。除……特权阶级外，其升入政治上层者，皆由白衣秀才平地拔起，更无古代封建贵族及门第传统的遗存。故就宋代而言之，政治经济、社会人生，较之前代莫不有变。"① 诸如科举方面的"取士不问家世"、教育方面的"广开来学之路"、婚姻方面的"不问阀阅"、社交方面的"所交不限士庶"、学术方面的从汉学到宋学、文学方面的从"雅"到"俗"、书法方面的从碑书为主到帖书为主、绘画方面的从宗教画和政治画为主到山水画和花鸟画为主等，这些极富于时代感的变化尽管形形色色、多种多样，基本精神却惊人地相似，都随着旧经济体制解体之后经济结构的变化、门阀政治崩溃之后社会结构的变化而改变。所有这些表明，宋代是一个与魏晋南北朝乃至唐代不尽相同的历史时期。② 陈寅恪将唐宋文化转折点定在唐代中后期，但论述的文化内涵与"唐宋变革论"接近。其《论韩愈》一文指出："唐代之史可分为前后两期，前期结束南北朝相承之旧局面，后期开启赵宋以降之新局面，关于政治社会经济者如此，关于文化学术者亦莫不如此。"③ 宋代才真正开启了一个新时代。

有的学者更是注意到，城市和市民社会的发展或"城市革命"是唐宋变革的标志性事件。宋代立国之初就采取"田制不立""不抑兼并"的土地政策，顺应土地私有制的发展趋势，开创了"千年田换八百主""贫富无定势，田宅无定主，有钱则买，无钱则卖"④ 的局面，形成"百姓康乐，户口蕃庶，田野日辟"⑤ 的繁荣景象。同时，在城市官私手工业作坊中也普遍实行有利于提高生产积极性的雇值制度。

① 钱穆：《理学与艺术》，《宋史研究集》第 7 辑，台湾书局 1974 年第 1 版。
② 张邦炜：《婚姻与社会：宋代》，四川人民出版社 1989 年第 1 版，第 182—183 页。
③ 陈寅恪：《论韩愈》，载陈寅恪：《金明馆丛稿初编》，生活·读书·新知三联书店 2001 年第 1 版。
④ 袁采：《袁氏世范》卷下《治家》，刘云军校注，商务印书馆 2017 年第 1 版。
⑤ 脱脱等：《宋史》卷一七三《志第一百二十六·食货上一》，中华书局 1977 年第 1 版。

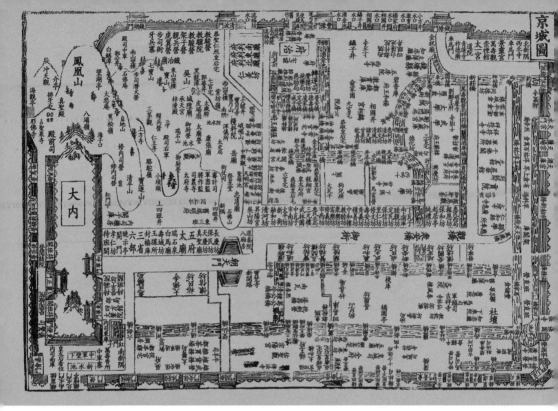

京城图（姜青青：《〈咸淳临安志〉宋版"京城四图"复原研究》，上海古籍出版社 2015 年版）

新的社会经济关系使商品经济得以迅速发展，以至于有人认为宋代发生了"商业革命"，并引发了"城市革命"。英国汉学家伊懋可（Mark Elvin）和日本学者斯波义信都将城市化作为宋代社会变革的基本特征之一。美国汉学家施坚雅（George William Skinner）还以中心地学说为根据对中国城市史和以中心城市为核心的区域经济史进行研究，提出"中世纪城市革命"概念，即所谓"市场结构和城市化中的中世纪革命"，并将其特征归纳为：（1）放松了每县一市、市须设在县城的限制；（2）官市组织衰替，终至瓦解；（3）坊市分隔制度消灭，代之以"自由得多的街道规划，可在城内或四郊各处进行买卖交易"；（4）有的城市在迅速扩大，城外商业郊区蓬勃发展；（5）出现具有重要经济职能的"大批中小市镇"。[1] 土地商品化和租佃契约关系的建立又大大削弱了农民的人身依附关系，导致大量农民流入城镇，使

---

① 施坚雅：《中华帝国的城市发展》，载施坚雅主编：《中华帝国晚期的城市》，叶光庭等译，中华书局 2000 年第 1 版。

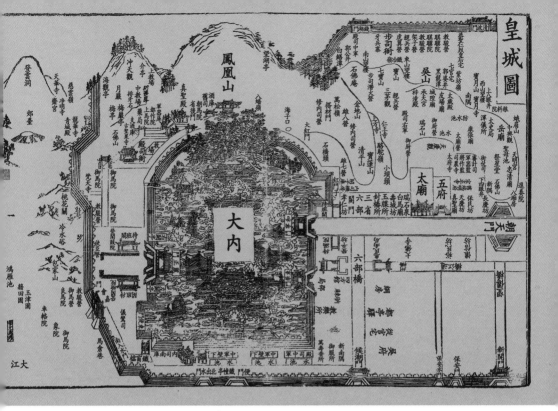

图（姜青青：《〈咸淳临安志〉宋版"京城四图"复原研究》，上海古籍出版社 2015 年版）

宋代城市人口较之以前突飞猛进地增长。谢和耐《中国社会史》一书指出，中国"11—13 世纪的人要比唐代、六朝或汉代的人更频繁地和更乐于迁徙……农村生活的艰难、城市小业主的数目之巨和名目繁多、城市的吸引力、财富和娱乐中心等，这一切都引发了流民和贫苦农民涌向大城镇的浪潮"[1]。赵冈、陈锺毅《中国历史上的城市人口》一文估计，北宋城市化率为 20.1%，南宋为 22.4%。[2] 漆侠《宋代经济史》一书估计，北宋 1350 个有行政官署的城市大约 150 个人口超过万人，全国城市人口的比重约占总人口的 12%。[3] 朱瑞熙《宋代社会研究》一书根据北宋地理总志《元丰九域志》统计，北宋全境 10 万户以上的城市有 40 多个，到崇宁年间（1102—1106 年）更是上升到 50 多个，数量超过汉唐数倍。《宋史》卷八五《志第三十八·地理志一》载，

---

[1] 谢和耐：《中国社会史》，耿昇译，江苏人民出版社 1997 年第 1 版，第 275 页。

[2] 赵冈、陈锺毅：《中国历史上的城市人口》，《食货》1983 年第 13 卷第 3、4 期。

[3] 漆侠：《宋代经济史》，上海人民出版社 1987 年第 1 版，第 932 页。

北宋末年首都开封人口已达26万余户。按每户5口计，在130万人以上。周宝珠《宋代东京研究》书认为北宋开封最盛时人口已在150万左右，是当时世界上人口最多的城市之一。吴松弟《中国人口史》一书估计，南宋都城临安人口城外约有40余万，城内有80万—90万，总计达到120万—130万之巨。① 宋代城市不仅人口数量有增加，而且人口结构也发生了很大变化，如临安"户口蕃盛，商贾买卖者十倍于昔"②。由于城市中工商业从业居民大量增加，当局不得不将以工商业者为主体的非农业人口正式定为坊郭户而单独开列户籍，并于真宗朝将此办法推广于全国。王曾瑜《宋朝的坊郭户》一文统计，当时全国坊郭户约98万户，人口约500万。③ "土地革命""商业革命"的双重作用解放了文化创造主体，使社会大众走向文化创造的前台。

宋代土地制度和税收制度改革促进了商业与城市的互动性发展，不仅有利于士人阶层成型，而且前所未有地造就了早期市民阶层和市民世俗文化。两者共同推动民族本体文化的发展，使融会了外来因素的中国文化淬炼出更为完整清晰的民族特征和个性。从表面来看，唐宋变革是城市经济、社会和文化功能的增强逐渐使城市向真正意义上的综合性、开放性社会活动中心方向的演进，而就其实质而言，则是市民阶层和市民文化的兴起。市民并不等同于城市居民。城市居民包括生活于城市空间范围内的所有人群，既有身份和职业上的差异，更有社会属性上的区分，是地域性的组合群体。市民是具备了城市意识和商业文化特征的城市居民。早期城市是在各级政治中心的基础上发展起来的，贵族或士构成城市居民的主体，但相当长一段时间里他们只是以分散的社会个体形式存在。而从个体的城市居民到群体的市民的转变必须超越彼此身份和职业差异而形成共同的公民社会价值。宋代以商业精神为核心的市民意识和市民阶层已经形成，虽然它还不是现代意义上的市民（公民）社会。当时工商业领域"行""团""作"

---

① 吴松弟：《中国人口史》第3卷，复旦大学出版社2000年第1版，第584页。

② 吴自牧：《梦粱录》卷一三《团行》，见孟元老等：《东京梦华录》（外四种），周峰点校，文化艺术出版社1998年第1版。

③ 王曾瑜：《宋朝的坊郭户》，《宋辽金史论丛》第1辑，中华书局1985年第1版。

等各种形式的行业组织大量出现，是市民社会形成的重要表征。"市肆谓之团行者，盖因官府回买而立此名，不以物之大小，皆置为团行。虽医卜工役，亦有差使，则与当行同也。"[1] 到南宋中期，临安城内外有 414 个工商业行作。[2] 按照宋末周密《癸辛杂识》的说法，每个行作有数十户至百余户不等。若以百户计算，则全城仅纳入行作组织的工商业经营者就超过了 4 万户。有人认为行作组织类似欧洲中世纪的行会，有人认为是出于官府向民间非法索取财物的需要而组织起来的官方机构，还有人认为是民间自发形成的同业组织。其实，宋代的行作组织有多重性质，不能简单地视为官方组织或民间组织。汉唐时期的"行"属于官方管理工商业的一种形式，晚唐时逐渐向行会组织转变。宋代的行会组织虽然仍有协助官方摊派正项赋税外的临时加税和进行行业管理的职能，但已是自治组织，即耐得翁《都城纪胜·诸行》所说"市肆谓之行者，因官府科索而得此名。不以其物之大小，但合充用者，皆置为行，虽医卜亦有职"[3]。

宋代以前城市的文化娱乐活动通常是一种特权享受，很少作为市场交易行为。如杜甫安史之乱后遇到流落民间的宫廷乐师李龟年，作《江南逢李龟年》诗慨叹："岐王宅里寻常见，崔九堂前几度闻。正是江南好风景，落花时节又逢君。"[4] 李龟年原在权贵名流家中表演，后来流落民间。晚唐诗人李商隐《骄儿诗》也提到长安市井有讲三国故事的艺术表演："或谑张飞胡，或笑邓艾吃。"[5] 不过那时并不普遍。宋代坊市制度完全崩坏后，不仅商品交易日趋活跃，而且"城市不再是由皇宫或其他一些行政权力中心加上城墙周围的乡村，相反，现在

---

[1] 吴自牧：《梦粱录》卷一三《团行》，见孟元老等：《东京梦华录》（外四种），周峰点校，文化艺术出版社 1998 年第 1 版。

[2] 西湖老人：《西湖老人繁胜录·诸行市》，见孟元老等：《东京梦华录》（外四种），周峰点校，文化艺术出版社 1998 年第 1 版。

[3] 耐得翁：《都城纪胜》，见孟元老等：《东京梦华录》（外四种），周峰点校，文化艺术出版社 1998 年第 1 版。

[4] 杜甫：《江南逢李龟年》，载曹寅、彭定求等辑：《全唐诗》卷二三二，中华书局 1960 年第 1 版。

[5] 李商隐：《骄儿诗》，载曹寅、彭定求等辑：《全唐诗》卷五四一，中华书局 1960 年第 1 版。

河南省温县西
关宋墓出土北
宋杂剧人物雕
砖（河南博物
院藏）

娱乐区成了社会生活的中心"①。城市还大量出现"社""会"之类
文化娱乐业行会组织。其中"社"大多为演艺人员组织，如周密《武
林旧事》卷三《社会》提到的绯绿社（杂剧）、齐云社（蹴鞠）、遏
云社（唱赚）、同文社（耍词）、角抵社（相扑）、清音社（清乐）、
锦标社（射弩）、锦体社（花绣）、英略社（使棒）、雄辩社（小说）、
翠锦社（行院）、绘革社（影戏）、律华社（吟叫）、云机社（撮弄），
此外见诸史料的还有蹴鞠打球社、川弩射弓社、小女童象生叫声社、
射弓踏弩社、射水弩社、傀儡社等。《都城纪胜·社会》说绯绿社风
流才华最胜，因为艺人原本是宫廷教坊即宫廷杂剧演员，宋室南渡后
才散入民间。这种变迁具有时代典型象征意义。"会"则是从事市民
文学创作的文人组织，如温州的永嘉书会、九山书会，临安的古杭书会、
武林书会等。这些组织少则数十人，多则几百人。与行作组织相比，社、
会更少受政府干预，民间组织的特征更强，其功能在于以群体力量在

① 费正清（John King Fairbank）、埃德温·奥德法斯·赖肖尔（Edwin Oldfather Reischauer）:《中国：传统与变革》，陈仲丹、潘兴明等译，江苏人民出版社 1996 年第 1 版，第 142 页。

激烈的文化市场中增强竞争力，同时规范个体行为。加入行或社、会组织的成员在经营上是自由的，但结成了利益共同体。虽然其成员的群体自主意识尚未上升到完全自觉的程度，但已越来越频繁地以群体的方式处理与官方和社会的关系。由于市场机制的作用，宋代的官僚或士阶层也开始加入各

宋佚名《眼药酸图》表现的参军戏（故宫博物院藏）

种行作或社、会组织。于是市民有了与地主、农民相对等的社会阶层性质。南宋浙东事功学派鲜明倡导"农商并重"，强调"商借农而立，农赖商而行"①，认为工商与士农一样，都是百姓的正常本业。不断壮大的工商业群体与日趋市民化的官僚、士人、地主、农民结合，推动城市社会关系重组，促使传统宗法观念下的世袭性、身份性等级划分逐渐向商业观念下的职业性、财富性等级划分转变。以"重商"为核心的市民意识和具有大众化、世俗化特征的市民文化的兴起，对长期以来作为城市意识形态主流的儒家思想和士文化产生多方面冲击。

从更广阔的视野来看，市民阶层的兴起使城市文明逐渐突破农耕文明汪洋中"孤岛"的格局而向全社会扩散。以工商业为核心的市民经济的壮大，使城市经济活动越出城墙向郊区扩展，打破了城乡之间泾渭分明的空间界线，以市场活动和商品流通的形式向小农经济内部渗透，成为各式市镇在农村地区广泛兴起的外在动力。与此同时，市民文化也不断影响农村。许多会、社送戏下乡，或者由地主、乡绅请戏下乡，使广大农民也能享受文化，甚至是高雅文化。其他文化也在

---

① 陈亮：《陈亮集》（增订本）卷一二《四弊》，邓广铭点校，中华书局 1987 年第 1 版。

农村逐渐普及。不仅造成士人文化平民化和世俗文化高雅化的局面，而且在此基础上实现文化重心下移。如冯梦龙《喻世明言》序云："史统散而小说兴。始乎周季，盛于唐，而浸淫于宋。"[①] 代表士人精英文化的历史学和代表市民文化的通俗演义呈现此消彼长的趋势。当然，宋代的市民阶层处于初兴阶段，更多地停留于由经济活动和商业精神结合起来的社会联合体，还受到既有政治权力和占优势的小农经济的双重限制。市民关注的焦点不是政治革新和社会改造，而是自身工商业活动的正常开展和生活方式的维护。所以各种行会组织的出现并没有引发超越行业范围的市民社会运动。事实上，作为市民阶层主导力量的上层市民属于既得利益者，数量众多的下层市民又无力反抗，中层市民则安于现状，这很大程度上决定了市民阶层无法承担社会变革的任务。不过，宋代市民社会在文学艺术或美学上的创造却是无拘无束、充满想象和超逸前代的。[②]

中国真正意义上的城市审美文化产生于宋代，它在艺术目的上追求自我娱乐，在艺术手法上贴近现实生活，在创作态度上尊重传统习惯，在艺术品评上主张宽和包容，在艺术风格上倡导通俗繁缛，呈现出既不同于平淡、单调、纯朴的平民文化，也不同于刻板、奢华、放纵的贵族文化，更不同于风雅、飘逸、闲散的士人文化的新型审美特征。[③] 诸色杂卖、百戏伎艺、三教九流、阡陌市井，构成了宋代城市生活的生动风景画。瓦舍勾栏、酒楼茶肆、花街柳巷、坊院池苑，处处云集着新生的市民群体，他们交易买卖、饮酒品茶，也听曲观舞、狎妓嫖娼、斗鸡赌博。如果遇到年节时令、婚丧育子等，则应时而乐、依礼而行。与宋代异军突起的文人词同时发展起来的反映城市市民生活的说话、南戏、曲子词、诸宫调等新鲜活泼的新的文学艺术形式大量诞生于瓦舍勾栏。北宋开封城内外至少有瓦舍 9 处，南宋更多。《西湖老人繁胜录·瓦市》记载临安城内外有 25 处，《梦粱录》卷一九《瓦

---

① 冯梦龙：《喻世明言》，人民文学出版社 2004 年第 1 版。

② 陈国灿：《论南宋江南地区市民阶层的社会形态》，《史学月刊》2008 年第 4 期。

③ 罗筱筱：《从宋代城市审美文化的产生看士大夫与市民艺术的不同》，《文史哲》1997 年第 2 期。

舍》说"其杭之瓦舍，城内外合计有十七处"①，
《武林旧事》卷六《瓦子勾栏》记载有 23 处。
虽然所记数目不同，但瓦舍勾栏的发达是肯定
的。有的瓦舍还为政府所建，或由政府管理。
《咸淳临安志》卷一九《疆域四》载："故老
云：绍兴和议后，杨和王为殿前都指挥使，以
军士多西北人，故于诸军寨左右营创瓦舍，招
集伎乐，以为暇日娱戏之地。其后，修内司又
于城中建五瓦，以处游艺。今其屋在城外者，
多隶殿前司，城中者隶修内司。"②《武林旧

宋代绿釉相扑俑（河南博物院藏）

事》卷六《瓦子勾栏》也载："瓦子勾栏，城
内隶修内司，城外隶殿前司。"③ 又《东京梦
华录》卷五《京瓦伎艺》载："崇、观以来，在京瓦肆伎艺，张延叟、
孟子书主张。"④ 据考证，孟子书为北宋末乐官，"主张"乃主管之意，
说明政府以乐官管理东京的"瓦肆伎艺"。临安的南瓦、中瓦、上瓦、
下瓦被时人称为"衣山衣海（南瓦），卦山卦海（中瓦），南山南海
（上瓦），人山人海（下瓦）"⑤。据《武林旧事》记载，临安的百
戏伎艺有书会、演史、说经（诨经）、小说、影戏、唱赚、小唱、鼓板、
杂剧、唱耍令、商谜、傀儡戏、蹴球、角抵、举重、相扑等 52 个种类，
其中著名演艺人员 524 人。每种演艺项目又可分为多种不同形式，如
说话又分为小说、讲史、说经等，傀儡戏又分为悬丝、仗头等，说唱

① 吴自牧：《梦粱录》，见孟元老等：《东京梦华录》（外四种），周峰点校，文化艺术出版社 1998
年第 1 版。

② 潜说友等：《咸淳临安志》，载中华书局编辑部编：《宋元方志丛刊》第 4 册，中华书局 1990
年第 1 版。

③ 周密：《武林旧事》，见孟元老等：《东京梦华录》（外四种），周峰点校，文化艺术出版社 1998
年第 1 版。

④ 孟元老：《东京梦华录》，见孟元老等：《东京梦华录》（外四种），周峰点校，文化艺术出版社
1998 年第 1 版。

⑤ 西湖老人：《西湖老人繁胜录·诸行市》，见孟元老等：《东京梦华录》（外四种），周峰点校，
文化艺术出版社 1998 年第 1 版。

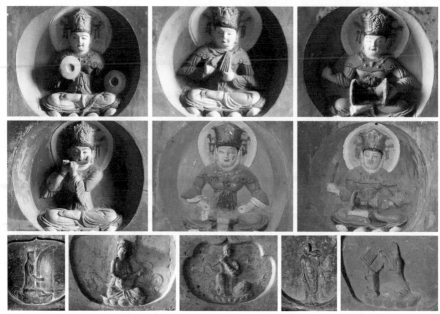

河南省开封市繁塔宋代伎乐造像

又分为鼓子词、诸宫调、陶真、崖词等。宋代甚至还有女子相扑。宋仁宗爱看女子相扑，乃至司马光要上《论上元令妇人相扑状》劝谏。随之而起的是市民文学的兴盛，如话本、剧本之类的文学创作活动极活跃。其中许多作品经刻印出版或瓦肆艺人表演而广为流传。《武林旧事》卷一〇《官本杂剧段数》记载南宋官本杂剧 280 本，其中不少是取材市民生活的滑稽幽默故事剧。百戏伎艺发展事实上形成品类繁多的庞大的文化产业。

　　宋代的文化世俗化并不是庸俗化，而是文化的普遍性实现方式，具有如下显著特点：一是文化权利平等化。精英社会或上层社会垄断文化的格局被打破，民间社会参与文化创造或活动的程度提高。除富民能参与较高等级的文化活动外，众多的瓦舍勾栏等为民间艺人提供表演舞台，满足了消费能力一般的市民的娱乐需求。甚至只能求得温饱的下层市民也有路歧人（街头艺人）为他们表演说书、小唱、杂技。"或有路歧，不入勾栏，只在要闹宽阔之处做场者，谓之'打野呵'，此又艺之次者。"① "街市有乐人三五为队，专赶春场、看潮、赏芙蓉，

---

① 周密：《武林旧事》卷六《瓦子勾栏》，见孟元老等：《东京梦华录》（外四种），周峰点校，文化艺术出版社 1998 年第 1 版。

及酒坐祗应，与钱亦不多，谓之'荒鼓板'。"① 民众还通过文化来表达或争取社会权利。原来"士、农、工、商诸行百户衣巾装着皆有等差。香铺人顶帽披背子，质库掌事裹巾着皂衫角带，街市买卖人各有服色头巾，各可辨认是何名目人"②，但临安商人却佩带金银制成的腰带，不理会政府的服饰禁令。二是文化元素多元化。宋代已具备除现代载体外的大部分文艺表现形式，并能全景式地表现社会生活。洪

宋佚名《大傩图》（故宫博物院藏）

迈名为记录志怪实则记录俗世市井百态的笔记小说集《夷坚志》，通过独特的神狐鬼怪、异闻杂录、吉祥梦卜故事表现各阶层，尤以城市中的富商大贾、高利贷者、小业主和雇工的描写为精彩。三是文化价值取向上的现世化。西方文化世俗化的核心是日常生活的非神圣化，中国文化世俗化所解构的不是典型的宗教神权，而是政治秩序与道德规范高度整合的一元化国家意识形态，但同样具有否定普遍价值、神圣理想的此岸特质，推崇相对主义意义上的现世价值。从过去的耻言利、耻言物质生活享受和人的感官愉悦转化为不讳言利、不讳物质享受，个体意志被推高。其中诗词的个人化特质十分显著，小说、戏曲则多具现世化特征。李泽厚曾指出魏晋时期"人的觉醒"促进了文学的自觉，说"文的自觉（形式）和人的主题（内容）同是魏晋的产物"③。魏晋的"人的觉醒"所指仍只是少数精英，而到宋代，"人的觉醒"已成普遍状况。宋代文化可说是普遍意义上的自觉文化。④

---

① 耐得翁：《都城纪胜·瓦舍众伎》，见孟元老等：《东京梦华录》（外四种），周峰点校，文化艺术出版社 1998 年第 1 版。

② 吴自牧：《梦粱录》卷一八《民俗》，见孟元老等：《东京梦华录》（外四种），周峰点校，文化艺术出版社 1998 年第 1 版。

③ 李泽厚：《美的历程》，文物出版社 1981 年第 1 版，第 95—96 页。

④ 周膺、吴晶：《文化世俗化与南宋市民意识的兴起》，《国际社会科学杂志》（中文版）2016 年第 3 期。

二、人人可做作家与作家的职业化

宋代以前城市文化的主体主要是精英阶层或上流社会。精英社会凭借其相对富裕的物质生活条件以及对知识、教育资源的垄断成为文化的主要生产者和消费者，掌握着文化话语权。世俗社会（民间社会）尽管也是文化的创造者，但缺乏文化权利，不能掌握文化主导权。世俗社会或世俗文化的真正兴起是在工业革命或现代城市形成以后，但这之前有一个酝酿过程。如前所述，宋代世俗文化开始全面兴起，市民成为文化消费主体，社会各阶层都卷入文化创造的潮流之中。商业和科举使包括农村人口在内的社会各界人士向城市流动，其中一部分还向上层社会转移。城市社会不再是简单的皇家贵族和士人构成的上层社会与普通平民构成的下层社会二元结构，而是经过整合分化形成了更复杂的结构，并出现了由富人和未出仕但有文化影响力的士人为主的带有中间层次性质的社会成分。城市的一般平民更多地成为商人和手工业者，社会化程度不断提高。商人和手工业者以经济实力确立了自己的市民身份，同时也在文化上确认这种身份。

宋代从事文艺创作或表演的民间行家都在所从事的文化活动中确认自己的身份。清人翟灏《通俗编》卷三八《识余·连业著姓》谈到"连业著姓"即以执业冠以姓氏的现象，这在宋代已经相当普遍。据《武林旧事》等书记载，南宋时临安艺人中有粥张二、色头陈彬、酒李一郎、故衣毛三、枣儿徐荣、枣儿余二郎、湖水周、燖肝朱、掇条张茂等艺名，标明他们从艺前的职业行当或主业行当。从他们弃商从艺或兼职的行为中可推想，当时不仅可以自由从艺，且从艺的相对收入应较高。而他们对自己原来的身份也进行了社会确认。为便于记忆、号召市场，又有以行第即家族同一祖父子弟排行次序为艺名的，如孙十五、张十一、贾九、王四郎、王十郎、王六郎、胡十五郎、小张四郎（张小四郎）、翟四郎、翁三郎、蛮张四郎、胡六郎、小胡六等。这其实也是对自己的文化身份进行确认。"郎"在唐代是对男子的尊称，又是奴仆对主人的称呼。宋代"郎"之称谓渐渐扩展到下层男性，虽然仍需有一定的身份地位。洪迈《夷坚志·支景第五·许六郎》载：

"湖州城南市民许六者，本以锅饼饵蓼糁为生，人呼曰许糖饼。获利日给，稍有宽余，因出子本钱于里闾之急缺者，取息比他处稍多，家业渐进，遂有六郎之称。"① 宋代艺人能以"郎"为名，也因职业素养不俗，或善于积累财富，而得到人们尊重认可。南宋时还出现了许多女性艺人，体现社会的开放与进步，如张小娘子、宋小娘子、陈小娘子以及史惠英、时小童母女、陆妙静、陆妙慧、胡仲彬之妹、朱桂英等。元人杨维桢《东维子集》卷六《送朱女士桂英演史序》提及南宋众多宫廷女演员："当思陵（按：赵构）上太皇号，孝宗奉太皇寿，一时御前应制多女流也。若棋待诏为沈姑姑，演史为张氏、宋氏、陈氏，说经为陆妙慧、妙静，小说为史惠英，队戏为李瑞娘，影戏为王润卿。皆中一时慧黠之选也。两宫游幸聚景、玉津内园，各以艺呈。天颜喜动，则赏赉无算。"② "娘子"原是泛称，而据清人钱大昕《恒言录》卷三考证，宋代以"小娘子"为未嫁女子之称，艺人以"小娘子"称谓或有宣扬其年少美丽的广告意味。元人胡祗遹《紫山大全集》卷八《黄氏诗卷序》特别讲到一个说唱女艺人应当具备"九美"，第一美即"姿质浓粹，光彩动人"③。佛教俗讲或说经也是宋代说话艺术的重要来源，讲经和尚或居士也在某种程度上成为艺人。知名者如长啸和尚、喜然和尚、蛮明和尚、捷机和尚、有缘、啸庵、借庵、保庵、息庵、宝庵、管庵等。宋代大部分艺人社会地位不高，但他们中的部分人通过文化活动确立了经济地位，部分人虽仍地位微贱但较从前有所改善，在城市中获得存在的合法性，并通过自己的文化创造实现了自我身份确认。戏曲的题材多取于民间，贴近民众生活，其曲文语言质朴、通俗、口语化，俚词俗调、里巷歌谣皆入其中。明人徐渭《南词叙录》说："句句是本色语，无今人时文气。"④ 原因是这些艺术作品的创造者

① 洪迈：《夷坚志》，何卓点校，中华书局 1981 年第 1 版。

② 杨维桢：《东维子集》，永瑢、纪昀等编纂：《文渊阁四库全书》，上海古籍出版社 2012 年第 1 版。

③ 胡祗遹：《紫山大全集》，永瑢、纪昀等编纂：《文渊阁四库全书》，上海古籍出版社 2012 年第 1 版。

④ 徐渭：《南词叙录》，载中国戏曲研究院编：《中国古典戏曲论著集成》第 3 集，中国戏剧出版社 1959 年第 1 版，第 243 页。

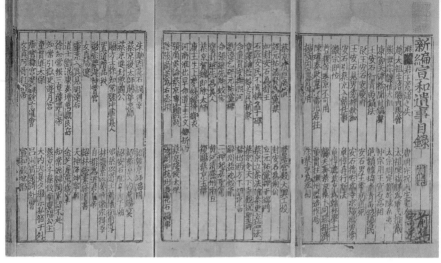

《水浒传》的最早蓝本《新编宣和遗事前集》南宋刻本

和表演者本身就是城市平民的一员。他们置身于世俗环境之中，最接近下层社会，洞悉市井细民的肝胆和心态，并且自信地表现这样的生活内容。

宋代还出现了中国历史上第一代江湖艺人。江湖艺人创作和表演的通俗文艺作品表达着江湖游民的思想意识，而游民的生活方式本身也成为独特的文化现象，由此产生了江湖文化。《三国演义》《水浒传》《说唐演义全传》等许多小说在宋代的蓝本都有江湖艺人的身影，只不过后来经过不断改造才变了模样。通俗文艺作品中的游民意识不仅影响了游民，也熏染了其他人。江湖艺人表现由底层蹿上社会高层人的故事，不仅表达了他们自己的生活向往，而且迎合了受众内心潜在的需求。《水浒传》自不必说，连三国故事也把刘备、关羽、张飞与"往太行山落草"联系起来。在北宋、南宋之交，上山落草、拉竿子造反乃游民之发迹变泰之道，因为宋代统治者对待造反者虽有两手——"剿"和"抚"，但以"抚"为主，在统治力量相对衰弱的北宋之末、南宋之初就更是如此。所以，造反是一种"曲线求官"之道，比"直线求官"还要快捷和容易。游民中的绝大多数本就是被断绝了"直线求官"这条路的。其实宋代游民对传统政治的反抗已与此前的农民起义有所不同，它在很大程度上表达的是争取合法地位如市民地位的理想。江湖艺人也利用文化话语权为自己确认市民身份。

中国古代士、农、工、商四民的划分本来是一种社会分工，然而在"定贵贱，明等威"的专制社会中，其意义被严格的等级身份所湮没，社会系统实际上构成被皇权奴役的封闭等级职业结构。所谓等级职业结构，即在身份等级之下形成的相对次要的职业划分。身份等级才是划分社会阶层的根本标准，各阶层之间的职业划分仅具有相对意义。统治阶层实际上并无职业，却可以通过各种制度化或非制度化渠道获取绝对多数的社会财富以维持优裕生活。职业划分存在于平民阶层，所谓"先王分士、农、工、商以经国制事，各一其业而殊其务"①，但实际上只是身份禁锢。农、工、商阶层被束缚在既定职业范围内基本不能流动，世代遭受奴役。明清时期将应役人户划分为民户、军户、匠户、灶户、窑户、果户、园户、酒户、菜户、铺户、站户、陵户等数十类，最主要的是民户、军户、匠户 3 类。他们被编入赋役黄册，世代相承，不得更改，役皆永充。只有极少数因皇帝开恩或特许，或因与皇族联姻、担任高官等才得更改。如《明史》卷九二《兵志四》载："户有军籍，必仕至兵部尚书始得除。"②又禁止擅自迁徙、流亡。明代法令规定："凡民邻里，互相知丁，互知务业，俱在里甲。农业者，不出一里之间，朝出暮入，作息之道互知焉。甲下或有他郡流徙者，即时送县官，给行粮，押赴原籍州县复业。"③宋代非但没有这种身份禁锢，而且除了农、工、商外，人们还可以从事文化产业，作家、表演艺术家等都可成为职业。只要有相应条件和机缘，人人可做作家。

鲁迅《魏晋风度及文章与药及酒之关系》一文指出："他（曹丕）说诗赋不必寓教训，反对当时那些寓训勉于诗赋的见解，用近代的文学眼光看来，曹丕的一个时代可说是'文学的自觉时代'，或如近代所说是为艺术而艺术（Art for Art's Sake）的一派。"④这一观点受到日本学者铃木虎雄的影响。"文学的自觉"的标准、原因及发生时间等问题在学界一直有不同看法。其实"文学的自觉"有一个不断明朗

---

① 房玄龄等：《晋书》卷四七《列传第四十七·傅玄（子咸、咸从父弟祗）》，中华书局 1974 年第 1 版。

② 张廷玉等：《明史》，中华书局 1974 年第 1 版。

③ 申時行等修：《明会典》卷一九《户部六》，中华书局 1989 年第 1 版。

④ 鲁迅：《而已集·魏晋风度及文章与药及酒之关系》，载鲁迅：《鲁迅全集》第 3 卷，人民文学出版社 2005 年第 1 版。

的过程。在中国文学史上，"文学的自觉时代"有过多次。先秦的神话传说、易卦爻辞、诗颂祭祀、楚辞娱神种种，鲜明反映着巫文化对书面文学的束缚和书面文学对巫文化的反拨，《诗经》《楚辞》是这一时期文学自觉的代表。口头文学、书面文学互通以后，作者渐渐固定在文人之中。汉代经学或儒学的兴起进一步强化了这种倾向，甚至迫使文学成为教化的工具。于是有了曹丕等的反"寓训勉于诗赋"的自觉，形成了魏晋文学高峰。然而文人或精英社会垄断文化的格局并没有改变。到宋代，由于均田制、府兵制的崩溃，中央集权制的强化和科举制度的推行，世族社会开始瓦解，庶族地主兴起，自由民增多，商业兴盛，非精英性的文化需求不断膨胀，社会各界都参与文化创造。大批士人流向民间市井，使士阶层进一步分化及文化下移，下层社会也直接参与文化创造，从而确立了世俗文化的地位，开启了非精英写作时代。文化主体确立了以自由为核心的市民立场，迎来了"小说戏曲的时代"。如传奇小说和参军戏以至诸宫调、杂剧、南戏的创新发展大大拓展了文学的范畴，并与民间生活一体化。诗的风格、流派也大量涌现，发起了新乐府运动；词兴盛并掀起发展高潮；散文再度繁荣。文人除了自觉以反映民间疾苦、揭露政治弊病为己任外，还有力求让民间社会读懂或听懂的愿望。由此发生了中国文化的一次重大转型，魏晋的文化自觉在这时实现了全社会性的完成。

三、士人兼趣与走向民间

宋代士人审美出现了雅而俗化的趋势。他们虽仍标榜忌俗尚雅，但已与晋唐前辈刻意标榜的远离现实的高蹈绝尘不同，审美趣味不再局限于理想人格或内心世界，而同时进入世俗生活的体验和官能感受的追求、提高上，以俗为雅，雅俗贯通，乃至"溺于声色，一切无所顾避"[①]。同时士人对文化的兴趣也更加多元化，除了经史诗文外还广泛涉及艺术，多有兼趣。与此相应的是士人创作的空前繁富。《四

---

① 周辉撰，刘永翔校注：《清波杂志校注》卷三《士大夫好尚》，中华书局1994年第1版。

库全书总目》共收宋人别集 382 家 396 种（未计《存目》），其中北宋 115 家 122 种，而南宋 267 家 274 种。如果考虑到南宋国土和人口仅为北宋的约 3/5、存续时间又比北宋短 15 年左右，南宋的繁盛度更高。从《全宋诗》《全宋词》《全宋文》三大宋代总集中也可发现，南宋的诗、词、文数量超出北宋许多。今人唐圭璋主编的《全宋词》（含孔凡礼《全宋词补辑》）共收 1494 家 21055 首，其中南宋的数量约为北宋的 3 倍。南宋最著名的文学家大多在宋宁宗开禧年间（1205—1207 年）前后去世，如陆游、范成大、杨万里、辛弃疾、陈亮、朱熹、洪迈、周必大、刘过、姜夔等，此后的 70 多年形成一个中小作家腾喧齐鸣而文学大家缺席的时代。文学成就的高度渐次低落，但其密度和广度却大幅度上升。① 作品的世俗性因素不断增加。从边地流入的俗曲，"其言至俚"，"街巷鄙人多歌"之，竟也倍受士人青睐，"一时士大夫亦皆歌之"，② 甚至还引入他们的创作领域。

　　走向民间的士人改变了他们原有的创作习惯，自觉增加了世俗化色彩。柳永是这方面的典型。柳永性情潇洒，才性高妙，是北宋后期格律词最具代表性的人物。他的词上承晚唐五代敦煌民间曲子词传统，下开金元谐俗曲风，用市民化语言写作大量"俚词"，具有极强的表现力。柳词也开拓了词的表现题材和内容，注重叙写世俗生活，擅长描绘都市景象和四时风光，如他写杭州的《望海潮》。另有游仙、咏史、咏物等题材。表现手法以白描见长，长于铺叙，情景交融。叶梦得《避暑录话》卷下记载："柳永字耆卿，为举子时多游狭邪，善为歌辞。教坊乐工每得新腔，必求永为辞，始行于世，于是声传一时……余仕丹徒，尝见一西夏归朝官云'凡有井水饮处即能歌柳词'，言其传之广也。"③ 有井水处就是百姓聚居处，柳永的词在民间包括域外他乡（如西夏）都很流行。明末张岱《夜航船》卷九《礼乐部·礼制二：丧事》还提到宋代民间风俗"吊柳七"："柳永死日，家无余财，群妓合金

---

① 王水照：《南宋文学的时代特点与历史定位》，《文学遗产》2010 年第 1 期。

② 曾敏行：《独醒杂志》卷五，《丛书集成初编》第 2775 册，中华书局 1985 年第 1 版。

③ 叶梦得：《避暑录话》，《丛书集成初编》第 2785 册，中华书局 1985 年第 1 版。

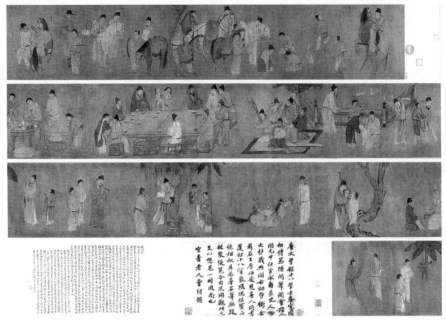

宋佚名《春宴图卷》（故宫博物院藏）

葬之郊外，每春月上冢，谓之'吊柳七'。"① 明人冯梦龙《喻世明言》第十二卷《众名妓春风吊柳七》也有相同描写，并称之为"吊柳会"。

宋代科举规模的扩大不仅造就了许多来自民间的庶族官僚，还前所未有地生产了大量读书人，使文化得以广泛普及。取得科举功名未入仕、被罢官的士人以及没有功名的读书人则大量走向民间，形成一个庞大的社会群体，如幕士、塾师、术士、相士、隐士、儒商以及类同于今日的自由撰稿人等。他们遭遇了以往少见的"士失其守，反不如农工商贾之有定业"② 的尴尬，也面临一种新的历史选择。他们居于社会中下层，或以特长成为独立的生产者，或为其他社会成员提供服务，具有显著的市民特征，且构成举足轻重的社会力量。包弼德指出："作为一个描述社会成分的术语，'士'在唐代的多数时间里可被译为'世家大族'，在北宋可以译为'文官家族'，在南宋时期可以译为'地方精英。'"③ 商人和手工业者是城市功利文化或物质文化的创造或承载者，各种士人则是城市精神文化的主要创造或承载者，

① 张岱：《夜航船》，郑凌峰点校，浙江古籍出版社 2014 年第 1 版。

② 陆文圭：《墙东类稿》卷七《记·吴县学田记》，永瑢、纪昀等编纂：《文渊阁四库全书》，上海古籍出版社 2012 年第 1 版。

③ 包弼德：《斯文：唐宋思想的转型》，刘宁译，江苏人民出版社 2000 年第 1 版，第 35—36 页。

他们淡化或消弭了精英意识，转换了文化视界，确立了市民立场，用文化确认自身的市民身份，也为其他市民确认身份。南戏《张协状元》第一出（副末）《水调歌头》云："韶华催白发，光影改朱容。人生浮世，浑如萍梗逐西东。陌上争红紫，窗外莺啼燕语，花落满庭空。世态只如此，何用苦匆匆？但咱们，虽宦裔，总皆通。弹丝品竹，哪堪咏月与嘲讽？苦会插科使砌，何吝涂灰抹土，歌笑满堂中。一似长江千尺浪，别是一家风。"[①] 体现了与此前文人作者不同的视角情怀。《张协状元》是目前发现最早的保存完整的中国剧本，它由自称出身"宦裔"即官宦人家的南宋温州九山书会才人创作。所谓"书会"，是指读书人"替说话人、戏剧演员编写话本和脚本"的行会组织。[②] 除九山书会外，南宋时期还有永嘉书会、古杭书会、武林书会等书会。书会才人不仅编撰戏剧剧本和话本小说，同时也编写散曲、套数、歌曲和隐语等。他们大多是科举考试失意的下层文人，是士分化后向下流动而形成的一个阵容不小的读书人群体。当代学者胡士莹、张政烺等考证，具有脚本创作能力的伎艺人大多为读书人，尤其是说话艺人。他们有的以"书生"或"万卷"为称谓，如武书生、穆书生、戴书生、乔万卷等，原因是"皆读书人，万卷极言其记诵之博也"[③]。"或许他们都是读书人，因科场失利或对这种伎艺有爱好，参加到说话人的队伍中来的。也许由于他们的伎艺的精熟，能够编撰话本，因而获得这些称号。"[④] 其中直接称为"贡士""解元""进士""秀才"的也不乏其人，如许贡士、王贡士、张解元、陈进士、陆进士、刘进士、周进士、双秀才、东吴秀才等。他们"未必皆出科举，盖有儒生试而不第者，所谓'免解进士''白衣秀才'之类也"[⑤]。当然，其中也

---

① 九山书会撰，胡雪冈校释：《张协状元校释》，上海社会科学院出版社 2006 年第 1 版。

② 胡士莹：《话本小说概论》，中华书局 1980 年第 1 版，第 65 页。

③ 张政烺：《讲史与咏史诗》，载"中央研究院"编：《历史语言研究所集刊》第 10 本，商务印书馆 1948 年第 1 版。

④ 胡士莹：《话本小说概论》，中华书局 1980 年第 1 版，第 57 页。

⑤ 张政烺：《讲史与咏史诗》，载"中央研究院"编：《历史语言研究所集刊》第 10 本，商务印书馆 1948 年第 1 版。

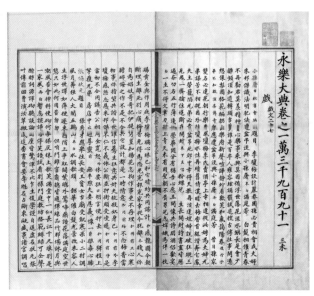

明解缙、姚广孝等纂《永乐大典》卷一三九九一《戏（戏文
二十七）》刊现存最早的南戏剧本《张协状元》

有真科举出身者。南宋范公偁曾感同身受地叹息名人之后的沦落风尘："丁石，举人也。与刘莘老同里。发贡，莘老第一，丁第四。丁亦才子也。后失途在教坊中。"① 又有以"宣教""郎中""官人""保义""大夫""防御"这样的官名为称谓者，如林宣教、徐宣教、李郎中、周八官人、陈三官人、巩八官人、徐保义、汪保义、王保义、王六大夫、王防御、王主管等。这些称谓有许多只是市井对他们的尊称，但有的确曾当过供御官人。李心传《建炎以来朝野杂记》乙集卷一六《杂艺出身不许任子》载，绍兴初，伶人胡永年积官至武功大夫。在传统的"学而优则仕"的社会里，他们从事戏曲等的创作大多属谋生的无奈之举，不过也在较大程度上获得了人生实现。《张协状元》里的"一似长江千尺浪，别是一家风"就是他们对自己职业的一种认同和对自身社会身份的确认，不乏某种自信。

除有相对固定职业的底层文士，由于南渡造成极大的社会流动、冗官充塞阻碍仕进、底层士人以干谒求仕之风盛行等原因，自南宋中期起一批江湖士人活跃于历史舞台。钱锺书在给王水照的信中说："江湖诗人之称，流行在《江湖诗集》之前，犹明末之职业山人。"② 明末山人多如牛毛，有"山人如蚁"之说，南宋江湖文人也数目众多。

---

① 范公偁撰：《过庭录》，孔凡礼点校，中华书局 2002 年第 1 版。

② 王水照：《南宋文学的时代特点与历史定位》，《文学遗产》2010 年第 1 期。

他们大多漂泊奔走、卖文为生。由此造就的江湖诗（词）派不独是一种文学现象，也是社会现象和生命现象。江湖士人有名士与谒客双重精神气格。一方面，他们以才艺驰名江湖，或与社会名流交游唱和，或受到名公巨卿推许赏识；另一方面，他们多无固定职业和生活来源，不得不游寓江湖，干谒权门，常常过着客食江湖的生活。正如著名江湖诗人刘过自我感慨的"万里寒风一布袍，特将诗句谒英豪"①。刘过以诗词之才得到陆游、陈亮、辛弃疾、张栻等名流的赏识。据岳珂《桯史》卷二《刘改之诗词》记载，嘉泰三年（1203 年），寄居临安的刘过曾填词《六州歌头·寄稼轩承旨》献给时任绍兴知府兼浙东安抚使的辛弃疾。词曰："斗酒彘肩，风雨渡江，岂不快哉！被香山居士，约林和靖，与东坡老，驾勒吾回。坡谓西湖，正如西子，浓抹淡妆临镜台。二公者，皆掉头不顾，只管衔杯。　白云天竺飞来。图画里、峥嵘楼观开。爱东西双涧，纵横水绕，两峰南北，高下云堆。逋曰不然，暗香浮动，争似孤山先探梅。须晴去，访稼轩未晚，且此徘徊。"②模仿"稼轩体"，喜好用典、化用古人作风，但其实虽有狂放之表，而无辛词关注时事的深忧之里。正如大多数江湖士人往往有从政心愿，较为关心时政，但由于毕竟不是现实政治的直接参与者，所以既没有庄子式的超然，也没有范仲淹式的牵挂，多旁观者的无奈。他们虽然经济上不能独立，精神上却比入仕者更超脱、独立，从而可能游离于宗法政治之外，有更多的市民式的自由意志。他们有自卑的一面，也有自我认同的自信。另一位著名江湖诗人姜夔（字尧章）就在《自述》里自傲地说："尧章一布衣耳，乃得盛名于天壤间。"③姜夔得到"南宋四大中兴诗人"中的杨万里、范成大两人，还有朱熹、辛弃疾的赞赏，范成大甚至赞美他翰墨人品酷肖魏晋间人物。杭州书商、江湖诗人陈起编辑出版了《江湖集》，收入南宋众多江湖飘零诗人的作品，不但

---

① 刘过：《龙洲集》卷四《寿建康太尉》，永瑢、纪昀等编纂：《文渊阁四库全书》，上海古籍出版社 2012 年第 1 版。

② 刘过：《六州歌头·寄稼轩承旨》，载唐圭璋编纂，王仲闻参订，孔凡礼补辑：《全宋词》第 3 册，中华书局 1999 年第 1 版。

③ 周密：《齐东野语》卷一二《姜尧章自述》，张茂鹏点校，中华书局 1983 年第 1 版。

清叶衍兰绘姜夔像（私人藏）

使他们的诗词得以留存，也使江湖诗人这一群体在历史上留名。

士绅在宋代也逐渐成为重要的社会政治力量。他们的身份虽为民，但或是预备官员或是致仕官员，介于官民之间，是自上而下专制统治的辅助力量，又是自下而上民意的可能表达者或代表者，所谓"绅为一邑之望，士为四民之首"①。在士、农、工、商四民中，士具有相对可能的流动性，可以上升为官，也有农、工、商没有的特权如徭役优免、治罪从轻从免、致仕后特别优待等。而随着商品经济的发展，旧的身份等级与可获取社会资源量不再对等，从事新式工商业带来的庞大利润造就了新的富人群体，特权者的身份因丧失物质支撑价值有所降低。由于功名贬值，士的优越性减弱，他们为谋生不得不去寻求过去不屑的职业，有的则可按照性情去实现职业理想。此外，大量农村地主转变为城市工商业主，也涉足各种新兴行业，尝试各种可能的社会实现，成为社会治理的重要的甚至是基础性的力量，也成为影响最大的文化创造主体。

士人不仅为自己确认社会身份，还为与他们共生的各种市民确认身份。南宋初，士人袁采指出"无常产可依"的士人在"取科名"外的各种生存之路："士大夫之子弟苟无世禄可守，无常产可依，而欲为仰事俯育之资，莫如为儒。其才质之美能习进士业者，上可以取科

① 徐世昌：《将吏法言》卷五《知事二·礼士》，林庆彰主编：《民国文集丛刊》第 1 编第 24 册，台湾文听阁图书有限公司 2008 年第 1 版。

第、致富贵，次可以开门教授，以受束修之奉。其不能习进士业者，上可以事笔札、代笺简之役；次可以习点读，为童蒙之师。如不能为儒，则巫、医、僧、道、农圃、商贾、技术，凡可以养生而不至于辱先者，皆可为也。子弟之流荡，至于为乞丐、盗窃，此最辱先之甚。"①进入各行业的士人都以不同的文化话语权为市民身份命名定位。尽管未必是同行，但作为"读书人"原本具有血脉关系，因而从事文化写作的士人自然要表现他们对各色人等的社会生活感同身受，所以也为生活于社会底层的江湖艺人命名定义。元人胡祗遹《紫山大全集》卷八《赠宋氏序》论杂剧之"杂"时就指出其包罗万象："既谓之杂，上则朝廷君臣政治之得失，下则闾里市井父子、兄弟、夫妇、朋友之厚薄，以至医药、卜筮、释道、商贾之人情物性，殊方异域、风俗语言之不同，无一物不得其情，不穷其态。"②宋代以前的文学叙事远不如历史叙事发达，直到宋代才有了连篇累牍的剧本、话本等的问世，揭开了中国叙事文学兴盛的序幕。而文学主体转型后市民立场的确立是叙事文学兴盛的关键因素。宋话本《碾玉观音》写出身装裱匠家庭的璩秀秀与碾玉匠崔宁的爱情故事：咸安郡王的家奴璩秀秀与崔宁私奔成婚，后被郡王的爪牙郭排军抓回，崔宁被解送临安府判刑，秀秀被打死。但秀秀痴心不改，成了鬼仍与崔宁继续私奔做夫妻。故事表达了追求婚姻自由的理想，也对秀秀与崔宁的市民身份给予确认。《苏小卿月夜泛茶船》表现妓女苏卿与双渐、冯魁的故事，反映了江南茶商的生活。甚至还为最底层的市民青楼妓女确认身份。青楼是女人的江湖，也是游民的一种家园。妓有官妓、家妓和私妓之分，私妓是真正意义上的青楼妓女，也是真正意义上的女性游民。私妓分为两类。一类是在政府正式注册登记、隶属教坊的，称"市妓"；另一类"无照营业"，是名副其实的"私妓"。私妓的艺术修养不如官妓和家妓，但她们接触的社会面比较宽，文化构成也比较复杂，这使得青楼文化

---

① 袁采：《袁氏世范》卷中《子弟当习儒业》，黄山书社 2010 年第 1 版。

② 胡祗遹：《紫山大全集》，永瑢、纪昀等编纂：《文渊阁四库全书》，上海古籍出版社 2012 年第 1 版。

宋王诜《绣梳晓镜图》（台北"故宫博物院"藏）

变幻多姿。宋代是中国娼妓业成规模走向市场的开始，狎妓成一时世风。南宋词人几乎都与歌妓过从甚密，并且写下了许多反映妓女生活、歌唱爱情的佳篇名句。词人们在词中创造了一个个顾影自怜的女性形象，但爱揽镜顾影的并不只是女性，男性词人们也有对自身的观照，这种观照是通过对歌妓形象和情感的认识而完成的。钱锺书指出："宋代五、七言诗讲'性理'或'道学'的多得惹厌，而写爱情的少得可怜，宋人在恋爱生活里的悲欢离合不反映在他们的诗里，而常常出现在他们的词里……据唐宋两代的诗词来看，也许可以说，爱情，尤其是在封建礼教眼开眼闭的监视之下那种公然走私的爱情，从古体诗里差不多全部撤退到近体诗里，又从近体诗里大部分迁移到词里。"[1]江湖给词人许多伦理社会中无法得到的真爱和从未体验过的真美，也使他们在某种程度上获得了真正意义上的男女价值。

四、典籍文化传播

宋代典籍之盛也超越前朝各代，构成独特文化现象。典籍文化主要涉及书籍编纂、出版、藏书3个方面，是宋学发展的另一种表现。

宋代的文人、学者不仅著述量大，而且重视结集编纂传播。按主体划分，可分为文人自我个体结集、家族多人共同结集、师徒门人共同结集、朋友共同结集和乡邑名人结集等。《四库全书》收录宋代文集530部，其中个人结集的53部，家族结集的73部，门人结集的15

---

① 钱锺书：《宋诗选注》，人民文学出版社1979年第1版，第7—8页。

部，朋友结集的 3 部，乡邑结集的 7 部。按《四库全书》分类，别集（个人诗文汇编）421 部（北宋 130 部，南宋 291 部），总集（多人著作合集）49 部，词集 55 部，词选 5 部。而宋代以前仅别集 107 部，总集 17 部，五代词选 1 部，共 125 部。宋人好结集编纂的动因除文化政策宽松、教育科举兴盛、印刷术造纸术大发展外，也与文化世俗化、文化自觉意识增强有关。当时的结集编纂主体十分广泛，集子类型涉及各领域。如王禹偁纂著《小畜集》，杨亿纂著《武夷新集》，李觏纂著《退居类稿》，苏轼纂著《眉山集》，苏辙纂著《栾城集》，欧阳修纂著《居士集》，黄庭坚纂著《敝帚集》，秦观纂著《淮海闲居集》，晁补之纂著《鸡肋集》，朱淑真纂著《断肠诗集》等，关注纂著《关博士集》等，陆维之纂著《石室小隐集》等，张镃纂著《南湖集》等，洪咨夔纂著《春秋说》等，章樵纂著《集曾子》等，汪元量纂著《湖山类稿》等，仇远纂著《金渊集》等，白珽纂著《湛渊集》等，张炎纂著《词源》等，董嗣杲纂著《西湖百咏》等，施德操纂著《北窗炙輠录》等，岳珂纂著《鄂国金佗粹编》等，释元敬、释元复纂著《武林西湖高僧事略》等，都各有特色。结集途径也多样，如朱淑真的《断肠诗集》为其父母火焚，魏端礼拾残稿整理而成。宋代编纂的官书也很多，国史院、实录院等编纂的皇家著述主要有帝王御制御集、皇帝圣语、皇帝诏书等，如《太宗御集》《神宗御集》《徽宗御集》《高宗御集》《中兴圣语》《淳熙宽恤诏令》等。中央政府下属秘书省、国史院（馆）、日历所、实录院、会要所、敕令所、太医局、天文局等编纂各类史书和实用书籍更多，包括帝王日历、实录、会要、国史、百官名录和奏议、法令、兵书、馆阁文献和书目、科学技术文献等，如《太平御览》《册府元龟》《太平广记》《文苑英华》《国朝会要》《建炎以来朝野杂记》《续资治通鉴长编》《三朝北盟会编》《建炎以来系年要录》《南宋馆阁录》《中兴馆阁书目》《武经七书》《脉经》《太平惠民和剂局方》等。其中有的著述原为私人所修，后得到皇帝或政府认可，藏于馆阁。

宋代开封、杭州、成都、建阳（今属福建省南平市）等成为印刷业集聚区。其中杭州为全国印刷业中心，所刻书不仅数量多，质量也高。包括众多典籍文献，特别是宋人别集、总集，如《临川王先生文集》

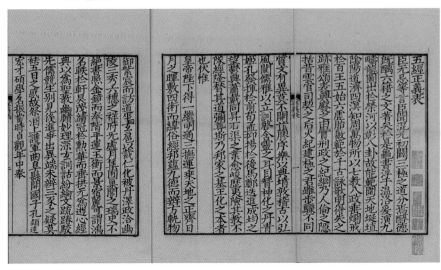

魏王弼、晋韩康伯注，唐孔颖达疏《周易注疏》南宋初年两浙东路茶盐司刊本

《林和靖先生诗集》《龟溪集》等。还出现了赵淇、韩醇、陈起、岳珂、廖莹中、余仁仲、汪纲七大刻书家。

宋代对藏书十分重视。北宋时昭文馆、史馆、集贤院以崇文院秘阁大量藏书。南宋绍兴元年（1131年）政局未稳，高宗驻跸绍兴时就恢复秘书省建制，重建龙图阁、天章阁、显谟阁、徽猷阁、敷文阁等北宋已有诸阁，又新建焕章阁、华文阁、宝谟阁、宝章阁、显文阁等数阁，复置御书院，新置缉熙殿，努力恢复国家秘阁藏书。"高宗移跸临安，乃建秘书省于国史院之右，搜访遗阙，屡优献书之赏。于是四方之藏稍稍复出，而馆阁编辑日益以富矣。当时类次书目，得四万四千四百八十六卷。至宁宗时续书目，又得一万四千九百四十三卷，视《崇文总目》又有加焉。"[1]《崇文总目》是北宋景祐元年（1034年）所创官修书目、目录书，上承唐代"开元群书四部录"，下启清代"四库全书总目"，著录经籍3445部30669卷，共66卷，按四部分45类。到南宋高宗、宁宗时期，藏书比北宋又增加很多。枢密院等处也有许多藏书。各类官办学校如属中央政府的太学、武学、宗学、医学等，属地方政府的临安府学和钱塘、仁和县学，也例有藏书。此外还有私

① 脱脱等：《宋史》卷二〇二《志第一百五十五·艺文一》，中华书局1977年第1版。

家藏书和佛寺道观藏书，出现了一大批著名的藏书楼和藏书家。

在印刷术发明之前，文化传播主要依靠手抄书籍来进行，不仅费时，还容易出错，制约了传播。宋代整体上进入印本时代，再加上著述和藏书成风，形成了从未有过的典籍文化，很大程度上克服了这种局限，营造了浓厚的读书风尚。当时不仅有财力者聚书满屋，一般清贫士人也纷纷购书，甚至有不惜为买书而举债者。

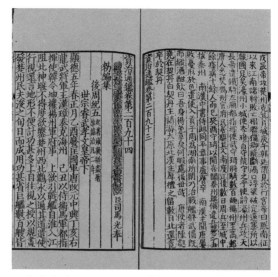

现存最早最完整的司马光《资治通鉴》刊本南宋绍兴二至三年（1132—1133 年）两浙东路茶盐司公使库本（国家图书馆藏）

如郑刚中《自笑》诗所说："他人将钱买田园，尚患生财不神速。我今贷钱买僻书，方且贪多怀不足。较量缓急堪倒置，安得瓶中有储粟？自笑自笑笑我愚，笑罢顽然取书读。"① 印刷典籍在宋代成为文化传播的主流方式后，文化在聚集、整合过程中得以更顺利传播、融合，为全社会不断补充精神营养。

宋代的典籍文化发展既是科学技术发展的结果，也是中国科举政治的必然选择，客观上推动了学术范式的变革。它通过普及文化、博览群书而催生的思考方式、疑古精神在一定程度上消解了典籍的神圣性，潜在地影响了学术传承关系，进而形成以"六经注我"为特征的富于思辨精神的宋学。中国学术传统主要是经学和子学，传承方式基本是经书子籍的历史累积和注疏。由此隐含着这样一种倾向：学术讲究的是典籍的连贯性，而非"主义"的连续性。或者说，中国学术贯

① 郑刚中：《自笑》，北京大学古文献研究所编：《全宋诗》卷一六九二，北京大学出版社 1995 年第 1 版。

宋佚名《伏生授经图》（日本大阪市立美术馆藏）

穿的精神以"典籍"为中心，而非以"问题"为中心。清人孙聚仁据武英殿《乾隆石经》统计"十三经"总字数约为 647500 字[①]，而清中叶阮元主持校刻、收录汉至宋代经学家注疏的《十三经注疏》成为 1000 万字的卷帙。事实上，从周公、孔子直至秦汉，学问中并没有"史学"这一类别概念。东汉史学家班固的《汉书·艺文志》将天下图书分为"六艺""诸子""诗赋"等七略（类），并无"史略"。《春秋》这类史书被归属到"六艺略"中。由于班固是根据刘歆的《七略》撰写《艺文志》的，将官方的"王官学"和民间的"百家言"严格区分，所以天下学术也就此分为"经学"和"子学"两类。此后，中国学术主体就是关于"经学""子学"两类典籍的历史性研究。随着典籍注疏的历代累积，逐渐形成学术的显著特点——典籍历史化。宋学却因为书籍的普及而对这种学术传统有所扭转。

　　宋代之所以成为经学发展的重要时期，很大程度得益于雕印技术的普及。当时中央及地方印书机构对于经子书籍印刷尤其热衷。宋代科举屡经改革，但推崇经义和诗赋的格局并没有变。这在客观上也导致整个社会对于经书文献有广泛需求。所以在印本诞生之初，这类书籍的印刷自然优先。其直接后果是，经学的师徒相承虽然在形式上依然存在，但业师的权威却遭遇挑战。业师所说并非绝对正确，因为有印本书籍的流传，学生有更多渠道获取标准典籍来验证老师解读

① 钱泰吉：《曝书杂记·十三经字数》，冯先思整理，吴格审定，中华书局 2021 年第 1 版。

的对错。陆游《老学庵笔记》
卷七等记载，宋代教育实行三
合法时，杭州州学教授姚祐出
《易》义题："乾为金，坤亦为
金，何也？"有学生怀揣国子
监版本的《易经》忐忑请教：
"先生恐是看了麻沙本。若监
本，则坤为釜也。"姚祐对照监
本后，惶恐愧谢学生。[①]麻沙本
指宋代建阳刻印的书籍版本，多
错讹。周辉《清波杂志》卷八就
说麻沙本的差舛误后学多矣。此
事例说明，学生有经书印本在手，
能较容易发现老师的错误。而这
表面上似乎维护了典籍的尊严，
实则打破了典籍的权威，提升了
质疑求真的勇气，最终培养的是

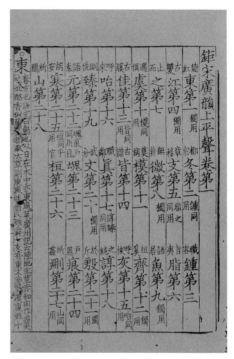

宋陈彭年《钜宋广韵》南宋福建麻沙镇南
刘仕隆宅刊本（私人藏）

宋人"问古疑经"的精神。所以明末清初钱谦益说："'十三经'之
有传注、笺解、义疏也，肇于汉、晋，粹于唐，而是正于宋。"[②]"是正"
就是修正校正。钱谦益"是正于宋"的说法，指宋代欧阳修、王安石、
朱熹等人对"十三经"的怀疑和修正，也指"十三经"在北宋得以定
本版印成书，天下学人得以校正。自有印本传播以来，学生除社会生活、
私塾业师外，也有了其他获取真知的渠道。媒介和传播方式的改变使
信息由单一的口耳相传变为眼睛、语言、文字传播，接受者可以进行
甄别、筛选并做出符合理性的判断。这就逐步开启了学术发明或改善
学术发明之源。清代经学家皮锡瑞指出宋学缺点："宋人不信注疏，

---

① 陆游：《老学庵笔记》，李剑雄、刘德权校，中华书局 1979 年第 1 版。
② 钱谦益：《钱牧斋全集·初学集》卷二《〈十三经注疏〉序》，钱曾笺注，钱仲联点校，上海
古籍出版社 2003 年第 1 版。

训至疑经。疑经不已，遂至改经、删经、移易经文以就己说。此不可为训者也。"又说："且宋以后，非独科举文字蹈空而已，说经之书亦多空衍义理，横发议论，与汉、唐注疏全异。"① 随意删改自不足为训，但根据印制文本独立地进行辨识解析却是学术进步的前提。

五、平民上学与打破科举门第

宋代基于"王者虽以武功克定，终须用文德致治"② 的认识，奉行"以文化成天下"的基本国策，形成"满朝朱贵紫，尽是读书人"的仕进机制，"万般皆下品，唯有读书高"观念在全社会蔓延。洪迈《容斋四笔》卷五《饶州风俗》提及原籍江西的民间崇文风俗："为父兄者，以其子与弟不文为咎；为母妻者，以其子与夫不学为辱。"③ 传说宋真宗还曾作通俗的《励学篇》（又名《劝学诗》）劝学天下："富家不用买良田，书中自有千钟粟。安房不用架高梁，书中自有黄金屋。娶妻莫恨无良媒，书中有女颜如玉。出门莫恨无人随，书中车马多如簇。男儿欲遂平生志，六经勤向窗前读。"《励学篇》有多个版本，应是民间文士杜撰，也不是一时而成，属于顾颉刚所说"层累造史"而成，而附名于科举兴盛时代的君主，体现了人们对科举的向往。包弼德《唐宋转型的反思：以思想的变化为主》一文指出："在社会史方面，唐代结束了世袭门阀对政府的支配，宋代开始了一个现代的时代，它以平民的兴起为标志。在教育的基础上，通过考试，而不是按照出身来选拔平民为官。这样的文官考试体制，促使在唯才是举的基础上建立的高水平社会流动制度化。"④

宋代高度重视学校教育。北宋先后兴起 3 次大的兴学运动。第一次是仁宗时的"庆历兴学"，完善科举制度，并在改进太学和国子学

---

① 皮锡瑞：《经学历史》，周予同注释，中华书局 1959 年第 1 版。

② 李焘：《续资治通鉴长编》卷二三，上海师范大学古籍研究所、华东师范大学古籍研究所点校，中华书局 2004 年第 1 版。

③ 洪迈：《容斋随笔》，孔凡礼点校，中华书局 2005 年第 1 版。

④ 包弼德：《唐宋转型的反思：以思想的变化为主》，载刘东主编《中国学术》第 3 辑，商务印书馆 2000 年第 1 版。

的同时倡导州（府）、县立学，规定须在学 300 日方可参加科举考试。第二次是神宗时的"熙宁、元丰兴学"，改革科举制度，整顿地方官学，发展专科学校，太学推行三舍法。第三次是徽宗时的"崇宁兴学"，继续改革科举制度，将三舍法推行于各级官学，并试图以学校取士而停废科举。这 3 次兴学时间都不长，但造成深远的社会影响，及至南宋时仍余波高涨，极大推动了整个教育事业发展。

宋马远《孔子像》（故宫博物院藏）

各类学校雨后春笋般涌现。宋代学校大致有 4 种类型，即中央官学、地方官学、书院、乡塾村校。它们相互补充，各有特长，构成较为完整的教育体系。各类学校基本都免学费。太学不仅免学费，学子每月甚至还能领到约 1000 文伙食补贴。太学名额有限，有时还加旁听生。

宋代中央官学名目繁多，包括太学、国子学、武学、宗学、小学、广文馆、四门学、律学、算学、书学、画学、医学等。国子监是中央官学管理机构，总掌国子学、太学事务，如生员训导、生员出入规矩、考课规范、皇帝视学、皇太子齿胄（入学依年龄为序）以及监本书刻等，又办国子学，招收七品以上官员子弟。宋代之前门阀势力左右朝政，国子学曾兴旺一时。宋代官僚政治代替门阀政治，国子学不再受重视，逐渐演变为太学的附属部分。南宋建炎初，虽在"行在置国子监，立博士二员，以随幸之士三十六人为监生"[1]，但主要是虚应旧例。绍兴三年（1133 年）又"置国子监及博士弟子员"[2]，但仍为一纸空文。绍兴十三年才开始实设国子监和太学，但国子生与太学生不仅同居一

---

① 脱脱等：《宋史》卷一五七《志第一百十·选举三》，中华书局 1977 年第 1 版。

② 脱脱等：《宋史》卷二七《本纪第二十八·高宗（赵构）四》，中华书局 1977 年第 1 版。

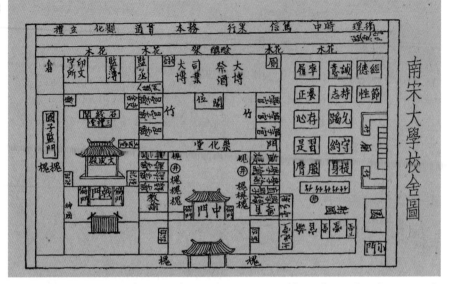

南宋太学校舍示意图（张其昀：《南宋杭州之国立大学》，《史地杂志》民国 26 年〔1937 年〕第 1 期）

舍，而且随父兄出入朝廷，他们的身份可互换。而当时太学生极多，国子生很少，国子监仍未得到扩张。南宋人将太学、武学、宗学合称"三学"，它们是当时最主要的中央官学。武学创立于北宋庆历三年（1043年），不久遭罢废。熙宁五年（1072 年）重建，生员以百人为额。"在学三年，具艺业考试等第推恩。未及格者逾年再试。"当时未纳入科举范围。三舍法推行后，武学生员也行升贡法，并设武举。南宋绍兴十六年在临安修建武学。淳熙五年（1178 年）"始立武学国子额，收补武臣亲属；其文臣亲属，愿附补者亦听"。但武学相对不受重视，武举出身授官不优。宗学初称宫学，始建于北宋元祐六年（1091 年），几经中断。建中靖国元年（1101 年）复建。因生员多限于赵氏宗室，最盛时大、小学生员也不过百人。到南宋后亦然，"（绍兴）十四年，始建宗学于临安，生员额百人：大学生五十人，小学生四十人。职事各五人。置诸王宫大、小学教授一员。在学者皆南宫、北宅子孙"。①一般 8 岁入小学，20 岁入大学。嘉定九年（1216 年）改称宗学。其他中央官学也有所发展。小学之设始于北宋元丰年间（1078—1085 年），入学年龄限于 8 岁到 12 岁，除政和年间（1111—1118 年）生员曾增

① 脱脱等：《宋史》卷一五七《志第一百十·选举三》，中华书局 1977 年第 1 版。

至千人外人数较少。广文馆、四门学应时而设，废置无常，不是常设学校。律、医、算、书、画各学除律学外都是伎艺性专科，招生人数很少，也时断时续，规制无定。律学始设于北宋熙宁六年，分律令大义、断案、大义兼断案3科。医学始设于熙宁九年，南宋重建于绍兴二十六年，生员限额300人。设方脉、针科、疡科3个专业。北宋算学始设于崇宁三年（1104年），习天文、历算等。书学始设于崇宁三年，习篆、隶、草3体及文化课。大观四年（1110年）并入翰林书艺局。画学与书学同时创设，分佛道、山水、人物、鸟兽、花竹、屋木6科。除习画外同样要习文化课。

地方官学是指由州（府、军、监）及县设立的学校。州、县有官学始于西汉武帝时。历代屡诏重建，但因与仕进无直接联系，不为地方士人所重视，所以多徒具形式而不起实际作用。据徐松辑《宋会要辑稿》所记，北宋庆历三年（1043年）诏诸路转运使司，"令辖下州、府、军、监应有学处并须拣选有文行学官讲说，不得因循废罢"。次年，又"诏诸路州、府、军、监除旧有学外，余并各令立学。如学者二百人以上，许更置县学。于是州、郡不置学者鲜矣"。[1] 北宋兴起地方办学高潮。且推行专职教官制（将教授职位列入文官序列，主掌各地官学）、资格审核制（一般以科举出身或太学生充任教官）、教官考试制（由有关部门定期考查教官和教师知识水平和业绩，不合格者给予警告或停职）等。由此逐渐出现"虽荒服郡县必有学"[2] 的盛况。但由于多种条件限制，多数学校既无专职教官，又无学田或其他经费来源，实际上仍处于自生自灭状态。熙宁五年（1072年），为纠正"自庆历以来天下诸州虽皆立学校，大抵多取丁忧及停闲官员以为师长，借其供给，以展私惠。聚在事官员及井市豪民子弟十数人游戏其间，坐耗粮食，未尝讲习"[3] 之弊，"始命诸州置学官，率给田十顷赡士"[4]，

---

[1] 徐松辑：《宋会要辑稿·崇儒二》，中华书局1957年第1版。

[2] 苏轼：《苏轼文集》卷一一《南安军学记》，孔凡礼点校，中华书局1986年第1版。

[3] 司马光：《温国文正司马公文集》卷三九《议学校贡举状》，《四部丛刊》初编，商务印书馆民国25年（1936年）版。

[4] 脱脱等：《宋史》卷一五七《志第一百十·选举三》，中华书局1977年第1版。

20 世纪 40 年代的长沙岳麓书院

使地方官学有了师资和经济上的保障，逐步正规化。州学教授初由诸路转运使司及州长史在幕职内推荐，或从本地学人有德艺者中选聘，崇宁二年（1103 年）诸路设提举学事司以掌一路州、县学政。次年规定生员 500 人以上可设教授 2 名，不及 80 人者罢设。南宋初州（府）、县学纷纷恢复，较北宋更加繁荣。叶适以为："今州、县有学，宫室廪饩，无所不备。置官立师，其过于汉唐甚远。"[1] 南宋官学完全制度化，所有州（府）、县都有固定的官学。一些较繁华的镇市也设立了官学，作为州（府）、县学的补充。除教授外配备学正、学录、直学、纠弹、司计、学谕、教谕、学长、斋长、斋谕等诸多教学和辅助人员。办学经费有财政保障，且有多种来源，如社会捐赠、学校通过出租房舍或刊印书籍等自筹。

宋代地方私学也很兴盛。其中书院肇始于唐代，推行于五代，至宋代大盛。唐代书院有两种类型：一种是官方收藏、校勘和整理书籍的机构，最早见于记载的有唐玄宗时的丽正书院和集贤书院；另一种是私人创建的教学或治学机构，为学者治学或士人子弟受业所用。五代战事频繁，但学术和科举始终未废，私人书院逐渐增多。北宋初统治者不能兼顾兴学，加上财力有限，尽管科举备受重视，但州（府）、县学迟迟未置。甚至太学也长久处在草创水平。在此境况下，作为教育资源必要补充的书院首先得以恢复和发展，出现许多著名书院，如应天书院（睢阳书院）、岳麓书院、嵩阳书院、白鹿洞书院、石鼓书院、徂徕书院、茅山书院、龙门书院、丽泽书院等。吕祖谦《白鹿洞书院记》

---

① 叶适：《叶适集》之《水心别集》卷三《奏议·学校》，刘公纯、王孝鱼、李哲夫点校，中华书局 1961 年第 1 版。

称嵩阳书院、岳麓书院、睢阳书院、白鹿洞书院为"天下所谓四大书院也"①。全祖望《答张石痴征士问四大书院帖子》又将岳麓书院、白鹿洞书院、丽泽书院、象山书院列为"南宋之

民国时期的庐山白鹿洞书院

四大书院"②。这些书院原先都是地方长官倡导或私人兴办的，后来由政府通过赐额、赐书、赐田和任命教授等措施加以收编，有了半官方性质。北宋太平兴国二年（977 年）至宝元元年（1038 年），朝廷曾 20 余次为书院赐额、赐书、赐田。③据李焘《续资治通鉴长编》，大中祥符二年（1009 年），"应天府民曹诚以资募工就戚同文所居造舍百五十间，聚书千余卷，博延生徒，讲习甚盛。府奏其事，诏赐额曰应天府书院。命奉礼郎戚舜宾主之，仍令本府幕职官提举，又署诚府助教"④。但较小的书院一般仍由私人经营。庆历新政后，政府将办学重点放到州（府）、县学，很少关注书院。熙宁七年（1074 年）还诏令将书院钱粮拨入"州学已差教授处"⑤，或直接要求书院并入州（府）、县学，于是大批读书人纷纷涌向师资、廪给都较优厚的州（府）学就读，许多书院因此衰落。

私塾为私学的一种。马端临《文献通考》卷四六《学校考七》云："是时未有州、县之学，先有乡党之学。盖州、县之学，有司奉诏旨所建也，

① 吕祖谦：《吕祖谦全集》第 1 册《东莱吕太史文集》卷六《白鹿洞书院记》，黄灵庚、吴战垒主编，浙江古籍出版社 2008 年第 1 版。

② 全祖望撰，朱铸禹汇校集注：《全祖望集汇校集注》第 1 册《鲒埼亭集外编》卷四五《答张石痴征士问四大书院帖子》，上海古籍出版社 2018 年第 1 版。

③ 邓洪波：《中国书院史》，东方出版中心 2006 年第 1 版，第 76—77 页。

④ 李焘：《续资治通鉴长编》卷七一，上海师范大学古籍研究所、华东师范大学古籍研究所点校，中华书局 2004 年第 1 版。

⑤ 李焘：《续资治通鉴长编》卷二五二，上海师范大学古籍研究所、华东师范大学古籍研究所点校，中华书局 2004 年第 1 版。

故或作或辍，不免具文。乡党之学，贤士大夫留意斯文者所建也，故前规后随，皆务兴起。后来所全，书院尤多。"① 说明私塾发展先于州（府）、县之学，也先于书院。私塾规模虽较书院小，但因收费低廉，又可就近入学，更受贫寒子弟欢迎。北宋时私塾已遍及各地，且在一般文化知识传授的基础上与科举考试接轨，使草泽寒士多了中举可能。出身寒门的范仲淹、欧阳修等名士未第前都受益于乡先生教育。庆历、皇祐年间（1041—1053 年）人称"宋初三先生"的理学先驱孙复、石介、胡瑗都以私人讲学著称，弟子多有中高第者。南宋因科举更盛，入私塾读书的人越来越多。按办学形式划分，私塾可分义学、专馆和散馆 3 类。义学又称义塾，是私塾中规模较大者。范仲淹任杭州知州时以原籍吴县（今属江苏省苏州市）千亩土地办义庄，用以救济同族贫困者，并设学校免费让同族子弟入学，此为义学之始。各州（府）、县官纷纷效仿，从田产中拨出部分作为族产。其所得租税除祭祀外用于兴办义塾，宗祠则以祀田收入的一部分作为办学开支。专馆又称塾馆，由一户几户、一村一族、几村数族单独或联合聘请塾师设立，多为富户所办。散馆分为两类：一类是生员（秀才）或其他有文化的人在家设立，以招生收费维持生活，称"家馆"或"教馆"。另一类是富贵人家请塾师在家设馆，称"坐馆"或"家塾"。按教育程度划分，私塾可分为蒙馆和经馆。蒙馆行启蒙教育，经馆专为 15 岁以上、文化程度较高者继续学习或应对科举考试而设。宋代女子尽管并未获得与男性平等的受教育权，但可以通过家庭教育或入读私塾完成学业，至少富庶家庭的女孩子如此。她们不仅能断文识字，甚至还能吟诗作赋，著名者如李清照、朱淑真等。

科举始于隋代，但隋唐时选拔人才荐举和门荫的因素仍较重，科举选人并不充分。武周时曾推行糊名制，即糊盖考卷上考生的姓名等，但并不普遍。唐代还无挟书之禁，且盛行"通关节"，乃至事先"觅举"。除考试外，参考甚至完全依据举子平日作品和誉望、社会关系

---

① 马端临：《文献通考》卷四六《学校考七》，上海师范大学古籍研究所、华东师范大学古籍研究所点校，中华书局 1986 年第 1 版。

决定去取。有地位的人及与主试官关系密切者都可举荐，乃至参与确定人选名次，所谓"公荐"或"通榜"。应试者为增加及第的可能和争取名次，多将平日诗文作品编辑成卷轴送呈他们推荐，所谓"行卷"。为强化印象，隔数日再投，称"温卷"。甚至主持考试的礼部还主动要求考生交"纳省卷"（"公卷"）。南宋赵彦卫《云麓漫钞》卷八云："唐之举人，先借当世显人，以姓名达之主司，然后以所业投献；逾数日又投，谓之温卷。如《幽怪录》《传奇》等皆是也。"[1]传说王维以音乐和诗歌向玄宗之妹玉真公主自荐，白居易以《赋得古原草送别》诗向顾况行卷。唐人张固《幽闲鼓吹》载："白尚书应举，初至京，以诗谒顾著作。顾睹姓名，熟视白公曰：'米价方贵，居亦弗易。'乃披卷，首篇曰：'咸阳原上草，一岁一枯荣。野火烧不尽，春风吹又生。'即嗟赏曰：'道得个语，居即易矣。'因为之延誉，声名大振。"[2]说白居易向著名诗人顾况行卷，顾况看到诗稿上"白居易"这个名字，调侃说："长安米价正贵，居住不易。"但打开诗卷，见首篇《赋得古原草送别》，大为叹服欣赏："能写出这样的诗句，居住也容易。"便竭力为白居易推荐，使之名声大噪。洪迈《容斋四笔》卷五《韩文公荐士》云："唐世科举之柄，颛付之主司，仍不糊名。又有交朋之厚者为之助，谓之通榜。故其取人也畏于讥议，多公而审。亦有胁于权势，或挠于亲故，或累于子弟，皆常情所不能免者。若贤者临之则不然，未引试之前，其去取高下，固已定于胸中矣。"[3]事实上，洪迈说的因为畏惧士人讥讽议论的主观公平"多公而审"也不可能。南宋葛立方《韵语阳秋》卷一八指出："举子祈之于前，主司录之于后，公论何在乎！"[4]隋唐科举尽管也选拔了一些人才，但明显存在缺陷。行卷之作大多为精心宿构，虽不乏佳作，也有不少诡词、奇文，甚至是赝作，假借他人文字或以旧卷装饰重抄者也很多。而且，即使真有

[1] 赵彦卫：《云麓漫钞》，傅根清校点，中华书局1996年第1版。

[2] 张固：《幽闲鼓吹》，永瑢、纪昀等编纂：《文渊阁四库全书》，上海古籍出版社2012年第1版。

[3] 洪迈：《容斋随笔》，孔凡礼点校，中华书局2005年第1版。

[4] 葛立方：《韵语阳秋》，载何文焕辑：《历代诗话》，中华书局2004年第1版。

佳作，也必须通过显贵的延誉才有效，一般寒士没有这样的门径。另外，这种科举制度还极易为人把持。唐末五代王定保《唐摭言》卷七《升沈后进》云："太和中，苏景胤、张元夫为翰林主人，杨汝士与弟虞卿及汉公尤为文林式样。故后进相谓曰：'欲入举场，先问苏张；苏张犹可，三杨杀我。'"① 言及唐文宗时苏景胤、张元夫和杨汝士兄弟把持科举的问题。

宋代针对过往弊端改革科举制度，使"一切以程文为去留"② 的原则得以贯彻。太祖至真宗时除增加取士名额外主要从制度层面改革考校程序，完善考试规则，保障公平竞争，考试科目及内容则基本因循前代。有鉴于"向者登科名级多为势家所取，致塞孤寒之路"废除了公荐③，且推行封弥（糊封考生姓名、籍贯等）、誊录（誊抄考卷让考官阅卷）、别头试（为避与考官亲故关系另设的考试）、锁院（考试时封锁试院）、殿试等法，阻断舞弊。欧阳修《论逐路取人札子》云："窃以国家取士之制，比于前世，最号至公。盖累圣留心，讲求曲尽。以谓王者无外，天下一家，故不问东西南北之人，尽聚诸路贡士，混合为一，而唯材是择。各糊名、誊录而考之，使主司莫知为何方之人、谁氏之子，不得有所憎爱薄厚于其间。故议者谓国家科场之制虽未复古法，而便于今世。其无情如造化，至公如权衡，祖宗以来不可易之制也。"④《梦溪笔谈》卷九《人事一·主考官判卷》载，郑獬在国子监选拔考生时被排在第五位，心高气傲的他十分不满。按惯例，考生要向国子监祭酒写信表示感谢，郑獬却在信中大发牢骚："李广事业，自谓无双；杜牧文章，止得第五。"还尖刻地说："骐骥已老，甘驽马以先之；巨鳌不灵，因顽石之在上。"国子监祭酒因此怀恨在心。殿试时，考官恰恰就是这位国子监祭酒。他将文风像郑

---

① 王定保：《唐摭言》，古典文学出版社 1957 年第 1 版。

② 陆游：《老学庵笔记》卷五，李剑雄、刘德权校，中华书局 1979 年第 1 版。

③ 李焘：《续资治通鉴长编》卷一六，上海师范大学古籍研究所、华东师范大学古籍研究所点校，中华书局 2004 年第 1 版。

④ 欧阳修：《欧阳修全集》卷一一三《奏议》卷一七《论逐路取人札子》，李逸安点校，中华书局 2001 年第 1 版。

獬的卷子一概淘汰，但拆封后发现并不是郑獬的，郑獬则高中状元。又嘉祐年间（1056—1063 年），有个叫刘几的多次在国子监考试中得第一名。但他屡屡写出诡谲险怪的文句，学子们纷纷跟着仿效，一时形成风气。欧阳修非常憎恶，临到他主持考试时便下决心狠狠惩治，凡写这种艰涩险怪文章的一概不取。有个考生写道："天地轧，万物茁，圣人发。"欧阳修以为定是刘几，戏谑地在其后续写道："秀才刺，试官刷。"还用大红笔把文章从头到尾横涂一道，称作"红勒帛"，批上"大纰缪"3 个字张榜公布。这个人果然就是刘几。过了几年，欧阳修担任廷试考官，发现刘几也来参加考试。欧阳修说："除恶务本，今必痛斥轻薄子，以除文章之害。"有一考生论曰："主上收精藏明于冕旒之下。"欧阳修以为又找到了刘几，就将其刷掉，可是这个人却是吴地一个叫萧稷的考生。后来廷试《尧舜性仁赋》，有考生写道："故得静而延年，独高五帝之寿；动而有勇，形为四罪之诛。"欧阳修大加赞赏，定为第一名。一唱名，考生叫刘辉。有人告诉欧阳修："此刘几也，易名矣。"欧阳修吃了一惊，也想成全刘辉名声。刘辉原赋中有"内积安行之德，盖禀于天"的句子，欧阳修认为"积"字有"学"的意思，就将它改为"蕴"字，人赞其知人且有见识。[①]

仁宗至徽宗时的改革重点是"精贡举"[②]，对考试科目和内容进行改革，以期革除"所习非所用，所用非所习"的流弊[③]。唐代以诗取士可征选天赋异禀者，也促进了唐诗的兴盛，但也有其问题。南宋诗论家严羽《沧浪诗话·诗评》云："或问：唐诗何以胜我朝？唐以诗取士，多专门之学，我朝之诗所以不及也。"[④] 明人王嗣奭《管天笔记》外编《文学》云："唐人以诗取士，故无不工诗。竭一生经历，千奇万怪，何所不有？"[⑤] 又胡震亨《唐音癸签》卷二七《谈丛三》云：

① 沈括撰，胡道静校证：《梦溪笔谈校证》，上海古籍出版社 1987 年第 1 版。

② 范仲淹：《范仲淹全集》之《范文正公政府奏议》卷上《答手诏条陈十事》，李勇先、刘琳、王蓉贵点校，中华书局 2020 年第 1 版。

③ 马端临：《文献通考》卷二九《选举考二》，上海师范大学古籍研究所、华东师范大学古籍研究所点校，中华书局 1986 年第 1 版。

④ 严羽：《沧浪诗话》，载何文焕辑：《历代诗话》，中华书局 1981 年第 1 版。

⑤ 王嗣奭：《管天笔记》，《丛书集成续编》第 17 册，台湾新文丰出版公司 1991 年第 1 版。

"唐试士初重策，兼重经。后乃觭重诗赋。中叶后人主至亲为披阅，翘足吟咏所撰，叹惜移时。或复微行，咨访名誉，袖纳行卷，予阶缘。士益竞趋名场，殚工韵律。诗之日盛，尤其一大关键。"①范仲淹、王安石等与司马光、苏轼等就选人标准和考试科目等问题多次争论，最后大体实行王安石的做法，即保留进士科，罢明经诸科，新增明法科，进士科考试取消诗赋、帖经、墨义，而以经义、论、时务策为主。此后虽有反复，但考试仍以经义为主导。诗赋虽有恢复，但地位大不如前。

重经义试的用意在于了解举子是否能将所学有效运用到论理中，以考察其道德品质和治政能力。庆历新政范仲淹改革贡举时，考试是"三场，先策、次论、次诗赋。通考为去取，而罢帖经、墨义。士通经术愿对大义者试十道，可为永式"②。这里"墨义"与"大义"对举，说明墨义已不同于唐代，而是侧重于义理的阐发。熙宁变法时，王安石将讲究声韵对偶的诗赋和以强记博诵为旨的帖经、墨义废除，改考经义。考生治《诗经》《尚书》《周易》《周礼》《礼记》中的一经为本经，习《论语》《孟子》为兼经。试4场，第一场本经大义10道，第二场兼经大义10道，第三场论1首，第四场策3道。颁"大义式"，规定每篇不得超过500字。南宋中期，经义考试形成了包括破题、承题、小讲、缴结、官题、原题、大讲、余意、原经、结尾10个段落的规范时文体式，通名经义。题目出于《论语》者称《论语》义，出于《尚书》者称《尚书》义，其余类推。南宋时主张以诗赋取士的议论又有抬头，但遭到高宗反对。他说："文学、政事自是两科。诗赋止是文词，策、论则须通知古今，所贵于学者修身、齐家、治国以治天下。专取文词，亦复何用？"乃诏省阁，"其程文并须三场参考。若诗赋虽平，而策、论精博，亦不可遗"，③维持了北宋科举取士对策论的侧重。绍兴三十一年（1161年）进士科被分成经义、诗赋两科，各兼以策论，经义、诗赋和策论在考校中几乎占了同等重要的地位。

---

① 胡震亨：《唐音癸签》，上海古籍出版社1981年第1版。

② 马端临：《文献通考》卷三一《选举四》，上海师范大学古籍研究所、华东师范大学古籍研究所点校，中华书局1986年第1版。

③ 李心传：《建炎以来系年要录》卷一一三，中华书局1956年第1版。

宋代科举总体上取消了门第限制，扩大了取士范围。唐代举人来源大要有二：“由学馆者曰生徒，由州县者曰乡贡。”学馆生徒多系大官僚、大贵族子弟，少数为低品级官员子弟和“庶人之俊异者为之”。[①] 乡贡进士不一定是品官子弟，但出身至少也是中小地主和富裕农民之家。毛汉光《唐代统治阶层社会变动》一文对新、旧《唐书》所载 830 名进士社会成分统计分析的结论是：“进士出身者，士族子弟尤多，高达 71%。而小姓为 13.1%，寒素中进士第者仅占进士总额的 15.9%。”[②] 唐代还规定“凡官人身及同居大功以上亲，自执工商，家专其业，皆不得入仕”[③]。如李白就因出身商人家庭，不能参加科举。他一生两次入赘，先后与前朝左丞相许圉师孙女、宰相宗楚客孙女成婚，目的可能与改换身份或想通过权贵入仕有关。宋代则全面取消门第限制。太宗淳化三年（992 年）明诏：“国家开贡举之门，广搜罗之路……如工商、杂类人内有奇才异行、卓然不群者亦许解送。或举人内有乡里是声教未通之地，许于开封府、河南府寄应。”[④] 北宋太祖当政前期每次参加省试的人不过 1000 人左右，而太宗朝第一次贡举就达 5300 人，真宗朝第一次贡举则接近 2 万人。若按“每进士一百人，只解二十人；‘九经’已下诸科共及一百人，只解二十人赴阙”[⑤] 推算，当时全国仅参加发解试（宋代科举考试的初级考试）的就有 10 万人。英宗朝可能达到 42 万人。南宋时多者更是可能达到 100 万人。[⑥] 过去一直被排斥于仕途之外的“工商、杂类”子弟和边远地区的学人也有了应举的可能。南宋时甚至“狁干、黔吏之子”[⑦] 及“以屠杀为业”[⑧]

---

① 欧阳修、宋祁：《新唐书》卷四四《志第三十四·选举上》，中华书局 1975 年第 1 版。

② 毛汉光：《唐代统治阶层社会变动》，台湾政治大学博士论文，1968 年。

③ 李林甫：《唐六典》卷二《吏部尚书》，陈仲夫点校，中华书局 1992 年第 1 版。

④ 徐松辑：《宋会要辑稿·选举一四》，中华书局 1957 年第 1 版。

⑤ 徐松辑：《宋会要辑稿·选举一四》，中华书局 1957 年第 1 版。

⑥ 何忠礼：《科举制度与宋代文化》，《历史研究》1990 年第 5 期。

⑦ 蔡久轩：《哗鬼讼师》，载佚名辑：《名公书判清明集》卷一三《惩恶门·哗徒》，中国社会科学院历史研究所宋辽金元史研究室点校，中华书局 1987 年第 1 版。

⑧ 刘克庄：《宰牛者断罪拆屋》，载佚名辑：《名公书判清明集》卷一四《惩恶门·奸恶》，中华书局 1987 年第 1 版。

现存最完整的宋代进士题名录之一宋佚名《绍兴十八年同年小录》（王佐榜进士题名录）南宋刊本（中国国家图书馆藏）

者都可以参加。考《宋史》本传及明人朱希召《宋历科状元录》，北宋仁宗朝 13 榜进士第一名有 12 人出身平民。南宋《宝祐四年登科录》所载曾祖、祖、父履历完整的 570 名进士中祖上 3 代不仕者 307 人，占总数的 53.9%。父代为官者（包括宗室）129 人，仅占 22.6%。其中绝大部分也仅是选人或小使臣一类初级品官，从九品的迪功郎、承信郎占半数以上，高门显宦子弟不多。

宋代君主倡导与士大夫共治天下，科举录取人数多，录取后及时任用，且除授官职不拘一格。太祖曾指明科举的目的："设科取士，本欲得贤以共治天下。"[1]唐代每年各科考试录取的人数不超过 50 人，经常一二十人。宋代录取名额扩大了 10 余倍，一般二三百人，多则五六百人。如北宋太宗太平兴国二年（977 年）取进士 190 人，诸科 207 人，十五举（参加 15 次考试而未录取）以上特奏名 184 人，共 500 多人。端拱元年（988 年）礼部已取进士 28 人，诸科 100 人，而太宗又对未录取者复试再取 700 余人。真宗咸平三年（1000 年）取进士 409 人，诸科 430 人，后又取特奏名 900 余人，共 1800 余人。仁宗时规定 400 为限，但实际录取人数远超此数。徽宗宣和六年（1124 年）取进士 850 人。南宋时取士最多为理宗宝庆二年（1226 年），达到 987 人。宋代是中国历史上登科人数最多的朝代。共举行过 118 榜

---

[1] 李幼武：《陈亮言行录》，载陈亮：《陈亮集》（增订本）附录，邓广铭点校，中华书局 1987 年第 1 版。

考试，文、武两科正奏名、特奏名进士及其他诸科登科总人数超过 10
万。龚延明、祖慧主编《宋代登科总录》收录有名姓者就有 41040 人。
孟二冬《登科记考补正》自序云："据徐松《登科记考》逐年标注
的登科数字统计，唐、五代进士的总数当在 7182 人以上，诸科当在
3125 人以上。因有些年份失考而不注人数，所以这只是最为保守的统
计数字。明经科的人数，史无专门载记，其人数倍于进士或更多，应
当是没有问题的。加之秀才、制科、上书拜官、上封拜官、赐及第等，
总数当在 3 万人以上。这大约就是唐、五代科举的基本阵容了。"①
唐五代共延续 342 年，比宋代长 20 多年，但科举取士人数不及宋代
1/3。唐代科举及第只是取得做官资格，还不能直接授官，故称选人。
选人入仕还得经过吏部身、言、书、判铨选考试，寒士为官有较大不
确定性。即使授官，进士也只是从九品小官，比一个从五品官荫子弟
所授官品还低。寒士往往因此踯躅仕途，潦倒终生。如白居易在写给
友人元稹的《与元九书》中就说："近日孟郊六十，终试协律；张籍
五十，未离一太祝。"②中唐两位大诗人孟郊和张籍仕途不过如此。
宋代进士出身者则不仅释褐即授官，无须进行选试，而且由皇帝唱名
赐第，荣耀加身，升迁也远较其他出身的人为快。特别是举进士高科
即名次较前者，较短时间即位极通显者不乏其人。所以宋代不少官宦
子弟在荫补入仕为官后仍参与科举，以求能有更高远的仕途前景。据
《新唐书·宰相表》统计，唐代实有宰相 369 人，其中科举出身者
143 人，仅占总数的 38.8%。《宋史·宰辅表》记宋代有 133 名宰相，
其中科举出身者 123 名，占总数的 92.4%，比例大大高于唐代。③宋代
官员若无科举功名在官场多受歧视。狄青颇具军事才能，且屡立战功，
很受仁宗器重，累迁至最高军事长官枢密使。他没有科举功名，又违
背宋代武人不得任枢密使的惯例，遭到韩琦、文彦博等众多朝臣的反

① 孟二冬：《登科记考补正》，燕山出版社 2003 年第 1 版，第 12 页。
② 白居易：《白氏长庆集》卷四五《碑、志、序、记、表、赞、论、衡、书·与元九书》，文学
古籍刊行社 1955 年第 1 版。
③ 郭齐家：《中国古代考试制度》，商务印书馆 1997 年第 1 版，第 119 页。该书将唐代宰相记为
368 人。

宋刘松年《十八学士图》（台北"故宫博物院"藏）

对和排斥。嘉祐元年（1056年）以加同中书门下平章事衔出知陈州，次年即抑郁而终。

宋代科举确立三级选拔和3年一考制度，并确定进士等级，使考试制度规范化。宋代以前科举考试分为乡试（解试）、省试两级。北宋太祖开宝六年（973年）确立殿试制度，变为乡试、省试、殿试3级。北宋初一二年一考不定，英宗治平二年（1065年）始定3年一考，后成定制。唐代取士人数少，进士只分甲、乙两科，前3名为甲科，考取之人皆称及第。北宋太宗朝以后取士人数大增，所分甲第逐渐细化，或作三等、四等，或作五等、六等，依次授与进士及第、进士出身、同进士出身、同三传出身、同三礼出身、同学究出身、试衔出身等。真宗大中祥符四年（1011年），新定《亲试进士条制》规定："其考第之制凡五等：学识优长、词理精绝为第一，才思该通、文理周密为第二，文理俱通为第三，文理中平为第四，文理疏浅为第五……上二等曰及第，三等曰出身，四等、五等曰同出身。"[1]但此制并未严格执行。南宋基本遵从北宋定规"检照崇宁二年典故，进士霍端友以下分为五甲，第一、第二甲并赐及第，第三、第四［甲］并赐进士出身，第五甲赐同进士出身"[2]。一甲3名，第一名称状元，第二名称榜眼，第三名称探花。明清时改为三甲，一甲皆赐进士及第，二甲赐进士出身，三甲赐同进士出身。中国的科举制度是在宋代定型的。

① 脱脱等：《宋史》卷一五五《志第一百八·选举一》，中华书局1977年第1版。

② 徐松辑：《宋会要辑稿·选举二》，中华书局1957年第1版。

第二章　道有趣道不尽的宋学问题和思想

一、都说天地人间有个理

宋代有一种特殊的社会风气，就是人人爱讲"理"，凡事爱讲"理"，大家都认为天地人间有个"理"。清代乾嘉时期的学者从治学方法上将汉代以后的经学分为"汉学"和"宋学"两大类。汉学偏重训诂考证，宋学偏重义理诠释。北宋庆历新政以前的 80 年间仍接汉唐经学绪余，此后学统四起，义理之学勃兴，经学才走上开新之路。王安石、王雱父子所代表的"新学"，苏轼、苏辙兄弟所代表的"蜀学"，程颢、程颐兄弟所代表的"洛学"，张载、张戬兄弟所代表的"关学"等属于义理之学，都可以视为"宋学"。以二程为中坚的"洛学"又称"理学"，曾长期与王安石所代表的"新学"相对峙。至南宋朱熹以后逐渐在学术上占据支配地位，并成为"宋学"大宗，所谓"程朱理学"。理学相对于佛、道的虚无主义与王安石的功利主义而言，采取了"中道"路线，坚持"道德至上"的原则。理学家认为，只有识得义理，才能读经。程颐说："古之学者，先由经以识义理……后之学者，却先须识义理，方始看得经。"①汉学关注制度的焦虑，理学更重视生命的焦虑，反对将人类命运寄托于虚妄的鬼神，并在这种意义上反对佛、道。理学家还改汉学陈陈相因的"集解""通释"，试图整体改观旧的解释体系，将自己的解释上升到信仰的高度，所谓"道统"。理学试图建立一整套解释系统，解释这个世界是怎么来的，为什么会有这样的世界。还有，在这个世界中人处于什么样的地位，人如何成为一个人，人应该有什么行为，不应该有什么行为……理学既要彻底追究源头，又要提供具体而实用的人生行为准则，是一套既大且细的学问。而其实不唯理学，整个宋学都有这种特点，如王安石的新学也"穷性命之理"，或者说"窥性命之端"。

---

① 程颢、程颐：《二程集》之《河南程氏遗书》卷一五，王孝鱼点校，中华书局 1981 年第 1 版。

传宋牧溪《芦雁图》（日本群马县立近代美术馆藏）

理学所说的"天理"有本体、本源、规律等内涵，既指自然物理，又指人间事理、人生道理。朱熹提出"理在事先"的本体论思想，认为理是宇宙万有的本原，先于事物而存在，具有逻辑的先在性。《朱子语类》卷一《理气上》云："未有天地之先，毕竟也只是理。有此理，便有此天地；若无此理，便亦无天地，无人无物都该载了。"①宋人将理视作最高思想范畴，认为理无所不在、不生不灭，是世界的本原，也是社会生活的最高准则。"天下万物当然之则便是理。"②"天有春夏秋冬，地有金木水火，人有仁义礼智，皆以四者相为用也。"③"大而天地万物，小而起居食息，皆太极阴阳之理也。""理者有条理，仁义礼智皆有之。"④"理是人物同得于天者。"⑤理学在南宋时被尊为官方学术，经宋明两代约600年发展，成为中国古代最为完备的思想理论体系之一，

---

① 黎靖德辑：《朱子语类》，载朱熹：《朱子全书》，朱杰人、严佐之、刘永翔主编，上海古籍出版社、安徽教育出版社2002年第1版。

② 黎靖德辑：《朱子语类》卷一一七《朱子十四》，载朱熹：《朱子全书》，朱杰人、严佐之、刘永翔主编，上海古籍出版社、安徽教育出版社2002年第1版。

③ 黎靖德辑：《朱子语类》卷一《理气上》，载朱熹：《朱子全书》，朱杰人、严佐之、刘永翔主编，上海古籍出版社、安徽教育出版社2002年第1版。

④ 黎靖德辑：《朱子语类》卷六《性理三》，载朱熹：《朱子全书》，朱杰人、严佐之、刘永翔主编，上海古籍出版社、安徽教育出版社2002年第1版。

⑤ 黎靖德辑：《朱子语类》卷四《性理一》，载朱熹：《朱子全书》，朱杰人、严佐之、刘永翔主编，上海古籍出版社、安徽教育出版社2002年第1版。

清勃碣常峀《历代帝王圣贤名臣大儒遗像》（*Portraits de Chinois celebres*）18世纪法文版中的张载、邵雍像（法国国家图书馆藏）

清顾沅辑《吴郡名贤图传赞》卷二胡瑗像和故宫南薰殿旧藏《历代圣贤名人像册》周敦颐像（台北"故宫博物院"藏）

影响至深至巨，世人又称"宋明理学"。

　　"宋初三先生"胡瑗、孙复、石介揭开了理学的序幕，而北宋中期的"北宋五子"周敦颐、张载、邵雍、程颢、程颐从不同方面提出理学的基本范畴，为理学理论体系的形成奠定了基础。胡瑗提倡"明体达用"，主张将儒家经典作为治理国家的根据。周敦颐《太极图说》

故宫南薰殿旧藏《历代圣贤名人像册》程颢、程颐像（台北"故宫博物院"藏）

一书提出系统的宇宙构成论，以"太极"为最高范畴，并阐释理、气、性、命等范畴。张载提出"太虚即气"的学说，肯定"气"是充塞宇宙的实体，"气"的聚散变化形成各种事物现象。"理"决定"气"，由"理"产生的"天地之性"是由"气"产生的"气质之性"的本体。邵雍认为太极显发生出数、象和器，天地万物的生成变化是按照"先天象数"的图式展开的。程颢、程颐认为万物有各自的理，又有一个共同的理。这个理便是宇宙的总根源，它无穷无尽、无始无终，不为尧存、不为桀亡。理是气之所本，是独立存在的实体，不仅是自然界的本原和主宰，而且具有伦理道德的属性，是社会伦理道德规范的总和。他们还提出"性即理"的观点，以为人的内在道德本性就是天理，从而用"性"将形而上层面的理与形而下层面的气贯穿起来。

从理学诞生起，人性论就和本体论紧紧联系在一起，几乎每个思想家都是在本体论的基础上阐述人性论的。而"天地之性"和"气质之性"的二分，正是理气二分的本体论在人性论上的落实和体现。朱熹发展了张载、二程关于理气关系的学说，集理学之大成，建立起完整的理学体系。朱熹认为宇宙万物都是由"理""气"两方面构成的，气是构成一切事物的材料，理是事物的本质和规律。在现实世界中理、气相依不能相离。朱熹和二程一样，主张理与气有形上和形下的区分："天地之间，有理有气。理也者，形而上之道也，生物之本也。气也者，形而下之器也，生物之具也。"① 与张载说太虚不能生气不同，朱熹明确主张理先气后，气从理出。理不仅在气先，而且能生气。朱熹的性论直承理气思想而来，认为性由人物禀受天地之理而有，理的纯然善性决定了性的纯然本善。禀理为性则性为善，但这只是人具有了先天的善的品质。现实中的人性善恶皆有，是由于人在形成性时禀气不同造成的。理只是决定了人先天的本性的善，但人是由理和气共同作用而成的，所以人禀理所成的性和禀气而成的性是不同的。前者为天命之性，后者为气质之性。纯粹至善的天地之性落实到人时有善恶的表现，是由于天地之性堕入气质时本然纯善的性被熏染所致。"天地间只是一个道理，性便是理。人之所以有善有不善，只缘气质之禀各有清浊。"② 不过，朱熹也认为天命之性和气质之性是不可分的。"气质是阴阳五行所为，性是太极之全体。但论气质之性，则此全体堕在气质之中，非别有一性也。"③ 气质之性以天命之性为根源，从天命之性中流出，但它又是天命之性的安顿处。没有气质之性，天命之性就失去了存在的基础。气质之性以天命之性为根源，决定了人通过学习改变气质之性的可能性。

气质之性善恶相混观使理学家对人禀气而来的情感和欲望持否定态度，表现出重视德性培养、轻视满足欲望的倾向，甚至发展出禁欲主义思想，忽视人对物质生活的正当追求。朱熹曾说："孔子所谓'克己复礼'，《中庸》所谓'致中和''尊德性''道问学'，《大学》所谓'明明德'，《书》曰'人心唯危，道心唯微，唯精唯一，允执

① 朱熹：《朱文公文集》卷五八《答黄道夫》，载朱熹：《朱子全书》，朱杰人、严佐之、刘永翔主编，上海古籍出版社、安徽教育出版社 2002 年第 1 版。

② 黎靖德辑：《朱子语类》卷四《性理一》，载朱熹：《朱子全书》，朱杰人、严佐之、刘永翔主编，上海古籍出版社、安徽教育出版社 2002 年第 1 版。

③ 朱熹：《朱文公文集》卷五八《答黄道夫》，载朱熹：《朱子全书》，朱杰人、严佐之、刘永翔主编，上海古籍出版社、安徽教育出版社 2002 年第 1 版。

厥中'，圣贤千言万语，只是教人明天理、灭人欲。"①"存天理、灭人欲"这一表达简单且比较极端的理学范畴历来争议较多。它在一定程度上表现了对感性生命的否定，将情感和欲望置于天理的对立面。这种对极端私欲的否定并非完全没有合理性。先秦有一个私欲强化、礼乐崩坏的时期，所以《礼记·乐记》提出节欲正乐自有必要性。而宋代相对于前代又是一个私欲得到更多承认并有所泛化的时期，理学家矫枉过正同样有合理性。事实上，朱熹也承认人的正当欲望的合理性，他只是反对超出人的正当要求及违反社会规范的欲望。"若是饥而欲食，渴而欲饮，则此欲亦岂能无？"②"如'口之于味，目之于色，耳之于声，鼻之于臭，四肢之于安佚'，圣人与常人皆如此，是同行也。然圣人之情不溺于此，所以与常人异耳。"③他甚至提及："人欲也未便是不好。谓之危者，危险，欲堕未堕之间，若无道心以御之，则一向入于邪恶，又不止于危也。"④认为人欲只要有"道心以御之"，就"未便是不好"。他反对司马光"扞御外物"的保守思想："夫外物之诱人，莫甚于饮食男女之欲，然推其本，则固亦莫非人之所当有而不能无者也。但于其间自有天理人欲之辨，而不可以毫厘差耳……今不即物以穷其原，而徒恶物之诱乎己，乃欲一切扞而去之，则是必闭口枵腹，然后可以得饮食之正，绝灭种类，然后可以全夫妇之别也。"⑤可见朱熹并不主张取消人的一般的感性欲求，而是想通过剔除情欲中反天理、反人性的因素而使人真正成为"人"，"自然"而"循理"。只是此说后为统治者利用，走向极端化。

---

① 黎靖德辑：《朱子语类》卷四《性理一》，载朱熹：《朱子全书》，朱杰人、严佐之、刘永翔主编，上海古籍出版社、安徽教育出版社 2002 年第 1 版。

② 黎靖德辑：《朱子语类》卷四九《论语三十一》，载朱熹：《朱子全书》，朱杰人、严佐之、刘永翔主编，上海古籍出版社、安徽教育出版社 2002 年第 1 版。

③ 黎靖德辑：《朱子语类》卷第一〇一《程子门人》，载朱熹：《朱子全书》，朱杰人、严佐之、刘永翔主编，上海古籍出版社、安徽教育出版社 2002 年第 1 版。

④ 黎靖德辑：《朱子语类》卷七八《尚书一》，载朱熹：《朱子全书》，朱杰人、严佐之、刘永翔主编，上海古籍出版社、安徽教育出版社 2002 年第 1 版。

⑤ 朱熹：《四书或问·大学或问下》，载朱熹：《朱子全书》，朱杰人、严佐之、刘永翔主编，上海古籍出版社、安徽教育出版社 2002 年第 1 版。

　　理学是一种性理之学或心性之学，其核心问题是论证道德实践之所以可能的先天根据，也就是论证心性道德的真实无妄与真己创造。心性之学也是内圣之学，理学重视个体自觉履行道德实践以发展完满的德性人格。理学不倡导舍弃和出离的宗教，而倡导在有限的生命中取得无限而圆满意义的道德信仰，所以在其兴盛之初即被称为道学。《宋史》创立《道学传》，认为"道"盛于三代，昭于孔子，及于孟子。孟子殁而无传，千余年后到宋代得圣贤不传之学而焕然大明。《道学传》各以类从，记其学事。倡明圣人之道是理学的宗旨与贡献。

　　当代新儒学代表人物牟宗三的《心体与性体》一书，依东汉刘劭《人物志》将理分为道理、事理、义理、情理四类，认为宋代理学兼摄道理与义理两者。另一位新儒学学者唐君毅的《中国哲学原论》一书将理分为文理、名理、空理、性理、事理、物理六义，认为宋代理学属性理之学。而其实以学门范域之，宋代理学有属于逻辑、赅括数学的名理，属于经验科学的物理，属于道家的玄理，属于佛家的空理，属于儒家的性理，以及属于政治哲学与历史哲学的事理（也摄情理），涵括的内容广大，不局限于道理、义理、性理。

二、格物致知与知行相须

　　"格物致知"是一个为人熟知的成语，指推究事物原理并从中获得知识或智慧。格物致知也是儒家的重要概念。北宋时许多理学家将《礼记》第四十二章的《大学》提取出来，与《论语》、《中庸》（《小戴礼记》中的一篇）、《孟子》并列，尊为"四书"之一。格物致知是《大学》中极重要的概念，受到理学家的高度重视，也由此衍生出一套认知或修养理论。《礼记·大学》提出格物、致知、诚意、正心、修身、齐家、治国、平天下："古之欲明明德于天下者，先治其国；欲治其国者，先齐其家；欲齐其家者，先修其身；欲修其身者，先正其心；欲正其心者，先诚其意；欲诚其意者，先致其知。致知在格物。物格而后知至，知至而后意诚，意诚而后心正，心正而后身修，身修而后家齐，家齐而后国治，国治而后天下平。"东汉经学家郑玄和唐代经学家孔颖达都将"格物致知"解释为事物之来发生，随人所知习性喜好。郑玄注："格，来也。物，犹事也。其知于善深，则来善物。其知于恶深，则来恶物。言事缘人所好来也。此致或为至。"[1]唐人李翱也做了类似解释。北宋司马光则说："人情莫不好善而恶恶，慕是而羞非。然善且是者盖寡，恶且非者实多。何哉？皆物诱之，物迫之，而旋至于莫之知；富贵汩其智，贫贱馁其心故也。""格，犹扞也、御也。能扞御外物，然后能知至道矣。郑氏以格为来，或者犹未尽古人之意乎。"[2]指格物致知为抵御外物诱惑而后知晓德行至道。二程的看法是："格，至也。穷理而至于物，则物理尽。"[3]"物来则知起，物各付物，不役其知，则意诚不动。意诚自定，则心正，始学之事也。"[4]主张遵循事物的规律而消除主观的成见。程颐还说："格犹穷也，物犹理也，犹曰穷其理而已也。穷其理然后足以致之，不穷则不能致也。"[5]

朱熹对"格物"做出了两种解释。第一种是当"格"表示至、到时，"物"指具体事物，"格物"是落实到事物上；第二种是当"格"表示尽、穷尽时，"物"则指事物道理，"格物"便是追求事物的深刻道理。将"格"解释为"穷尽"，说明了"格"是在某个范围基础上持续延伸、在程度上持续加深的过程，终极目的是彻底领悟全部事理。朱熹《大学章句集注》指出："格，至也。物，犹事也。穷推至事物之理，欲其极处无不到也。"[6]"所谓致知在格物者，言欲致吾之知，在即物而穷其理也。盖人心之灵，莫不有知；而天下之物，莫不有理。唯于理有未穷，故其知有不尽也。是以《大学》始教，必使学者即凡天下之物，莫不因其已知之理而益穷之，以求至乎其极。至于用力之

① 郑玄注，孔颖达正义：《礼记正义》，阮元校刻《十三经注疏》，中华书局 1980 年第 1 版。

② 司马光：《温国文正司马公文集》卷七一《致知在格物论》，《四部丛刊》初编，商务印书馆民国 25 年（1936 年）版。

③ 程颢、程颐：《二程集》之《河南程氏遗书》卷二上，王孝鱼点校，中华书局 1981 年第 1 版。

④ 程颢、程颐：《二程集》之《河南程氏遗书》卷六，王孝鱼点校，中华书局 1981 年第 1 版。

⑤ 程颢、程颐：《二程集》之《河南程氏遗书》卷二五，王孝鱼点校，中华书局 1981 年第 1 版。

⑥ 朱熹：《四书章句集注·大学章句集注第一章》，载朱熹：《朱子全书》，朱杰人、严佐之、刘永翔主编，上海古籍出版社、安徽教育出版社 2002 年第 1 版。

久，而一旦豁然贯通焉，则众物之表里精粗无不到，而吾心之全体大用无不明矣。此谓物格，此谓知之至也。"① 又《朱子语类》云："故致知之道，在乎即事观理，以格夫物。格者，极至之谓。如'格于文祖'之格，

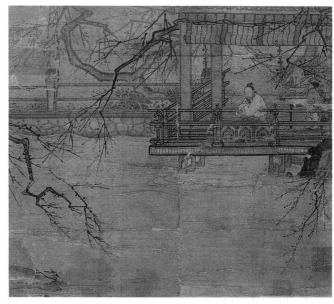

宋佚名《高士观水图》（美国圣路易斯艺术博物馆藏）

言穷之而至其极也。"② 认为获得知识的途径在于认识、研究万事万物。要想获得知识，首先要接触事物并深入研究原理。经过长期努力，终会豁然贯通。万事万物的里外巨细都可以被认识清楚，自己内心的认识能力也会得到淋漓尽致的发挥。《大学章句集注》将"物"看作"事"，《朱子语类》又说："凡天地之间眼前所接之事，皆是物。"③ 可见朱熹说的"物"范畴极其广泛，指的是客观存在的所有事物，既包含物质实物，也包含人的一切行为活动及精神思想；不仅含有鬼神、植物、动物，也含有情感、思想等。对于"致知"，朱熹认为"知"包含知识和道德两方面，《朱子语类》中也将"知"划分成了"所闻之知"以及"德行之识"。"致知"的重点在于"推"，这是一个将

---

① 朱熹：《四书章句集注·大学章句集注第六章》，载朱熹：《朱子全书》，朱杰人、严佐之、刘永翔主编，上海古籍出版社、安徽教育出版社 2002 年第 1 版。

② 黎靖德辑：《朱子语类》卷一四《大学一》，载朱熹：《朱子全书》，朱杰人、严佐之、刘永翔主编，上海古籍出版社、安徽教育出版社 2002 年第 1 版。

③ 黎靖德辑：《朱子语类》卷五七《孟子七》，载朱熹：《朱子全书》，朱杰人、严佐之、刘永翔主编，上海古籍出版社、安徽教育出版社 2002 年第 1 版。

明郭诩绘朱熹像（私人藏）

所学知识运用到探索新事物而得到新知识的过程。"致知"是利用原有的知识探索和学习更多知识，最终实现无所不知，并让人自身的认知能力得到充分发挥。在朱熹看来，"致知"和"格物"是彼此统一的关系，既不是两个过程，也不是两件事物。探索事物真理的过程就是人固有知识不断丰富的过程，"格物"与"致知"是同一件事的不同表述。

人的探索过程并不只是认知外界事物，还是一个人自身良知延伸与拓展的过程，具有主动反省与主观判断的特性。朱熹认为人自身具有一定的良知，只是常被其他事物所蒙蔽和影响，要通过自己的格物去蔽才可以致知。"'格'字、'致'字者，皆是为自家元有是物，但为他物所蔽耳。而今便要从那知处推开去，是因其所已知而推之，以至于无所不知也。"[1]"大凡道理，皆是我自有之物，非从外得。"[2]因而格物致知具有双面性，不仅包括观察外界事物了解外物之理的客观方面，也包括人的内心反省认知外界事物的方面。

在宋明理学中，以宋代二程、朱熹为代表的理学称"程朱理学"，以南宋陆九渊和明代王守仁为代表的一派与之分庭抗礼，称"陆王心学"。"程朱"认为建立从宇宙到人生的整套学问体系，关键程序是"格物致知"；而"陆王"却认为关键在"明心见性"。陆九渊是陆

---

[1] 黎靖德辑：《朱子语类》卷一五《大学二》，载朱熹：《朱子全书》，朱杰人、严佐之、刘永翔主编，上海古籍出版社、安徽教育出版社 2002 年第 1 版。

[2] 黎靖德辑：《朱子语类》卷九《学三》，载朱熹：《朱子全书》，朱杰人、严佐之、刘永翔主编，上海古籍出版社、安徽教育出版社 2002 年第 1 版。

王心学的开山人，与朱熹齐名，而见解多与之不合。他虽也认为理是世界万物的本原，但主张"心即理"，以为一切皆由心生发。"四方上下曰宇，古往今来曰宙，宇宙便是吾心，吾心便是宇宙。""学苟知本，六经皆我注脚。"① 朱熹主张由道问学，强调学习知识的重要性，以为人的道德水准会随着知识的增长而增进。陆九渊说"明心"，强调为学的目的和方法并不仅仅在于增进知识，而在于通过格物致知获得一颗没有私心物欲的心，从而得到世间万物的理。认为天理在人的心中。"此理本天所以与我，非由外铄。明

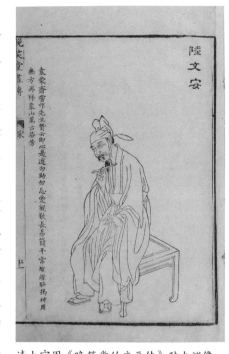

清上官周《晚笑堂竹庄画传》陆九渊像

得此理，即是主宰。真能为主，则外物不能移，邪说不能惑。"② "心不可泊一事，只自立心，人心本来无事胡乱。彼事物牵去，若是有精神，即时便出便好；若一向去，便坏了。格物者，格此者也。伏羲仰象俯法，亦先于此尽力焉耳。不然，所谓格物，末而已矣。"③ "学问之初，切磋之次，必有自疑之兆；及其至也，必有自克之实；此古人格物致知之功也。"④ 孟子认为人之所以为人，最重要的在于有恻隐、羞恶、是非、辞让之心，在于有良知。良知就是天生的道德心。既然良知本来就在人的心中，所以学习的根本在于"致良知"，找到并发挥良心，而不牵涉外在知识。陆九渊发扬《孟子·告子上》"先立乎其大者"之说，认为内在的道德本心是"大"，其他外在的知识相对是"小"，

① 陆九渊：《陆九渊集》卷二二《杂说》，钟哲点校，中华书局 1980 年第 1 版。

② 陆九渊：《陆九渊集》卷一《与曾宅之》，钟哲点校，中华书局 1980 年第 1 版。

③ 陆九渊：《陆九渊集》卷三五《语录上》，钟哲点校，中华书局 1980 年第 1 版。

④ 陆九渊：《陆九渊集》卷一《与胡季随》，钟哲点校，中华书局 1980 年第 1 版。

是附加的。

朱熹还提出知行相须的观点："知行常相须，如目无足不行，足无目不见。论先后，知为先，论轻重，行为重。"① 这可分 3 层意思。第一层强调知行相互依靠、连接，两者不可分，缺一不可。理解和实践结合，两者相依存，如同用眼睛看到的，要靠脚去探索；而眼睛又在不断地指引脚的行走。学界将它看作朱熹知行观的总原则。第二层是"论先后，知在先"，学界将它看作朱熹知行观的下手处。第三层强调实践比知识更重要。有人认为"知先行重"有矛盾，其实它们是互补互构的关系。这与朱熹的理气论、格物致知论、心性学说相一致。陆九渊也主张"先知后行"，王守仁则在此基础上发展出"知行合一"的思想。

三、事功言利也讲理

宋室南迁以后，理学进一步发展，程朱理学逐渐成为官方学说，但理学或心学对修饬武备、充足财用、恢复统一等现实问题关注不够。南宋时浙东学者对此进行反思，并发展为浙东学派。尽管浙东学派在当时属非主流，但因其学术思想有独特性，学术影响终究难以被主流的程朱理学与陆王心学所遮蔽，始终执拗地发出自己的声音。浙东学派是一个以浙东区域命名又超越区域、深刻影响海外与当代的著名学术流派，它以实事求是、经世致用的学术思想宗旨著称于世、历久常新。浙东学派的传承漫长、多元、曲折、复杂。何炳松在著于民国 21 年（1932年）的《浙东学派溯源》一书中首次将浙东学派分为前后两期。第一期自南宋至明初，第二期自明末到现在。第一期有永嘉（今浙江省温州市）、金华两大派，并由金华分出四明（今浙江省宁波市）的一支；第二期中兴于刘宗周，分为宁波与绍兴两派。目前学界较多主张"四阶段"：（1）北宋。以"明州杨杜五子"（宁波的杨适、杜醇、王致、王说、楼郁）与"永嘉元丰九先生"（温州的周行己、许景衡、刘安节、

---

① 黎靖德辑：《朱子语类》卷九《学三》，载朱熹：《朱子全书》，朱杰人、严佐之、刘永翔主编，上海古籍出版社、安徽教育出版社 2002 年第 1 版。

刘安上、戴述、赵霄、张辉、沈躬行、蒋元中）为代表，是浙东学术的草昧时期。（2）南宋。已形成浙东诸学派，主要有以吕祖谦为代表的金华学派、以叶适为代表的永嘉学派、以陈亮为代表的永康学派，以及传授陆九渊心学、以"甬上四先生"（杨简、袁燮、舒璘、沈焕）为代表的四明学派。（3）明代。以阳明心学的兴起为代表，其后又有"浙中王门"（以钱德洪、王畿为代表）和蕺山学派（刘宗周创立）。（4）清代。主要代表有黄宗羲、万斯同、全祖望、章学诚、邵晋涵等，是浙东学术的全盛时期。[①]

　　南宋时，浙江不仅成为全国的政治中心，而且经济条件较好，发展经济的欲求也特别强烈。浙东学派倡言功利，主张讲求实事实功、开物成务、经世致用，反对虚妄不实的空谈，并注重从历史研究中吸取有用于今的经验。其中，永康学派"专言事功"，永嘉学派"以经制言事功"，金华学派则"兼永嘉、永康之所长"。[②]黄宗羲指出："永嘉之学教人就事上理会，步步着实，言之必使可行。足以开物成务。"[③]说明浙东学派也是重"理"的，只是着眼点与程朱理学等有所不同。浙东学派的"功利"思想可上溯至北宋的李觏和王安石。北宋思想家李觏反对儒家不许谈"利""欲"的说教，认为"人非利不生"[④]，"治国之实，必本于财用"[⑤]，提出发展经济的主张。他的思想给范仲淹庆历新政以理论支持，又是后来王安石变法的思想渊源。王安石《上仁宗皇帝言事书》云："今世之所宜学者，天下国家之用也。"[⑥]侧重于经世致用之功利。他将功利思想付诸变法实践，产生深远影响。王安石早期在浙东鄞县（今浙江省宁波市鄞州区）进行变法实验，其

① 张刚雁：《浙东学派概述》，《资料通讯》2001 年第 11 期。

② 黄宗羲辑，全祖望订补，冯云濠、王梓材校正：《宋元学案》卷五六《龙川学案》，《续修四库全书》第 519 册，上海古籍出版社 1995 年第 1 版。

③ 黄宗羲辑，全祖望订补，冯云濠、王梓材校正：《宋元学案》卷五二《艮斋学案》，《续修四库全书》第 519 册，上海古籍出版社 1995 年第 1 版。

④ 李觏：《李觏集》卷二九《原文》，王国轩点校，中华书局 2011 年第 1 版。

⑤ 李觏：《李觏集》卷一六《富国策第一》，王国轩点校，中华书局 2011 年第 1 版。

⑥ 王安石：《临川先生文集》卷三九《上仁宗皇帝言事书》，《四部丛刊》初编，商务印书馆民国 11 年（1922 年）版。

功利思想则下启浙东学派。南宋时浙江一带商品经济活跃，私有制不断发展，壮大了商人阶层。陈亮和叶适认识到其合理性，并从思想或学术上加以论证。他们认为义与利是相容的，不对立也不矛盾，不赞同"重义轻利""先义后利""以义制利"等传统观念，强调"成其利，致其义"①，认为"古人以利和义，不以义抑利"②。他们确认经济行为和措施的有效性、实用性和对他人、社会和国家的有利性，不纠缠于伦理道德准则。陈亮甚至认为，不计功利，就没有道德仁义的存在。所以陈傅良把他的思想概括为"功到成处，便是有德；事到济处，便是有理"③。叶适也说："既无功利，则道义者乃无用之虚语尔。"④浙东学派还提出了具体的功利主义主张，如倡导"农商一事""扶持商贾"。

过去对浙东学派存在错读、误解的问题，如认为他们割裂心性与事功。浙东学派最初被朱熹斥为"功利""重史"，后世学者虽不尽同意朱熹的意见，却大多延继了朱熹的观点。事实上吕祖谦折中朱、陆而又汲取永嘉学派经世致用的"功利"之学，打破了各学派之间的门户之见，采取泛观广接、未主一说的居中持平态度。而叶适完成其代表作《习学记言序目》时，朱熹已去世，他对永嘉之学并没有深入而全面的了解。经过清人章学诚《文史通义》卷五《浙东学术》的谱系建构和宗旨揭示，"言性命者必究于史"陡然成为此后浙东学派的圭臬。梁启超、何炳松等新史学建构者为重塑民族信心，也有意凸显浙东之学的史学造诣。受爱国、民族主义的激发，抗日战争期间的学者也大力阐发浙东学派的史学、事功精神。中华人民共和国成立后，陈亮、叶适等被贴上唯物主义标签。20 世纪 80 年代以来，市场经济的浪潮又不断催化学者对浙东学派的经济、货币、改革思想的诠释。经过百年的反复申说和共同推阐，史学与事功被单独抽离，成为浙东学派的两大标识，"有事功而无心性""反理学的代表"镌刻在诸多

---

① 叶适：《习学记言序目》卷二三《汉书三》，中华书局 1977 年第 1 版。

② 叶适：《习学记言序目》卷二七《魏志》，中华书局 1977 年第 1 版。

③ 陈亮：《陈亮集》（增订本）卷二一《书·附陈傅良〈致陈同甫书〉》，中华书局 1987 年第 1 版。

④ 叶适：《习学记言序目》卷二三《汉书三》，中华书局 1977 年第 1 版。

故宫南薰殿旧藏《历代圣贤名人像册》吕祖谦像（台北"故宫博物院"藏）和明万历年间（1573—1620 年）郑仲元刊《龙川先生文集》陈亮像

学者的头脑中。而浙东学派"注重事功"的形象，很大程度是因近代以来学者的持续塑造、层累造就。"史学""事功"等特点、标签的揭示，反映了近代思想家试图改造社会的价值取向和寄托。而实际上，在大倡史学、讲求事功的同时，浙东学派的心性之学一直未曾衰歇，二者并行不悖，深深根植于学派思想之中。片面高举史学、事功，无疑抹去了浙东学派与张载、二程、朱熹、陆九渊在理、气、道、器、心、性等范畴的思想共通性。考察浙东学派的发展源流，每一阶段均与心性之学有着莫大的渊源。北宋的"明州杨杜五子""永嘉元丰九先生"都是洛学、关学的重要传人。南宋的吕祖谦、薛季宣、陈傅良等人与陆九渊同气相求，特别是吕祖谦有较强的心学倾向，而陈亮、叶适的事功之学也格外重视道德修养。浙东学派的思想中心性与事功的反向仅为外在的显现，实质却是内在统一的。只是在不同时期的不同学者身上，这一特征有所侧重，呈现出某种显见的偏向。割裂浙东学派的心性与事功，一定程度折射出对宋明理学的认识偏差。宋明之学谈心性者必言事功，言事功者必说心性，其言虽有轻重、缓急、先后、次序之分，但合心性与事功为一的宗旨是一致的。^①其实南宋理学兴起时朱熹与永嘉学派的主要开创者郑伯熊和薛季宣是政治和精神上的同志。后来与陈傅良、叶适同朝为官，政治和精神上也相合，彼此呼应。朱熹虽对吕学传播不满，却曾将两个儿子托付给吕祖谦培养，还邀请其合编理学经典《近思录》并作序。朱熹对永嘉学派的集大成者叶适的思想也有所耳闻，并且希望展开对话。由于叶适小朱熹 20 岁，有长幼辈分的差距，叶适性格较收敛，加之思想尚未系统整理，更重要的是政务繁忙，所以一直没有正面回应朱熹的思想挑战。

　　浙东学派强调"道不离器"，肯定人欲并主张"王霸并用、义利双行"，其功利思想是在对"道"与"利欲"关系的阐发基础上得来的。朱熹认为道是某种观念的存在物，是天理的代名词，其本质属性是纯粹的至善。浙东学派却认为道在事中，事外无道，道是不能脱离具体的事物和人而存在的。陈亮说："夫道之在天下，何物非道？千途万辙，因事作则。"^②"天地之间，何物非道？赫日当空，处处光明。闭眼之人，开眼即是。"^③陈亮对"道"的阐发，是为其功利思想立论的。叶适继承发挥了薛季宣的"道不离器"思想，提出"物之所在，道则在焉"^④的观点。他还指出："上古圣人之治天下，至矣。其道在于器数，其通变在于事物。"^⑤陈亮否定"天理"与"人欲"的截然对立，承认人追求物质利益的欲望是天性，否定存在脱离人的实际物质利益的超功利的"义理"，认为义就在利中。所谓行道，质原不在于内心的体察涵养，更在于尽心尽力，使天下人的喜、怒、哀、乐、爱、恶之情都能得其正。叶适也说"有欲于物者，势也"^⑥。陈亮还认为，不管是"王"是"义"，都必须与"霸""利"相结合。"王"与"义"

①　金晓刚：《百年浙东学派研究误区拾零》，《光明日报》2016 年 7 月 4 日第 16 版。

②　陈亮：《陈亮集》（增订本）卷一九《书·与应仲实》，中华书局 1987 年第 1 版。

③　陈亮：《陈亮集》（增订本）卷二〇《书·又乙巳秋书》，中华书局 1987 年第 1 版。

④　叶适：《习学记言序目》卷四七《四言诗》，中华书局 1977 年第 1 版。

⑤　叶适：《叶适集》之《水心别集》卷五《进卷·总义》，刘公纯、王孝鱼、李哲夫点校，中华书局 1961 年第 1 版。

⑥　叶适：《习学记言序目》卷一五《老子》，中华书局 1977 年第 1 版。

只有具体落实到实践中，才有存在的价值。他主张正"义"要谋其"利"，明"道"也要计其"功"，"义"在"利"中，"道"在"功"中。陈亮提出"王霸并用、义利双行"，叶适提出"以利

清康熙九年（1670年）迁建于温州金锁匙巷的叶适祠旧影

和义、义利双行"，将义利相统一。所谓"功到成处便是有德，事到济处便是有理"。①

晚清温州学者林损对永嘉学派有清晰洞察。其《永嘉学派通论》一文指出："永嘉诸子非不言心性也，其所谓心性者，经济之心性耳；非不习文章也，其所谓文章者，亦经济之文章耳。""唯事功而无体，终亦必亡其用；唯心性而无用，终亦必丧其体，体用交丧，而人道于此尽矣。"认为永嘉学派在心性、事功、文章方面是绾合为一的，如单独以经济、事功来窥视永嘉之学，无视其心性之学，是割裂了学术体用关系，不能有准确的完整认识。"永嘉诸子之言事功者，亦必不能离心性。事功与心性合，而后经济之真乃出。使永嘉之学独以经济为名，此固永嘉诸子之幸，而道之裂甚矣。"林损认为永嘉学派是心性与事功合一的学派。实际上理学各派都论"经济"，不唯永嘉学派。陆九渊论心性，但也主张抵御女真；朱熹视永嘉学术为粗疏之学，但其上孝宗书又深切关注事功。永嘉学派对诸家学派旁推交通，取长补短，与其他学派无异。"夫以数家共由之学共为之业，而使一家克集其成，此一家者，必有特立独行，自喻以适志者。举世非之而不加沮，

① 陈亮：《陈亮集》（增订本）卷二一《书·附陈傅良〈致陈同甫书〉》，中华书局1987年第1版。

必有不可沮者在也；环而攻之而不能胜，必有质干以持于其中，历久而不可敝者也。故我尝谓治永嘉之学，当于其通而公者求之，六艺百家之所载，天理人事之所存，莫非是矣。"① 士人以天下为己任，天下不饱不暖，则需事功之学。林损没有把永嘉之学放在理学的对立面来看待，认为永嘉学派与儒家道统是相统一的。只是为了纠正道学空疏之弊，浙东学派才致力于道术关系的调整：金华学派在三代文献上下功夫，以性命绍道统；永嘉学派在《周礼》制度上下功夫，以经制言治法；永康学派在汉唐治迹上下功夫，也不忘由术至道。

四、美美与共与宋学传承

宋学的兴盛掀起了自春秋战国以来的第二次百家争鸣。宋学各派研读儒家经典往往抛开汉唐主流，独立思考，大胆怀疑，相与争论，自寻义理，博采众长，自立门派。不少人还经过比较转易师门，如杨时"始宗安石，后得程颢师之，乃悟其非"②，最后成为洛学传人。吕大临本是关学张载的弟子，后从程颐，成为程门四先生之一。他们甚至不畏政治强权，勇于斗争。庆元元年（1195年）韩侂胄打击以朱熹为首的理学群臣，大兴伪学之禁，史称"庆元党禁"。朱熹门徒中一些意志不坚者离他而去，朱熹却将生死祸福置之度外，仍讲学不休。即便被认定为"伪学魁首"，他于庆元六年病死时，数千信徒仍顶着朝廷施压甚至于威胁举行颇为庞大的会葬仪式。辜鸿铭曾说："同欧洲相比，汉代儒学相当于古罗马的旧教，而宋代儒学则类似新教……宋代的学者弥补了唐代文化的缺陷，努力地使中国文化趋于完美。"③

宋学的发展演变可分为4个阶段。北宋仁宗朝前期是第一阶段，为萌芽时期；仁宗朝后期到北宋末年是第二阶段，为形成时期；南宋初年到宁宗朝是第三阶段，为浙东学派崛起并与理学争雄时期；理宗

---

① 林损：《永嘉学派通论》，载林损：《林损集》，陈镇波编校，黄山书社 2010 年第 1 版。

② 脱脱等：《宋史》卷三七六《列传第一百三十五·常同、张致远、薛徽言、陈渊、魏矼、潘良贵、吕本中》，中华书局 1977 年第 1 版。

③ 辜鸿铭：《中国文明的历史发展》，载辜鸿铭：《辜鸿铭文集》下册，岳麓书社 1985 年第 1 版。

朝起是第四阶段，是理学取得独尊地位并发挥主导作用时期。各阶段发展都是学术争论与思想融汇的过程。清人全祖望指出：南宋"乾（道）、淳（熙）以后，学派分而为三：朱（熹）学也，吕（祖谦）学也，陆（九渊）学也。三家同时，皆不甚合。朱学以格物致知，陆学以明心，吕学则兼取其长而复以中原文献之统润色之。门庭径路虽别，要其归宿于圣人则一也。"① 这也是整个宋学的普遍特征。

宋学萌芽和初创阶段，范仲淹有极重要作用。范仲淹是庆历新政的核心人物，也是创建宋学的组织者和带头人。《宋史》卷三一四《列传第一十三·范仲淹（子纯祐、纯礼、纯粹）、范纯仁（子正平）》载："仲淹门下多贤士，如胡瑗、孙复、石介、李觏之徒。"② "宋初三先生"胡瑗、孙复、石介以及李觏皆受知于范仲淹。范仲淹与欧阳修是忘年交，也是坚定的政治战友。关学创始人张载"少喜谈兵，至欲结客取洮西之地。年二十一，以书谒范仲淹。一见知其远器，乃警之曰：'儒者自有名教可乐，何事于兵。'因劝读《中庸》"③，可见其年轻时受到范仲淹的劝导才弃武从文的。范仲淹又以卓绝的品行道义成为士林风范。朱熹赞其"大厉

宋赵昌《岁朝图》（台北"故宫博物院"藏）

---

① 黄宗羲辑，全祖望订补，冯云濠、王梓材校正：《宋元学案》卷五一《东莱学案》，《续修四库全书》第 519 册，上海古籍出版社 1995 年第 1 版。

② 脱脱等：《宋史》，中华书局 1977 年第 1 版。

③ 脱脱等：《宋史》卷四二七《列传第一百八十六·道学一》，中华书局 1977 年第 1 版。

明佚名绘范仲淹像残本（南京博物院藏）

名节，振作士气，故振作士大夫之功为多"，称"范文正公方厉廉耻，振作士气"①。范仲淹在学术上也有出色成就，著有《范文正公集》等，欧阳修称其"大通六经之旨，为文章论说必本于仁义"②。宋学萌芽时的一大特色就是与社会变革相结合，范仲淹在这方面发挥了楷模典范作用。他摆脱注疏，从义理方面阐发《易经》，并用于庆历新政。他在《答手诏条陈十事》这一纲领性文件中指出："历代之政，久皆有弊。弊而不救，祸乱必生。"③而"救乱"就需要"变"，要如《易经》所说"穷则变，变则通，通则久"。范仲淹在被贬睦州（今属杭州市域）、杭州时仍积极推行其改革措施，如兴学校、办义庄。皇祐元年（1049年），范仲淹任杭州知州当年即着手创办吴县义庄，该义庄一直延续至中华人民共和国成立。皇祐二年，两浙发生百年不遇的大旱，引发大饥荒。范仲淹提出"荒政三策"应对，即兴土木之役以工代赈、纵民竞渡发展旅游业、提高谷价引进粮食，功效卓著。当时年仅 30 岁、任鄞县县令的王安石十分崇敬范仲淹，在回乡省亲返回鄞县途中专门绕道杭州拜见了 62 岁的范仲淹。王安石在拜见前先有《上范资政先状》，

① 朱熹撰，黎靖德辑：《朱子语类》卷一二九《本朝三·自国初至熙宁人物》，载朱熹：《朱子全书》，朱杰人、严佐之、刘永翔主编，上海古籍出版社、安徽教育出版社 2002 年第 1 版。

② 欧阳修：《欧阳修全集·居士集》卷二一《资政殿学士户部侍郎文正范公神道碑铭》，李逸安点校，中华书局 2001 年第 1 版。

③ 范仲淹：《范仲淹全集》之《范文正公政府奏议》卷上《答手诏条陈十事》，李勇先、刘琳、王蓉贵点校，中华书局 2020 年第 1 版。

将拜谒时有《上杭州范资政启》，谒见后又有《谢范资政启》，可见对范仲淹的敬重。这次拜见传递了改革薪火。皇祐四年，范仲淹在调至颍州的途中卒于徐州，时为舒州通判的王安石闻讯十分悲痛，满怀激情写下了《祭范颍州文》。其中有云："其传其详，以法永久。"[1] 王安石后来创建了荆公学派（新学），也为宋学一大宗，在宋学大发展的阶段占据重要地位。

宋王安石致通判比部尺牍册页（台北"故宫博物院"藏）

宋学发展阶段除新学外还有以司马光为代表的朔学，以程颢、程颐为代表的洛学，以张载为代表的关学，以苏轼为代表的蜀学等。朔学、洛学、关学、蜀学强调经世致用和革新时弊，但主张的方式各不相同。他们反对王安石以激进的、唯利是求的方式变法。朔学主张基于历史经验进行社会改良，反对彻底变革。司马光指出："治天下譬如居室，敝则修之，非大坏不更造也。"[2] 这种社会改良思想与荆公学不同，与洛学也相异，但朔学与洛学一样皆强调选人用人。司马光《上皇帝疏》云："夫为政之要，在于用人、赏善、罚恶而已。三者之得，则远近翕然，响风从化，可以不劳而成，无为而治。"[3] 二程认为得贤才、正人心才是实现王治理想的根本所在，主张"尚德"，而王安石则主张"兴利"。张载主张"渐化"，而非王安石的"顿革"。他评价王安石变法云："世学不明千五百年，大丞相言之于书，吾辈治之于己，圣人之言庶可期乎？顾所忧谋之太迫

---

[1] 王安石：《临川先生文集》卷八五《祭范颍州文》，《四部丛刊》初编，商务印书馆民国 11 年（1922 年）版。

[2] 脱脱等：《宋史》卷三三六《列传第九十五·司马光（子康）、吕公著（子希哲、希纯）》，中华书局 1977 年第 1 版。

[3] 司马光：《增广司马温公全集》卷三一《疏·上皇帝疏》，广西师范大学出版社 2020 年第 1 版。

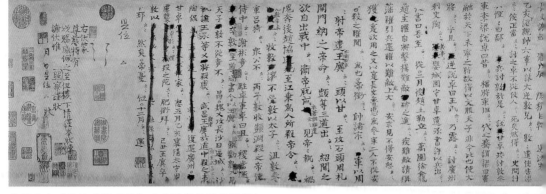

宋司马光《资治通鉴残稿》（中国国家图书馆藏）

则心劳而不虚，质之太烦则泥文而滋弊。"张载与司马光一样以惠民为变法革新的终极目标，所谓"利于民则可谓利，利于身利于国皆非利也"①，反对王安石以"理财""通变"富国强兵。张载的崇高理想是"为天地立心，为生民立命，为往圣继绝学，为万世开太平"②。蜀学是由三苏父子创立的。蜀学以儒为宗、援佛入儒、援道入儒、援诸子入儒，具有驳杂矛盾的特点。与朔学、新学、洛学有异有同，有对立有包容。苏轼也反对王安石变法，且态度较激烈，但又主张革新，强调实际做事。二程认为性善情恶，苏轼主张性情统一。其实激进与保守都有其积极的历史作用，激进容易失误，保守可以减少失误。所以朔学、洛学、蜀学与新学在当时的斗争具有历史价值。漆侠《宋学的发展和演变》一书指出："不论苏氏父子在宋学上的成就如何，就其学术思想而言，则是立足于儒而摄取其他诸家学说的。从政治上看，在变法反变法斗争的过程中，苏轼是多变的。这种变是倒退和前进兼而有之。就其思想状态看，儒、释、老庄思想是色色俱全的，往往随着他的政治经历以及倒退和前进多变之中表现在他的作品中，从而在瑰丽恢奇之中夹杂着无名的衰飒。"③蜀学在理论思维上有所不足，但长于文史，在文学上的成就颇大。苏轼两任杭州地方官，以其蜀学理念在治理上多有作为，是为杭州办事最多、成效最大的地方官之一。他在文学上的成就尤高，创作了巨量诗文，大大增加了杭州的情性色彩。

宋代理学的发展也与宋室南渡并行。北宋时作为理学先驱的"宋

① 张载：《张载集·张子语录·语录中》，章锡琛校，中华书局 1978 年第 1 版。

② 张载：《张载集·拾遗·近思录拾遗》，章锡琛校，中华书局 1978 年第 1 版。

③ 漆侠：《宋学的发展和演变》，河北人民出版社 2002 年第 1 版，第 27 页。

初三先生"石介、胡瑗、孙复和有"北宋五子"之称的周敦颐、邵雍、张载、程颢、程颐大多在北方或靠近北方的地域传学。新学在北宋末期特别是南宋时受到高宗等的压制逐渐走向没落，蜀学因缺乏传人和少成体系而归于沉寂，关学无传或与洛学合流。洛学在南宋前期发展虽有曲折，但日益受到统治者的提倡而获得新发展，成为理学的正脉传入临安。洛学在南方传播有两支最重要：一支从杨时经罗从彦、李侗至朱熹，另一支从谢良佐经张九成至陆九渊。

程门弟子众多，最著名的有谢良佐、游酢、吕大临和杨时，世称"程门四先生"。杨时、游酢都是福建人。杨时先后求学于程颢、程颐，深得赏识。他任萧山县令时乐于收徒讲学，往执弟子礼的有千余人。清人张伯行《杨龟山集》序云："自先生官萧山，道日盛，学日彰。少时从游千余人，讲论不辍。四方之士尊重先生也至矣！"[①] 游酢曾任萧山县尉，治事有成，与杨时桴鼓相应，一同传播学术。罗从彦徒步从家乡前往萧山拜师。杨时"熟察之，乃喜曰：'唯从彦可与言道。'于是日益以亲"[②]，还介绍他到洛阳拜谒程颐。清人毛念恃《宋儒龟山杨先生年谱》元丰四年（1081年）条载："时明道之门皆西北士，最后先生与建安游定夫往从学焉。于言无所不说，明道最喜。每言杨君最会得容易，独以大宾敬先生。后辞归，明道送之出门，谓坐客曰：'吾道南矣。'"[③] 提及程颢（明道）对门下杨时、游酢（定夫）两位南方子弟的赏识，尤其期望杨时将洛学传播到南方。程颢去世后，杨时又曾求教于程颐。"一日见颐，颐偶瞑坐。时与游酢侍立不去，颐既觉，则门外雪一尺矣。"即著名的"程门立雪"故事，可见杨时向学之虔诚。北宋末南宋初，杨时倡学东南，使洛学南移，程颢生前的"吾道南矣"期待得到实现。杨时继在余杭、萧山倡学后，又"杜门不仕者十年"，在无锡创建东林书院。"东南学者推时为程氏正宗。"[④]

① 杨时：《杨龟山集》，《丛书集成初编》第 2367 册，中华书局 1985 年第 1 版。

② 脱脱等：《宋史》卷四二八《列传第一百八十七·学道二》，中华书局 1977 年第 1 版。

③ 毛念恃：《宋儒龟山杨先生年谱》，北京图书馆编：《北京图书馆世藏珍本年谱丛刊》第 1 册，北京图书馆出版社 1998 年第 1 版。

④ 脱脱等：《宋史》卷四二八《列传第一百八十七·学道二》，中华书局 1977 年第 1 版。

清上官周《晚笑堂竹庄画传》杨时像

杨时之学传于罗从彦，罗从彦传于李侗，三传而至朱熹。杨时与罗从彦、李侗同生于南剑州（今属福建省南平市、三明市），时人尊为"南剑三先生"。其传承被称为"道南一脉"。朱熹也是南剑州人。后来朱学体系庞大，影响巨大，别称闽学。道南学脉上承洛学、下启闽学，学术地位十分重要。"理一分殊"是宋明理学的重要命题，其提出与程颐、杨时讨论张载《西铭》主旨关系密切。经杨时的补充与阐发，"理一分殊"说被赋予更丰富的内涵，如与体用的关系。杨时说："河南先生言'理一而分殊'……所谓分殊，犹孟子言'亲亲而仁民，仁民而爱物'。其分不同，故分不能无等差。"①这一思想对朱熹启发甚大。杨时有关"四书"重要性的阐释，对朱熹通过《四书集注》集先儒言论之大成构筑理学体系也有深刻影响。杨时主张学以致用，注重践行，关心社会变革。其写于余杭的《余杭所闻》一文云："圣人作处，唯求一个是的道理。若果是，虽纣之政有所不革；果非，文王之政有所不因。圣人何所用心，因时乘理，欲天下国家安利而已。""太祖、太宗顺人心、定天下，传数世而无变，此岂常人做得？然而法度不免有弊者，时使之然尔。若谓时使之然，则神考之法，岂容独能无弊？补偏救弊，乃是神考所以望乎后世也，何害于继述而顾以为不孝乎？今之所患，但人自不敢以正论陈之于上，恐有滞疑妨

---

① 杨时：《杨龟山集》卷一一《京师所闻》，《丛书集成初编》第 2367 册，中华书局 1985 年第 1 版。

嫌。若吾辈在朝，须是如此说始得。其听不听，则有去就之义焉。"①
杨时著有《礼记解义》《列子解》《史论》《周易解义》《三经义辩》
《解字说》《二程粹言》《杨龟山集》等。

形成于宋代的"浙学"以其心学、史学、事功学思想著称于世。
最早提出浙学概念并加以理论界定的是朱熹。不过他提出这个概念是
用来概括和批判前述活跃在浙江永嘉、永康、金华等地的"事功学派"
的，带有贬低、责难的意味。《朱子语类》卷一二二《吕伯恭》云：
"陆氏之学虽是偏，尚是要去做个人。若永嘉、永康之说，大不成学
问。"又卷一二三《陈君举》云："江西之学只是禅，浙学却专言功
利。禅学，后来学者摸索一上，无可摸索自会转去。若功利，则学者
习之便可见效，此意甚可忧。"②又由于浙江学人普遍缺乏立门分户
的自觉，浙学最初在学理、学脉上都显得不如关、洛、濂、闽及江西
诸学精致完善或自成系统。自南宋后的相当长时期里，浙学虽有不同
之指称，但一般都限于宋代尤其是南宋的浙东学术。明代中期以后，
阳明心学风靡两浙，故有学者从学术传播的师承、地域上突破南宋以
来以浙东永嘉、永康、金华之学为浙学的视野，而从两浙视野讨论浙
学，浙学含义逐渐呈现出多义性。明人刘鳞长在任浙江提学副使时所
编《浙学宗传》就对应自己所纂《闽学宗传》来阐释浙学，并与嵊县（今
浙江省嵊州市）学者周汝登所撰《圣学宗传》相衔接。在刘鳞长看来，
浙学是与具有闽学拥有共同学术渊源的孔孟圣学之支脉，源头远者是
尧、舜、文、周、孔、孟，近者为杨时、朱熹、陆九渊，而其鼻祖则
是南宋浙西海宁张九成和浙东慈溪杨简。《浙学宗传》共立案 44 人，
其中浙籍学者 39 人，非浙籍 5 人。浙籍学者属于浙东的 34 人，属于
浙西的仅 5 人。以学术倾向论，属于程朱学、陆王学的各占 1/3，另
外 1/3 既非程朱，也非陆王，或可归入事功之学。此书之长在于涵盖
了"两浙诸儒"，粗具"浙学"规模，然而失之于简略。清初，黄宗

① 杨时：《杨龟山集》卷一一《余杭所闻》，《丛书集成初编》第 2367 册，中华书局 1985 年第
1 版。
② 朱熹撰，黎靖德辑：《朱子语类》，载朱熹：《朱子全书》，朱杰人、严佐之、刘永翔主编，上
海古籍出版社、安徽教育出版社 2002 年第 1 版。

羲在《移史馆论不宜立理学传书》一文中首次使用"浙东学派"一词，意指浙东地区学术发展的主要脉络浙东学统，或曰浙东学脉，而非现代意义上的学派。该文将姚江（王守仁）之学和蕺山（刘宗周）之学一起归入同一学脉。在他心目中，姚江之学和蕺山之学是承前启后、使浙东学脉不至于中断的重要环节。黄宗羲之后，全祖望在《宋元学案》中多次使用"浙学"概念，并对"浙学"作了肯定性评价。其《士刘诸儒学案》称："庆历之际，学统四起。齐、鲁则有士建中、刘颜夹辅泰山而兴；浙东则有明州杨杜五子、永嘉之儒志、经行二子，浙西则有杭之吴存仁，皆与安定（按：胡瑗）湖学相应。"①全祖望所谓"浙学"指涵盖浙东、浙西的两浙之学，并认为其学术渊源都与宋初胡瑗在湖州（地属浙西）讲学时形成的"湖学"相呼应，且与当时蔚为大观的齐鲁学、闽学、关学、蜀学相媲美。继全祖望之后，清代乾嘉时代的浙东学者章学诚在《文史通义》卷五《浙东学术》中论述了"浙东之学"与"浙西之学"的异同，并分析了各自的学术渊源。黄宗羲、章学诚二人有过重的乡土情怀和乡贤情结，在地域观念上均过于注重"浙东"而忽视"浙西"，甚至在潜意识中有"抛弃"浙西的意思。

由于与浙西连绵不分的苏南吴地被认为是吴文化正宗，因而越、浙东往往被表彰为浙江的灵魂，浙西则因此不仅"缩"于地域，而且"缩"于文化和观念。浙学似乎表现出"东"强"西"弱的特点。而浙西学派尽管在原创性上难与浙东学派比肩，但在学术传承上却仍有与浙东一脉相承的源流。钱塘江下游地区区域中心在中晚唐时已开始从越州（今浙江省绍兴市）转移到了在空间上更居于两浙中心的浙西杭州。在两浙地区的经济、文化趋于整合的大势中，杭州受浙东的影响加深；同时杭州的影响也扩散到整个区域。在浙学定鼎的南宋时期，临安对浙东的影响进一步增大。而且，在浙东、浙西学术的融合之间，临安学术的发展获得了某种特殊性。由于两浙移民的集聚，临安在没有学术宗派根据地的条件下成为学术的开放区域，接受多方面学术影响。

---

① 黄宗羲辑，全祖望订补，冯云濠、王梓材校正：《宋元学案》卷六《士刘诸儒学案》，《续修四库全书》第 519 册，上海古籍出版社 1995 年第 1 版。

明人陆容《菽园杂记》卷一二云：
"苏、松、嘉兴地居浙之西……
绍兴、温、台地居浙之东……其
杭州府仁和、许村二场虽居浙西，
场分则归浙东。"[①] 此处虽说的
是明代盐运所辖之范围，但也反
映了杭州无论在经济上，还是在
文化上，于浙西、浙东都有某种
游离性和超脱性。这种游离性和
超脱性使临安这个中性区域有了
两种可能性，也许难以形成学术
个性，也许能调和为学术中心。
可能由于作为国都政治管制的压
抑，也许还有市民过度注重事功
和消费，临安没有形成学术中心，
但其对学术思想的形成和发展功
能仍未丧失。浙学虽偏于浙东命
名，其来源却离不开临安。可以
说，浙东学术在很大程度上是临
安潜在学术思想的位移。

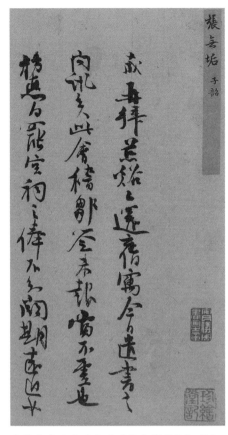

宋张九成尺牍（台北"故宫博物院"藏）

　　浙东学术与临安的关系在文献中记载不多，后来研究也不多。但
浙东学派的人物多与临安有关联。永嘉学派源于宋初温州的王开祖。
后来温州的"永嘉元丰九先生"周行己、许景衡、刘安节、刘安上、
蒋元中、沈躬行、戴述、赵霄、张辉将洛学传于东南，自薛季宣开始
逐渐发展为事功学。"永嘉元丰九先生"中影响最大、寿命最长的许
景衡，与薛季宣事功学成型、永嘉之学再度兴盛的间隔较长，故而浙
西海宁张九成便在其间起到重要的承上启下作用。张九成是绍兴二年
（1132 年）状元，早年从学杨时，曾在家乡盐官（今浙江省海宁市）

---

① 陆容：《菽园杂记》，佚之点校，中华书局 1985 年第 1 版。

建书院，成就"横浦学派"。他曾任温州知州，以"道即日用"和"道器不离"为哲学基础，提倡有用之学。其唯实是务、不事虚饰博空的思想深深启发了永嘉学者。朱熹就将张九成划入永嘉学派："因说永嘉之学，曰：张子韶（按：张九成）学问虽不是，然他却做得来高，不似今人卑污。"①

南末理宗朝以后，经朱熹的凝练深化程朱理学取得独尊地位，其他学派逐渐衰弱。朱熹不仅是理学的集大成者，也是宋学的集大成者，对包括浙学在内的各种学术思想都进行了批判吸收。经他统合的理学后来成为中国影响最大的学术思想体系和意识形态，进入政治、社会各个方面，使得儒家学说逐渐日常生活化。全祖望《宋元学案》卷四八《晦翁学案》指出："（朱学）致广大，尽精微，综罗百代矣。江西之学，浙东永嘉之学，非不岸然，而终不能讳其偏。"②朱熹兼采儒、释、道各家思想，以"理"为核心，建构了一个庞大而完备、具有极高思想旨趣的理论体系。

---

① 朱熹：《朱子语类》卷一二三《陈君举》（附叶正则），载朱熹：《朱子全书》，上海古籍出版社、安徽教育出版社 2002 年第 1 版。

② 黄宗羲辑，全祖望订补，冯云濠、王梓材校正：《宋元学案》，《续修四库全书》第 519 册，上海古籍出版社 1995 年第 1 版。

第三章　不简单之简淡审美理想

一、浑厚的清空

宋代崇尚中和之美，于平易中见真奇，追求浑厚的清空，如苏轼《书黄子思诗集后》一文称赞唐人韦应物、柳宗元的诗"发纤秾于简古，寄至味于淡泊"[①]，意思是在质朴高古中追求幽微浑厚的韵味，在简淡平和中蕴藏悠远无尽的余韵，不以技巧炫人，不流于滥情，且蕴含生命意象。"中和为美"的观念在中国发源很早。《尚书·舜典》就说："夔！命汝典乐，教胄子。直而温，宽而栗，刚而无虐，简而无傲。诗言志，歌咏言，声依永，律和声。八音克谐，无相夺伦，神人以和。夔曰：於！予击石拊石，百兽率舞。"[②]遵循"直而温，宽而栗，刚而无虐，简而无傲"这样的对立统一构成规律，能达成"八音克谐"的和谐艺术效果，所谓"诗言志，歌咏言，声依永，律和声"。文学艺术创造和审美活动的最高境界是百兽和、神人和。

宋代对"中和"进行了深入的逻辑阐释。《中庸》云："喜怒哀乐之未发，谓之中；发而皆中节，谓之和。中也者，天下之大本也；和也者，天下之达道也。"[③]其中的"中和"问题被宋儒归结为未发已发问题。宋人认为，"喜怒哀乐"指人的情绪活动或美学情感，是显在的已发。人有喜怒哀乐，但不能满足于此，要追问它后面更根本的东西。"喜怒哀乐之未发，谓之中"揭示了人行为的价值根源，这便是未发之"中"，也是文学艺术作品表现的最佳尺度。心学主张庄敬中正的文学艺术或美学风格，发乎情而止乎礼义。它包括两种要素：一是合仁智而兼得精神意趣之真情："要必知仁智、合内外，乃

---

① 苏轼：《苏轼文集》卷六七《书黄子思诗集后》，孔凡礼点校，中华书局1986年第1版。

② 孔安国传，孔颖达疏：《尚书正义》卷三《舜典第二》，阮元校刻《十三经注疏》，中华书局1980年第1版。

③ 郑玄注，孔颖达等正义：《礼记正义》卷五二《中庸第三十一》，阮元校刻《十三经注疏》，中华书局1980年第1版。

宋佚名《长桥卧波图》（故宫博物院藏）

不徒得其粗迹形似，当并与精神意趣而得。"[1] 只有心无邪思的真情才可能超越世俗情感，达到天籁自鸣、浑然天成的境界，从而体现庄敬中正。二是"平夷闲雅，无营求，无造作"[2] 的创作原则。"欲务新奇""巧于穿凿""争奇取胜"，只会溺之于外而伤损本心，以至"轻浮躁露，殊乏器识"。[3] 朱熹在已发方面做了更多探索。其中和说是以他的"心、性、情"之说为基础建构起来的。"中和旧说"以"心为已发，性为未发"，即以性为体，以心为用；而"中和新说"以为性情互为体用。性是心之体，情是心之用，心是赅括体用的总体，性情构成心之总体的不同方面。心、性、情的关系可总括为"心统性情"。

朱熹的中和学说也成为南宋乃至整个中国美学思想的一种总结。人性不是盲目冲动主导的情欲，审美情感也不是随心所欲、为所欲为、一泄无遗、一"发"而不可"收"的所谓的自然情感。"形既生矣，外物触其形而动于中矣。其中动而七情出焉，曰喜、怒、哀、惧、爱、恶、欲。情既炽而益荡，其性凿矣。是故觉者约其情使合于中，正其

---

① 包恢：《敝帚稿略》卷五《书吴伯成游山诗后》，永瑢、纪昀等编纂：《文渊阁四库全书》，上海古籍出版社 2012 年第 1 版。

② 陆九渊：《陆九渊集》卷三五《语录下》，钟哲点校，中华书局 1980 年第 1 版。

③ 舒璘：《舒文靖集》卷上《通都潜》，永瑢、纪昀等编纂：《文渊阁四库全书》，上海古籍出版社 2012 年第 1 版。

心、养其性而已。"①
所谓的"凿"就是
"人不循此理，任
意妄作，去伤了他
耳"②，也便是程
颢所说的"自私而
用智"："人之情
各有所蔽，故不能
适道，大率患在于
自私而用智。自私
则不能以有为为应
迹，用智则不能以
明觉为自然……与
其非外而是内，不

宋刘松年《松荫鸣琴图》（美国克利夫兰艺术博物馆藏）

若内外之两忘也。两忘则澄然无事矣。无事则定，定则明，明则尚何应
物之为累哉！"③"自私""用智"都是"凿"，是做作，是"炽"和
"荡"，是"隔于气"和"蔽于欲"，谈不上自然，更不能论自由。自
然而自由的状态需要"约"即节制，以使情欲"合于中"而恰到好处。
中和的情感才是真正自然而自由、行于所当行止于所当止、恰到好处的
人性情感。天理或天性是情欲的本体，而"理性"虽然不似"性理"具
有本体性，但也并非简陋粗糙到只是他律的规训教条，"理性"应该就
是见诸凡事凡物上的"那个道理"。只有经过理性中和的情欲才能获
得有意味的、富于美感的形式，这样的形式与人的精神世界可达成奇
妙的同构。而渗入了情感的理，除了作为人之为人最本质的依据（"自

---

① 朱熹：《四书章句集注·论语集注卷三·雍也第六》，载朱熹：《朱子全书》，朱杰人、严佐之、
刘永翔主编，上海古籍出版社、安徽教育出版社 2002 年第 1 版。

② 黎靖德辑：《朱子语类》卷三〇《论语十二》，载朱熹：《朱子全书》，朱杰人、严佐之、刘永
翔主编，上海古籍出版社、安徽教育出版社 2002 年第 1 版。

③ 程颢、程颐：《二程集》之《河南程氏文集》卷二《答横渠张子厚先生书》，王孝鱼点校，中
华书局 1981 年第 1 版。

宋佚名《桐荫玩月图》（故宫博物院藏）

然而然"者或"天经地义"者，循乎本体性的天理，可以称作"真"），应该还包含了群体共生应有的规范、秩序和礼仪（"合当如此"者或"理所当然"者，应事接物之中接榫其间的合理性，可以称作"善"）。尤其重要的是，理性自身成为情欲至为得体的修辞但绝非矫饰和遮掩，因为"得体"而被赋形，中其曲直圆方之则，呈其起伏腾挪之姿，使得情欲一方面得有缘机发端敞开，另一方面又因为合目的性与合规律性的统一显得蕴藉而富有内涵，成为"情志""情致""情趣"（"心甘情愿"者或"心安理得"者、"怡然情顺"者，赏心悦目或反身而诚时所体验到的超越感和自由感，如脱然有悟、涣然冰释，可以称作"美"或"美感"）。从本体论的"自然而然"到境界论或道德心性修养论的"合当如此"，再到精神本体或生命本体审美论的"心甘情愿"，所经历的真善美历程，理性是不可缺席的，而且这理性本身也成为一种"超理性"；情欲则由于更恢弘深沉的理性力量的参与，演化为审美情感。理性成了催化审美情感生成的添加剂，成了酿造审美情感的酵母。因为情理融合，可以从审美感知发展到审美情感，进而发展到审美理解、审美解释、审美联想和审美想象。

审美的情感绝非人欲的本能，其中积淀着理性的深沉力量，有着全人类性的质感。每一次含泪的注视都拖曳出有关人生的领悟，每一声无言的叹息都交织着人类漫长的精神甬道里激起的回响，它们都因为理性的加盟而变成一个有韵味的美学事件。这样的注视和叹息是愉悦而温暖的，"蔼乎若春阳之温，泛乎若醴酒之醇"①。这是"仁底意思"②，也是恬静愉悦的审美意趣。情理中和、温蔼醇厚的美学品格表现于宋人的文学艺术就是"尚韵"，是对空灵意境或境界的向往追寻。与晋人个体生命意识自觉如新发于硎的锋芒尖锐不同，宋人的心性结构是圆融成熟的。晋人情感表现依托于玄学，宋人情感表现则依托于理学。"如果说晋人尚韵是魏晋玄学在美学上的反映的话，宋人尚韵则是理学对文学艺术深层次影响的突出表现。晋人尚韵骨子深处是尚情，而宋人尚韵本质是尚理。"③理性"点石成金"的功效在于，它常常以"形式"的面目出现，使得一团模糊的、盲目的、混乱的冲动熔铸成中和有序的美学形象。理性的节制就是形式的节制，理性的规约同时也是理性的赋予或给予。

中和、中正也是一种平易、平淡之美。北宋初"诗文革新运动"的重要人物梅尧臣最早提出"作诗无古今，唯造平淡难"④。清人叶燮认为梅尧臣是开宋诗一代之面目者。梅尧臣《宛陵先生集》卷六〇《林和靖先生诗集序》赞美陶渊明诗是平淡中见深邃美好的楷模："其顺物玩情，为之诗则平淡邃美，读之令人忘百事也。其辞至乎静正，不主乎刺讥，然后知趣尚博远，寄适于诗尔。"⑤同时期的苏舜钦、欧阳修等人也标举平淡诗风，以对抗西昆诗派铺锦列绣、浮靡华艳之风，奠定了宋代文学面貌，产生了巨大、深远的影响。这种"平易"

① 黎靖德辑：《朱子语类》卷四《性理一》，载朱熹：《朱子全书》，朱杰人、严佐之、刘永翔主编，上海古籍出版社、安徽教育出版社 2002 年第 1 版。

② 黎靖德辑：《朱子语类》卷九五《程子之书》，载朱熹：《朱子全书》，朱杰人、严佐之、刘永翔主编，上海古籍出版社、安徽教育出版社 2002 年第 1 版。

③ 陈望衡：《中国古典美学史》，湖南教育出版社 1998 年第 1 版，第 625 页。

④ 梅尧臣：《宛陵先生集》卷四六《读邵不疑学士诗》，《四部丛刊》初编，商务印书馆民国 11 年（1922 年）版。

⑤ 梅尧臣：《宛陵先生集》，《四部丛刊》初编，商务印书馆民国 11 年（1922 年）版。

宋佚名《荻岸停舟图》（美国波士顿艺术博物馆藏）

之美在理学上被学理化。周敦颐就说："乐声淡而不伤，和而不淫。入其耳，感其心，莫不淡且和焉。淡则欲心平，和则躁心释。""淡者，礼之发；和者，理之为。先淡后和，亦主静之意也。"① 朱熹更是反复申述文章应写得平易："古人文章，大率只是平说而意自长。后人文章，务意多而酸涩。如《离骚》初无奇字，只恁说将去，自是好。后来如鲁直，恁地着力做，却自是不好。"②

当然"平易"并非简单空洞，而是要在平易中见真奇，反映的是一种不简单之简淡的审美理想。其特征是至简无作、至大无象，不见文字、但睹情性，理明句顺、气敛神藏，自然圆熟、不着斧痕，象外之象、景外之景，一体多式、一调多能，言外之味、弦外之响。姜夔《白石道人诗说》云："难说处一语而尽，易说处莫便放过；僻事实用，熟事虚用；说理要简切，说事要圆活，说景要微妙。多看自知，多作自好矣。""人所易言，我寡言之，人所难言，我易言之，自不俗。""若句中无余字，篇中无长语，非善之善者也；句中有余味，篇中有余意，善之善者也。""波澜开阖，如在江湖中，一波未平，一波已作。如兵家之阵，方以为正，又复是奇；方以为奇，忽复是正。

① 周敦颐：《周敦颐集》卷二《通书·乐上第十七》，陈克明点校，中华书局1990年第1版。
② 黎靖德辑：《朱子语类》卷一三九《论文上》，载朱熹：《朱子全书》，朱杰人、严佐之、刘永翔主编，上海古籍出版社、安徽教育出版社2002年第1版。

出入变化，不可纪极，而法度不可乱。""篇终出人意表，或反终篇之意，皆妙。""一篇全在尾句，如截奔马。词意俱尽，如临水送将归是已；意尽词不尽，如抟扶摇是已；词尽意不尽，剡溪归棹是已；词意俱不尽，温伯雪子是已。所谓词意俱尽者，急流中截后语，非谓词穷理尽者也。所谓意尽词不尽者，意尽于未当尽处，则词可以不尽矣，非以长语益之者也。至如词尽意不尽者，非遗意也，辞中已彷佛可见矣。词意俱不尽者，不尽之中，固已深尽之矣。"①"平易中见真奇"是一切文学艺术审美表现的无上法门乃至不二法门，是美学最高标准。如书法不过点横竖钩，一字一行之排列组合，但可在简单中见变化、在平易中显奇诡。宋人所追求的冲和之美看似平淡无奇、率性而为，却涵蕴着幽远韵致。正如朱熹和陆九渊的学生包恢所言："若其意味风韵含蓄蕴藉，隐然潜寓于里，而其表淡然若无外饰者，深也。"②所谓"淡"并非"淡乎寡味"，而是"淡"而"有余意"。

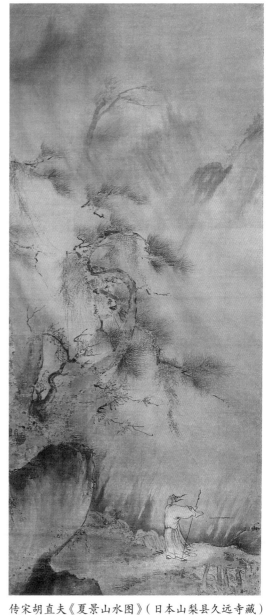

传宋胡直夫《夏景山水图》（日本山梨县久远寺藏）

① 姜夔：《白石道人诗说》，载何文焕辑：《历代诗话》，中华书局1981年第1版。
② 包恢：《敝帚稿略》卷五《书徐致远无弦稿后》，永瑢、纪昀等编纂：《文渊阁四库全书》，上海古籍出版社2012年第1版。

朱熹也反对有意平淡，有意平淡"不是平淡乃是枯槁"。平淡出于自然才是正途。其《答巩仲至书》云："夫古人之诗本岂有意于平淡哉？但对今之狂怪雕镂、神头鬼面，则见其平；对今之肥腻腥臊、酸咸苦涩，则见其淡耳。自有诗之初，以及魏、晋，作者非一，而其高处无不出此。"① 他还将平淡与俊健结合起来，认为俊健则不求其辞之工而自能工，平淡则不求其格之高而自能高。不俊健则慢，使人四肢懒慢不收拾；不平淡则巧，如李贺诗巧得流于怪，黄庭坚诗"忒巧了"。只有将平淡与俊健结合，才能达到高格。要使平淡与俊健结合得恰到好处并非易事。苏轼曾说："大凡为文，使气象峥嵘，五色绚烂，渐老渐熟，乃造平淡。"② "平淡"是经过了绚烂多彩后达到的纯熟圆熟，是在平淡形式中包含深厚内蕴。苏轼还说："所贵乎枯淡者，谓其外枯而中膏，似淡而实美，渊明、子厚之流是也。若中边皆枯淡，亦何足道！"③ 说陶渊明、柳宗元的"外枯而中膏，似淡而实美"才是理想风格，这与平淡而绚烂是一个意思。

二、意象为美与境界至上

宋代理学的发展事实上造就了理学美学，理学范畴理气、心性、知行、天人等均包含深刻而丰富的美学内涵。理学美学既继承了儒家以"仁"为立论基础和指归的宗旨，又超越了这一视界，吸取了道家和佛家本体论思想和思辨因素，增添了本体化、功能化和思辨化色彩。在理学范畴系统中，"理气"部分包含了对美的本体和现象的解释，"心性"部分包含了对审美情感及其心理机能的认识，"知行"部分包含了审美认识和审美修养方面的内容，"天人"部分更是集中包含了理学家对人生的审美体验和审美理想。由于追究形而上的"理"，宋人不以摹拟客观审美对象、再现现实为重，而是普遍追求"理趣"，

① 朱熹：《晦庵先生朱文公文集》卷六四《答巩仲至书》，载朱熹：《朱子全书》，朱杰人、严佐之、刘永翔主编，上海古籍出版社、安徽教育出版社 2002 年第 1 版。

② 周紫芝：《竹坡诗话》，载何文焕辑：《历代诗话》，中华书局 1981 年第 1 版。

③ 苏轼：《苏轼文集》卷六七《评韩柳诗》，孔凡礼点校，中华书局 1986 年第 1 版。

注重涵泳玩味、体认了悟，把外界事物看作是主观心境的传达形式，看作是表达内心情感、抒发胸中意气、张扬个性品质的中介。因而比前代更加注重意象构建和意境融彻，主韵、尚意、重气象，追求以神造形、韵外之致、味外之旨。性情、胸次、气象等与人生境象直接相关的范畴更受重视。

宋夏珪《钱塘观潮图》（苏州博物馆藏）

欧阳修不赞成"披图所赏"①，苏轼"取其意气所到"，黄庭坚说"凡书画当观韵"②，郭熙反对"以骄侈之目临之"③，邵雍提出"花妙在精神"，都主张审美欣赏不能流于目观，而应体味精神，以意气和韵致为上。邵雍《善赏花吟》诗云："人不善赏花，只爱花之貌。人或善赏花，只爱花之妙。花貌在颜色，颜色人可效。花妙在精神，精神人莫造。"④对自然美的欣赏如此，对艺术美的欣赏也一样。苏轼说："观士人画，如阅天下马，取其意气所到。乃若画工，往往只取鞭策皮毛、槽枥刍秣，无一点俊发。看数尺许便倦。"⑤苏轼论书画讲求"神似"，推崇"士人画"而贬低"画工画"，这种观点值得商榷，但其重"神"的一面还是应当肯定的。

① 欧阳修：《欧阳修全集·集古录跋尾》卷五《唐薛稷书》，李逸安点校，中华书局 2001 年第 1 版。

② 黄庭坚：《豫章黄先生文集》卷二七《题摹燕郭尚父图》，《四部丛刊》初编，商务印书馆民国 25 年（1936 年）版。

③ 郭思编：《林泉高致·山水训》，杨伯编著，中华书局 2010 年第 1 版。

④ 邵雍：《伊川击壤集》卷一一《善赏花吟》，郭彧整理，中华书局 2013 年第 1 版。

⑤ 苏轼：《苏轼文集》卷七〇《又跋汉杰画山》，孔凡礼点校，中华书局 1986 年第 1 版。

宋佚名《寒林归鸦图》（美国波士顿艺术博物馆藏）

要做到"赏其妙""观韵""取其意气所到"，必须"以韵观之"，以胸中之韵度观照对象之韵致，所谓"以韵观韵"。非单以目观，更以心观、以神观，以妙悟观。黄庭坚指出："凡书画当观韵。往时李伯时为余作李广夺胡儿马，挟儿南驰，取胡儿弓引满，以拟追骑。观箭锋所直，发之，人马皆应弦也。伯时笑曰：'使俗子为之，当作中箭追骑矣。'余因此深悟画格。此与文章同一关纽，但难得人入神会耳。"[1] 说北宋画家李公麟胜在有画格画韵，所以能达神妙之境，还说这与写诗文为同一关键。黄庭坚还谈到魏晋时论人、论事"语少而意密""要是韵胜"的特点，并指出"蓄书者能以韵观之，当得仿佛"。[2] 说书法有韵，如同魏晋人物般有丰神情韵。邵雍则在本体论上提出了著名的"观物"说，他的"非观之以目而观之以心"接近庄子的"以神遇而不以目视"。"夫所以谓之观物者，非以目观之也，非观之以目而观之以心也，非观之以心而观之以理也。"[3] 作为道学家，邵雍所说的"观物"当然具

---

① 黄庭坚：《豫章黄先生文集》卷二七《题摹燕郭尚父图》，《四部丛刊》初编，商务印书馆民国25年（1936年）版。

② 黄庭坚：《豫章黄先生文集》卷二八《题绛本法帖》，《四部丛刊》初编，商务印书馆民国25年（1936年）版。

③ 王植辑：《皇极经世书解·观物篇·内篇十二》，永瑢、纪昀等编纂：《文渊阁四库全书》，上海古籍出版社2012年第1版。

□省太原市晋祠圣母殿北宋侍从彩塑

有道学本体论的意义，本意是强调对事物的理性观照，但对审美观照的启发意义也是明显的。在对审美对象做静心观照时，不能停留于以目观形，而应以心灵去体验、玩味、悟得。姜夔在论及诗歌欣赏时指出："《三百篇》美刺箴怨皆无迹，当以心会心。"① "以心会心"和"观之以心"有同样的意义。曾跟从黄庭坚学诗的范温也在《潜溪诗眼》一书中指出："至于识者遇之，则暗然心服，油然神会。测之而益

① 姜夔：《白石道人诗说》，载何文焕辑：《历代诗话》，中华书局 1981 年第 1 版。

深，究之而益来，其是之谓矣。"① 宋人还认为对美与艺术的欣赏应"妙悟"。随着禅宗美学的高扬，特别是禅家悟道之法与文人士夫审美情趣的切近，以佛家悟道之法论审美欣赏之"悟"也成一时风尚。如姜夔说"胜处要自悟"②，徐瑞说"妙处可悟不可传"③，严羽说"酝酿胸中，久之自然悟入"④，范温说"识文章者，当如禅家有悟门。夫法门百千差别，要须自一转语悟入。如古人文章直须先悟得一处，乃可通其他妙处"⑤。

关于审美观照的态度和方法，邵雍提出的"以物观物"同样意义重大。邵雍说："夫鉴之所以能为明者，谓其能不隐万物之形也。虽然鉴之能不隐万物之形，未若水之能一万物之形也。虽然水之能一万物之形，未若之水能一万物之形也。圣人之所以能一万物之情者，谓其圣人之能反观也。所以谓之反观者，不以我观物也。不以我观物者，以物观物之谓也。既能以物观物，又安有我于其间哉！"⑥ "反观"，就是抛开自我私见，保持客观的态度，"不以我观物"而"以物观物"。邵雍还进一步指出："以物观物，性也。以我观物，情也。性公而明，情偏而暗。人得中和之气则刚柔均。阳多则偏刚，阴多则偏柔。人智强则物智弱。"⑦ "任我则情，情则蔽，蔽则昏矣。因物则性，性则神，神则明矣。潜天潜地，不行而至，不为阴阳所摄也，神也。"⑧ "以我观物"会蔽于自我的好恶之情，不能客观认识事物。而"以物观物"，就能克服自我的"情蔽"，客观把握事物。

---

① 范温：《潜溪诗眼》，载郭绍虞辑：《宋诗话辑佚》上册，中华书局 1980 年第 1 版。

② 姜夔：《白石道人诗说》，载何文焕辑：《历代诗话》，中华书局 1981 年第 1 版。

③ 徐瑞：《松巢漫稿》卷一《雪中夜坐杂咏》（之一），南昌胡思敬退庐民国 8 年（1919 年）刊本。

④ 严羽：《沧浪诗话·诗辩》，载何文焕辑：《历代诗话》，中华书局 1981 年第 1 版。

⑤ 范温：《潜溪诗眼》，载郭绍虞辑：《宋诗话辑佚》上册，中华书局 1980 年第 1 版。

⑥ 王植辑：《皇极经世书解·观物篇·内篇十二》，永瑢、纪昀等编纂：《文渊阁四库全书》，上海古籍出版社 2012 年第 1 版。

⑦ 王植辑：《皇极经世书解·观物篇·内篇十》，永瑢、纪昀等编纂：《文渊阁四库全书》，上海古籍出版社 2012 年第 1 版。

⑧ 王植辑：《皇极经世书解·观物篇·内篇十二》，永瑢、纪昀等编纂：《文渊阁四库全书》，上海古籍出版社 2012 年第 1 版。

宋李唐《采薇图卷》（故宫博物院藏）

王国维《人间词话》对"以物观物""以我观物"有深刻论述，并进一步提出著名的"有我之境""无我之境"："有有我之境，有无我之境。'泪眼问花花不语，乱红飞过秋千去。''可堪孤馆闭春寒，杜鹃声里斜阳暮。'有我之境也。'采菊东篱下，悠然见南山。''寒波澹澹起，白鸟悠悠下。'无我之境也。有我之境，以我观物，故物我皆著我之色彩。无我之境，以物观物，故不知何者为我，何者为物。古人为词，写有我之境者为多，然未始不能写无我之境，此在豪杰之士能自树立耳。""诗人对宇宙人生，须入乎其内，又须出乎其外。入乎其内，故能写之；出乎其外，故能观之。入乎其内，故有生气；出乎其外，故有高致。美成能入而不出。白石以降，于此二事皆未梦见。""境非独谓景物也。喜怒哀乐，亦人心中之一境界。故能写真景物、真感情者，谓之有境界。否则谓之无境界。"①"以我观物"与"以物观物"作为两种体物方法，根本区别在于：前者以一己之见观物，以凡人之心观物，为有限之观物；后者以万物之理观物，以道心观物，为无限之观物。两种观物方法的主体都是人，都可以说是"我"，但前者对一己之我没有彻底超越，是为"有我"；后者对一己之我彻底超越而与物合，"自我"消失，是为"无我"。两种境界的区别并不在于前者为情语，后者为景语。王国维当然知道"一切景语皆情语"。"无我之境"决非无情寡情，否则就没有什么境界。王国维说"能写真景物、真感情者谓之有境界"。其实，不同的只是，"有我之境"的情没有超越一己之情，更主观；"无我之境"的情超越了一己之情，并与普遍之理融合统一，更客观而已。这种超越自我之情，正是庄子

① 王国维：《人间词话》，载王国维：《王国维全集》第 1 卷，谢维扬、房鑫亮主编，浙江教育出版社、广东教育出版社 2009 年第 1 版。

宋佚名《春游晚归图》（故宫博物院藏）

的无情之情，也就是程颢说的"以其情顺万物而无情"①，是一种摆脱了现实束缚的自由状态之情。两种境界的区别也不在于情的浓淡，因为很难断定"泪眼问花花不语"的情一定浓于"悠然见南山"，"杜鹃声里斜阳暮"的情一定浓于"白鸟悠悠下"。情确有外露与含蓄的区别，但外露不等于浓，含蓄也不等于淡，只是表现不同而已。两种境界的区别也不在于前者为"人化"，后者为"物化"。其实，任何艺术创造的结果，对象都必然是"人化"了的对象，"无我之境"中的景物也是"人化"的。"人化"不等于"拟人化"，如果把"人化"理解为"拟人化"，"杜鹃声里斜阳暮"就没有"拟人化"；"无我之境"也不等于人被"物化"，准确地说是人化入"物象"中。两种境界的区别同样不在于前者移情，后者没有移情。"泪眼问花花不语"是移情，"可堪孤馆闭春寒，杜鹃声里斜阳暮"则不见得就是移情，而"白鸟悠悠下"倒不能说没有移情。总之，"有我之境"与"无我之境"的根本区别在于前者是以一己之主观情感观物之境界，后者是将一己之情融于万物之理观物之境界，这种境界是艺术心灵与宇宙意象两镜相入互摄互映。

　　王国维在提出"有我之境"与"无我之境"的同时还说"古人为词，写有我之境者为多，然未始不能写无我之境，此在豪杰之士能自树立

---

① 程颢、程颐：《二程集》之《河南程氏文集》卷二《答横渠张子厚先生书》，王孝鱼点校，中华书局 1981 年第 1 版。

耳"。显然认为"无我之境"高于"有我之境"。"有"的人生境界即"有我"境界虽超越了小我而进入大我之境，但大我仍未真正超越我，仍有一己在，尚非充分自由境致；而"无"的人生境界即"无我"境界却超越了大我，一己完全与世界万物融为一体，进入充分自由的境致，这是最高境界。所以"无我"高于"有我"，诗词之"无我之境"也就高于"有我之境"。

"有我之境"与"无我之境"之说的源头是老子的"有""无"之说。"有""无"概念最早见于老子的《道德经》："天下万物生于有，有生于无。""大音希声，大象无形"也是同义。"有""无"概念本是宇宙哲学的范畴，但后来对中国古代文化产生了极广泛的影响，包括对诗词美学的影响。儒家"崇有"，强调"有我"境界。道家包括玄学家及后来的禅宗则"贵无"，强调"无我"境界。"万物皆备于我矣"（孟子）、"视天下无一物非我"（张载）、"仁者以天地万物为一体，莫非己也"（程颢）等，皆为"有我"境界；"圣人之情，应物而无累于物也"（王弼）、"应无所住而生其心"（《金刚经》）等，皆为"无我"境界。两种境界的共通之处均建立于天人合一、物我同体的"宇宙—人生观"基础之上，但儒家还是强调"我"是一个"有"的存在，"我"作为万物一分子与万物、他人共在并息息相通，所以应视人犹己，视天下为一家。他人之苦乐即己之苦乐，这便是"仁者"精神境界。儒家的"有我"是超越了自私的我，即变"小我"为"大我"。这种境界强调的是义务和责任，展示了一种积极的参与意识。道家强调的是"无"为本，主张"以无为心"，或称"无心"，"无心"便是"无我"。但其实"无心"也是一种"心"，即"道心"。以道心待物，不仅超越了"小我"，而且超越了"大我"，所以能与万物真正消除区别，达到彻底的物我同一而进入自由境界，这就是"无我"境界。禅宗讲人生三境界，也崇尚"无我"，认为人生第一种境界是以自我为中心的自私境界，即"小我"境界；第二种境界是将"小我"融于宇宙之中与万物合一，个人是宇宙一部分，又是宇宙之全体，能视人如己，爱人如同爱我，即"大我"境界（同儒家"有我"境界）；但最高境界即第三种境界是"无我"，或曰"真我"，既超越"小我"，又超越"大我"，是物找对立消失、真正解脱的自由境界。最后这种境界与道家的"无我"境界同一。虽然儒、道的"有我"与"无我"境界作为人生境界都不能直接当作审美境界，但应看到这两种境界与审美境界相通。道家的"无我"境界与审美的"无利害关系""自由"特征是吻合的，而儒家的"有我"其实也已超越了"私我"，也具有一定审美意义，更何况审美境界也决非与功利完全绝缘，与道德境界无沾无碍。①

三、孔颜乐处与生物之心

程颢在回忆早年周敦颐对自己的教诲时说："昔受学于周茂叔，每令寻颜子、仲尼乐处，所乐何事。"② 探求孔子及其得意门生颜回的人生快乐是什么的"孔颜乐处"成为程颢、程颐之学的导源，并逐步发展为理学关于人生理想与道德境界的重要论题。周敦颐是这样解释"孔颜乐处"的："颜子'一箪食，一瓢饮，在陋巷，人不堪其忧而不改其乐'。夫富贵，人所爱也；颜子不爱不求，而乐乎贫者，独何心哉？天地间有至贵至爱可求而异乎彼者，见其大而忘其小焉尔。见其大则心泰，心泰则无不足；无不足，则富贵贫贱处之一也。处之一，则能化而齐，故颜子亚圣。"③ 俗人以贫贱为人生苦境，以富贵为人生目的，而君子是超越于富贵与贫贱之上的，认为人生中有着至富至贵、可爱可求乃至比生命还重要的东西，这就是"大"，即成圣成贤的理想。人若见其"大"，必忘其"小"，就能充实、平静和愉悦。个体有了这种崇高的精神境界，即使有着世人所不堪的贫贱或唾手可得的富贵，也不会心身失衡。"君子以道充为贵，身安为富，故常泰无不足。而铢视轩冕，尘视金玉，其重无加焉尔！"④ 如此，则人不仅"慨然有

---

① 柯汉琳：《王国维"有我之境"与"无我之境"新论》，《华南师范大学学报》（社会科学版）1994 年第 4 期。

② 程颢、程颐：《二程集》之《河南程氏遗书》卷二上，王孝鱼点校，中华书局 1981 年第 1 版。

③ 周敦颐：《周敦颐集》卷二《通书·颜子第二十三章》，陈克明点校，中华书局 1990 年第 1 版。

④ 周敦颐：《周敦颐集》卷二《通书·富贵第三十三章》，陈克明点校，中华书局 1990 年第 1 版。

求道之志"，而且可以达到"吟风弄月""吾与点也"的境界。周敦颐、二程的"孔颜乐处"之论不但确立了儒家安贫乐道、达观自信的处世态度，实际上也构建了"寻乐顺化""顺乐达化"的美学和美育思想。"天以阳生万物，以阴成万物。生，仁也；成，义也。阴阳，以气言；仁义，以道言……故圣人在上，以仁育万物，以义正万民。所谓定之以仁义。天道行而万物顺，圣德修而万民化。大顺大化，不见其迹，莫知其然之谓神。天地圣人，其道一也。故天下之众，本在一人。道岂远乎哉！术岂多乎哉！天下之本在君，君之道在心，心之术在仁义。"[①]人通过"乐"的中介圆融作用，可消除天人之间的渣滓与隔阂，进入浑然与万物为一体即天人合一的理想境界。朱熹认为"孔颜之乐"，不仅是"见其大而忘其小"，也不仅是"成己"的"云淡风轻""望花随柳"之"自乐"，而包括3个方面或层次：一是"鸢飞鱼跃"境界，二是"无一夫不得其所"境界，三是"万物各得其所"境界。[②]朱熹说："盖有以见夫人欲尽处，天理流行，随处充满，无少欠阙。故其动静之际，从容如此。而其言志，则又不过即其所居之位，乐其日用之常，初无舍己为人之意。而其胸次悠然，直与天地万物上下同流，各得其所之妙，隐然自见于言外。"[③]"老者合安，便安之；朋友合信，便信之；少者合怀，便怀之。唯曾点是见得到这里，圣人做得到这里。"[④]所谓"人欲尽处，天理流行……初无舍己为人之意"，就个人自身而言，要达到"无意"和"从心所欲而不逾矩"的"鸢飞鱼跃"境界。"老安""友信""少怀"等所说的是一种理想的道德境界，达到这种境界则人各得其是，"无一夫不得其所"，"直与天地万物上下同流、各得其所之妙"，达到"万物并育而不相害，道并行而不相悖"的境界。乐是个人对于生活、生命的体验，而个人的乐与社会乃至宇宙都是息息相关的。

---

① 周敦颐：《周敦颐集》卷二《通书·顺化第十一》，陈克明点校，中华书局1990年第1版。

② 李煌明：《朱熹对"孔颜之乐"的诠释》，《昆明师范高等专科学校学报》2003年第1期。

③ 朱熹：《四书章句集注·论语集注》卷六《先进第十一》，载朱熹：《朱子全书》，朱杰人、严佐之、刘永翔主编，上海古籍出版社、安徽教育出版社2002年第1版。

④ 黎靖德辑：《朱子语类》卷四〇《论语二十二》，载朱熹：《朱子全书》，朱杰人、严佐之、刘永翔主编，上海古籍出版社、安徽教育出版社2002年第1版。

传宋丁野夫《幽溪听泉图》（日本私人藏）

理学之"孔颜之乐"问题的提出是儒学在吸收道、释思想的基础上对先秦时期的内圣外王思想深入的学理思考，也是儒学成己与成人（成物）、个体与群体、自由幸福与道德义务等内在矛盾发展的必然结果。孔子虽提出了内圣外王问题，但没有从逻辑或学理上给予明确说明。西汉董仲舒对外王理想给予了系统而权威的论证，但内圣一面却仍然没有得到充分的求证，个人的幸福和权利仍受压制。董仲舒甚至说："正其谊不谋其利，明其道不计其功。"① 汉代之后，中国社会进入近 400 年的战乱和分裂阶段，外王的可能性变得无可希求，以老庄思想为基础的玄学凸显出来，内圣成为思想主题。隋唐时期社会强盛，儒学又占据统治地位。这时的儒学经过玄学的洗礼虽有了一定的发展，但在整体上并没有突破经学传统的束缚。而道、释二家也充满发展活力，儒家不能对其进行完全整合，因而构成三家消长与互动的局面，但儒学所提出的内圣与外王却也引导它们走向新的统一。中唐李翱的复性说标志着这种统一的开始，"孔颜之乐"问题也呼之欲出。宋代理学之"孔颜之乐"超越于先秦或汉代的宇宙论儒学，是在玄学或道、释影响下发展出来的本体论道学。它所讨论的虽然主要是个体修养、自由、幸福等人生问题，即内圣问题，却将个体与群体、自由幸福与道义责任作为整体来考虑，是内圣与外王的统一。"孔颜之乐"的实质是一种圣贤之乐。人可以通过学习成为圣贤，乐则是圣贤具有的

---

① 班固：《汉书》卷五六《董仲舒传第二十六》，颜师古注，中华书局 1962 年第 1 版。

一种精神境界。这种"乐"主要包含守道之乐、学道之乐与体道之乐 3 个方面内涵，事实上也构成一个美学命题，因为它意味着"善"与"美"的相即相融，是一种包含道德又超乎道德、包含审美又超乎审美的境界。

宋马远《寒山子像》（故宫博物院藏）

　　钱穆《现代中国学术论衡》一书指出："人生本体即是一乐，于人生中别寻快乐，即非真艺术。真艺术乃始得真快乐。周濂溪教二程寻孔颜乐处，此乃中国艺术人生之最高境界……孔门之游于艺，得人性一大自由，亦即人生一大快乐，乃为人生一大道义。今姑以现代化名辞言，则曰人生艺术。亦岂有艺术而违于心性，又无当于道义者？求快乐而要不得，即此之由。而中国文化大传统亦即在是。孔颜乐处亦在是。欲罢不能，死而后已，而岂吾与点也一意之所能尽。"① 钱穆认为艺术必须建立在儒家所言之心性与道义的基础上，不能违背道德。但艺术又可能是道德的更高层次，这样的艺术是人生艺术，它的特点是人性自由、人生快乐、人生道义。孔颜乐处表述的就是这种人生艺术的最高境界。这不是日常的喜怒哀乐之乐，而是道德修养到一定境界的超乎道德的乐。钱穆屡次提及"大自由""大快乐""大道义"，此"大"是修饰语，意味着最高的程度，但还有更深层的含义。《孟子·尽心下》关于"大"的一段话宋代诸子多有引用："可欲之谓善，有诸

---

① 钱穆：《现代中国学术论衡》，生活·读书·新知三联书店 2001 年第 1 版，第 260—261 页。

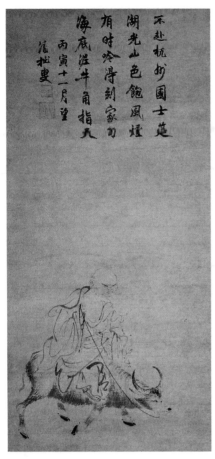

不赴杭妙国士题
湖光山色饱风烟
有时吟得到家句
海底泥牛角指天
丙寅十一月望
泷拙叟

传宋牧溪《政黄牛图》（日本福冈市美术馆藏）

己之谓信，充实之谓美，充实而有光辉之谓大，大而化之之谓圣。"[1] 追求的是"善"，真正转化为自得之知的是"信"，将这种道德修养不断充实就是"美"，将道德之美显现出来就是"大"，将"大"无间隔融入自身就成为"圣"。无论是周敦颐的"见其大"，还是张载的"大其心"，这种道德之"大"是宋代关于孔颜之乐的讨论里反复提及的。

宋人的日常生活也充满了孔颜之乐情调。他们吟诗作文吟咏性情而不累于性情，多表现安贫乐道的思想和生活状况，是周敦颐《通书·宝贵第十三》所谓"道充为贵，身安为富"[2] 价值观的生活化和具体实践。与周敦颐一样，他们热爱山水林泉之趣，将儒家的"仁者乐山，智者乐水"、道家的寻仙访胜与佛家的超尘出世熔于一炉。这种山水之趣、泉石之乐不是所谓的逃避现实、排遣忧愤的行为，也不是"思想为儒、生活为道"，而是一种思想选择。

孔颜之乐还包含生态思想。《易传·系辞上》曰："日新之谓盛德，生生之谓易。""天地之大德曰生。"[3] 指明"生"的根本性，赞扬

---

① 孟轲撰，赵岐注，孙奭疏：《孟子注疏》卷一四上《尽心章句下》，阮元校刻《十三经注疏》，中华书局 1980 年第 1 版。

② 周敦颐：《周敦颐集》卷二《通书·宝贵第十三》，陈克明点校，中华书局 1990 年第 1 版。

③ 王弼、韩康伯注，孔颖达疏：《周易正义》卷七《系辞上》，阮元校刻《十三经注疏》，中华书局 1980 年第 1 版。

天地生育万物之德。仁学发展到宋代，形成"生"的思想，在某种意义上有了"生本论"。从孔孟到汉唐诸儒，"仁"的内涵主要都在"爱人"的域界内，朱熹所阐发的"生生之仁"使其实现了超越。理学从《周易》以及道家学说中挖掘能够论证人道具有的自然特性和宇宙意义，在构建道德主体的同时，也将道德性向自然性转化。转化中的"性理与天道"走向统一、两不相外，因而道德理性的"生生"成为宇宙万物的"生生"。仁的内涵由"爱人"而演变为以"仁性爱情"为特征的"天地生物之心"，宇宙界与人生界圆融和合，构成了一种生态美学。以"生生之仁"为特征的万物一体境界成为理学的基本追求，并成为儒者特有的"气象"。按照其"一体两分、两体合一"的论说，理在宇宙界，心在人生界，两者相贯通则构成天人合一之"仁美"境界。"仁"体现了人在道德建构中的主导作用，而在"生生"的自然性转化中也超越于道德生命成为审美方式。宋人因此表现出较强烈而广泛的生态意识，提出顺应自然、调节生态系统、维护生态平衡、保护生物资源。主张"顺天地时利之宜，识阴阳消长之理"[1]，"顺天时，量地利"[2]，"取之有度，用之有节"[3]，不焚林而猎、不涸泽而渔，使生生不息的生物资源能得到长期的合理利用。宋朝还制定并实施了一系列保护生物资源的政策措施，如制定保护法令，鼓励植树造林，营建保护性林带、园林，重视森林防火和防治虫害等。宋人崇尚简约节俭的生活，主张节约利用生态资源。太祖曾下诏："令民二月至九月无得采捕虫鱼，弹射飞鸟，有司岁申明之。"[4] 同时禁止大肆捕杀青蛙这类有益于庄稼生长的动物。太祖还诏令黄河、汴河两岸州、县多种"榆柳及土地所宜之木"[5]。从宋代著名风俗画《清明上河图》中可以看到，北宋都城开封道路旁、河岸旁绿树成荫。当时规定，地方官若在任内积极植树造林，可以作

① 陈旉：《农书》卷上《天时之宜第四》，中华书局 1956 年第 1 版。

② 贾思勰：《齐民要术》卷一《种谷》，中华书局 1956 年第 1 版。

③ 司马光：《资治通鉴》卷二三四《唐纪五十》，胡三省音注，中华书局 1956 年第 1 版。

④ 李焘：《续资治通鉴长编》卷一，上海师范大学古籍研究所、华东师范大学古籍研究所点校，中华书局 2004 年第 1 版。

⑤ 脱脱等：《宋史》卷九一《志第四十四·河渠一》，中华书局 1977 年第 1 版。

宋佚名《调鹦图》（美国波士顿艺术博物馆藏）

为考绩升迁依据。宁宗嘉泰三年（1203 年）颁布的《庆元条法事类》卷四九《农桑门》规定："诸县丞任满，任内种植林木滋茂，依格推赏。即事功显著者，所属监司保奏，乞优与推恩。"如果导致绿化面积减少，则要受处分。"任内种植林木亏三分，降半年名次，五分降一年，八分降一资。"[1] 盗伐林木者置罪。官方出于公共用途需砍伐木材，也必须向都木务申请。

朱熹说圣人"法天"，"法天"并不是说有一个超然的偶像供人效法，而是要人反躬体认天地万物生生之理，使人知觉到宇宙的生理、秩序和仁善并达到满心皆是理的境地，如此就可以"尽人之性""尽物之性"而参赞天地化育。也就是说，圣人通过身心来体认万物的生

---

① 谢深甫等纂修：《庆元条法事类》，国家图书馆出版社 2014 年第 1 版。

理，同时积极实践，使人与万
有生命条畅通达，并很好地实
现自己的天性，实现人生目的
和价值，让万物与人各得其所
而共生共育。天地有内在价值，
这个价值就是生之目的和善；
同时天地还是有条理、有秩序
的。因此，天地之理是理性与
价值、秩序性与目的性不离的
相互统一。朱熹通过把反身体
认到的仁心感通扩充到整个天
地万物，赋予天地宇宙以"仁
心"，使"仁心"具有某种普
遍性、绝对性和本体论、形而
上意义，使宇宙成为一个充满
生意的至仁大体，然后以天地
之仁来提携人心。朱熹的宇宙
是一个生机勃勃、有目的、有
意义的生命宇宙，是人生意义
和价值的根源；宇宙的目的和
意义即人生的目的和意义，人
的意义即宇宙的意义。这就是
"天地有心""为天地立心""仁
者与天地万物为一体"的深层

宋佚名《玄沙接物利生图》（日本京都国立博
物馆藏）

意义。天地不仁而仁、无心有
心、不生而生是为无目的之目的，人生当随"生生之仁"寻求"天地
之大德"，而非仅仅是简单的事功求成。所谓天地以生物为心、天地
之仁涵盖天地之"自然"与"无欲"，即肯定天地具有善的目的和价
值（有心）。人源于生之本体，遵循其原则，趋向其境界，独得天理
之全而成为万物之灵，在宇宙中获得崇高地位，必当有强烈的本体生

命意识和与宇宙万物为一体的生命情怀。禀承天理的人性构成人的现实生命内涵并决定人的内在生命本质，人因而在"致知"与"力行"的相互依存中开始生命践履。人性论与知行观的合力作用形成了人的现实生命意识，并创造了历史世界。人既是现实的存在，又是历史和文化的存在。通过对文化传统和道统的自觉承担，个体与群体的生命意识得以凸显，人的生命也获得了他作为生命存在的价值和意义。与人的本体性（或超越性）、现实性、文化性相关联，人的本体生命意识、现实生命意识和文化生命意识相互支撑、密不可分、融为一体，构成一个完整的生命形态。由此可见，理学不仅是对孔孟儒学或儒、道、释思想的总结，也是对整个儒学思想的美学改造，构成一种新美学。

第四章　蕴藉寥廓之绝妙好词

一、意有余而约以尽之

宋末元初词人、《武林旧事》的著者周密选编了一部南宋词集,叫《绝妙好词》。用"绝妙好词"来概括宋词很恰当。姜夔《白石道人诗说》云:"学有余而约以用之,善用事者也;意有余而约以尽之,善措辞者也;乍叙事而间以理言,得活法者也。"[1] 这是宋词的妙处,也是宋人普遍的审美理想。清人王士禛《香祖笔记》卷三评价:"姜白石《诗说》,有数则可取,录之:'人所易言,我寡言之;人所难言,我易言之。''难说处一语而尽,易说处莫便放过。僻事实用,熟事虚用。''学有余而约以用之,善用事者也;意有余而约以尽之,善措辞者也。''篇终出人意表,或反终篇之意,皆妙。''句中无余字,篇中无长语,非善之善者也;句中有余味,篇中有余意,善之善者也。''始于意格,成于句字。''诗有四种高妙,一曰理高妙,二曰意高妙,三曰想高妙,四曰自然高妙。''一篇全在尾句,如截奔马。词意俱尽,如临水送将归是已;意尽词不尽,如抟扶摇是已;词尽意不尽,剡溪归棹是已;词意俱不尽,温伯雪子是已。''一家之言,自有一家风味,如乐之二十四调,各有韵声,乃是归宿处。模仿者语虽似之,韵亦无矣。'"[2] 诗讲究"言"和"意"的平衡中和,有言尽意、言不尽意和得意忘言等多种取舍。姜夔举例说,如果最后一句像"如截奔马"就是"辞意都尽",如果像"临水送别"眷恋缠绵就是"辞尽意不尽"。《世说新语·任诞第二十三》载"雪夜访戴"的故事,说在山阴(今浙江省绍兴市)的王羲之五子王徽之忽然想见居剡县(今浙江省嵊州市)的老友戴逵,便乘兴而去,可到戴逵门前却折返而归。王徽之说已尽兴了,见不见朋友并不重要。"剡溪归棹",就是"意尽辞不尽"。如果像庄子笔

---

[1] 姜夔:《白石道人诗说》,载何文焕辑:《历代诗话》,中华书局1981年第1版。

[2] 王士禛:《香祖笔记》,湛之点校,上海古籍出版社1982年第1版。

下的孔子见隐者温伯雪子，就是"辞意俱不尽"。《庄子》外篇《田子方第二十一》载："子路曰：'吾子欲见温伯雪子久矣，见之而不言，何邪？'仲尼曰：'若夫人者，目击而道存矣，亦不可以容声矣。'"①说孔子早想见温伯雪子，但见了却不说话。子路问其原因，孔子说，看到温伯雪子，目光所及已见道，容不得再说话交流。宋人尚意，所以推崇"辞尽意不尽"乃全"辞意俱不尽"，追求含蓄蕴藉之美。有"宋诗鼻祖"之称的梅尧臣云："状难写之景，如在目前；含不尽之意，见于言外。"②他虽然也觉得"言"描摹刻画的重要性，但更重视言不尽意的美学追求。姜夔提出"意有余而约以尽之"的法门，主张情理节制，言人所难言，自然天成，不加雕琢，言有尽而意无穷。

词与诗的表达又有所不同。王国维《人间词话手稿》云："词之为体，要眇宜修，能言诗之所不能言，而不能尽言诗之所能言。诗之境阔，词之言长。"③言词在柔婉精巧上有其恰到好处的美，虽然不能够涵盖诗之所能表现，也能表现诗之所不能。诗与词各有自己的胜场，诗的境界宽阔，词意则婉转隽永，有时间上的回味。宋人在美学观念上"以露为病"，"力劲而易露"④被视为十大病忌之一。含蓄蕴藉与宋代禅僧说禅"不说破"和"绕路说禅"的言说风气有关，更是宋人对前代诗滥情过度反思的产物，很大程度上也是词法追求的结果。宋代以前的美学批评虽然也有言及"露"者，但多以中性或褒义的色彩出现，取其"显露"之本义，如东汉王充《论衡》卷一三《超奇篇》所说："实诚在胸臆，文墨著竹帛。外内表里，自相副称。意奋而笔纵，故文见而实露也。"⑤此处"实"为文章的实核内容，"露"为表现、显露之义，所谓"文见而实露"非但没有贬义色彩，反而表扬了一种文辞显露、

---

① 庄子撰，郭庆藩集释：《庄子集释》，王孝鱼点校，《新编诸子集成》，中华书局 1961 年第 1 版。

② 欧阳修：《欧阳修全集》卷一二八《诗话》引梅尧臣，李逸安点校，中华书局 2001 年第 1 版。

③ 王国维：《人间词话手稿》，载王国维：《王国维全集》第 1 卷，谢维扬、房鑫亮主编，浙江教育出版社、广东教育出版社 2009 年第 1 版。

④ 陈永康：《吟窗杂录序》，载魏庆之：《诗人玉屑》卷五，王仲闻点校，中华书局 2007 年第 1 版。

⑤ 王充：《论衡》，北京大学历史系《论衡》注释小组编，中华书局 1990 年第 1 版。

坦率朴素的修辞观。南朝萧梁刘勰《文心雕龙》等也没有明显贬抑直露的意味。唐五代诗评中开始出现对"诗露"之病的直接批评，但不多。如释皎然《诗式》指出"诗有四不"，其中一"不"即"力劲而不露，露则伤于斤斧"。① 到了宋代，

宋马远《月下赏梅图》（美国大都会艺术博物馆藏）

诗话诗评中大量出现这方面批评，"露"作为一种重要诗病被提出来。批评对象包括用意、用字、用情等多个层面，所谓"用字不可太露"，"情不可太露"②，"血脉欲其贯穿，其失也露"③，"景物失于太露"④，"气象浅露"则"绝少含蓄"⑤，"用古人语又难于不露筋骨"⑥ 等。"不露"作为一种美学观念开始形成。

　　宋人讨论最多和避忌最严的是造迹作意之"露"，即"意露"。蒲瀛《漫斋语录》释"含蓄不露"曰："用意十分，下语三分，可几《风》《雅》；下语六分，可追李杜；下语十分，晚唐之作也。用意要精深，下语要平易，此诗人之难。"⑦ 指出诗文"含蓄不露"，需要"下语"

① 释皎然：《诗式》，载何文焕辑：《历代诗话》，中华书局 1981 年第 1 版。

② 沈义父：《乐府指迷》，载唐圭璋主编：《词话丛编》，中华书局 1985 年第 1 版。

③ 姜夔：《白石道人诗说》，载何文焕辑：《历代诗话》，中华书局 1981 年第 1 版。

④ 张戒：《岁寒堂诗话》，载丁福保辑：《历代诗话续编》，中华书局 1983 年第 1 版。

⑤ 吴子良：《吴氏诗话》，载吴文治主编《宋诗话全编》，凤凰出版社 1998 年第 1 版。

⑥ 陈善：《扪虱新话》卷三，袁向彤点校，山东人民出版社 2018 年第 1 版。

⑦ 蒲瀛：《漫斋语录》，载何溪汶：《竹庄诗话》卷一，常振国、绛云点校，中华书局 1984 年第 1 版。

传宋牧溪《杜子美图》（日本福冈市美术馆藏）

半易，对"用意"有所保留，才能达到《诗经》的高度。类似说法还很多，如杨简解读《诗经》篇章《伐柯》说："周公归，不授以政，犹伐柯而不以斧，取妻而不以媒……我唯见周公'笾豆有践'而已，意谓成王不委之以政也。诗人致意含隐不露如此。而《序》曰'刺焉'，可谓诬屈，可谓悖厉。"[①]一方面推崇"含蓄不露"，另一方面排斥"讥刺"之作。它们二者的界线正在于"致意"是否显露。罗大经《鹤林玉露》丙编卷一《唐再幸蜀》云："唐狄归昌诗云：'马嵬烟柳正依依，重见銮舆幸蜀归。泉下阿蛮应有语，这回休更罪杨妃。'杜陵诗云：'朝廷虽无幽王祸，得不哀痛尘再蒙。'……此其胎变稔祸，必有出于女宠之外者矣，是不可不哀痛而悔艾矣。诗意与狄归昌同。而其恻怛规戒，涵蓄不露，则大有径庭矣。"[②]同样将诗意是否显露作为区别诗之高下的标准。唐代先后有两个皇帝因兵乱避逃蜀地，前一个是唐玄宗为避安禄山等人起兵的安史之乱，后一个是唐僖宗为避黄巢起义的广明之乱。杜甫《冬狩行》咏的是前者，狄归昌《题马嵬驿》咏的是后事，他们都将遇到的祸事与之前的历史进行对比，并指出这并非红颜之祸，杨贵妃不过是替罪羊。诗意虽同，下语迥异，狄诗直叙其事直称其人，说当年被视为"祸水"的杨贵妃既然已在马嵬坡被杀，

① 杨简：《慈湖诗传》，载吴文治主编《宋诗话全编》，凤凰出版社 1998 年第 1 版。
② 罗大经：《鹤林玉露》，王瑞来点校，中华书局 1983 年第 1 版。

为何今天唐僖宗还要再次出逃蜀地？"休更"这一强硬语气使得原本已直白无隐的诗意更为直露。杜甫却借史讽今，以周幽王宠爱褒姒和犬戎之祸指代唐玄宗宠爱杨贵妃和安史之乱，最后以反问式的哀叹结尾，既意含"规戒"、感情沉痛，又"下语"不露。在宋人看来，杜诗显然更为高明。诗的高下不但在于表意如何，更在于如何表意。而"致意"是否直露、能否意蕴深长是重要的衡量标准。

在对各种"意露"之病的批评中，"刺"意显露是被批评最多也被视为最严重的一类。早在唐代，徐衍《风骚要式·创意门》就提出"讽刺不可怒张，怒张则筋骨露"[①]的要求，不过宋代才对此进行了充分解释。张天觉《律诗格》专列"辩讽刺"条以具体诗例释其义："若'庙堂生莽卓，岩谷死伊周'之类也，未如'花浓春寺静，竹细野池幽'。'花浓'喻媚臣秉政，'春寺'比国家，'竹细野池幽'喻君子在野未见用也……若此之类，可谓言近而意深，不失风骚之体也。"仍以《诗经》的比兴寄托、含蓄蕴藉为最高理想，一方面强调"讽刺不可怒张"即不过分简单直白表达，另一方面主张"言近而意深"，即用"香草美人"等自然事物比喻社会事件的隐喻手法，使表达含蓄而深刻。"意"指"讽刺"之旨，"深"为"含蓄不露"。要达到"言近而意深"，方法是"托物以寓意"。释惠洪《石门洪觉范天厨禁脔》赞美杜甫《三绝句》，原因同样在于其能以"托物比兴之法"寓"讽刺"之旨，所谓"杜子美诗言山间野外事，意在讥刺风俗"。[②]宋人对"刺意显露"如此抗拒，是因为在他们看来，这不仅关乎诗的表意方式，而且关乎诗教乃至诗体本位，甚至关乎诗人的立身。"刺意显露"有悖儒家诗教"温柔敦厚"之旨。魏泰《临汉隐居诗话》云："诗主优柔感讽，不在逞豪放而致怒张也。"[③]严羽《沧浪诗话·诗辩》也说："其末流甚者，叫噪怒张，殊乖忠厚之风，殆以骂詈为诗。"[④]宋人还将原本"不指切事情"的为人作诗修养准则提升到关乎国家大义的"义理"之正的高度，意

---

① 徐衍：《风骚要式》，载张伯伟：《全唐五代诗格汇考》，凤凰出版社 2002 年第 1 版。

② 胡仔：《苕溪渔隐丛话》后集卷三四《张天觉》，廖德明校点，人民文学出版社 1962 年第 1 版。

③ 魏泰：《临汉隐居诗话》，载何文焕辑：《历代诗话》，中华书局 1981 年第 1 版。

④ 严羽：《沧浪诗话》，载何文焕辑：《历代诗话》，中华书局 1981 年第 1 版。

味着诗意"讽刺而露"者违背的不仅是传统诗教的温柔敦厚旨意，而且违背宋学义理之正。[①]

宋代诗论家还将"含蓄"纳入"格卑""雄深雅健"这些具有典型宋代特征的诗学范畴中进行解释，提出以"含蓄不露"来丰富"雄深雅健"内涵，使其稍内敛而更有不尽余韵。南宋张戒《岁寒堂诗话》卷上评白居易诗云："世言曰少傅诗格卑。虽诚有之，然亦不可不察也。元、白、张籍诗皆自陶、阮中出，专以道得人心中事为工，本不应格卑，但其词伤于太烦，其意伤于太尽，遂成冗长卑陋尔。比之吴融、韩偓俳优之词，号格卑，则有间矣。若收敛其词，而少加含蓄，其意味岂复可及也。"[②]"格卑"是宋代诗学的核心概念，是宋人在对中晚唐五代诗批判中归纳出来的重要美学概念。张戒区分了两种不同的"格卑"，一是中唐白居易、元稹、张籍等人的新乐府诗，一是晚唐吴融、韩偓的"俳优之词"即艳情诗，认为前者之"格卑"不同于后者的格调不高和用意不深，只是"词伤于太烦，意伤于太尽"，即语言过于繁冗、表意过于直露。诗人将本身具有层次感和朦胧性的情感意蕴描写得过于清晰、繁复，反而使情意本身的可阐释空间消失在过度密集的意象和过于繁复的语言中。周紫芝《竹坡诗话》也说："白乐天《长恨歌》云：'玉容寂寞泪阑干，梨花一枝春带雨。'人皆喜其工，而不知其气韵之近俗也。东坡作送人小词云：'故将别语调佳人，要看梨花枝上雨。'虽用乐天语，而别有一种风味，非点铁成黄金手，不能为此也。"[③]指出苏轼用疏朗流利的表达使白居易诗过于密集繁复的意象变得灵动超逸。与"格卑"相对的"格高"是宋诗追求和标举的重要内涵之一，所谓"炼字不如炼句，炼句不如炼意，炼意不如炼格"[④]以及"诗以格高为第一"[⑤]。宋人在标举人格层面奋力高蹈的

---

① 刘靓：《论宋人"含蓄不露"的诗学观》，《河南师范大学学报》（哲学社会科学版）2019 年第 4 期。

② 张戒：《岁寒堂诗话》，载丁福保辑：《历代诗话续编》，中华书局 1983 年第 1 版。

③ 周紫芝：《竹坡诗话》，载何文焕辑：《历代诗话》，中华书局 1981 年第 1 版。

④ 白居易：《金针诗格》，载魏庆之：《诗人玉屑》，王仲闻点校，中华书局 2007 年第 1 版。

⑤ 方回辑，李庆甲集评校点：《瀛奎律髓汇评》卷二〇，上海古籍出版社 1993 年第 1 版。

"浩然之气"外，在美学层面更多地落实在艺术形式上，而"含蓄"的诗美特质正因其在改造"格卑"上的重要作用而成为构建"高格"的主要方面。如白居易的诗并非立意不高，而是因为意太尽被视作"格卑"。要改变这种类型的"格卑"，就必须改变表意方式和结构布置使诗有涵泳之余韵。《漫斋语录》指出："诗文要含蓄不露，便是好处。古人说雄深雅健，此便是含蓄不露也。"[①]"雄深雅健"最早见于韩愈评价司马迁和柳宗元的散文风格，到宋人这里才开始用来评价诗。用看似不相关甚至对立的"含蓄不露"来阐释"雄深雅

宋佚名《寒林楼观》（故宫博物院藏）

健"，将其作为一对概念互相阐发，体现了宋人将雄健刚劲的时代追求融入"含蓄"这一传统诗学概念的尝试和努力。

　　宋人以为内心奥秘往往不是语词能直接表达的，而意象则具有丰富的艺术包孕性。所以他们力图构建情绪的对等物，运用有声有色的形象来暗示微妙的内己世界。柳永《雨霖铃》词"今宵酒醒何处？杨柳岸、晓风残月"，就把词人的情思不着痕迹地融化在景物摹写中。不知所措的迷惘、无处排遣的惆怅与代表"折柳赠别"的依依飘拂柳枝、象征离愁别恨的水边岸上，还有如梦的晓风、如钩将落的残月，在表征上是吻合的。自然现象和人的情感的对应关系，从李白的"飞流直下三千尺，疑是银河落九天"（《望庐山瀑布》）、杜甫的"无边落

① 蒲瀛：《漫斋语录》，载何溪汶：《竹庄诗话》卷一，常振国、绛云点校，中华书局1984年第1版。

宋佚名《柳荫醉归图》（故宫博物院藏）

木萧萧下，不尽长江滚滚来"（《登高》），王安石的"含风鸭绿粼粼起，弄玉蛾黄袅袅垂"（《南浦》）已可见。南宋人在诗词意象的构筑上更是青出于蓝，如陆游《卜算子·咏梅》就借寒梅意象"驿外断桥边，寂寞开无主。已是黄昏独自愁，更著风和雨"的遭遇和"无意苦争春，一任群芳妒。

零落成泥碾作尘，只有香如故"的品格[1]，来暗示词人品行高洁却受打压、不被重用也依然保持气节的遭际和心境。

通常可依据联系词和喻体是否出现，将比喻分为明喻、暗喻、借喻等"常式比喻"，因为一般都以"具体的""熟知的""浅显的"事物或道理来比喻"抽象的""生疏的""深奥的"事物或道理，所以又称"具体式比喻"。钱锺书提出虚喻、曲喻、博喻、约喻、撒喻、倒喻、分喻等"变式比喻"，也称"抽象式比喻"，即喻体是抽象之物，有以虚喻实、以虚喻虚等表现形式。"抽象式比喻"用曲折化的奇思妙想，给人不确定的、缥缈朦胧的感觉，打破了"具体式比喻"单一、封闭的思路，更能引发丰富联想和想象，为文学形象的再创造开辟了广阔新空间。钱锺书《谈艺录》一〇《长吉曲喻》谈及李贺的善用比喻："长吉乃往往以一端相似，推而及之于初不相似之他端……'羲和敲日玻璃声'，日比玻璃，皆光明故，而李长吉笔端，则日似玻璃光，变必具玻璃矣。"[2]正如李贺把太阳比作不相干的玻璃却生出无限想

① 陆游：《卜算子·咏梅》，载唐圭璋编纂，王仲闻参订，孔凡礼补辑：《全宋词》第3册，中华书局1999年第1版。

② 钱锺书：《谈艺录》，中华书局1984年第1版。

象和联想新境一样，宋人也常常在诗词中用"抽象式比喻"构建独特新奇的意象，倾诉更复杂的情思感受。如辛弃疾《菩萨蛮·书江西造口壁》词"青山遮不住，毕竟东流去"，就以常见却又独特的拦不住只能日夜滔滔"东流去"的江水为喻体，超越传统的山回水转流水意象，含蓄隐喻了国事不可挽回和爱国情怀被无端舍弃的沉郁心境，无情意象中见无限深情，细思深挚悱恻、哀痛不尽。

用典也称用事，也是一种间接抒情的表达方式，它可以通过少量的信息来暗传丰富的内涵。英国象征主义诗人托马斯·斯特恩斯·艾略特（Thomas Stearns Eliot）因善于用典，使他的《荒原》成了博大精深的名篇。他写十几行小诗甚至能承载一部长篇小说的信息量。宋人也是用典的行家里手。辛弃疾《永遇乐·京口北固亭怀古》词，就通过典故的交错使用尽情抒发了词人千回百转的情思。

二、骚雅与本色

中国古代有"风雅"（《诗经》）与"屈骚"（《离骚》，或加上《庄子》，合称"庄骚"）两种并立的诗歌原型或传统，它们不仅对中国文学产生巨大影响，而且也构成整个中国美学思想的某种质性。骚雅论则是中国式的诗学表达。孕育庄子、屈原的楚地属于广义的南方，"屈骚"与"风雅"代表南北两种特征不同的地域文化。王国维《屈子文学之精神》一文指出："我国春秋以前，道德政治上之思想可分之为二派：一帝王派，一非帝王派。前者称道尧、舜、禹、汤、文、武，后者则称其学出于上古之隐君子（如庄周所称广成子之类），或托之于上古之帝王。前者近古学派，后者远古学派也。前者贵族派，后者平民派也。前者入世派，后者遁世派（非真遁世派，知其主义之终不能行于世而遁焉者也）也。前者热性派，后者冷性派也。前者国家派，后者个人派也。前者大成于孔子、墨子，而后者大成于老子（老子，楚人，在孔子后，与孔子问礼之老聃系二人。说见汪容甫《述学·老子考》）。故前者北方派，后者南方派。此二派者，其主义常相反对，而不能相调和。""夫然，故吾国之文学，亦不外发表二种之思想。然南方学派，则仅有散文的文学，如《老》《庄》《列》是已。至诗歌的文学，则为北方学派之所专有。《诗》三百篇，大抵表北方学派之思想者也。虽其中如《考盘》《衡门》等篇，略近南方之思想。然北方学者所谓'用之则行，舍之则藏''有道则见，无道则隐'者，亦岂有异于是哉？故此等谓之南北公共之思想则可，必非南方思想之特质也。然则诗歌的义学，所以独出于北方之学派中者，又何故乎？""诗歌者，描写人生者也（用德国大诗人希尔列尔之定义）。此定义未免太狭，今更广之曰描写自然及人生，可乎？然人类之兴味，实先人生而后自然。故纯粹之模山范水，流连光景之作，自建安以前，殆未之见。而诗歌之题目，皆以描写自己之感情为主，其写景物也，亦必以自己深邃之感情为之素地，而始得于特别之境遇中，用特别之眼观之。故古代之诗所描写者，特人生之主观的方面；而对人生之客观的方面，及纯处于客观界之自然，断不能以全力注之也。故对古代之诗，前之定义宁苦其广，而不苦其隘也。""诗之为道，既以描写人生为事。而人生者，非孤立之生活，而在家族、国家及社会中之生活也。北方派之理想，置于当日之社会中；南方派之理想，则树于当日之社会外。易言以明之，北方派之理想，在改作旧社会；南方派之理想，在创造新社会。然改作与创造，皆当日社会之所不许也。南方之人，以长于思辩而短于实行，故知实践之不可能，而即于其理想中求其安慰之地，故有遁世无闷、嚣然自得以没齿者矣。若北方之人，则往往以坚忍之志、强毅之气，持其改作之理想，以与当日之社会争；而社会之仇视之也，亦与其仇视南方学者无异，或有甚焉。故彼之视社会也，一时以为寇，一时以为亲，如此循环，而遂生欧穆亚（humour。按：幽默）之人生观。《小雅》中之杰作，皆此种竞争之产物也。且北方之人，不为离世绝俗之举，而日周旋于君臣、父子、夫妇之间，此等在在界以诗歌之题目，与以作诗之动机。此诗歌的文学，所以独产于北方学派中，而无与于南方学派者也。""然南方文学中，又非无诗歌的原质也。南人想象力之伟大丰富，胜于北人远甚。彼等巧于比类，而善于滑稽。故言大则有若北溟之鱼，语小则有若蜗角之国；语久则大椿冥灵，语短则蟪蚍朝菌。至于襄城之野，七圣皆迷；汾水之阳，四子独往。此种想象决不能于北方文学中发见之，故《庄》《列》书中之某部分，即谓之'散文诗'，无不可也。夫儿童想象力之活泼，此人人公认之事实也。国民文化发达之初期亦然。古代印度及希腊之壮丽之神话，皆此等想象之产物。以我中国论，则南方之文化发达较后于北方，则南

宋李成、王晓《读碑窠石图》（日本大阪市立美术馆藏）

人之富于想象，亦自然之势也。此南方文学中之诗歌的特质之优于北方文学者也。""由此观之，北方人之感情，诗歌的也。以不得想象之助，故其所作遂止于小篇。南方人之想象，亦诗歌的也。以无深邃之感情之后援，故其想象亦散漫而无所丽，是以无纯粹之诗歌。而大诗歌之出，必须俟北方人之感情与南方人之想象合而为一，即必通南北之驿骑而后可，斯即屈子其人也。""屈子南人而学北方之学者也。"王国维从文学与政治、道德、思想的密切联系入手，指出诗的本质特征是"以描写人生为事"，具体表现为感情的肫挚与想象的丰富两个方面。以孔子为代表的北方派和以庄子为代表的南方派，表达理想的内涵和形式有所不同。屈原糅合北方善于抒情和南方善于想象的优点，"庄语之不足，而继之以谐，于是思想之游戏，更为自由矣。变《三百篇》之体，而为长句，变短什而为长篇，于是感情之发表，更为宛转矣"，

所谓"通南北之驿骑"，成就为伟大诗人。① 屈原文学之精神是南北文化交融的结晶：一方面，满怀热情执着追求人生理想，"以与当日之社会争"；另一方面，当理想无法实现时，则驰骋想象以解脱心灵矛盾和痛苦，进入忘我的"更为自由"的境界，是撼人心魄的悲剧式壮美。

汉代的屈骚批评使先秦古籍不见记载的屈原出现在历史舞台中央，确立了屈骚的文学经典地位。按照南朝萧梁刘勰《文心雕龙》卷五《辨骚》的分析，汉代屈骚批评可分为 3 个阶段。第一阶段从西汉初到西汉中期，以贾谊、刘安、司马迁等为代表，给屈骚极高评价。第二阶段从西汉末到东汉前期，以扬雄和班固等为代表，对屈原及作品进行贬斥和批评。第三阶段为东汉后期，以王逸等为代表，通过驳斥班固重新肯定屈骚。汉代的屈骚批评交织着儒、道两种不同价值取向及对屈骚不同的儒、道界定，缘于屈骚本道兼儒的质性。屈骚传统所包含的复杂情感特征及相关表达技巧，与古希腊戏剧在西方文学中的元典地位一样构成一种中国独特的悲剧经验。究其大要有三：一是荒幻的情感表象，即选择夸张、瑰奇乃至神异的物象作为情感的外在投射；二是怨谤的政治抒情，即激烈抨击小人、赞美自我；三是悲哀的个体抒情，即对自我命运的反复哀叹。② 屈骚所体现的美学精神是原始宗教的体认与理性觉醒之怀疑、批判精神的有机结合。产生于北方宗法文化的《诗经》强调社会群体意识而非个体的卓杰超标，讴歌的英雄也往往是氏族意识的化身，书写的情感是自发的、源自日常生活的约束性经验，不超越有限生活事件的直接激发，如东汉经学家何休《春秋公羊传注疏》卷一六所谓"饥者歌其食，劳者歌其事"③。屈骚则强烈地张扬个体人格，强调个体价值的美学实现。一些研究悲剧的学者认为中国文学中没有严格意义上的悲剧，但屈骚直面残酷人生和不

---

① 王国维：《屈子文学之精神》，载王国维：《王国维全集》第 14 卷，谢维扬、房鑫亮主编，浙江教育出版社、广东教育出版社 2009 年第 1 版。

② 谢琰：《屈骚传统的失落与宋诗情感特征的形成》，《安徽师范大学学报》（人文社会科学版）2011 年第 1 期。

③ 何休：《春秋公羊传注疏》，阮元校刻《十三经注疏》，中华书局 1980 年第 1 版。

宋佚名《九歌图卷》局部（故宫博物院藏）

幸命运，事实上已远超《诗经》的细腻和深刻，震撼性地表达了古希腊悲剧式的内在矛盾和痛苦，并从与生俱来的"内美"到"好修以为常"的后天努力、从"曲高和寡"的巨大孤独感到"知死不可让，愿勿爱兮"①的以死殉志，表现了卓异而崇高的人格精神发展历程。鲁迅曾指出："其影响于后来之文章，乃甚或在《三百篇》以上。"②

屈骚传统潜移默化地渗入中国历代诗脉乃至整个美学思想体系。两汉以下，它在离乱和盛世之间忽隐忽现，而与离乱之世多勾连。唐代和北宋自然较为隐在，而以风雅为强势。但北宋朋党之争造就了庞大的被打压的处穷士大夫群体，他们对屈骚精神的政治和社会价值有认同，也在诗文创作上对屈骚传统有所修复和宣扬。南渡的家国忧患则使屈骚精神再次和空前地显在化，不仅修复了屈骚传统，还进行了全面重建。屈骚批评是儒家文化与道家文化、中原文化与荆楚文化、现实主义实用文学与浪漫主义抒情文学的全面而长期的交锋。南宋的屈骚精神重建是对唐代和北宋风雅盛行的一种纠偏，是对轴心时代以来中国文学艺术的总体性反思，也是中国古代对文学艺术最全面系统的理性批判之一。南宋文学艺术的代表骚雅词标举屈骚，但坚持骚雅并重，达到了前所未有的高度和深度。以"屈骚"或"风雅"来概括中国文学艺术或美学并不全面，南宋词学家所阐释的"骚雅"才说全了中国文学艺术的基干。

古代诗词美学思想在宋代得到最全面系统的总结，出现了众多重要的诗话词话著作。今人吴文治主编《宋诗话全编》收录宋代诗话

---

① 屈原：《屈原诗选》之《九章之五·怀沙》，王培源选注，山东大学出版社 1978 年第 1 版。

② 鲁迅：《汉文学史纲要》，载鲁迅：《鲁迅全集》第 9 卷，人民文学出版社 2005 年第 1 版。

562 种，其中原已单独成书的 170 余种，新辑近 400 种，其中又以南宋诗话居多。南宋前期诗话主要有阮阅的《诗话总龟》、吕本中的《紫薇诗话》、许顗的《彦周诗话》、吴开的《优古堂诗话》、张表臣的《珊瑚钩诗话》、曾季狸的《艇斋诗话》、吴聿的《观林诗话》、陈岩肖的《庚溪诗话》、周紫芝的《竹坡诗话》、朱弁的《风月堂诗话》、吴可的《藏海诗话》、周必大的《二老堂诗话》、洪迈的《容斋诗话》、朱熹的《晦庵诗话》、尤袤的《全唐诗话》、陆游的《老学庵笔记》、胡仔的《苕溪渔隐丛话》、杨万里的《诚斋诗话》、葛立方的《韵语阳秋》、张戒的《岁寒堂诗话》、黄彻的《碧溪诗话》、姜夔的《白石道人诗说》等，南宋后期诗话主要有刘克庄的《后村诗话》、严羽的《沧浪诗话》、魏庆之的《诗人玉屑》、吴子良的《吴氏诗话》、范晞文的《对床夜语》、敖陶孙的《敖器之诗话》《臞翁诗评》、赵与虤的《娱书堂诗话》，其中以《苕溪渔隐丛话》《白石道人诗说》《沧浪诗话》等较为重要。词话出现较迟，梁启超认为北宋仁宗朝杨绘的《时贤本事曲子集》是最早的词话。南宋前期词话主要有李清照的《词论》、杨湜的《古今词话》、朱弁的《续骫骳说》、鲖阳居士的《复雅歌词》、王灼的《碧鸡漫志》、张邦基词话、袁文词话、吴曾的《能改斋漫录》、王明清词话、王楙词话、洪迈词话、曾季狸词话、张侃的《拙轩词话》等，南宋后期词话主要有岳珂词话、张端义词话、魏庆之词话、黄昇的《中兴词话》、俞文豹词话、罗大经词话、刘克庄词话、陈郁词话、周密的《浩然斋词话》、沈义父的《乐府指迷》、刘埙词话、张炎的《词源》等，其中以《碧鸡漫志》《乐府指迷》《词源》等较为重要。宋代系统的诗论或诗学思想主要体现在这些诗话词话中。

南宋诗话由北宋诗话相对零散、片断式的管见发展为较系统的理论体系，并表现出 3 个突出特点：一是文艺批评与诗歌创作紧密结合。宋以前的诗话多评论前代诗人诗作。南宋初期诗坛模拟苏黄诗歌风气盛行，其下者画虎类犬、脱离现实、诗味淡薄。张戒《岁寒堂诗话》对逞才趋奇、追求理趣、生硬少韵的苏黄诗风及江西诗派诗风即"以文为诗、以议论为诗、以才为诗"的诗风作尖锐批评："自汉魏以来，诗妙于子建，成于李杜，而坏于苏黄。"并斥之为"诗人中一害"。他还提出了较完整的诗文理论，反对以议论为诗、以"补缀奇字"为能。[①]陆游也提出诗要反映现实生活的主张。二是叙述的重心由诗本事和诗考释转到诗论。唐代诗话如《本事诗》等多记录诗人轶事。宋代诗话的理论性思辨性都大大提高，如重视论诗辨体。张表臣《珊瑚钩诗话》、姜夔《白石道人诗说》等都有诗体之辨。《沧浪诗话》专列《诗体》篇，对历代诗体进行多角度、多层次辨析，如分为以诗集为名的"选体""玉台体""西昆体""香奁体"等，以字数句式分类的"三言""四言""五言""六言""七言""九言"等，以格律分类的"古体""近体"，以乐府歌谣类型而分的"谣""吟""词""引""咏""曲"等，以内容命名的"叹""愁""哀""怨""思""乐""别"等。又如，在"禅道"与"诗道"关系的研究中，发现了"禅道"与"诗道"二者的共同点在于"妙悟"。三是体例上改变了早期诗话随机零碎、不够系统的不足。《沧浪诗话》从内容到形式，分门别类、序列清楚地对诗加以论述，形成了完整体系。

南宋词话具有与宋词一般的散文化体征，而江湖词派的词学理论在一定程度上代表了南宋词话的质性。江湖词派的词学著作主要有3部：一是沈义父的《乐府指迷》，主要传达吴文英的词法，以周邦彦《清真词》为典范，讲求下字运意的法度；二是张炎的《词源》，在字面、句法上与《乐府指迷》相同，但更重视词的命意，主张用姜夔的"骚雅"对周邦彦、吴文英的词风加以中和；三是元代陆辅之的《词旨》，强调《词源》的论词之旨并加以补充修正。《乐府指迷》值得注意的有3点：一是本色雅正论。认为词的当行本色是能谱乐歌唱，自诩豪放而不叶律的词不是本色词，为唱而唱的市井嘌唱（曼声歌唱）也非雅词。能入乐歌唱又雅正脱俗的雅词才是真词，如被其奉为典范的《清真词》。《乐府指迷》选论的词人有周邦彦、康与之、柳永、姜夔、吴文英、施岳、孙惟信7家，对周邦彦、姜夔、吴文英最推崇。精通音律、度曲填词是达致本色的必要前提，而雅正是更高理想。《乐府指迷》显

---

① 张戒：《岁寒堂诗话》卷上，载丁福保辑：《历代诗话续编》，中华书局 1983 年第 1 版。

然更重雅正，所以对苏轼和辛弃疾的"豪放"比较宽容，对沾染教坊市井俗气的本色词人如上述康与之、柳永、施岳、孙惟信等则有所不满，甚至对《清真词》也略有微词。二是主张以才学入词。强调化用唐宋诸贤诗句入词和使用代字。使用代字是宋人常用的修辞手法，即为了协韵用典故、雅称、别名等替代俗称、常称，如咏物词里经常用"玉箸"代眼泪、"檀栾"代修竹、"商素"代秋天、"水佩风裳"代荷花荷叶、"玉龙"代笛子等，使词既含蓄又有文采并合音律。当然所用典故不能太生涩，须圆熟而适宜歌唱。典故不一定要有确切出处，但也不可杜撰。词意须明朗，但也不能太直露。三是对词运意的限制。运意指构思、布局。主张开门见山。"大抵起句便见所咏之意，不可泛入闲事，方入主意。咏物尤不可泛。""过处多是自叙，若才高者方能发起别意。然不可太野，走了原意。""结句须要放开，含有余不尽之意，以景结情最好。"言情不能说得太露，无咀嚼回味的余地。"如说情，不可太露。"①张炎《词源》是南宋词学集大成之作，其所论源于南宋词已有的法度和规范，审美理想则追求清空骚雅的词境。张炎受周密、沈义父等人的影响较大。周密《绝妙好词》首倡南宋词由独尊周邦彦转向师法姜夔。张炎后来也祖奉姜夔并多鼓吹宣传，为姜夔在后世成为南宋词范式奠定基础。《词源》与《乐府指迷》的继承关系也很直接。《乐府指迷》的大多数条目都能在《词源》中找到对应的论述。两书都推崇本色和雅正，都讲命意和字法、句法。《词源》在继承之外也多创新，尊奉姜夔但又不排斥其他词风词派，对苏轼词的清空、辛弃疾词的骚雅都表尊崇。"清空""骚雅""意趣"是《词源》提出的 3 个重要词学范畴，三者有内在联系。《词源》的《清空》一节说姜夔代表词作《疏影》《暗香》等曲"不唯清空，又且骚雅"，《意趣》一节称苏轼《中秋水调歌》《夏夜洞仙歌》、王安石《金陵怀古·桂枝香》、姜夔《暗香》《疏影》等词中名篇"皆清空中有意趣"，《杂论》一节评价周邦彦词"于软媚中有气魄"，"惜乎意趣却不高远"，须"以白石骚雅句法润色之"。②

---

① 沈义父：《乐府指迷》，载唐圭璋主编：《词话丛编》，中华书局 1985 年第 1 版。

② 张炎：《词源》，载唐圭璋主编：《词话丛编》，中华书局 1985 年第 1 版。

词要能骚雅，才能具清雅之美，才能寓意深厚、含蓄蕴藉，清空而不骚雅会失于浮滑空乏；词还要有意趣，才能富于高情远致，清空而无意趣会失于陈俗，无奇创、无新意。有"骚雅"之肌理、风韵，有"意趣"之寄托，才能称为清空之词。"清空"是核心，而"骚雅"和"意趣"是"清空"的丰富、完善和深化。不过，自《词源》提出"词要清空，不要质实。清空则古雅峭拔，质实则凝涩晦昧"后，"词要清空"

宋佚名《雪山行骑图》（故宫博物院藏）

和代表"清空"的姜夔便成为南宋"填词家金科玉律"[1]，与姜夔词风相对立的"质实"词风的代表吴文英则因此饱受误解。陆辅之的《词旨》强调张炎的论词之旨，但也有己见。首先，克服了《词源》要点阐释、举隅示例表述方式造成的体系不强之弊端。其次，修正了《词源》的一些问题，如对周邦彦、吴文英一系词人的不公评价。还进一步阐释了《词源》的核心概念"清空"："《词源》云：'清空'二字，亦一生受用不尽。指迷之妙，尽在是矣。学者必在心传耳传，以心会意，当有悟入处。然须跳出窠臼外，时出新意，自成一家。若屋下架屋，则为人之贱仆矣。"[2]认为"清空"就是以才学为词，但作词应由才学到妙悟，再超越具体法度，最后随心所欲而不逾矩。姜夔的"自然高妙"和张炎的"自然而然"都是对诗词法度的超越。《词旨》还综合《词源》对周邦彦、吴文英的评论，把二人纳入江湖词派，远

---

① 田同之：《西圃词话》，载唐圭璋主编：《词话丛编》，中华书局 1985 年第 1 版。

② 陆辅之：《词旨》，载唐圭璋主编：《词话丛编》，中华书局 1985 年第 1 版。

宋梁楷《三高游赏图》（故宫博物院藏）

尊周邦彦，近取姜夔，参以史达祖、吴文英，构建类似江西诗派"一祖三宗"的法统。

江湖词派之所以能够成为一个流派，与词法前后相承有很大关系。吴文英—沈义父—张炎—陆辅之，杨缵—周密、张炎—陆辅之，这种分席传灯、递相祖述的词法经过相互融汇，最终演化成一种包容万象、独具特色的词学主张。沈义父指点迷津，给初学者指示门径；张炎指出通向极玄之域和天机云锦的道路；而陆辅之又将张炎的词论加以普及，"俾初学易于入室云"。①"清空""骚雅"的词学思想由此化解成"属对""奇对""警句""词眼"等具体的便于操作的法度，转化成一种可以普及提高的人力功夫。这无论是对于普及词法还是扩大江湖词派的影响，都具有重要意义。②

"骚雅"诗学只是某种象征，事实上整个宋代文化都是对以往文化的总结。宋代文化完成了对前代文化的精致化、精深化发掘和再造，也构造了精致化审美人格。宋人由此练就特别敏感的审美感受力。"13世纪的中国人似乎比其先人更善感、更浪漫。从他们的艺术作品中可以发现，他们似乎充满了对人生的愁绪，并且被深深的绝望所折磨。时光的流逝、失意、羞辱和离愁是其诗作的常见主题；而他们又不像唐代的中国人那样，能够在行动中发现抵挡这种深沉忧愁的平衡力。在另一方面，13世纪的中国人也显示了某种好奇心和扩大了的视野，

① 陆辅之：《词旨》，载唐圭璋主编：《词话丛编》，中华书局1985年第1版。

② 郭锋：《论江湖词派的词学理论》，《新疆大学学报》（社会科学版）2004年第2期。

这又是在前几个世纪中看不到的。他们自由自在的生活方式会使其唐代祖先感到惊异。由于其谦恭有礼，富于幽默感，以及其社交生活的趣味和交谈的艺术，他们成了中华文明所曾经产生的最精巧和最有教养的人格类型。从他们的日常生活历史中，我们得到的一般印象是：他们能自然而然地自我约束，而且其生活中充满了欢乐与魅力。他们对事物的细枝末节亦有极为敏锐的感受。"[1]

三、词乐互生与乐叙事

"倚声填词"是诗与乐分途后，经过各自的长期发展演变，在新的历史条件下的重新结合。词所倚之声或所合之乐，主要是隋唐以来兴盛的燕乐。"因声以度词，审调以节唱，句度短长之数，声韵平上之差，莫不由之准度。"[2] 词的腔调、格式等都是以乐曲的音声变化为准度的。词的制作无论是先有调子再按节拍配词，或是"初率意为长短句，然后协以律"[3]形成的自度曲，都必须精于审辨，才能达到声腔文字谐和、音响情感相应的艺术效果。词必须"长短其句"以就音乐节拍，消极地接受音乐的制约，在合乐过程中也依据自身的格式和变化积极能动地与音乐相结合。

胡仔《苕溪渔隐丛话》后集卷三三《晁无咎》收录的李清照《词论》一文云："乐府声诗并著，最盛于唐。开元、天宝间，有李八郎者，能歌擅天下。时新及第进士开宴曲江，榜中一名十，先召李，使易服隐姓名，衣冠故敝，精神惨沮，与同之宴所。曰：'表弟愿与坐末。'众皆不顾。既酒行乐作，歌者进，时曹元谦、念奴为冠。歌罢，众皆咨嗟称赏。名士忽指李曰：'请表弟歌。'众皆哂，或有怒者。及转喉发声，歌一曲，众皆泣下。罗拜曰：'此李八郎也。'自后郑、卫

---

① 谢和耐：《蒙元入侵前夜的中国日常生活》，刘东译，北京大学出版社 2008 年第 1 版，第 241 页。

② 元稹：《元稹集》，冀勤点校，中华书局 1982 年第 1 版。

③ 姜夔：《长亭怨慢》词序，载唐圭璋编纂，王仲闻参订，孔凡礼补辑：《全宋词》第 3 册，中华书局 1999 年第 1 版。

之声日炽，流靡之变日烦。已有《菩萨蛮》《春光好》《莎鸡子》《更漏子》《浣溪沙》《梦江南》《渔父》等词，不可遍举。五代干戈，四海瓜分豆剖，斯文道息。独江南李氏君臣尚文雅，故有'小楼吹彻玉笙寒''吹皱一池春水'之词。语虽甚奇，所谓'亡国之音哀以思'也。逮至本朝，礼乐文武大备。又涵养百余年，始有柳屯田永者，变旧声作新声，出《乐章集》，大得声称于世。虽协音律，而词语尘下。又有张子野、宋子京兄弟，沈唐、元绛、晁次膺辈继出。虽时时有妙语，而破碎何足名家！至晏元献、欧阳永叔、苏子瞻，学际天人，作为小歌词，直如酌蠡水于大海，然皆句读不葺之诗尔。又往往不协音律，何耶？盖诗文分平侧，而歌词分五音，又分五声，又分六律，又分清浊轻重。且如近世所谓《声声慢》《雨中花》《喜迁莺》，既押平声韵，又押入声韵；《玉楼春》本押平声韵，有押去声，又押入声。本押仄声韵，如押上声则协；如押入声，则不可歌矣。王介甫、曾子固文章似西汉，若作一小歌词，则人必绝倒，不可读也。乃知词别是一家，知之者少。后晏叔原、贺方回、秦少游、黄鲁直出，始能知之。又晏苦无铺叙。贺苦少典重。秦即专主情致，而少故实。譬如贫家美女，虽极妍丽丰逸，而终乏富贵态。黄即尚故实而多疵病，譬如良玉有瑕，价自减半矣。"胡仔评说道："易安历评诸公歌词，皆摘其短，无一免者。此论未公，事不凭也。其意盖自谓能擅其长，以乐府名家者。"①持类似批评的较多，但李清照对词的见解还是相当深刻的。她提出"词别是一家"之说，主张分别诗词畛域，反对"以诗为词"。认为词是"歌词"，有别于诗，在协音律以及思想内容、艺术风格、表现形式等方面都应保持特色。除主张高雅（不满柳永"词语尘下"）、浑成（不满张先、宋祁诸家"有妙语而破碎"）、典重（不满贺铸"少典重"）、铺叙（不满晏几道"无铺叙"）、故实（不满秦观"专主情致，而少故实"、黄庭坚"尚故实而多疵病"）外，特别强调词不仅讲平仄，还应分五音（宫、商、角、徵、羽）、五声（阴平、阳平、上、去、入）、六律（黄钟、太簇、姑洗、蕤宾、夷则、无射），以及发音的清、浊、

---

① 胡仔：《苕溪渔隐丛话》，廖德明点校，人民文学出版社 1962 年第 1 版。

轻、重，即其特有的音乐性。

　　词诞生于中晚唐五代，此时歌词创作主要为了应歌，依拍填词。但从现存敦煌民间歌辞及文人创作的《花间集》看，词的格式不甚统一，说明文辞已不完全附丽于音乐。北宋以来，填词虽仍应歌，但兼以言情、述志，一些词人已渐渐不顾腔调，文辞与音乐相矛盾的现象时常出现。苏轼等人以黄钟大吕式的巨响改变了词的性质特征，动摇了词对音乐的依赖关系。到了南宋，词进入蜕变期，词与音乐脱离的趋势逐渐形成，多数词人"渐于字句间凝炼求工"①，将词当作一种

宋李嵩《观灯图》（台北"故宫博物院"藏）

韵文看待，也有的创作进一步散文化，"深者反浅，曲者反直"②。但南宋仍盛行披乐而歌，谱册并未全部失传，可见于刘肃为周邦彦写的《片玉集序》、强焕为周邦彦写的《题周美成词》及姜夔、张炎等人的词序所记。南宋合乐歌词不拘一格，以更多样的姿态出现于词坛、乐坛，词家、作品数量都大大超过北宋，艺术上也有新开拓。文人词作与音乐的结合达到极致水平，民间唱词也丰富多彩。南宋后期，词呈现两种趋势：有的逐渐摆脱对音乐的依赖，蜕变为独立的抒情诗体；有的继续与音乐相结合，"变"而与民间"小唱"合流，成为元曲之先声。

---

① 冯煦:《蒿庵论词》二〇，顾学颉点校，人民文学出版社 1959 年第 1 版。

② 周济:《介存斋论词杂著》，人民文学出版社 1959 年第 1 版。

从《诗经》开始，中国诗歌就建立了与音乐结合的传统。有人认为《诗经》就是一部"乐经"。《诗三百》，孔子皆弦歌之。其风、雅、颂3类就按音乐来划分。楚辞都作楚声。《九歌》本为沅、湘之间祭祀神灵的歌舞乐曲。游国恩等人怀疑"离骚"一词是楚国乐曲"劳商"（见《大招》）的音转，与《九歌》《九章》一样也以乐为名。汉魏乐府大多是入乐的歌词，六朝乐府吴声、西曲统称清商乐，唐宋词则标志着中国诗歌与音乐相结合的传统进入新阶段，它与音乐结合的方式与前代的诗骚乐府大不同，属于新的诗乐系统。唐宋之际乐、曲、词三者渐进迭兴，并非同时并起。燕乐起于隋唐之际，其曲始繁则在百年后的开元、天宝年间，词体成立比曲的流行还要晚。盛唐时的教坊曲很多配以声诗传唱。"依曲拍为句"这种以词合乐的方式出现后，曲调才转为词调，词体始告确立。沈括《梦溪笔谈》卷五《乐律一》云："自唐天宝十三载，始诏法曲与胡部合奏，自此乐奏全失古法，以先王之乐为雅乐，前世新声为清乐，合胡部者为宴乐。"[1] 雅乐、清乐、燕（宴）乐分别代表了历史上3个不同的音乐时代。先秦的古乐称雅乐，《诗经》的雅、颂即是雅乐的词。《诗经·周南·关雎》有"钟鼓乐之""琴瑟友之"之说。《诗经》中提到的乐器有29种，钟、鼓、琴、瑟就是庙堂雅乐的主要乐器。雅乐在战国时已衰落。《礼记·乐记》提到魏文侯是孔子弟子子夏的学生，在六国之君中最好古，但他听雅乐已昏昏欲睡了，听世俗的郑、卫之音却不知疲倦。《孟子》卷一《梁惠王下》也说梁惠王爱好音乐，但他自己也申明不爱先王之乐，只喜欢世俗之乐。雅乐无力与新兴俗乐争胜，逐渐沦亡。汉魏六朝的音乐称清乐，乐府诗就是配合清乐的歌词。清乐流行于中原；六朝的吴声、西曲则统称清商乐，流行于江南。清乐的主要乐器是丝竹，如筝、瑟、箫、竽之类。开皇九年（589年）隋文帝灭陈统一中原，听到清乐后说这是华夏正声。清乐与隋唐繁声促节的燕乐相比，从容雅缓、音希而淡，知音难得，入唐后也渐衰。南朝清乐至武则天时仅存63曲，其中就有著名的《春江花月夜》。唐代一些民间歌曲，尤其是南方的

---

① 沈括撰，胡道静校证：《梦溪笔谈校证》，上海古籍出版社1987年第1版。

吴吟越调，可谓清乐余绪。燕乐是隋唐时的新乐，其源可上溯到北朝魏、齐、周。南北朝长期分裂对峙，音乐也表现出南北差异。

隋唐雅乐是先作词后制谱的，唐宋词则大多先有曲后有词。词的产生以乐曲的繁盛和流行为先行，词调来源于乐曲。唐代遍数繁多、结构复杂的歌舞大曲盛行，但主要流行于宫廷，民间家弦户诵的还是单谱单唱的众多杂曲小唱。词调主要是从杂曲小唱转化的。隋唐的胡夷、里巷之曲数量可观，转为词调的只是小部分。由乐曲转为词调是艺术再创造。风靡一时的琵琶曲、笙曲、笛曲、羯鼓曲，在没人依谱填词前还不是与文字结缘的词调。确定了声、词相配的原则，有了依谱填词的方式，词曲相应、声字相称，经尝试完善，曲谱始为词调。隋代已萌生词调，但为数极少。词调主要发源于盛唐和中唐之曲。唐五代仅有 200 首左右小令，到北宋时"其急、慢诸曲几千数"[①]，不仅数量远远超轶前代，而且长短的令、引、近、慢等形式兼有。这是仁宗至徽宗朝百年时间内完成的。除了教坊乐，北宋市井新声竞起，是词调新增和扩充的重要原因。当时上自宫廷，下至瓦舍勾栏，远至漠外，凡有井水，有人居住处，都是新声的领地。而且，北宋词人知音识曲者多，能自制调，在作词与制调方面多有成就。北宋后期，乐家所唱大多是宋时新声，唐旧曲少得存者。柳永是词调创作大家，现存 200 多首词里有 150 多个词调，且大部分为前所未见、以旧腔改造或自制的新调。其词多长调慢词，以富于音乐美著称。词至南宋功用益大，艺术性也推向新高度。但南宋所创词调少，甚至趋于停滞，所增新调仅限于词人自度曲。原因有二：一是出现了新的乐种、曲种、剧种，词曲失去了音乐文艺的中心地位。唐及北宋音乐艺术以歌曲、舞曲为中心，为词调的发展提供了基础。北宋后期歌曲出现了嘌唱、唱赚、赚等乐种，说唱出现了鼓子词、诸宫调等曲种，戏剧出现了杂剧、院本、南戏等剧种，音乐热点转向这些俗曲和杂曲，词曲的中心地位被逐步取代。二是南宋词崇高雅、严音律，与民间新声联系减少，堵塞了词调的新来源。南宋论词严雅、俗之辨，在格律上也日益讲究四

---

① 脱脱等：《宋史》卷一四二《志第九十五·乐十七》，中华书局 1977 年第 1 版。

宋李嵩《听阮图》（台北"故宫博物院"藏）

声阴阳，与民间新声自由变化趋势相反。缠令、赚曲在董解元《西厢记诸宫调》中采用甚多，一般词人却避之不及。"下字欲其雅，不雅则近乎缠令之体"[①] 几乎是宋末词坛的清规戒律。

词人自度曲是对南宋词调发展停滞的主要补偿。其中姜夔的自度曲在词乐史上有重要地位。自度曲五代北宋时已有，擅长音律的词人如柳永、周邦彦等也多作自度曲，可惜没有曲谱流传下来。姜夔的自度曲旁注工尺谱，是今存唯一的宋代词乐文献。其《长亭怨慢》词序云："予颇喜自制曲，初率意为长短句，然后协以律，故前后阕多不同。"[②] 说他一般先随心所欲地将思想感情、经历体验化作长短句即词，然后依据已写成的词配上适当的音乐。这样不会受音乐（固定曲牌）的限制，使表达更自由"率意"，达到"自作新词韵最娇"的艺术境界。《四库全书》方千里《和清真词》提要云："邦彦妙解声律，为词家之冠。所制诸调，不独音之平仄宜遵，即仄声中上、去、入三声亦不容相混。所谓分寸节度，深契微茫。"[③] 周邦彦审音协律、妙解声律，是宋代格律词的创始人。方千里等南宋词人认为周邦彦是

① 沈义父：《乐府指迷》，载唐圭璋主编：《词话丛编》，中华书局 1985 年第 1 版。

② 姜夔：《长亭怨慢》词序，载唐圭璋编纂，王仲闻参订，孔凡礼补辑：《全宋词》第 3 册，中华书局 1999 年第 1 版。

③ 方千里：《和清真词》，永瑢、纪昀等编纂：《文渊阁四库全书》，上海古籍出版社 2012 年第 1 版。

"词家之冠"。姜夔也是格律词代表人物，不过他虽受周邦彦影响，但并没有像方千里、杨泽民、陈允平等人遍和清真词、奉周邦彦为绝对典范，也没有如苏轼强调文辞到忽视音乐的地步。姜夔不刻意于四声规律，只注意平仄关系。以姜夔的才学和音乐上的造诣，要写出完美符合四声规律的词调不难，他无非更注重词曲搭配的适当。词曲搭配的均衡，构成姜夔自度曲的主要音乐特征。姜夔按传统方法"倚声填词"，但也不固守成规。如"满江红"词牌，在姜夔之前一直是仄韵，像相传岳飞所作的名篇《满江红·怒发冲冠》即如此，且多不协律。姜夔以周邦彦的《满江红·昼日移阴》和自己的《满江红·仙姥来时》为例指出："《满江红》旧调用仄韵，多不协律；如末句云'无心扑'三字，歌者将'心'字融入去声，方谐音律。予欲以平韵为之，久不能成。因泛巢湖，闻远岸箫鼓声，问之舟师，云：'居人为此湖神姥寿也。'予因祝曰：'得一席风径至居巢，当以平韵《满江红》为迎送神曲。'言讫，风与笔俱驶，顷刻而成。"[1] 姜夔改韵后，该词舒缓优美，与此前仄韵体的激昂截然不同，不但成为民间祭祀神姥时广为传唱的歌曲，还被《词谱》定为此曲牌平韵的范例。

为使词体雅化，南宋词人不仅对整个词体做了改造和提升，而且还从音乐雅化方面下功夫。姜夔以雅乐注入词体主要有两种方法：一是以古乐府入词。如推演汉乐《铙歌》作《圣宋铙歌鼓吹曲十四首》，依《九歌》作《越九歌》，并作琴曲《古怨》。清末词家郑文焯品姜夔《古怨》云："此曲则音淡节希，一洗筝琶之耳。曩与李复翁品弦抚之，依慢角调者而歌，极为凄异。其泛音散声，较今谱幽淡绝俗。"[2]说该曲舒缓古朴，与筝琶胡乐的浓艳急促形成鲜明对照。二是以唐法曲音乐入词。以宫廷音乐的"清""雅""淡"风格冲淡艳曲影响。姜夔《霓裳中序第一》序云："《霓裳曲》音节闲雅，不类今曲。"《霓裳羽衣曲》是经唐玄宗润色加工定名的法曲，姜夔借其闲雅风格来改

① 姜夔：《满江红·仙姥来时》词序，载唐圭璋编纂，王仲闻参订，孔凡礼补辑：《全宋词》第3册，中华书局1999年第1版。

② 姜夔撰，夏承焘笺校：《姜白石词编年笺校》引，上海古籍出版社1981年第1版，第131页。

赵佶《听琴图》（故宫博物院藏）

造"今曲"的褊丽纷杂。他一再谈到对古雅之乐的歆慕追求："丙午岁，留长沙，登祝融，因得其祀神之曲，曰《黄帝炎》《苏合香》。又于乐工故书中得商调《霓裳曲》十八阕，皆虚谱无辞。按沈氏《乐律》，《霓裳》道调，此乃商调；乐天诗云'散序六阕'，此特两阕。未知孰是？然音节闲雅，不类今曲。予不暇尽作，作《中序》一阕传于世。予方羁旅，感此古音，不自知其辞之怨抑也。"① 他的《徵招》序更是集中反映了词与音乐尊古、尚雅、重和的思想。

中国音乐文化也在宋代转型。唐代音乐以恢弘繁丽的宫廷俗乐最有代表性，宋代音乐的主要建树在市民俗乐的兴起和繁荣。古代宫廷音乐据功用可分为雅乐和俗乐，受重视程度在各代都不同。唐代用乐很少受到儒家礼乐思想约束，雅俗界限模糊，常将雅乐用于宴享场合，而"杂有胡夷之技"的俗乐也常稍加改编就用于祭祀庙堂，与宋代雅乐与"郑卫之声"界限分明截然不同。正因如此，唐代燕乐才能达

---

① 姜夔：《霓裳中序第一》序，载唐圭璋编纂，王仲闻参订，孔凡礼补辑：《全宋词》第3册，中华书局1999年第1版。

到中国古代宫廷音乐的顶峰。唐代宫廷俗乐繁盛遵循了音乐自身发展规律，宋代宫廷雅乐的复兴则是人为结果，走向僵化衰落也是必然。如宋太祖嫌五代后周原有雅乐"王朴乐"声高不合中和，依古法别创新乐以定律吕。太宗也强调雅乐的"中和之道"。开国二帝的态度奠定了宋代宫廷雅乐的基调。后来的皇帝和儒臣对雅乐，从音高标准到音阶形式，到音域、宫调，再到雅乐队舞、乐器，都追求纯粹的"合乎古制"。儒臣孜孜于考究乐律的同时，乐工的整体素质却在下降。南宋时宫廷音乐机构时废时复，所用乐工多来自民间，而且多采用"和雇"形式，一般到宫廷里教习"两旬"即用。对乐工的管理也较随意，不像唐代和北宋建立常规考核激励机制。随着具有自由意志的市民阶层的兴起，民间俗乐得到空前发展。瓦舍勾栏造就了庞大的听众主体，作为创作主体的乐人也有了较大的人身自由，成立了各种专业组织社、会，如绯绿社（杂剧）、遏云社（唱赚）、清音社（清乐）。每个社多至 300 余人，少也有 100 余人。但宋代民间俗乐总体上没得到独立发展，主要依附于其他艺术形式构成叙事音乐。在众多新出现的市民通俗音乐体裁中，最具代表性的当属戏曲音乐，隋唐盛极一时的歌舞大曲至宋代也逐渐融合于戏曲音乐。尽管宋代以前的许多歌舞大曲已具备一定叙事性和表演性，但情节大多属于粗线条描写，主要功能是营造气氛，适用于皇亲贵戚的庆典或宴饮活动。经历了晚唐五代的社会动乱，歌舞伎乐原本赖以生存的豪强庄园制经济瓦解殆尽，作为艺术保护人恩主的世家大族不复存在，歌舞伎必须寻找新的衣食之源。市民阶层一般有固定收入和闲暇时光，歌舞伎乐的生存需求与市民阶层的娱乐需求间因此达成了供求关系，于是歌舞伎乐开始按市民阶层的审美进行改造，逐渐向普通民众靠近。市民阶层有着不同于以往世家大族的审美需求，诙谐曲折的故事情节才能吸引他们。这种审美情趣促使歌舞大曲的主要表现功能由场面性向情节性转化，并最终宣告了以戏曲音乐繁荣为特征的近世俗乐时代的到来。而从纯音乐的角度来说，姜夔雅俗兼备的词乐是宋代音乐最具代表性的成果。南宋王灼的《碧鸡漫志》以论词为主，但也系统探讨了中国音乐美学思想的渊源及音乐与诗词、舞蹈、戏曲等艺术的关系。其音乐美学思想体现为 3 个方面。一是倡导"丰情说"，主张音乐"发乎情性"，大胆表现内在情感；二是坚持"中正"审美标准，崇尚雅正；三是提出"自然说"，主张情感的不加雕饰，喜怒哀乐自然表露，而音律节拍遵循"自然之度数"。这或也表达了宋人音乐追求的理想。

四、诗有别裁诗有别趣

在中国文学史上，唐诗宋词常常并称，但宋诗不大受重视。其实宋诗的成就也是相当高的。唐诗珠玉在前，宋诗想要有所突破很难，但是宋代诗人对诗的意境仍然有较大拓展，在艺术表现方面也有相当多新创造，除反映宋代许多复杂的政治斗争外，还反映十分丰富的社会生活，且向思理和细密发展。清人翁方纲《石洲诗话》卷四云："诗至宋而益加细密。盖刻抉入里，实非唐人所能囿也。"① 所谓"细密""刻抉入里"，一方面指宋诗对客观事物的描摹趋于求新、求细，形容尽致，纤微毕现，如梅尧臣所说的"状难写之景，如在目前"②，与唐诗的浑成淳滀各异其趣，另一方面指宋诗对用典、对仗、句法、用韵、声调等用工更深，日臻周详密致。另外，宋诗又呈现出议论化、散文化和以才学为诗的倾向，这是宋代诗人为摆脱唐诗影响而企图走不同道路的最后倔强。

宋诗遭遇批评大多因它与唐诗的不同。南宋严羽《沧浪诗话·诗评》云："诗有词、理、意兴"，"本朝人尚理而病于意兴，唐人尚意兴而理在其中"。③ 以"意兴"即意境为诗正途，以为唐诗是正、宋诗是偏。主张学唐诗为正途的明代杨慎在《升庵诗话》卷四中更进一步说："唐人诗主情，去《三百篇》近；宋人诗主理，去《三百篇》却远矣。"④ 钱锺书《谈艺录》一《诗分唐宋》说："唐诗多以丰神情韵擅长，宋

---

① 翁方纲：《石洲诗话》，陈迩冬校点，人民文学出版社 1981 年第 1 版。

② 欧阳修：《欧阳修全集》卷一二八《诗话》引梅尧臣，李逸安点校，中华书局 2001 年第 1 版。

③ 严羽：《沧浪诗话》，载何文焕辑：《历代诗话》，中华书局 1981 年第 1 版。

④ 杨慎撰，王大厚笺证：《升庵诗话新笺证》，中华书局 2008 年第 1 版。

诗多以筋骨思理见胜。"①虽并不明显偏向唐诗，但举例之间也常常批评宋诗。历代评论者对宋诗的态度褒贬不一，但共同认为"理""思理"是宋诗特点。重情韵者往往含蓄，重思理者自然较显露。清沈德潜《清诗别裁集》凡例云："唐诗蕴蓄，宋诗发露。蕴蓄则韵流言外，发露则意尽言中。"②清吴乔《围炉诗话》卷一也

宋佚名《赤壁图》（台北"故宫博物院"藏）

指出唐诗多比兴，因而"其词婉而微"；宋诗多赋，"其词径以直"。③

　　严羽将宋诗发展分为 3 个阶段：宋初至嘉祐年间（1056—1063 年）苏轼现身诗坛前为第一阶段。从诗歌发展流变看，这一阶段只是中晚唐五代诗风的余绪流衍，主要承袭了中晚唐遗风，有"白体""西昆体""晚唐体"，还未形成自身风格。第二阶段自苏轼现身诗坛至南宋中叶，苏轼、黄庭坚变革唐风。第三阶段是南宋中叶以后即严羽所谓的"近世"，多仿效晚唐风。严羽认为，宋诗能自立的标准就是"唐人之风变矣"，从"东坡、山谷始自出己意以为诗"到后来的江西诗派自立宗派。④南宋江湖诗派领袖刘克庄也说："元祐后，诗人迭起，一种则波澜富而句律疏，一种则锻炼精而情性远，要之不出苏、黄二体而已。"⑤这种以"波澜富而句律疏""锻炼精而情性远"即构思

① 钱锺书：《谈艺录》，中华书局 1984 年第 1 版。

② 沈德潜：《清诗别裁集》，中华书局 1984 年第 1 版。

③ 吴乔：《围炉诗话》，齐鲁书社 1997 年第 1 版。

④ 严羽：《沧浪诗话·诗辩》，载何文焕辑：《历代诗话》，中华书局 1981 年第 1 版。

⑤ 刘克庄：《后村集》卷一八《诗话下》，永瑢、纪昀等编纂：《文渊阁四库全书》，上海古籍出版社 2012 年第 1 版。

宋佚名《溪旁闲话》（台北"故宫博物院"藏）

布局曲折精巧却不太注重声韵和谐优美、用词诗意字斟句酌唯求深刻但少了天然自得之趣的诗，就是能与唐诗相扒衡的宋诗。它独具风标却难免个性过激，嶙峋凛冽、深邃刻板的"筋骨思理"终不如唐诗的"丰神情韵"受人欢迎、容易被理解。

严羽《沧浪诗话·诗辩》指出："夫诗有别材，非关书也；诗有别趣，非关理也。然非多读书、多穷理，则不能极其至。所谓不涉理路、不落言筌者，上也。诗者，吟咏情性也。"[①]首先将"理"与"书"并提，区别于"别材""别趣"。"别材"是诗人独具审美创造的艺术才能，"别趣"是诗人"情性"即独特的审美感受。诗人兼有独特的审美创造才能和审美艺术感受，写诗才会独具风貌和韵味。尽管这种才能和感受的获得也需要"多读书、多穷理"，但"读书穷理"只是一种到达的途径。诗之上者即最好的诗，应该"不涉理路，不落言筌"。

严羽还将"理路"与"言筌"并提。"筌"是捕鱼器，"言筌"指语言的工具性质。典出《庄子·外物篇》，涉及"言意之辨"这个古老的诗学命题。"言"即"辞"，《周易》指阐释形象卦象的言辞，"意"指认识现象世界而得到的概念。严羽将"理"与以抽象方式反映形象的"言"并提，"理"指抽象的理性思维。"不涉理路"不是排斥理性，而指不在诗中搞逻辑推理，不在诗中以概念化的语言直接发议论。"不落言筌"也不是脱离语言文字，而是强调不要拘泥于语言的形式而忽略了诗意的追寻。"言"是工具，而非目的；是符号，而非意义。

---

① 严羽:《沧浪诗话》，载何文焕辑:《历代诗话》，中华书局1981年第1版。

"不落言筌"强调的是超越形质物累的桎梏、不死守语言形式而追寻"意"的自由，所谓言外之意，获得"言有尽而意无穷"①的深沉隽永韵味。这与梅尧臣的"含不尽之意见于言外"、姜夔的"意有余而约以尽之"一脉相

宋佚名《香山九老图》（台北"故宫博物院"藏）

承。"诗有别趣，非关理也"强调的是诗的特殊性。就创作主体而言，是指创作前的特殊审美感受，是不期而至、浮想联翩的心理状态，非按图索骥所能得、条分缕析所能穷；从作品来说，是要表达特殊的审美感受，而不是阐释抽象道理。"理"可指"原理"即思想内容，也可指"说理"即用抽象的方式来论理。"意"是"言有尽而意无穷"的"意"。《易传·系辞上》云："子曰：'书不尽言，言不尽意。'然则圣人之意，其不可见乎？子曰：'圣人立象以尽意，设卦以尽情伪，系辞焉以尽其言。'"②首次提出"意"与"象"的关系问题。"象"不仅是卦象，也是具有美学意义的形象。"象"是可以尽"意"的。"意"不是抽象的道理，而是有情的意象意境；也不是与人事无关的自然规律，而是个体情志，它存在于"象"中。要领会"象"中之"意"，就要"观其象而玩其辞"。严羽所说的"兴"，不是陈子昂的"兴寄"和白居易的"美刺兴比""兴讽"之"兴"，即偏重诗歌社会内容和所寄托的讽喻，而是与"理"相对的"别趣"。"意"与"兴"不可

① 严羽：《沧浪诗话·诗辩》引苏轼，载何文焕辑：《历代诗话》，中华书局 1981 年第 1 版。

② 王弼、韩康伯注，孔颖达疏：《周易正义》卷七《系辞上》，阮元校刻《十三经注疏》，中华书局 1980 年第 1 版。

分割，当并列连用，它是指诗歌艺术形象所产生的含蓄隽永、余韵曲包的美学特点。所谓"盛唐诸人，唯在兴趣。羚羊挂角，无迹可求。故其妙处，透彻玲珑，不可凑泊，如空中之音、相中之色、水中之月、镜中之象，言有尽而意无穷"①，正是对盛唐诗歌"不涉理路，不落言筌"也即不见逻辑推理、但见情性，不睹文字、超了言意之表的浑厚艺术境界的形容，也是对"意兴"的形象化描述。

严羽的诗论是针对宋代诗坛时病而发的，它要矫正的主要是变尽唐风、对诗"作奇特解会，遂以文字为诗，以才学为诗，以议论为诗"的江西诗派之弊②，也包括理学家的性命义理之诗。江西诗派的产生有多方面的历史原因。从诗体发展看，诗至盛唐古典抒情诗发展已达顶峰。中唐以后，要再发展或创新，就只能另辟蹊径了。于是有了韩愈等人学杜甫偏锋一脉的议论说理之诗即"以文为诗"，这成为苏轼、黄庭坚及江西诗派的先导。但这并不是造成宋诗"尚理"的唯一原因，宋代社会广为盛行的理学应是更重要的原因。理学家把"吟咏情性"作为阐发性命义理的工具，要求"情累都忘"，但写"名教之乐""观物之乐"。③江西诗派的出现，是宋诗对晚唐五代情感泛滥诗风的否定。以文字、才学、议论为诗，则是宋诗对晚唐五代之弊的矫枉过正。

严羽的诗论是建立在尊唐贬宋的基础上的，他的头脑里始终先验地存在一个"唐诗"而且是"盛唐诗"的观念，并以此为参照来衡量、评价宋诗，便觉得宋诗处处不合规，所谓"唐人与本朝人诗，未论工拙，直是气象不同"④。殊不知，正是由于宋诗与唐诗"气象不同"，宋诗才成为宋诗，这正是其发展和创新处。盛唐时期，由于综合了汉魏齐梁以来的诗学遗产，诗尤其是抒情诗的发展达到了顶峰。以后如何发展，是恪守抒情传统，在盛唐诗后亦步亦趋，还是在题材写法上另辟新径，是每个诗人面临的新课题。从开元盛世过渡到安史之乱的杜甫开始，经中唐的元稹、白居易、韩愈、孟郊到宋代的欧阳修、王

① 严羽：《沧浪诗话·诗辩》，载何文焕辑：《历代诗话》，中华书局 1981 年第 1 版。
② 严羽：《沧浪诗话·诗辩》，载何文焕辑：《历代诗话》，中华书局 1981 年第 1 版。
③ 邵雍：《伊川击壤集》自序，郭彧整理，中华书局 2013 年第 1 版。
④ 严羽：《沧浪诗话·诗评》，载何文焕辑：《历代诗话》，中华书局 1981 年第 1 版。

宋赵令穰《陶潜赏菊图》（台北"故宫博物院"藏）

安石、苏轼、黄庭坚，最后发展到江西派诗，诗的发展历程就是由抒情写景向叙事说理的转变过程。这些诗人殚精竭虑，共同开创了这样的新诗境：纪事说理，评文咏画，书简酬答，讲学论道，以至身边琐事都可以写进诗里。写法上又喜欢逞才斗险、横生议论、长铺广引、盘折生奇。"总之是把过去认为不宜入诗的材料和手法用于诗歌创作，开辟了新的蹊径。如果说，唐诗比起汉魏古诗来，基本上属于量度的变化，那末，宋诗较之唐诗，就有了质素的更新。"①从唐代的"以诗为诗"到宋代的"以文为诗"，诗史的流变自有历史的必然性、合理性，与思想解放、古文运动、政治斗争、社会经济的现实都有关。从总体上说，"以文为诗，以才学为诗，以议论为诗"是宋诗进步和创新的结果，只是在得天时地利人和之助的唐诗深重影响之下宋诗进步空间太小，创新的代价却又过大，弊病掩盖了其艰难突破的精神实质和实绩，反而成为严羽乃至后人指责的把柄。钱锺书指出："有唐诗作榜样是宋人的大幸，也是宋人的大不幸。看了这个好榜样，宋代诗人就学了乖，会在技巧和语言方面精益求精；同时，有了这个好榜样，他们也偷起懒来，放纵了模仿和依赖的惰性。瞧不起宋诗的明人说它学唐诗而不像唐诗，这句话并不错，只是他们不懂这一点不像恰恰就是宋诗的创造和价值所在。明人学唐诗是学得来维肖而不维妙，像唐诗而又不是唐诗，缺乏个性，没有新意，因此博得'瞎盛唐诗''赝古''优孟衣冠'等等绰号。宋人能够把唐人修筑的道路延长了，疏凿的河流加深了，可是不曾冒险开荒，没有发现新天地。"②不管怎样，

① 陈伯海：《宏观世界话玉溪》，载霍松林主编：《全国唐诗讨论会论文选》，陕西人民出版社1984年第1版。

② 钱锺书：《宋诗选注》，人民文学出版社1979年第1版，第13页。

钱锺书还是认为宋诗比单纯摹古的明诗高明。

就宋诗最有特色的"理趣"而言，它也确实开凿出独特的价值。"理趣"一词早先多见于佛教典籍，原指佛法修证过程中体悟到的义理旨趣。有人说宋人"理趣"的文化根源主要不是理学，而是佛门的禅机。禅的机锋妙趣确实对宋代士人的审美体悟和理论表达产生较大影响，然而禅理之"理"与宋人崇尚的理趣之"理"尚有很大差别。前者缺少理性，后者则渗透着理性。理学作为三教合一的更深层次的理论形态，凸显了与佛门禅机迥别的理性内涵。宋诗中如程颢《秋日》"万物静观皆自得"，王安石《登飞来峰》"不畏浮云遮望眼，自缘身在最高层"，苏轼《饮湖上初晴后雨》（二首）其二"欲把西湖比西子，淡妆浓抹总相宜"、《题西林壁》"不识庐山真面目，只缘身在此山中"，朱熹《观书有感》"问渠那得清如许？为有源头活水来"，陆游《游山西村》"山重水复疑无路，柳暗花明又一村"等名句，均表现了融审美本体情感与宇宙人生哲理为一体的透悟性意会理趣，具有相当高的审美价值。

日本学者青木正儿《中国文学概说》对宋诗的评价先抑后扬、似抑实扬，可谓全面通达之见："盖唐诗蕴藉，总觉得有一种悠悠惝恍之感，纵令意义有缺少明快者，但风韵是足供玩味的。然宋诗过于通筋露骨，受浅露之诮，即以此也。""唐诗犹如管弦之乐，在断想的调和上多少有其妙味；宋诗宛如独奏之曲，在思想贯通上有其快味。而前者典丽婉曲，后者素朴直截，这是时代思潮所使然，趣味是有差异的，而不一定能分别甲乙。总之，其在诗学上是不同的两派。"①缪钺《诗词散论·论宋诗》也有中庸公允之见："就内容论，宋诗较唐诗更为广阔。就技巧论，宋诗较唐诗更为精细。""唐诗以韵胜，故浑雅，而贵酝藉空灵；宋诗以意胜，故精能，而贵深折透辟。唐诗之美在情辞，故丰腴；宋诗之美在气骨，故瘦劲。唐诗如芍药海棠，秾华繁采；宋诗如寒梅秋菊，幽韵冷香。唐诗如啖荔枝，一颗入口，

---

① 青木正儿：《中国文学概说》，隋树森译，重庆出版社 1982 年第 1 版，第 77 页。

则甘芳盈颊；宋诗如食橄榄，初觉生涩，而回味隽永。"① 这种认识与钱锺书的"唐诗丰神情韵，宋诗筋骨思理"近似。唐诗宋诗可谓春兰秋菊，各擅胜场。相对而言，宋诗的情感内蕴有理性的节制也有理性的外露，不如唐诗热烈、丰润；宋诗表面平淡瘦劲，不如唐诗色泽丰美。宋诗的长处，不在于情韵而在思理，它是宋人对生活深沉思考的文学表现。

　　莫砺锋《宋诗三论》一文指出，与唐人相比，宋代诗人的生命范式具有冷静的、理性的、脚踏实地的特征，呈现为一种超越了青春躁动阶段的成熟状态。与唐诗相比，宋诗的情感强度稍嫌不足，但思想的深刻则独臻高境。宋诗不追求高华绚丽，而以平淡美为艺术极境。这种以平淡为美的审美趣味显然是对以丰华情韵为特征的唐诗美学风范的深刻变革。② 事实上，宋诗是诗发展的必然结果，唐、宋诗之间存在着一脉相承的密切关系。清人吴之振《宋诗钞》序指出："宋人之诗，变化于唐而出其所自得。皮毛落尽，精神独存。"③ 宋诗较成功的题材开拓是向平凡的日常生活延伸，比如苏轼咏农具、黄庭坚咏茶等，以努力实现对唐诗的陌生化。有些生活内容唐人已写过，但宋诗的选材角度更趋向世俗化和平凡化，比如唐代的山水诗多咏幽静绝俗之境，而宋人却喜欢写游人熙攘的金山、西湖。此外，宋诗所展示的抒情主人公更像普通人。

---

① 缪钺：《诗词散论》，上海古籍出版社 1982 年第 1 版，第 36 页。
② 莫砺锋：《宋诗三论》，《广西师范大学学报》（哲学社会科学版）2005 年第 2 期。
③ 吴之振、吕留良、吴自牧选，管庭芬、蒋光煦补：《宋诗钞》，中华书局 2015 年版。

第五章 形意俱绝的丹青笔墨

一、观万物生意与技进乎道

宋代形成中国绘画史高峰，绘画各门类脱离宗教体系和其他载体独立发展，并且形制全面成熟。如盛行卷轴画，不再局限于壁画、屏风画、纨扇画等装饰样式。绘画的行业性、职业性也更强，政府建立庞大的画院，民间则有各种画坊，绘画作品日益商品化。就画家群体而言，形成了文人画家、画院画家和画工三大系统。绘画题材以世俗性内容为主，不仅工匠画如此，文人画、院画也如此。画家普遍经意于日常生活和个人生活感受，十分重视直接向大自然讨生活。

宋画具有"以常为本，知常求变"的美学精神，追求常理常性而极高程度地接近自然、人、社会或艺术的本体或本真，总体上呈现出以具象表意为表现方法、以精细入微为意境开掘途径、以表现世态人情为观照视点的艺术特征。《老子》第十六章云："致虚极，守静笃。万物并作，吾以观复。夫物芸芸，各复归其根。归根曰静，是谓复命。复命曰常，知常曰明。不知常，妄作凶。知常容，容乃公，公乃王，王乃天，天乃道，道乃久，没身不殆。"[1]"常"有普遍性、根本性、恒久性，是万物自然状态的梳理聚拢，是一种合规律的自然而然，是理学意义上的"理"的另一种表达方式，也是构成艺术经典的内在因素。宋画具有强烈的世俗性，常规、常理、常法、常径、常体、常形六常并重，"守常"与体道、穷理、写神、尽意同在，与佛教所谓"无常"不同。宋画是具象的物形、意象的图式结构、抽象的笔墨的统一，也是物理、画理、心理的统一。它表达日月盈昃、草木荣枯之自然恒常之义，用的是顺自然之道的常规、常径，呈现的是天地万物的常形、常体、常貌，符合自然常法。所谓"常德不忒，复归于无极"[2]。

---

[1] 老子撰，朱谦之校释：《老子校释》，中华书局 1984 年第 1 版。

[2] 老子撰，朱谦之校释：《老子校释》第二十八章，中华书局 1984 年第 1 版。

宋李迪《风雨归牧》（台北"故宫博物院"藏）

北宋末南宋初人邓椿《画继》卷九《杂说》谓徽宗"专尚法度，乃以神、逸、妙、能为次"①，其实徽宗的画乃至整个宋代绘画正是因为讲法度常理而成为神形兼备之作，可谓前无古人，后无来者。传说徽宗让画院画家画《荔枝孔雀图》，指出众人共同的错误：孔雀登墩，应先迈左腿，而不是右腿。又传其让画院画家绘制龙德宫墙壁和屏风，独对一位新手画在门柱上的《斜枝月季》表示满意。他告诉大家，月季的花蕊、花叶在四季、晨昏各有变化，这位新手画对了春天中午开放的月季花。宋画大结构完整、均衡、稳定而不刻板，外轮廓明确而有节奏，各部分有序而不雷同，调停布置不露痕迹，不失衡失调而抽风漏气，可谓极练如不练、出色而本色，没有有意制造奇特和紧张的病态表达。宋代的花鸟画多表现常见的花草树木或鸟兽虫鱼，很少有奇花异草、畸禽怪兽。花鸟画还多用接近真花真鸟比例的"常寸"。山水画也多描绘画家身边的常景，正如郭熙所说："丘园养素，所常处也；泉石啸傲，所常乐也；渔樵隐逸，所常适也；猿鹤飞鸣，所常亲也。"②园林体现寻常人日常生活的休憩养性，山水体现逍遥自在，渔翁樵夫体现隐逸情怀，猿啼鹤飞体现对自然的亲近。

---

① 邓椿：《画继》，黄苗子点校，人民美术出版社 1963 年第 1 版。

② 郭思编：《林泉高致·山水训》，杨伯编著，中华书局 2010 年第 1 版。

常处、常乐、常适、常亲体现了"常理"。而且有静无躁，没有大喜大悲，可养神怡情，所谓"纯粹而不杂，静一而不变，惔而无为，动而以天行，此养神之道也"[1]。有节、有术，追求形神兼备，契合自然，也适宜养生，正如《黄帝内经·素问·上古天真论篇第一》所言："上古之人，其知道者，法于阴阳，和于术数，食饮有节，起居有常，不妄作劳，故能形与神俱，而尽终其天年，度百岁乃去。"[2]

宋画也十分注重意境构造。宋代画院考试常以古诗句为题，如"踏花归去马蹄香""乱山藏古寺""竹锁桥边卖酒家""蝴蝶梦中家万里"等，要求有奇巧的构思打造意境。"竹锁桥边卖酒家"一题，李唐只画了一泓溪水和桥边竹林的"酒"帘，贴合"锁"字意象，被徽宗圈点为第一名。宋代画家还有南宋初禅宗杨岐派青原唯信禅师的参禅境界："老僧三十年前未参禅时，见山是山，见水是水。及至后来，亲见知识，有个入处，见山不是山，见水不是水。而今得个休歇处，依前见山只是山，见水只是水。"[3]发前人之未所见。宋画绝非简单地守常，而追求变化中的守常、变化之后的守常。其本体语言假托常形，但其实已经蒸发去"形"，节奏、韵律、图式、结构等也构成具有独立价值的美学因素。当时还出现许多表现形式上反常、非常、超常的作品，但也都是基于"常"并力求胜于常的"知常求变"。比如梁楷是较典型的"反常型"画家，他不受名缰利锁的束围，对皇帝所赐的金带都不屑一顾，时称"梁疯子"，但他的艺术创造却是在遵循常道、常径的基础上革新常法、常形的。梁楷的早期作品工整平常，如《八高僧故事图卷》《释迦出山图》等都是院体一路，后来的变法则在大捭大阖中见大常大变、大正大奇。如其名作《泼墨仙人图》用笔淋漓酣畅，是性情禀气使然。宋画"遗物以观物"[4]，"画写物外形"，所以出色；

① 庄子撰，郭庆藩集释：《庄子集释》卷六上《外篇·刻意第十五》，王孝鱼点校，《新编诸子集成》，中华书局 1961 年第 1 版。

② 《黄帝内经》，姚春鹏译注，中华书局 2009 年第 1 版。

③ 释普济：《五灯会元》卷一七，苏渊雷点校，中华书局 1984 年第 1 版。

④ 晁补之：《鸡肋集》卷三三《跋李遵易画鱼图》，《四部丛刊》初编，商务印书馆民国 25 年（1936 年）版。

"娄物形不改"，所以本色。[①]"物有常容，因乘以导之"[②]，把常形导向深邃意境。写常形而又尚常理，不凸显感性，又不偏执理性，"不知何者为我，何者为物"，所以多属无我之境。南宋文人曾三异云："取草虫笼而观之，穷昼夜不厌。又恐其神之不完也，复就草地之间观之，于是始得其天。方其落笔之际，不知我之为草虫耶，草虫之为我耶。"[③]自然里的一痕山、一抹水乃至小到一虫，不论宏大或细微，画家都能苦心经营、耗费心血，并视绘画"与六籍同功"。"六籍"就是儒家经典《诗》《书》《礼》《易》《乐》《春秋》六经，也有说是佛家经典《大般若经》《金刚经》《维摩诘经》《楞伽经》《圆觉经》《楞严经》。

　　宋画的表现技法让人叹为观止，其样态变化不可胜观，如《孙子兵法·势篇第五》所谓"声不过五，五声之变，不可胜听也；色不过五，五色之变，不可胜观也"[④]。宋画的用笔无非"皴擦勾染点"，用墨无非"焦浓重淡清"，设色无非"分渲烘接罩"，从不炫耀奇术、故弄玄虚，却变化有奇。笔墨肌理有控有序有常，各种线描如枯柴描、折芦描、柳叶描、钉头鼠尾描等在在皆是"气"与"理"的合奏。由单线的描法变为复线的皴法，是宋画用笔中的巨大变革。这些创造无不紧扣自然物象，而又不致陷入苛细繁缛的细节拘束。其图式感也很强，如鸟之羽、水之波、山之皴，既具体又抽象，既有写实性又有装饰性，尊重自然但又没有陷入自然主义窠臼。笔法有"折钗股、屋漏痕、锥画沙、绵里针"等具体意象、抽象美感，既执一不二又随气变易。由于受到"五色乱目""色即是空"等美学观念的影响，往往仅用色达意而不特意留意于色，无论富丽的宫廷画还是简淡的文人画都纯净

---

① 晁补之：《鸡肋集》卷八《和苏翰林题李甲画雁二首》之一，《四部丛刊》初编，商务印书馆民国 25 年（1936 年）版。

② 韩非撰，王先慎集解：《韩非子集解》卷七《喻老第二十一》，钟哲点校，《新编诸子集成》，中华书局 1961 年第 1 版。

③ 罗大经：《鹤林玉露》丙编卷六，王瑞来点校，中华书局 1983 年第 1 版。

④ 孙武撰，中国人民解放军军事科学院战争理论研究部《孙子》注释小组注：《孙子兵法新注》，中华书局 2005 年第 1 版。

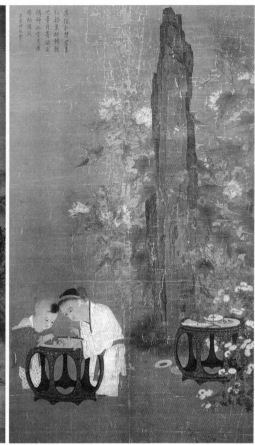

郭熙《早春图》（台北"故宫博物院"藏）　　　宋苏汉臣《秋庭戏婴图》（台北"故宫博物院"藏）

而不纷杂。即便"重彩、青绿、金碧"之门也鲜艳而不焦躁浮躁，"三矾九染"遍遍清澈透明。①

北宋最著名的画家有范宽、李成、郭熙、李公麟、张择端、王希孟等。元代书画家赵孟頫称范宽为"真古今绝笔也"，明代画家董其昌评其画为"宋画第一"。范宽的绘画在宋代即已出名，《宣和画谱》著录58件，流传至今的有《溪山行旅图》《临流独坐图》《雪山萧寺图》《雪景寒林图》等。他的画往往章法布局顶天立地，以雨点皴（豆瓣皴）、钉头皴表现峰峦，气势壮阔伟岸，得山之骨，与山传神。《溪山行旅图》推远主山、拉近中景、突显近景，以简洁凝重的构图表现巍峨山峰的气势。中央主峰主宰了整个画面，占据画面2/3。中景山中行旅不仅别有生趣，而且与庞大的山体形成强烈的对比。绵绵密密的雨点皴又

———————

① 周利明：《论宋画以常为本》，《今日南国》2008年第1期。

宋王希孟《千里江山图》局部（故宫博物院藏）

表现出山体的峻厚。李成多画郊野平远旷阔之景，气象萧疏。好用淡墨，惜墨如金。画山石用卷云皴，画寒林又创"蟹爪"法。存世作品有《读碑窠石图》《寒林平野图》《晴峦萧寺图》《茂林远岫图》等。郭熙注重生活体察，所作得远近浅深、四时朝暮、风雨明晦不同之妙。另还长于影塑，在墙壁上用泥堆塑浮雕式山水。传世作品有《早春图》《关山春雪图》《窠石平远图》《幽谷图》《古木遥山图》等。其中《早春图》构图综合高远、深远、平远法，山石多用云头皴，林木则为蟹爪枝，看似烟岚浮动，生动表现了冬去春来、大地复苏、万物苏醒的细致变化，呈现了可行、可望、可居、可游的理想山水。郭熙在绘画理论上也有很高建树，著有画论经典《林泉高致》。《林泉高致》论述了有关自然美与山水画的许多基本问题，提出山水画要创造可游、可居境界。还创立了高远说、深远说、平远说，阐明山水画特有的空间处理或透视特点。李公麟人物、山水、花鸟画无所不精。人物画得吴道子旨趣，山水画追李思训心法，画马过韩干。传世作品有《五马图》《临韦偃牧放图》《维摩演教图》《赤壁图》《蜀川胜概图》《莲社图》《龙眠山庄图》等。张择端工界画，所作风俗画市肆、桥梁、街道、城郭刻画细致，豆人寸马也形象如生。存世作品有《清明上河图》《金明池争标图》等。天才画家王希孟 18 岁完成了一幅近 12 米长的青绿山水巨作《千里江山图》。

宋苏轼《枯木竹石图》（日本私人藏）和《潇湘竹石图》（中国美术馆藏）

　　宋代文人画与院画或画工画的旨趣不同。一般认为中国文人画的始祖是唐代诗人王维，也有推溯到东晋的顾恺之和南北朝的谢赫、梁元帝或更早，但其实真正特征强烈的文人画始于北宋的苏轼、文同、米芾、黄庭坚、李公麟、王诜、晁补之、宋道、宋迪、宋子房等人。南宋米友仁、赵孟坚等继其遗绪。苏轼率先提出"士人画"概念，有意识地强化绘画的文学性，所谓"诗不能尽，溢而为书，变而为画"①的诗书画合一，将绘画与文辞诗赋进行内在整合。除李公麟、王诜等少数画家技法扎实外，北宋大多数文人画家都较为经意笔墨而相对不注意也不擅长画技。苏轼以王维所提倡"诗中有画""画中有诗"②作为艺术标准，也作为文人画的旗帜。其《跋宋汉杰画山》一文云："观士人画，如阅天下马，取其意气所到。乃若画工，往往只取鞭策皮毛槽枥刍秣，无一点俊发，看数尺许便倦。汉杰真士人画也。"③将士人画与画工画对立起来。《书鄢陵王主簿所画折枝》（其一）云："诗画本一律，天工与清新。"引发了后世抹杀文学与绘画界限的争端。他甚至说："论画以形似，见与儿童邻。赋诗必此诗，定知非诗人。"④片面否定绘画的形似和写诗的技法。论画当然不能只讲形似，作诗当然不能只论技巧，但作画也不能不讲形似，作诗也不能不谈韵律。画本来就是形，必须在形上下功夫。文人画虽对画有哲理表达的提升，但却以哲理本身，以文学，以诗、书、印对绘画简单地取而代

① 苏轼：《苏轼文集》卷二一《文与可画竹屏风赞》，孔凡礼点校，中华书局 1986 年第 1 版。

② 苏轼：《苏轼文集》卷七〇《书摩诘〈蓝田烟雨图〉》，孔凡礼点校，中华书局 1986 年第 1 版。

③ 苏轼：《苏轼文集》卷七〇《跋宋汉杰画山》，孔凡礼点校，中华书局 1986 年第 1 版。

④ 苏轼：《苏轼诗集》卷二九《书鄢陵王主簿所画折枝》二首之一，王文诰辑注，孔凡礼点校，中华书局 1982 年第 1 版。

传宋李公麟绘苏轼像

之，这是对事物表面化表达的另一极外露，即学问、思想的外露。走到极端，便是画的消解、诗的出界，是非画也非诗。西方文化界反对绘画隶属于文学，"文学性绘画"（Peinture-littéraire）是贬义词。当然，苏轼的论断也表明了其刻意表现人对社会生活主观感受的用心，体现宋文化的特征，或有其可寻味处。

宋画的精微化发展与画院制的完善密切相关。北宋初沿袭五代西蜀、南唐旧制设立画院，即翰林图画院（翰林图画局）。北宋画院的第一代领袖是西蜀画院转入的黄筌。他与子黄居寀先后主持画院，一手创立了院画风格的"黄家体制"。黄筌所画花鸟富丽典雅、肌理细腻，被宋人称为"黄家富贵"。北宋翰林图画院最活跃的时期是宋徽宗时期，史称"宣和画院"。"宣和"是徽宗年号。徽宗还于崇宁三年（1104年）另设"画学"纳入国子监教育体系。画学被纳入科举系统，分佛道、人物、山水、鸟兽、花竹、屋木6科，录取后按家庭出身分为"士流"（士人出身）与"杂流"（商人等出身）。画院制度与一般匠作不同。绘画工匠归将作监八作司管理，如建筑装饰和壁画工匠，画院则归属内寺省管理。工匠的报酬叫"食钱"，画院画家的报酬叫"俸值"。但士大夫文人可以选做地方官，画院画家却没有资格，其升级及服饰等方面也有一定限制。不过有宋一代画院画家地位逐渐提高。画院学生除学习绘画外还要学习《说文解字》《尔雅》《方言》《释名》等，按考试成绩升迁等级，职位有画学正、艺学、祗候、待诏、供奉及画学生等。南宋在临安重建画院，吸纳了北宋画院和其他来源的许多画家。高宗时开始许多院画家因宿值睿思殿的需要还被授武职。据清人厉鹗《南宋院画录》所记，南宋院画家主要有李唐、刘宗古、杨士贤、李迪、李安忠、苏汉臣、朱锐、李端、张浃、顾亮、李从训、阎仲、周仪、焦锡、胡舜臣、张著、马和之、贾师古、马兴祖、李瑛、马公显、陆青、韩祐、刘思义、朱光普、尹大夫、林俊民、萧照、陈善、阎次平、阎次于、苏焯、毛益、何世昌、林椿、刘松年、吴炳、张茂、李嵩、苏坚、梁楷、陈居中、高嗣昌、苏显祖、夏珪、马逵、马远、马麟、白良玉、孙觉、戚仲、

故宫南薰殿旧藏宋徽宗像（台北"故宫博物院"藏）

鲁宗贵、陈宗训、俞珙、胡彦龙、史显祖、吴俊臣、李德戊、孙必达、顾兴裔、张仲、崔友谅、马永忠、陈清波、范安仁、陈可久、陈珏、朱玉、白用和、宋汝志、毛允升、侯守中、曹正国、王华、方椿年、丰兴祖、钱光甫、徐道广、谢升、顾师颜、朱怀瑾、王辉、楼观、李永年、李权、梁松、朱绍宗、李永等。院画在南宋时始终占据画坛主流地位，传世作品最多，山水画、人物画以至花鸟画、杂画都统领画坛，表达和代表着一个时代。南宋早期的李唐、萧照、马兴祖及中晚期的马远、马麟等都与皇室关系密切，他们的许多作品反映当时的政治要求和高宗等政治中心人物的美学趣味。高宗建国之初特别重视人物画

宋陈居中《文姬归汉图》（台北"故宫博物院"藏）

教化，所以历史画创作曾成为一时风气。萧照的《中兴瑞应图》等众多历史画大多为应命之作。马和之借《诗经》题材画《鹿鸣之什图》等暗寓抗金北还之意。陈居中等着意描绘的"胡笳十八拍""文姬归汉"等题材也寓意中兴文化。李唐也有《文姬归汉图》等作品。张择端南宋时曾另外创作《清明上河图》多本以纪念北宋旧京风光和盛景，有的献于高宗，有的流入市面。

而人物画的发展也使绘画对现实生活的表现有了更大可能。

南宋最著名的院画家是有"南宋四家"之称的李唐、刘松年、马远、夏珪。他们的创作都体现出画面简约却意韵深长、构思奇巧却意蕴朴素、审美高雅却意趣通俗等特点。李唐是北宋徽宗时的画院待诏，擅人物、山水画。山水画多写水边开阔山林，因善留空白而尽显空灵，著名的如《江山小景图》《长夏江寺图》等。李唐北宋乱离后至临安，时年已80岁。他感慨于钱塘山水不同于北方的灵秀，地利人和契合，于是衰年变法，在笔下注入江南山水气韵，使得当时不被人看重的山水画焕然新生。其构图不再让出天地，也少见山林全貌，突出描绘近景，往往上不见树梢，远景则只画水脚和远山。笔墨很少渲染，概括简练。其《万壑松风图》没有叙述性的点景人物或建筑物，而用深山、云、松林、瀑布、湍流表现深谷松涛。所用小斧劈皴则是对范宽雨点皴的

唐《万壑松风图》和宋马远《踏歌图》（台北"故宫博物院"藏）

变革和发展，对南宋发展出大斧劈皴等皴法具有先导作用。李唐突破了长期统治北宋画坛的李成、郭熙画风，开启了南宋山水画的新格局。李唐的人物画代表作除《文姬归汉图》册页外，还有《晋文公复国图》《伯夷叔齐采薇图》《胡笳十八拍图》等历史人物画。刘松年传世作品不多，有《秋山行旅图》《四景山水图》《中兴四将图》《风雪运粮图》等。《四景山水图》是其代表作，画的是西湖边4处园林春夏秋冬四季风光，笔法细密，用心精巧。马氏家族自马贲到马兴祖、马世荣、马逵和马远、马麟5代人，从北宋末到南宋均为画院画家。北宋马贲工花鸟、佛像、人物、山水，是个既画壁画又画卷轴的全能画家。南宋马兴祖工花鸟杂画。马兴祖有二子，长马公显，次马世荣，俱擅花鸟、人物、山水画。马世荣子马逵、马远。马逵擅山水、花鸟画。马家在马远时声名和成就到达顶峰。马远约25岁时作《踏歌图》，一鸣惊人。此画上部用大斧劈皴画笔立直上的山峰和清晨浓雾及丛林掩映中的南

宋马远《梅石溪凫图》（台北"故宫博物院"藏）

宋都城临安宫阙，下部画临安城郊老农踏歌醉归，生动传神。马远另外还有《西园雅集图》《华灯侍宴图》《雪滩双鹭图》《寒江独钓图》《梅石溪凫图》等。马远的画取象别具特色，如《踏歌图》山水画和人物画相结合，《梅石溪凫图》花鸟画与山水画相结合。构图则往往取景物一角，有"马一角"之称。这种构图增加了审美想象空间。马远子马麟继承乃父画风，也有自家面目，如对细节的深入刻画。代表作有《静听松风图》《芳春雨霁图》等。夏珪的画景物往往集中在一侧或一角，另一侧或一角留作水天，以增加想象空间以及荒率野趣，人称"夏半边"。夏珪还擅长长卷铺排，画过数卷《长江万里图》，有的长达10丈。开阔的远景和紧迫的近景相错综，既有变化又自然。夏珪吸取王洽、董源、范宽、米芾等人的水墨画经验，好用秃笔、粗笔，多用点笔、夹笔。往往用泼墨湿晕，然后再用秃笔焦墨点染。人物面目点凿为之，衣褶柳梢间有断缺。画楼阁不甚工整，大多信手而成。晚期作品更加趋向纵放简括。代表作有《雪堂客话图》《溪山清远图》《山水十二景图》《江头泊舟图》《风雨山水图》《西湖柳艇图》等。

宋夏珪《西湖柳艇图》（台北"故宫博物院"藏）

珪《溪山清远图》（台北"故宫博物院"藏）

　　顺应南宋绘画新风的画家还有萧照、苏汉臣、李嵩、马和之、梁楷等人。萧照擅画山水、人物、舟车、屋宇，尤长于写异松怪石。传世作品有《中兴瑞应图》《山居图》《秋山红树图》等。传萧照作《中兴瑞应图》以大臣曹勋编写的宋高宗开创南宋、宋室中兴"瑞应故事"为题材，建筑、人物都精严有度。苏汉臣擅画佛道、仕女，尤精于画儿童。也精壁画。所作系列婴戏图和货郎图都生动传神，尤其善于写儿童嬉戏娱乐场景。传世作品有《秋庭婴戏图》《冬日婴戏图》《春景婴戏》《婴儿戏浴图》《婴儿斗蟋蟀图》《杂技戏孩图》《货郎图》《妆靓仕女图》《五瑞图》《击乐图》等。李嵩擅人物、山水、花卉画和界画，多表现社会风俗。传世作品有《货郎图》《花篮图》《骷髅幻戏图》《西湖图卷》《听阮图》《夜月看湖图》《椿溪渡牛图》《服田图》《采莲图》《观潮图》等。《骷髅幻戏图》体现了南宋市民文化的乐观诙谐，也是记录南宋文化的风俗画代表。马和之擅人物、山

李嵩《货郎图》（故宫博物院藏）

宋赵伯驹《江山秋色图》（故宫博物院藏）

水画和界画，传世作品有《后赤壁赋图》《古木流泉图》以及多种《诗经》图卷。《诗经》图卷主要有《唐风图》《鹿鸣之什图》《节南山之什图》《豳风图》《陈风图》《南有嘉鱼之什图》《鸿雁之什图》《荡之什图》《唐风图》等。每卷有若干图，每图配一首诗，风格古雅。梁楷擅画人物、山水，尤多道释、鬼神。吸收唐、五代以来写意画技法，中年以后行笔粗放飘逸，颤掣飞动，怪怪奇奇而无一欹误，特具风神，成大写意一代大家。如《太白行吟图》以几笔勾勒人物身躯，又以轻盈流畅的笔墨表现面部，笔减而意不减，留下巨大的想象空间。《泼墨仙人图》的笔墨更为恣纵，除面部外轮廓和五官用细笔外，其余全是奔放淋漓的水墨，醉大仙形象跃然纸上。传世作品还有《黄庭经神像图》《释迦出山图》《秋柳寒鸦图》《布袋和尚图》《六祖伐竹图》等。

南宋院画家而外较著名的画家还有宗室成员、官员和僧人等。宗室画家赵伯驹、赵伯骕擅青绿山水画，不为物态所拘，更强调韵致，与李唐、刘松年相比别有一番风规。赵伯驹传世作品有《江山秋色图》《海神听讲图》等，赵伯骕传世作品有《万松金阙图》等。释智融擅画牛、人物、山水，用以微茫薄墨，人称"罔两画"。传世作品有《牧牛图》等。释法常擅画龙虎猿鹤、禽鸟、山水、树石、人物，多用简笔淡墨，常用蔗渣草结，不求形似。传世作品有《远浦归帆图》《松猿图》《潇湘八景图》等。部分作品流传到日本，对日本绘画影响较大。

二、方寸乾坤与化生描绘

宋代风俗画的成就特别突出，其题材内容和表现手法都有较大的突破，形成了大量表现平民世俗生活和宫廷日常生活的历史画卷。而其实整个宋代绘画，特别是南宋绘画，由于具有非常强烈的"依事画相"特征，其质理都可以看作是一种风俗画。宋代风俗画不但数量和质量胜于前代，题材内容更

宋王定国《雪景寒禽》（台北"故宫博物院"藏）

是丰富多彩。以节庆信仰等民俗为表现主题的，如《九阳消寒图》《七夕夜市图》等；反映经济生活的，如楼璹的《耕织图》、王居正的《纺车图》等；反映田园生活的，如马远的《踏歌图》等；反映城市生活的，如叶仁遇的《维扬春市图》、燕文贵的《七夕夜市图》、苏汉臣的《货郎图》、李嵩的《货郎图》等；反映娱乐活动的，如《春游晚归图》《杂剧图》等。"童戏图"是宋代风俗画的一个大类，其中"戏浴""斗蟋蟀""放风筝"等表现主题很常见。这些风俗画所表达的内容大多与史籍记载相映照。《清明上河图》幅长528.7厘米、宽24.8厘米，据说有587个不同身份的人物、13种动物、9种植物，是全景式城市生活画卷。场景宏大，起伏有序，生动传神，无不与《东京梦华录》等史籍相印证，是现实主义杰作。李嵩的《货郎图》构思严谨又富于变化，生动表现了被货郎担吸引的儿童和母亲的神情姿态，心理动态刻画细腻深入。各色形制的货物除了给人目不暇接、眼花缭乱的新奇感，也是反映商品经济、城市面貌的生动实录。宋代风俗画的产生和发展有市民阶层兴起和俗文化极度繁荣的时代背景。宋代以后文人画思潮影响巨大，包括风俗画在内的非文人画受到排斥。

宋苏汉臣《货郎图》和《开泰图》（台北"故宫博物院"藏）

　　宋代院画虽然是宫廷画，但其实已不是贵族艺术，表现的也是丰富的世俗生活，与唐代绘画的宫廷贵族性绘画和宗教非世俗性绘画有较大差异。宋代宫廷绘画和文人绘画的发展也促成了人物、山水和花鸟等画学分科。画学分科使得单一的人物画格局被突破，使世俗生活表现的空间进一步扩大。画家更多地注重对主体精神的表现和内在情怀的抒发，社会功利性与主体生命的精神性呈现出一种双向糅合的复杂模态。极端一极是文人画，但由于文人画过多脱离绘画本体，因而对主体精神意识的表达往往是苍白无力的。而院画是在经典性的绘画规制内的主观性发挥，其精神性反而大大超越文人画。北宋杰出的画家多在画院外，南宋则多集中于画院内。宋室南迁之初，高宗就建绍兴画院，延聘了许多北宋宣和画院的画家及其他画家，一时名家云集，绘事隆盛。由于此时宣扬"中兴"，如前所述，人物画创作一度高涨，特别是借古喻今和针砭现实的历史故事规鉴画颇多，以君主圣贤为对象的肖像规鉴画也受到重视，重要作品有马远的《孔子像》、马麟的《圣贤图》等。尽管与唐代相比人物画已非宋代绘画主流，表现题材也有所调整，但传统的政教功能并未弱化，其自由表现社会现实和画

家内心情感的艺术特
征更为显在。梁楷等
的人物画已完全是主
观性精神表达。厉鹗
《南宋院画录》辑录
南宋画院画家96人，
其中专画花鸟或擅人
物山水又兼擅花鸟的
在半数以上。南宋初
的花鸟画家基本上是
从宣和画院延聘的，
多沿袭北宋画风，但
受主情写意审美思潮

宋佚名《浴婴图》（美国弗利尔美术馆藏）

影响已呈现出多元创作倾向，工笔、写意、重彩、淡色、水墨等俱能，
还追求意韵逸致的抒发。南宋后期这一现象更为明显，如现存马麟的
《兰花图》册页只画一枝兰花亭亭玉立。纷披的兰叶以墨笔出之，兰
花与兰梗勾勒填彩，设色清润，巧妙契合了幽兰清远高洁的品格。南
宋院体山水画也在意境创造、构图及笔墨运用方面有了新的发展。从
北宋到南宋，山水画由全景式大山大水的整体把握转向"半边""一角"
式山水的简笔勾勒，由偏于客观再现到更多地追求主体情思的表达，
由置景丰富到构图注重"留白"，显示出绘画精神意识的进化。

　　"依事画相"是南宋绘画的重要特点。唐代配图变文表演是一种
颇为新异的故事讲唱形态。张鸿勋《变文》一文指出："唐变文在体
制上有3个方面的特征，一是散韵结合，说唱兼行；二是有习用的过
阶提示语；三是演唱变文往往配合图画。"[1]变文表演中所用的图画
称为"变相"。变相在佛典中意指神奇变异之相。本来对神奇变异之
相进行艺术性表现的雕像、绘画等都可称为"变相"，但由于唐画在
有关佛教的艺术活动中占据主导地位，变相遂成为表现佛教内容图画

① 张鸿勋：《变文》，载颜廷亮主编：《敦煌文学》，甘肃人民出版社1989年第1版。

宋李唐《炙艾图》（台北"故宫博物院"藏）和佚名《柳荫群盲图》（故宫博物院藏）

的定称。变文由讲经文发展成俗讲，相应地变相也可以描绘世俗生活，如《王昭君变文》之"上卷立铺毕，此入下卷"、《王陵变》之"从此一铺，便是变初"，说明讲唱时所用的图画在内容上已与佛教无关，也与神奇变异有距离，然而在形体上、功能上仍与变相同。变文的依相叙事不仅表现为一种故事讲唱方式，也蕴含着一种故事讲唱思维。受其影响，唐宋时说话伎艺也往往在讲唱表演中采用图画。不过，随着说话的繁兴普及，艺人和听众对"相"的形态有了更高要求。傀儡戏、影戏成为实现基础，它们将说话转变为"影视"艺术。宋代特别是南宋时，说话依图叙事因此日渐稀少，但这并不说明说话已摆脱了依相思维。说话人在讲唱表演中，为求得故事情节的清楚传达、场面的直观表现，往往用自己的形貌肢体做出一些模拟性、程序性的动作，以配合言语讲唱，传达故事信息，渲染场上气氛，调动"看官"感觉。如《醉翁谈录》甲集卷一《舌耕叙引》之《小说开辟》所说："举断模按，师表规模，靠敷演令看官清耳……讲论处不滞搭，不絮烦；敷演处有规模，有收拾。"①说话人的"敷演"包括模拟人物的声口、表情、动作，以及故事的场面、景象，对说话人的言语讲唱起到辅助作用。傀儡戏、影戏和说话3种伎艺虽然形态不同，但在表演时都运用了假人模拟或真人模拟等形象性辅助工具，在依相叙事思维上是一致的。

---

① 罗烨：《醉翁谈录》，古典文学出版社1957年第1版。

甘肃省瓜州县榆林窟 13 窟宋代飞天壁画

变文表演中的讲唱者与"相"在形体上是分离的，而说话中的讲唱者与"相"是形体合一的；变文表演中"相"有独立形体，说话中的"相"形体消失了，但"相"的功能未变，"相"与故事讲唱者的关系未变，依相叙事的思维也未变。[①] 在说话依相叙事变化的另一面，唐宋绘画则保有浓重的依事画相特征。自汉唐之际佛教兴盛后，本生、经变在敦煌壁画等多有表现。而在宋代，随着三教合一、佛教的本土化及城市社会的兴起，绘画艺术的主要表现对象转向世俗生活，但依事画相的路数或思维仍在延续。北宋张择端的《清明上河图》、南宋楼璹的《耕织图》等名画就是这方面的典型代表。这种状况在南宋时表现得更为突出。唐代以前的中国画基本是以道、释人物为主的人物画，五代以来原本作为人物画背景的山水、花鸟部分独立出来或得到强化凸显，构成人物画、山水画、花鸟画三足鼎立局面。人物画的情节安排和心理描述、山水画的"卧游"之思、花鸟画的写实情境等，不仅完善了中国画的艺术表现形式，更丰富了中国画的表达内容，但总体上未改变唐代绘画的叙事特色。宋画因此而显得质实而丰盈。这种绘画结构至南宋时全面完成，而此后的中国画又因为失去了这种特质而慢慢走向衰落。

　　三教并存的宋代也保留了大量宣扬信奉道教教义、展现神仙风采、表现道人活动的道教绘画。画院画家和民间画工创作了大量道教人物

---

① 徐大军：《依相叙事源流论：以宋元叙事性伎艺为中心》，《文化艺术研究》2008 年第 2 期。

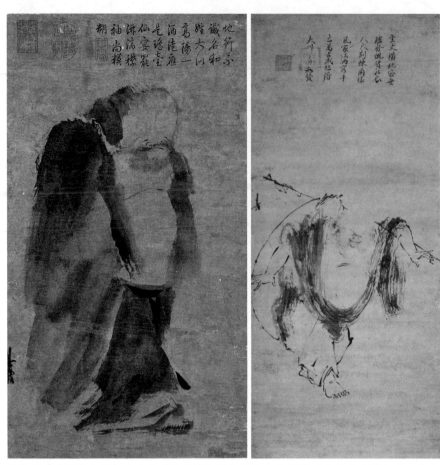

宋梁楷《泼墨仙人图》（台北"故宫博物院"藏）和传梁楷《布袋和尚图》（日本香雪美术馆藏）

画、道教境界画和方术示意画，展现了多面多样的道教绘画审美艺术。宋代道教人物壁画创作相当普遍，南宋临安的显应观、西太一宫、五圣庙等都曾由画院名家创作壁画。不过宋代道教画有鲜明的世俗化倾向，仙人的形象不再庄严肃穆，有了更多"人"的色彩，变得妩媚动人或慈祥可亲。如前述梁楷的《泼墨仙人图》是"减笔画"杰作。画上的仙人形象头额部分被夸张表达，占去面部多半，五官挤在下部，垂眉细眼，扁鼻撇嘴，既醉态可掬又诙谐滑稽，极尽嬉笑怒骂之态。《泼墨仙人图》拓宽了人物画技法的表现手段，打开了人物画多元发展的局面，成为人物画发展史上的重要节点。赵氏宗室、后入元为官的赵孟頫也曾创作《玄元十子图》，并被收入《道藏》。同样收入《道藏》的《许太史真君图传》创作年代也约在南宋，内有许逊传记插图

53 幅，十二真君像各 1 幅。① 道教境界画指展现道教仙境或道教场所、宣扬道教教义的山水画。传赵伯驹的《仙山楼阁图》是典型的道教境界画。画中山峰陡峭、楼台隐约，构成玄远缥缈的道教仙幻世界。道教界还常采用示意画的方式辅助表现道教教义，造就了方术示意画。白玉蟾撰有《白先生金丹火候图》，以图示形式传达内丹火候理念。萧廷芝撰《金丹大成集》为内丹诗文集，内附无极、无心、玄牝、既济、河车、周天、火候、大衍数等图像，旨在图解内丹之道及实际功法。

三、宋画如酒可醉人

宋画不仅在极简中表达多有，其格物精神也令观物走向极致，技进乎道以达于深刻和圆满。当代画家黄宾虹曾说："唐画如曲，宋画如酒，元画如醇。元画以下，渐如酒之加水。时代愈后，加水愈多。近日之画已有水无酒，故淡而无味。"② 这是对中国绘画史较准确的概括。美国艺术史学家高居翰（James Cahill）《图说中国绘画史》一书赞美宋代画家："在他们的作品中，自然与艺术取得了完美的平衡。他们使用奇异的技巧，以达到恰当的绘画效果，但是他们从不只以奇技感人；一种古典的自制力掌握了整个表现，不流于滥情。艺术家好像生平第一次接触到了自然，以惊叹而敬畏的心情来回应自然。他们视角之清新，了解之深厚，是后世无可比拟的。"③ 宋代画家与当时的思想家、文学家一样，以简单、含蓄、谦卑、内省的审美观念，虔诚对待人生和生命里的每一个微小意象，一截枯木、一片残雪、一个农人、一段羁旅，在困顿中浪漫，在缺憾中赞美，于山川小景、人物花鸟中轻叩生命，呈现出理性克制和感性隐在之美。李雪曼（Sherman Emery Lee）对范宽《溪山行旅图》这样理解："我们有了一种有序（Ordered）的路径通向自然的广大，这份广大在复杂的细节和精心的组织中被观察到和意识到。在这个方面，它堪比西方艺术

① 朱越利：《道藏分类解题解》，华夏出版社 1986 年第 1 版，第 206 页。
② 俞剑华：《中国绘画史》，上海书店 1992 年第 1 版，第 32—33 页。
③ 高居翰：《图说中国绘画史》，李渝译，生活·读书·新知三联书店 2014 年第 1 版，第 28 页。

宋范宽《溪山行旅图》（台北"故宫博物院"藏）

中任何伟大而复杂的风景。"① 班宗华（Richard Barnhart）这样感受李成山水画中的树木："树木在李成传统中有一种无与伦比的冷峻的优雅感和爆裂的生命力。高松或几乎无叶的落叶木，以一种玲珑美妙的姿态和舞蹈似的旋律屈身或弯腰。流动的笔法借由自然的运转，奇妙地结合书法的自发性以实现最有效果的表达。"② 李泽厚尝言："中国的山水画有如西方的十字架……它给予你的，其实是一种情怀、心境，一种人生态度，一种超越人世凡俗的超脱感。"③ 认为中国画使中国人的体验不止于人间，而求更高的超越，使人在无限的宇宙与广漠的自然面前有卑屈感。这正是宋画追求的

① Sherman Emery Lee, *A History of Far Eastern Art*, Eaglewood Cliffs: Prentice Hall, 1964, p.347.

② 班宗华：《传巨然〈雪景图〉》，载班宗华：《行到水穷处：班宗华画史论集》，白谦慎编，刘晞仪等译，生活·读书·新知三联书店 2018 年第 1 版。

③ 李泽厚、刘绪源：《中国哲学如何登场？》，上海译文出版社 2012 年第 1 版，第 205 页。

意境。2000 年，美国《生活》杂志评选"第二千年百大人物"（Life's 100 Most Important People of the Second Millennium），宋代有两人入选：朱熹排第四十五位，范宽排第五十九位。

宋代画家善于查勘物象，并能精微描绘。郭若虚《图画见闻志》卷一《叙制作楷模》云："画花朵草木，自有四时景候。阴阳向背，笋条老嫩，苞萼后先，逮诸园蔬野草，咸有出土体性。画翎毛者，必须知识诸禽形体名件……如此之类，或鸣集而羽翮紧戢，或寒栖而毛叶松泡。已上具有名体处所，必须融会，缺一不可。"① 据说韩若拙每画一种鸟禽，自嘴至尾、足都要细致了解；易元吉进入万守山百余里，无论猿、獐、鹿等兽类，还是林、石等景物，都一一记录；傅文用画鹑、鹊等禽类，能分辨它们四时毛羽的不同。《宣和画谱》卷一五《花鸟叙论》更进一步指出："五行之精，粹于天地之间。阴阳一嘘而敷荣，一吸而揫敛，则葩华秀茂，见于百卉众木者，不可胜计。其自形自色，虽造物未尝庸心，而粉饰大化，文明天下，亦所以观众目，协和气焉。而羽虫有三百六十，声音颜色、饮啄态度，远而巢居野处，眠沙泳浦，戏广浮深；近而穿屋贺厦，知岁司晨，啼春噪晚者，亦莫知其几何。故虽不预乎人事，然上古采以为官称，圣人取以配象类，或以着为冠冕，或以画于车服，岂无补于世哉？故诗人六义，多识于鸟兽草木之名。而律历四时，亦记其荣枯语默之候。所以绘事之妙，多寓兴于此，与诗人相表里焉。"② 说宋人之所以能画出高超美妙的花鸟画，是因为他们能以《诗经》六义"风、雅、颂，赋、比、兴"起义，通晓律历四时节候之荣枯语默，还能观察了悟天地气象的精妙轮转。这也就是程颢所说的"观物于静中，皆有春意"③。人与天地万物是一体的，只要静心观察、悉心体会，则见万物皆有生机。诗、画都是心灵表达、世界倒映。

宋画既强调写实性，又追求寓意性，讲究状物传神。《宣和画谱》

① 郭若虚：《图画见闻志》，王群栗点校，浙江人民美术出版社 2013 年第 1 版。

② 《宣和画谱》，王群栗点校，浙江人民美术出版社 2012 年第 1 版。

③ 程颢、程颐：《二程集》之《河南程氏粹言》卷一〇《人物篇》，王孝鱼点校，中华书局 1981 年第 1 版。

赵佶《文会图》（台北"故宫博物院"藏）

卷一五《花鸟叙论》云：“有以兴起人之意者，率能夺造化而移精神，遐想若登临览物之有得也。”[1]宋初画以黄筌父子的“勾勒”工笔重彩一路为主，之后是徐熙的“设色没骨法”及崔白的“工笔淡彩法”，到徽宗时期便发展成精细写实、艳丽生动的“宣和体”。无论尺幅大小，都可见画家全力以赴，用了整个心灵、整副手眼、整套技巧，绝不出之以轻心率意。如果说单纯规整的造形和缜密严谨的构成成就了宋画的意境，那么清幽雅致的品格则有赖于形象的生动塑造，所谓“气韵生动”。能会生动，则气韵自生。《鸡雏待饲图》是李迪对禽鸟的特写，以极细而浓密的用笔来表现两只鸡雏一卧一立。李迪不但秉承宣和体的严谨作风，还用了渲染的表现手法，将鸡雏的毛羽、体态、生姿表现得惟妙惟肖，更描摹出了鸡雏翘首企盼母鸡饲哺的情态，所以引人怜爱。这不但符合张载《西铭》“物吾与也”的思想，也寓意母慈子孝。故宫博物院藏清乾隆御制《鸡雏待饲图》诗文插屏载清高宗欣赏这幅画时所作题跋：“待饲摹李画，吾心重念之。设如歉岁值，谁救小民饥。独我诚深惧，诸臣愿共思。子舆举稷语，应各慎攸司。偶咏宋人名流集藻画册中李迪《鸡雏待饲图》，恻然有怀于灾壤饥民之无救也。因摹其画，即用题迪画韵成什，命渤石以示为父母之官。题李诗并书于左：双雏如仰望，其母竟何之。未解率场啄，谁怜空腹饥。展图一絜矩，触目切深思。灾壤民待哺，慎哉群有司。”借以抒发“民胞物与”的爱民思想。

中国画装饰性很强，具有端正、规整、对称等特点，宋画在强化写实的同时也保留了这种装饰美。黄筌《写生珍禽图》中的珍禽造形规整，装饰性极强，其中红嘴蓝鹊的造型边缘还用淡墨线勾勒，具有外形单纯、毛羽整齐的特点。南宋画院待诏吴炳的《出水芙蓉图》花叶交错相映，成“疏影横斜”之势。曼逸线条贯穿画面上部，底部留白，构成上整下破、左整右破格局，隐约有阴阳鱼意象。画面突出荷花的丰腴与高贵，花蕊造型特具丰姿，具有饱满的生命感。佚名《枯荷鹡鸰图》画一黑白相间的小鸟呈环形状倒扣画心，两枝残荷梗交叉分

---

[1]《宣和画谱》，王群栗点校，浙江人民美术出版社 2012 年第 1 版。

赵佶《芙蓉锦鸡图》（故宫博物院藏）

割空间，与鸟儿相辅，形成不规则三角形。左下角一片斑驳残荷自左下伸出托起画心，小鸟低头觅视与右下角小虾相呼应。鹡鸰黑白分明，败枝残叶、水藻等则以淡墨勾染，一浓一淡渲染出萧瑟、冷寂又不乏生机的禅学意趣。小小画面俨然一个严整自洽的生态系统、自在宇宙。

西湖风景名胜区中最著名的是"西湖十景"。过去诗人画家对西湖的歌咏描画多从整体着眼，而自南宋对西湖风景进行精雕细琢以后，审美方式有了很大改变。董嗣杲曾在孤山四圣延祥观出家，写成诗集《西湖百咏》，于咸淳年间（1265—1274年）刊印。这本诗集对西湖的大部分景点进行了详细记述和歌咏。郭祥正也有诗集《钱塘西湖百咏》。南宋画院的宫廷画师刘松年、马远、马麟、陈清波等对前人的创作进行提炼概括，截取几个最有代表性的部分加以渲染，并以"断桥残雪""苏堤春晓""平湖秋月""花港观鱼"等命名。此风一开，西湖风光纷纷入画，逐渐从因景作画到因画名景。据《绘事备考》等著录，刘松年画有《断桥残雪》3幅、《三潭印月》1幅、《雷峰夕照》1幅、《苏堤春晓》2幅、《南屏晚钟》2幅等。陈清波除画《西湖全景图》外，还画有《三潭印月图》《苏堤春晓图》《断桥残雪图》《曲院风荷图》《南屏晚钟图》《雷峰夕照图》等。其他如张择端《南屏晚钟图》、马麟《西湖十景册》、叶肖岩《西湖十景图》、释若芬《西湖十景图》等。清人陈文述《西泠怀古集》卷六《西湖十景怀王洧、陈允平》云："'西湖十景'始于马远水墨之画，人称'马一角'。僧若芬画之传世者有《西湖十景图》，即祝穆《方舆

李嵩《西湖图卷》（上海博物馆藏）

胜览》所载也。嗣是陈清波、马麟又为十景写图，王洧题以十诗，陈允平题以十词，'十景'之名遂相传至今。唯《湖山胜概》《文园漫语》《无声诗》所载互有异同。康熙中圣祖南巡，亲洒宸翰，十景之名始定。"[1] "西湖十景"形成时间有先后，大约始于南宋中期的理宗时期，完善于度宗咸淳年间（1265—1274年）。宁宗时，祝穆著《方舆胜览》卷一《临安府·西湖》云："西湖，在州西，周回三十里。其涧出诸涧泉，山川秀发。四时画舫遨游，歌鼓之声不绝。好事者尝命十题，有曰平湖秋月、苏堤春晓、断桥残雪、雷峰落照、南屏晚钟、曲院风荷、花港观鱼、柳浪闻莺、三潭映月、两峰插云。"[2]《梦粱录》卷一二《西湖》也有相同记载："近者画家称湖山四时景色最奇者有十，曰苏堤春晓、曲院荷风、半湖秋月、断桥残雪、柳浪闻莺、花港观鱼、雷峰夕照、两峰插云、南屏晚钟、三潭映月。"[3] "西湖十景"构思糅合了西湖山水的代表性审美意象，形成"春夏秋冬四季之景，昼夜晨昏四时之景，东南西北四象之景，阴晴雨雪开合之景"的富有律动节奏的赏景时空序列。王洧《湖山十景》诗风颇为工丽，也颇写实，如《苏堤春晓》

① 陈文述：《西泠怀古集》，丁申、丁丙编：《武林掌故丛编》第6集，嘉惠堂丁氏清光绪九年（1883年）刊本。

② 祝穆：《新编方舆胜览》，北京图书馆出版社2004年第1版。

③ 吴自牧：《梦粱录》，见孟元老等：《东京梦华录》（外四种），周峰点校，文化艺术出版社1998年第1版。

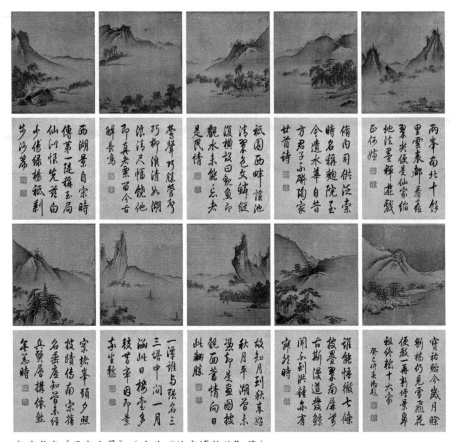

宋叶肖岩《西湖十景》（台北"故宫博物院"藏）

云："孤山落月趁疏钟，画舫参差柳岸风。莺梦初醒人未起，金鸦飞上五云东。"① 此后仿效者无数。张矩登涌金楼眺望所作《应天长·西湖十景》颇多寓意，如"算唯有，塔起金轮，千载如昨"（《雷峰夕照》）、"湖山外，江海匜。怕自有、暗泉流接"（《花港观鱼》）、"草色旧迎雕辇，蒙茸暗香陌"（《苏堤春晓》）、"田田处，成暗绿。正万羽、背风斜矗。乱鸥去，不信双鸳，午睡犹熟"（《曲院荷风》）等。周密读到张矩的词，非常喜爱，又写成 10 首词牌名为"木兰花慢"的词咏西湖十景。张矩极为欣赏。西湖词社的杨缵指出音律不很协调，

---

① 王洧：《湖山十景》，载田汝成：《西湖游览志余》卷一〇《才情雅致》，刘雄、尹晓宁点校，上海古籍出版社 2018 年第 1 版。

助其改定。其中《断桥残雪》云："觅梅花信息，拥吟袖，暮鞭寒。自放鹤人归，月香水影，诗冷孤山。等闲。泮寒暖，看融城、御水到人间。瓦陇竹根更好，柳边小驻游鞍。 琅玕。半倚云湾。孤棹晚，载诗还。是醉魂醒处，画桥第二，夜月初三。东阑。有人步玉，怪冰泥、沁湿锦鸳斑。还见晴波涨绿，谢池梦草相关。"周密将词拿给陈允平看，并约他同赋。陈允平便用不同词牌写了 10 首西湖十景词。其中多伤时念乱之情，凄恻感人。如《扫花游·雷峰落照》云："可惜流年，付与朝钟暮鼓。"[1]后人以为他的词多感时伤事、比兴寄托之语，忠厚深情、平和悠远之思，可比王沂孙的咏物寄托之词，非周密泛写景物、了无深意、一味求婉转流丽可及。西湖十景诗词和绘画的累积是西湖文化积淀的一个重要方面，它们以时间和空间作为导引景点的线索构建了著名的审美意象。自西湖风景名胜区形成以后，西湖逐渐成为临安（杭州）的象征，也成为一种特殊的城市美学构成要素。

四、意造书风与魏晋风度

宋代书法艺术大致有两种倾向，一是强调主观创造即"尚意"，二是主张向魏晋复古。蔡襄、苏轼、黄庭坚、米芾合称"北宋四家"，却有两种审美分野。北宋初的蔡襄由唐人再追二王，秉承书学正宗，对用笔、结体有精深把握。苏轼《评杨氏所藏欧蔡书》谓："独蔡君谟书，天资既高，积学深至，心手相应，变态无穷，遂为本朝第一。"[2]然而苏轼自己和黄庭坚、米芾却打破唐代楷则和魏晋自然一格，于"晋尚韵、唐尚法"之外揭起"宋尚意"的旗帜[3]。北宋"尚意"较为风行，南宋时对"尚法""尚意"各有继承、调和，与北宋相比有所回归，复古重占上风。

---

① 张矩：《应天长·西湖十景》，周密：《木兰花慢·西湖十景》，陈允平：《探春·苏堤春晓》《秋霁·平湖秋月》《扫花游·雷峰落照》《暮山溪·花港观鱼》《齐天乐·南屏晚钟》，载唐圭璋编纂，王仲闻参订，孔凡礼补辑：《全宋词》第 5 册，中华书局 1999 年第 1 版。
② 苏轼：《苏轼文集》卷六九《评杨氏所藏欧蔡书》，孔凡礼点校，中华书局 1986 年第 1 版。
③ 梁巘：《评书帖》，载上海书画出版社、华东师范大学古籍整理研究室编：《历代书法论文选》，上海书画出版社 1979 年第 1 版。

宋苏轼《寒食帖》（台北"故宫博物院"藏）

宋黄庭坚《松风阁诗帖》（台北"故宫博物院"藏）

故宫南薰殿旧藏《历代圣贤名人像册》
黄庭坚像（台北"故宫博物院"藏）

　　"尚意"书风重视意趣和个性表露，是唐末五代涌起的抒情写意思潮的延伸。"意"还有规律的意思，具有万事万物运行之"理"的抽象内涵。魏晋书法与宋画一样达到形意俱绝的高度，重视外师造化，以外写内、由物而心。唐代书法总体上以学习和表现技巧为要，使书法格式化、模式化，大大消解了艺术性。北宋"尚意"书风是某种程度的魏晋回向，强调主观表现，但走出了限度，乃至于只是笔墨点画的组合建构，虚与实、疾与徐、轻与重、浓与淡、疏与密、刚与柔、收与放、正与攲的刻意较多。在苏轼、黄庭坚、米芾得天下的北宋末季、南宋初期，蔡襄的影响已经消解得很弱，南宋以来排定的"苏、黄、米、蔡"顺序已说明问题。南宋初期蔡襄及以前的魏晋书法毁坏甚多，学习范本也很难获得。又由于家国未宁，习者心态不安，体制严格的蔡书不被广泛欣赏也是时势使然。南宋中期苏、黄、米的影响减弱，书家普遍转益晋唐。清人沈曾植将陆游、范成大、朱熹、张即之合称

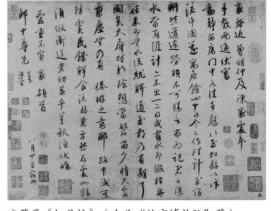

宋蔡襄《虹县帖》（台北"故宫博物院"藏）

"南宋四家"。他们虽与苏、黄、米一样重意，但也看重理旨。陆游遍学晋、唐、北宋各家，有取法而又不失个性。宋高宗在追苏、黄、米后重回魏晋，以书写事写心，取得更高成就。他主张精研精审，追求绝伦绝世，有力提振了南宋一代书风，并影响了赵孟頫等人。

所谓书法"晋尚韵""宋尚意"，是清人梁巘《评书帖》一文提出的论断。其实"韵""意"作为审美范畴并无大的异致。宋尚"意"也尚"韵"，"韵"同样可代表宋书特征。黄庭坚常以"韵胜"论书，其《题东坡字后》称苏轼书法"笔圆而韵胜"[1]，认为二王"韵胜"极致。清人刘熙载《艺概》卷《书概》云："黄山谷论书，最重一'韵'字。"[2]宋人崇尚魏晋风度，只是时世不同，心绪不再，"韵"也不同。"韵"在魏晋时常用于人格品藻，如《世说新语·言语第二》刘孝标注引《向秀别传》，称向秀"有拔俗之韵"[3]。又与魏晋玄学融汇，远韵、雅韵、清韵、天韵等成为玄学主题词，表示赏会山水、心游太虚、体性悟道的价值追求。"韵"浸染到书法领域，转变为抽象而模糊的审美概念，指耐人寻思、令人回味的审美趣味。如南朝萧梁袁昂《古今书评》云："殷钧书如高丽使人，抗浪甚有意气，滋韵终乏精味。"[4]到了晚唐五代北宋，"韵"成为诗歌、书画审美的重要概念，如晚唐诗论家司空图《与李生论诗书》云："近而不浮，远而不尽，然后可以言韵外之致耳。"[5]五代画家荆浩《笔法记》云："韵者，隐迹立形，备遗

① 黄庭坚：《豫章黄先生文集》卷二九《题跋·题东坡字后》，《四部丛刊》初编，商务印书馆民国25年（1936年）版。

② 刘熙载：《艺概》，上海古籍出版社1978年第1版。

③ 刘义庆撰，刘孝标注，余嘉锡笺疏：《世说新语笺疏》，中华书局2008年第1版。

④ 袁昂：《古今书评》，载上海书画出版社、华东师范大学古籍整理研究室编：《历代书法论文选》，上海书画出版社1979年第1版。

⑤ 司空图：《与李生论诗书》，载郭绍虞主编：《中国历代文论选》，上海古籍出版社2001年第1版。

不俗。"① 北宋郭若虚《图画见闻志》云："如其气韵，必在生知，固不可以巧密得，复不可以岁月到，默契神会，不知然而然也。"② 到了宋代，"韵外之致"更成为最高审美典范，如范温《潜溪诗眼》云："有余意之谓韵。"③ 从这些表述中可以看出，宋人所说的"韵"指某种具体形态之外的审美范畴，可表现为形之外的自然流便、众之外的脱尽俗气、近之外的清淡悠远、工之外的天赋学养等。嵇绍玉《传统书法"韵"的晋、宋之别》一文对此有独到深刻的论述，兹引其大意作一些分述。④

形之外，魏晋归于"自然"，宋归于"意味"。"象""形"一经成熟定型，摆脱其桎梏便成为书家的更高追求，"形外之意"正是"韵"得以生发的基础。魏晋书家崇尚自然之山水林风，也推崇内心率真直爽、自在自得，表现在书法上便是不刻意修饰，一任笔墨自然流淌。晋人陆机《平复帖》、王献之《廿九日帖》、王珣《伯远帖》等用笔多按锋即下，疾驰如电，笔势环转牵引，贯通上下，使字势灵动妍丽，宛如天然。宋人欧阳修《晋王献之法帖一》赞美晋人书法"逸笔余韵"就在于其"不用意"："余尝喜览魏晋以来笔墨遗迹，而想前人之高致也。所谓法帖者，其事率皆吊哀候病，叙暌离，通讯问，施于家人朋友之间，不过数行而已。盖其初非用意，而逸笔余兴，淋漓挥洒。"⑤ 受时代影响，宋代书家总体上已没有魏晋人俯仰天地的自得胸怀，也缺乏唐人立马横刀的天纵其情，更多表现出踱步沉思的独微处幽。他们也崇尚自然，但视域、胸次多局限在情感、文理这方天地中，以此来体验"意"的趣味。苏轼《答谢民师书》云："大略如行云流水，初无定质，但常行于所当行，常止于所不可不止。文理自然，姿态横

---

① 荆浩：《笔法记·作者传略》，载俞剑华编：《中国古代画论类编》，人民美术出版社 1998 年第 1 版。

② 郭若虚：《图画见闻志》，王群栗点校，浙江人民美术出版社 2013 年第 1 版。

③ 范温：《潜溪诗眼》，载郭绍虞辑：《宋诗话辑佚》上册，中华书局 1980 年第 1 版。

④ 嵇绍玉：《传统书法"韵"的晋、宋之别》，《中国艺术报》2019 年 9 月 2 日第 7 版。

⑤ 欧阳修：《欧阳修全集·集古录跋尾》卷四《晋王献之法帖一》，李逸安点校，中华书局 2001 年第 1 版。

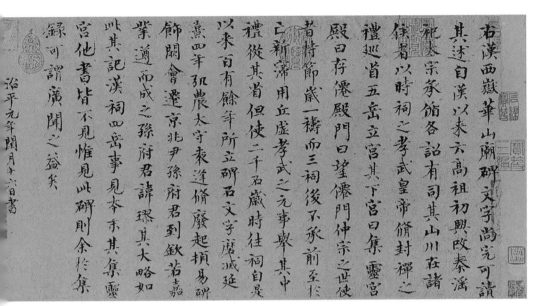

欧阳修《集古录跋尾》（台北"故宫博物院"藏）

生。"① 《石苍舒醉墨堂》一诗又云："我书意造本无法，点画信手
烦推求。胡为议论独见假，只字片纸皆藏收。"② 这种"形外之意"
涵泳味绵、委婉回肠，所产生的韵致更多可理解为是对唐楷森严法度、
定型程式的反叛，但少了晋人的淋漓尽致和惊世骇俗。

众之外，魏晋归于"超然"，宋归于"脱俗"。书法学习需要经
年累积，在入门临摹、师承时不乏从众、从法、从师，须经长期浸染
才能领会须与时有异，也才能形成独特面貌。魏晋书家摆脱儒家经学
束缚，超越世俗礼法，向往老庄的超然物外。他们不世故矫饰、不从
众屈己，成就卓然独立的鲜明个性、超然高蹈的宽阔胸襟。卫瓘和索
靖同是张芝传人，卫瓘笔势行笔疾速，以"筋骨"取胜，而索靖法则
森然，沉着厚重，以"肉丰"取胜。就是王献之，也不受其父影响。
唐人张怀瓘《书议》记载王献之对父王羲之说："古之章草，未能宏

① 苏轼：《经进东坡文集事略》卷四六《答谢民师书》，郎晔选注，庞石帚校订，中华书局香港
分局 1979 年第 1 版。
② 苏轼：《苏轼诗集》卷一《石苍舒醉墨堂》，王文诰辑注，孔凡礼点校，中华书局 1982 年第
1 版。

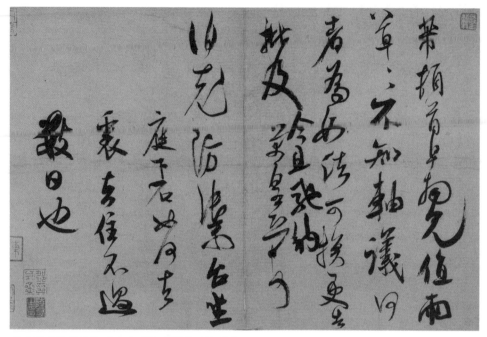

宋米芾《值雨帖》（台北"故宫博物院"藏）

逸，顿异真体。今穷伪略之理，极草纵之致，不若藁行之间，于往法固殊也，大人宜改体。且法既不定，事贵变通，然古法亦局而执。"①正是这种超然高蹈的胸襟成就魏晋书法。而宋代书家将"韵"作为自觉追求，有意识地远离平庸和俗气。米芾《海岳名言》云："唐官诰在世为褚、陆、徐峤之体，殊有不俗者。"②认为唐代书家褚遂良、陆柬之、徐峤之等迎合帝王之意，泯灭了鲜明个性，千人一面，陷于"俗"。清人刘熙载《书概》云："黄山谷论书最重一'韵'字。盖俗气未尽者，皆不足以言韵也。"③面对竞相摹仿的态势和"趋时贵书"的现象，宋代书家极力反对脱离个性，高树"韵"之旗帜以救赎世弊，

① 张怀瓘：《书议》，载上海书画出版社、华东师范大学古籍整理研究室编：《历代书法论文选》，上海书画出版社 1979 年第 1 版。

② 米芾：《海岳名言》，载上海书画出版社、华东师范大学古籍整理研究室编：《历代书法论文选》，上海书画出版社 1979 年第 1 版。

③ 刘熙载：《书概》，载上海书画出版社、华东师范大学古籍整理研究室编：《历代书法论文选》，上海书画出版社 1979 年第 1 版。

于是有苏轼的飘逸肥腴、黄庭坚的奇宕擒纵、米芾的恣肆倾侧。

　　近之外，魏晋归于"悠远"，宋归于"平淡"。"近"即浅薄肤显、一览无余、缺韵寡味。为避免"近"，魏晋书家赋予作品丰赡的内涵，营造幽眇空间，让情感和思想走向深邃。魏晋士族多儒道兼修，有入世担当之心，但因社会动乱，只能回归自我本真，以归隐来安置心灵。如果说陶渊明的"心远地自偏"反映了士族的普遍心态，那么王羲之《用笔赋》的"飘飘远逝，浴天池而颉颃。翱翔弄翮，凌轻霄而接行"①则是书家的整体心理情结。魏晋书家突破"近"的限制，将具有生命状态的"骨""肉""筋""神采"等审美根植于书法，延展到人心营构的生命图式，使书法审美实现本质跨越，应"远"而生。宋代书家也有建功立业的理想，但同样屡遭磨难，便以"平淡"来消解人生难题，表现出"含不尽之意见于言外"②以及"外枯而中膏"③之美。苏轼《与侄书》云："渐老渐熟，乃造平淡。其实不是平淡，绚烂之极也。"④《书黄子思诗集后》又云："予尝论书，以谓钟、王之迹萧散简远，妙在笔画之外。"⑤说魏晋书法圣手钟繇、王羲之的书法平淡中可见绚烂之韵，有笔画之外之妙。黄庭坚《与王观复书》也云："熟观杜子美到夔州后古律诗，便得句法简易而大巧出焉。平淡而山高水深，似欲不可企及。"⑥他认为杜甫在安史之乱之后作的诗简易中见工巧，是同样道理。

　　工之外，魏晋归于天赋，宋归于学养。魏晋强调工夫与天赋兼备。工夫就是经过训练取得的功力。南朝萧梁庾肩吾在《书品》中首先提出"工夫""天赋"的艺术标准："张工夫第一，天然次之，衣帛先书，

①　王羲之：《用笔赋》，载上海书画出版社、华东师范大学古籍整理研究室编：《历代书法论文选》，上海书画出版社 1979 年第 1 版。

②　欧阳修：《六一诗话》引梅尧臣，载何文焕辑：《历代诗话》，中华书局 1981 年第 1 版。

③　苏轼：《东坡题跋》卷二《评韩柳诗》，白石校，浙江人民美术出版社 2016 年第 1 版。

④　赵令畤：《侯鲭录》卷八，孔凡礼点校，中华书局 2002 年第 1 版。

⑤　苏轼：《经进东坡文集事略》卷一六《书黄子思诗集后》，郎晔选注，庞石帚校订，中华书局香港分局 1979 年第 1 版。

⑥　黄庭坚：《豫章黄先生文集》卷一九《与王观复书》，《四部丛刊》初编，商务印书馆民国 25 年（1936 年）版。

称为草圣。钟天然第一，工夫次之，妙尽许昌之碑，穷极邺下之牍。王工夫不及张，天然过之；天然不及钟，工夫过之。"[①] 分析了张芝、钟繇、王羲之的工夫、天赋差异。在书法家的九品分类上，他将"工夫""天赋"兼得者列为上品。宋代明显忽略工夫而高度重视学养，认为学养是书法生发韵致的重要途径。苏轼《柳氏二外甥求笔迹》诗云："退笔如山未足珍，读书万卷始通神。"[②] 认为苦练书法基本功不如读书多有用。黄庭坚也认为，学养可以提高书法之格调，明了书法之事理。他在《跋东坡乐府》称赞苏轼："非胸中有万卷书，笔下无一点尘俗气，孰能至此？"[③] 他还将学养与诗文书画的关系比作根深叶茂，其《与济川侄》云："但须勤读书，令精博，极养心，使纯静，根本若深，不患枝叶不茂也。"[④] 又批评北宋两位书家王著和周越学问不足所以书法失之少韵："若使胸中有书数千卷，不随世碌碌，则书不病韵。"[⑤] 以此说明书家必须具备高超的学养，并认为这也是书法不可传授、不可习得之秘诀所在。米芾《海岳名言》云："学书须得趣，他好俱忘，乃入妙。别为一好萦之，便不工也。"[⑥] 其《答绍彭书来论晋帖误字》又云："要之皆一戏，不当问拙工。意足我自足，放笔一戏空。"[⑦] 宋代这种过于看重学养而贬低工夫习得是有失偏颇的。

宋人对书法的认识与魏晋人不可比肩，原因正在于太刻意于"意"。

---

① 庾肩吾：《书品》，载上海书画出版社、华东师范大学古籍整理研究室编：《历代书法论文选》，上海书画出版社 1979 年第 1 版。

② 苏轼：《苏轼诗集》卷一一《柳氏二外甥求笔迹》（二首），王文诰辑注，孔凡礼点校，中华书局 1982 年第 1 版。

③ 黄庭坚：《豫章黄先生文集》卷二六《跋东坡乐府》，《四部丛刊》初编，商务印书馆民国 25 年（1936 年）版。

④ 黄庭坚：《豫章黄先生文集·别集》卷一七《与济川侄帖》，《四部丛刊》初编，商务印书馆民国 25 年（1936 年）版。

⑤ 黄庭坚：《豫章黄先生文集》卷二九《跋周子发帖》，《四部丛刊》初编，商务印书馆民国 25 年（1936 年）版。

⑥ 米芾：《海岳名言》，载上海书画出版社、华东师范大学古籍整理研究室编：《历代书法论文选》，上海书画出版社 1979 年第 1 版。

⑦ 米芾：《宝晋光集》卷三《答绍彭书来论晋帖误字》，永瑢、纪昀等编纂：《文渊阁四库全书》，上海古籍出版社 2012 年第 1 版。

《秾芳诗帖》（台北"故宫博物院"藏）

　　但相对于唐人不厌其烦地叙述传承谱系、总结用笔方法、联系政治功用等，却也显得休闲得多。欧阳修《试笔·学书为乐》云："苏子美尝言：'明窗净几，笔砚纸墨皆极精良，亦自是人生一乐。'"学书不是为出名立派，乃"至于学字，为于不倦时，往往可以消日"。从小的方面讲是为丰富生活，从大的方面讲是为了修炼情性、内省灵魂。因此身心当不为习字所累："真书兼行，草书兼楷，十年不倦当得名。然虚名已得，而真气耗矣，万事莫不皆然。有以寓其意，不知身之为劳也。有以乐其心，不知物之为累也。"①有此一态度，学书自然不计工拙。苏轼曾说，书法乃一人生态度耳，非为经国传世。欧阳修、苏轼这种态度，很自然地消解了人对笔法传承的仪式感，把书法当成一种休闲、体道的方式，并回归其文化属性，而不是笔法规矩，由此将书法引向另一条路。这与魏晋人作书不作计较、随意发挥有异曲同工之妙。

　　与书风相关的是宋代在书法理论上贡献较多，特别是在书法史料系统化、文人题跋多样性和碑帖文化学的形成等方面取得较多成果。书法史料系统化的成就主要有岳珂《宝真斋法书赞》、陈思《书苑菁华》《书小史》等，题跋多样性主要体现在欧阳修《集古录跋尾》、陆游《放翁题跋》、魏了翁《鹤山题跋》、刘克庄《后村题跋》等，碑帖文化

①　欧阳修：《试笔》，载上海书画出版社、华东师范大学古籍整理研究室编：《历代书法论文选》，上海书画出版社1979年第1版。

学有了独立的学术建制，南宋临安还因此成为帖学、金石学的重镇。自北宋《淳化阁帖》出世，翻刻成风。南宋临安整理出版了各种丛帖和金石资料，且衍生出一脉富有特色的"兰亭学"。兰亭书法生于浙江，兰亭学也盛于浙江，可谓得其所哉。书法技法理论方面主要有赵构《翰墨志》、姜夔《续书谱》、赵孟坚《论书法》等。《翰墨志》是高宗赵构退处德寿宫为太上皇后的论书语录，主要观点有三：一是推崇魏晋六朝笔法，主张以二王为学书圭臬；二是论述正书、草书的不同特点及相互关系，主张先正后草和正草兼通；三是主张以精益求精的态度事书。姜夔《续书谱》凡20条，即总论、真书、用笔、草书、用笔、用墨、行书、临摹、书丹、情性、血脉、燥润、劲媚、方圆、向背、位置、疏密、风神、迟速、笔锋，全面准确地论述了书法正轨。他主张宗法魏晋，讲求中庸和对立统一之变化，批评唐人平正之失。

第六章　传奇故事幻化的人间喜剧

一、中国戏曲滥觞

北宋后期，受金杂剧影响，以宋杂剧为主的各类表演艺术开始分化和流变。南宋初年，在国分南北的形势下，宋杂剧及各种伎艺也出现了南北分流的局面。北方的杂剧随着金朝势力的不断扩大逐渐形成金院本，金院本又吸收了北方各民族丰富的艺术养料，最终定型为元代北曲杂剧。而随着宋王朝的南迁，杂剧也流布江南。它们与当地的"村坊小曲"和民间歌舞结合，又形成了新的具有质的飞跃和突破的戏剧样式，这就是戏文。周密《癸辛杂识》别集卷上《祖杰》有"乃撰为戏文，以广其事"①的记载。《祖杰》戏文表现惩杀元初温州府乐清县杀人犯释祖杰的故事。南宋戏文是中国古代最早趋于成熟、具有完整戏剧意义的戏曲（戏剧）形式。它通过对音乐、舞蹈、说唱等艺术的综合运用，演绎一定长度的完整故事。宋末刘埙《水云村稿》之《词人吴用章传》云："吴用章，名康，南丰人。生绍兴间，敏博逸群，课举子业擅能名而试不利。乃留情乐府，以舒愤郁。当是时去南渡未远，汴都正音、教坊遗曲犹流播江南……不知又逾几年而终。子孙无述焉。悲哉，用章末，词盛行于时。不唯伶工歌妓以为首唱，士大夫风流文雅者酒酣兴发辄歌之。由是与姜尧章之《暗香》《疏影》、李汉老之《汉宫春》、刘行简之《夜行船》，并喧竞丽者殆百十年。至咸淳，永嘉戏曲出，泼少年化之，而后淫哇盛，正音歇。然州里遗老犹歌用章词不置也，其苦心盖无负矣。用章善谑，尝坐系，得释，或询以狱中风景，用章曰种种不便，闻者绝倒。"②这是现知"永嘉戏曲"名称的最早记载，也是中国"戏曲"一词的最早记载。南宋戏曲的出现，标志一种新的

---

① 周密：《癸辛杂识》，吴企明点校，中华书局 1988 年第 1 版。

② 刘埙：《水云村稿》，永瑢、纪昀等编纂：《文渊阁四库全书》，上海古籍出版社 2012 年第 1 版。

艺术形式的诞生。

南宋戏曲在宋元时被普遍称为"戏文"或"南戏"，也称"南曲""南曲戏文""南戏文"等，此外还有"南词""院本""杂剧""传奇""鹘伶声嗽"等称谓。因首出温州，又称"温州杂剧""永嘉杂剧"。有人认为"南戏"语义最初含有贬义，是金元以统治中心自居而对宋戏文的贬称。元初关汉卿的杂剧《望江亭》第三折中提到了"南戏"："（李稍唱）《马鞍儿》：想着、想着跌脚儿叫；（张千唱）想着、想着我难熬；（衙内唱）酪子里愁肠酪子里焦。（众合唱）又不敢着旁人知道，则把他这好香烧，好香烧，咒的他热肉儿跳！衙内云：这厮每扮南戏那！（众同下）"元末夏庭芝《青楼集》也说："龙楼景、丹墀秀皆金门高之女也。俱有姿色，专工南戏。"关于南戏起源，当代宋元南戏研究者也有不同看法。钱南扬《戏文概论》和张庚、郭汉城《中国戏曲通史》承前人之说，认为南戏发源于浙江温州，徐朔方《南戏的特点和流传地区》《曲牌联套体戏曲的兴衰概述》等文提出反对意见。刘念兹经实地考察古老剧种后提出南戏发生多点论，认为南戏在闽浙沿海一带同时出现。孙崇涛《中国南戏研究之检讨》一文将温州南戏看作"源"，将其他地区的南戏看作"流"。一般认为，南宋初出现的温州杂剧是南戏萌芽。光宗朝禁演"戏文"是南戏形成的标志。明前期祝允明《猥谈》一书认为："南戏出于宣和之后，南渡之际谓之温州杂剧。"[1] 明中期周祈《名义考》一书说法一样，只加了"后渐转为余姚、海盐、弋阳、昆山诸腔矣"[2]。同为明中期人徐渭的南戏专著《南词叙录》则说："南戏始于宋光宗朝，永嘉人所作《赵贞女》《王魁》二种实首之。故刘后村有'死后是非谁管得，满村听唱蔡中郎'之句。或云宣和间已滥觞，其盛行则自南渡，号曰'永嘉杂剧'，又曰'鹘伶声嗽'。其曲则宋人词而益以里巷歌谣，不叶宫调，故士大夫罕有留意者。"永嘉杂剧的基本形态无确凿记载，只有《南词叙录》两处提到它的文体和音乐特征："其曲则宋人词而益以里巷歌谣，

---

[1] 祝允明：《猥谈》，载祝允明：《祝允明集》，薛维源点校，上海古籍出版社2016年第1版。

[2] 周祈：《名义考》，台湾学生书局1972年第1版。

不叶宫调。""永嘉杂
剧兴，则又即村坊小曲
而为之，本无宫调，亦
罕节奏，徒取其畸农、
市女顺口可歌而已，谚
所谓'随心令'者，即
其技欤？"① 这两处记
载似有矛盾，应该是永
嘉杂剧初起时音乐为随
心顺口、不谐（叶）调
少节奏的民间"村坊小
曲""里巷歌谣"，士
大夫文人不重视。后来

传宋赵伯驹《汉宫图轴》（台北"故宫博物院"藏）

由于书会才人编撰的戏文增多，才吸收较多词调。徐渭以为永嘉杂剧
起源于民间歌舞小戏，这成为戏曲史界主流观点，但其中仍有待补充
修正处。《南词叙录》成书于明嘉靖三十八年（1559 年），其见解应
该是分析剧本曲牌得出的。但戏曲是综合性艺术，只有载歌载舞的"里
巷歌谣""村坊小曲"加上宋人词调的演唱，还不是全部。刘念兹《南
戏新证》一书指出南戏源于南方民间歌舞小戏，不过又说："南戏是
北宋时期流行在广大北方地区的杂剧艺术传播到南方以后，和当地的
民间艺术结合而发展起来的一种戏剧艺术。"② 不管南戏根源在南还
是北，它一定是南北融通并吸收了多种艺术要素的综合性艺术。永嘉
杂剧起初仍是兼有歌舞、滑稽戏、说唱等艺术表演的"杂剧"，后来
演变为戏文（南戏）才成为以扮演人物、表演故事为特征的代言体戏剧。
可以说，南戏是以永嘉杂剧为基础，利用杂剧、杂扮、大曲、诸宫调、
唱赚等百戏伎艺的有效元素，再结合南方各地盛行的民间歌舞、说唱

① 徐渭：《南词叙录》，载中国戏曲研究院编：《中国古典戏曲论著集成》第 3 集，中国戏剧出版
社 1959 年第 1 版。

② 刘念兹：《南戏新证》，中华书局 1986 年第 1 版，第 16 页。

和宋词歌吟，通过"以歌舞演故事"而形成的综合艺术。南戏已具备
了戏剧戏曲的基本文体特征：一是演员扮演人物当众表演构成代言体
特征；二是以演员的语言、动作、歌舞演述故事形成叙事性特征；三
是保持并强化了诗剧（剧诗）特点，以曲而歌使其具有强烈的抒情性。
代言体、叙事体和抒情性的有机融合使南戏既有别于说话、诗歌，也
有别于西方戏剧，具备了中国古代戏剧的基本要素，形成了独特的美
学特征。南戏由温州传入临安，再发展为余姚、海盐、弋阳、昆山诸腔。
昆山腔后发展为昆曲，集中国戏曲艺术之大成。很多剧种都是在昆曲的
基础上发展起来的，所以它被称为"百戏之祖，百戏之师""中国戏曲
之母"。

　　南戏是特定时空的产物，具有鲜明的时代特性。其发生、发展、
流传的时间主要是宋元时期，下限至明代昆山腔兴起。一般认为昆山
腔将《浣纱记》搬上舞台后，这种表演艺术就称"明清传奇"，不再
称"南戏"。虽然此后一些地方仍编演南戏，但已淡出潮流舞台。南
戏蕴蓄着深厚的江南文化底蕴和丰富的江南文化精神，主要流行于以
浙江为中心的南方地区。已知的 9 个南宋南戏剧本中有 6 个是温州人
所作。其中《赵贞女蔡二郎》《王魁》是永嘉（温州）人所作，《张
协状元》是温州九山书会才人所编，《王焕》是临安太学黄可道作。
据元代杭州人刘一清《钱塘遗事》记载，南宋时《王焕》曾盛演于临
安。《乐昌分镜》作者不详，据元人周德清《中原音韵》记载，南宋
时临安也曾演此戏，唱杭州腔。一直偏于东南一隅的温州在南宋时却
具有了特殊的政治地位，也带来文化地位的提升。由于它是浙江连接
福建的通道，宋高宗南渡后逃到温州，曾有在温州设太庙的设想。后
绍兴和议达成，才决定建都临安。由于温州一度成为宋宗室贵戚聚居
地，各色伎艺人也多汇集于此。而温州当地原本也有丰富的"歌舞"、
引人入胜的"故事"流传。从声腔源流角度看，南戏音乐最初源起于
东南沿海一带的民间歌曲。具体地说，它最初只是一种地方声腔。①
明人称这种声腔为"温州调"，明程敏政《篁墩文集》卷七《饮张挥

---

① 张庚、郭汉城主编：《中国戏曲通史》，中国戏曲出版社 1992 年版，第 404 页。

使家观戏》有"锦棚曲奏温州调"可证。南戏的产生与温州地方风俗
也有很大关系。由于"东瓯王敬鬼"①，所以"瓯俗多敬鬼乐祠"②，
祭祀音乐传统深厚，而且温州自隋唐以来就以"尚歌舞"著称③。

　　南戏综合了它之前奇彩纷呈的伎艺，超越角抵戏、歌舞戏、参军戏、
杂剧、傀儡戏、影戏、目连戏等初级戏文化形态，有了作为大型综合
性戏剧的规模，熔歌唱、舞蹈、念白、科范、音乐于一炉，以唱、念、
做、舞等为表现手法。文学、音乐、舞蹈、舞台美术等多种艺术成分
和表现手段都已具备，且各艺术成分有机地融合。一是唱腔方面以南
曲为主，并融大曲、宋词、诸宫调、唱赚等各种演唱伎艺于一体，组
合成曲牌联套体的南曲音乐和唱腔，分独唱、对唱、轮唱、接唱、合
唱等多种形式。北曲与南曲有本质区别：北曲以七声音阶为主，旋律
常有大跳，风格高亢劲爽；南曲以宫、商、角、徵、羽五声音阶为主，
旋律多级进，风格委婉舒缓。南戏曲牌可归纳为仙吕调、羽调、黄钟
羽调、商调、正宫调、大石调、中吕调、般涉调、道宫调、南吕调、
越调、小石调、双调"十三调"，与北方"十六调"比，少了高平调、
歇指调和商角调。与宋词"七宫十二调"比，多了羽调、正宫调、道
宫调、南宫调，少了歇指调、正平调、高平调。南曲以鼓、笛、板为
主伴奏，北曲以弦索为主伴奏。南曲较多吸收里巷歌谣，加上宋词大
曲等，有1513个曲牌，宫调虽有讲究却不甚严；北曲则有581个曲牌，
宫调甚严。南曲以南方语音押韵，有平、上、去、入四声；北曲以《中
原音韵》押韵，无入声。明人王世贞《曲藻》论述过南、北曲的区别，
认为"北则词情多而声情少，南则词情少而声情多。北力在弦，南力
在板"，并称"大抵北主劲切雄丽，南主清峭柔远"。④南曲一板三眼、
一唱三叹，"纤徐绵缈，流丽婉转"的音乐特质，与江南情韵相符，
也是江南艺术"精细"的表现。一本曲戏常由不同宫调的数支曲子组成，

① 司马迁：《史记》卷二八《封禅书第六》，中华书局1959年第1版。
② 胡宗宪、薛应旗纂修：《浙江通志》卷六五《杂志》，明嘉靖四十年（1561年）刊本。
③ 孙衣言：《瓯海轶闻》卷一六《风俗》，上海社会科学院出版社2005年第1版。
④ 王世贞：《曲藻》，载中国戏曲研究院编：《中国古典戏曲论著集成》第4集，中国戏剧出版社
1959年第1版。

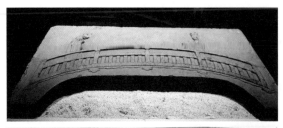

四川省泸县新屋嘴村1号宋墓瓦舍勾栏戏曲表演砖雕
（泸县宋代石刻博物馆藏）

只要它们是"声相邻"即调式调高相近的。"南曲固无宫调，然曲之次第，须用声相邻以为一套，其间亦自有类辈，不可乱也。如《黄莺儿》则继之以《簇御林》，《画眉序》则继之以《滴滴子》之类，自有一定之序。作者观于旧曲而遵之可也。"① 另外，南曲各角色都可演唱，北曲则只生、旦可唱。

二是念白方面已分散白和韵白。散白以方言为基础，与生活语言接近，但也常常插入对句成为半韵白。韵白是韵律化念白，分词体与诗体，大量吸收化用唐宋词。据王国维《宋元戏曲史》对明代曲论家沈璟《南九宫谱》的统计，书中收南曲曲牌543个，其中出自唐宋词牌的190个，占1/3强。王国维写《宋元戏曲史》时，《张协状元》剧本尚未发现，该剧本中与宋词曲牌相同的有40多处。由此可见徐渭"宋人词益以里巷歌谣"之可信。但南戏引用唐宋词不是简单搬用，而是进行了曲化改造。王世贞《〈曲藻〉序》云："曲者，词之变也……缓急之间，词不能按，乃更为新声以媚之。"② 说南曲是词顺应时代变化、为了更好反映现实和符合时下审美习惯而变的"新声"。清人刘熙载《艺概》卷四《词曲概》云："未有曲时，词即是曲；既有曲时，曲可悟词。"③ 也指出词曲一体，曲是词的变体。又王骥德《曲律·论调名第三》云：

① 徐渭：《南词叙录》，载中国戏曲研究院编：《中国古典戏曲论著集成》第3集，中国戏剧出版社1959年第1版。

② 王世贞：《曲藻》，载中国戏曲研究院编：《中国古典戏曲论著集成》第4集，中国戏剧出版社1959年第1版。

③ 刘熙载：《艺概》，上海古籍出版社1978年第1版。

"过曲《八声甘州》《桂枝香》类,亦止用其名而尽变其调。"① 指出曲名词名同而内在已变。南曲联套以一个宫调统辖若干曲牌,曲牌又分引子、过曲、尾声 3 类。《张协状元》中引《行香子》《捣练子》《临江仙》《虞美人》等词,格式、语句都有改编。曲中之词,大多语言通俗、明白如话,而且已改正统词的格律曲调。三是做、舞等方面博采众长、推陈出新。已有身段、武打、舞蹈、眼神、手势等动作表演,统称"科范""格范""格调",也就是后世的"科泛"。它们吸收了汉代的角抵戏、唐宋的参军戏和滑稽戏、杂剧等古剧及各种民间伎艺中的元素。

南戏以代言体形式综合演绎长篇故事。中国古代长篇史诗、叙事诗出现较晚,唐代变文、宋元话本等长篇说唱文学的出现才为戏曲的形成奠定基础。最早的南戏如《赵贞女蔡二郎》《王魁》《王焕》《乐昌分镜》《张协状元》等都是说唱文学的改编。改编者大多是当时的"书林""书会"成员,如九山书会、永嘉书会才人等。如前所述,《张协状元》就是九山书会才人改编的。与宋金杂剧、金元院本简短散杂不同,南戏有完整曲折的情节。"传奇"本为唐人小说的名称,借为戏剧名称始见于南戏。清初杭州传奇作家夏纶《惺斋五种》自序指出:"传奇,传奇也。文工而事弗奇不传,事奇而文弗工亦不传。"② 另一位传奇作家李渔在其《闲情偶寄·词曲部》也云:"古人呼剧本为传奇者,因其事甚奇特,未经人见而传之,是以得名,可见非奇不传。"③ 都说戏剧被命名为传奇,是由于故事奇特才能传播,所谓"非奇不传"。只有"事奇""文工"两个条件都具备了,传奇才能广泛流传。为了更好更通俗易懂地表现"事奇",南戏注重人物心理、性格及环境气氛的描绘,并配合运用唱、做、念、打、舞等表现手法。如《张协状元》就先唱曲词后说白,且各类角色都能唱,曲白相生。有虚拟的表演,如"净偷酒肉有介";有舞蹈化的身段表演,如"丑

---

① 王骥德:《王骥德曲律》,陈多、叶长海注释,湖南人民出版社 1983 年第 1 版。

② 夏纶:《惺斋五种》,清乾隆十五年(1750 年)刊本。

③ 李渔:《李渔全集》第 3 卷《闲情偶寄》,浙江古籍出版社 2010 年第 1 版。

舞伞介"；有舞台音响效果，如"净在戏房学犬吠"；有涂面化妆，如"擦灰抹土"；有"杳果""灯笼""招子"等砌末（道具）的应用，更有丝竹锣鼓伴奏、舞台时空变换等。南戏场次多，一般都长达数十出，与较为简短的元杂剧（北杂剧）的四折加楔子固定结构不同，这也是为了更充分地表现故事。

南戏在剧本规格、音乐格律、角色体制、虚拟表演以及表演语言的程式化、化妆和服饰的系统化等方面都有形制，审美要素已比较完整。《南词叙录》说南戏出自乡村，音乐等各方面都粗陋率性无规则定制，而南宋中后期的《张协状元》已不是这种状况。至元末明初高明的传奇《琵琶记》出，已见独特而成熟的艺术体制。北宋杂剧的角色行当尚未见确凿史料记载，但参军戏就只有副末和副净两个角色。黄庭坚《鼓笛令》词说："副靖传语木大，鼓儿里且打一和。更有些儿得处啰，烧沙糖香药添和。"[①] "副靖"即副净。"木大"意指木头木脑之人，指副末。当时应该是在演出"打和鼓"一类的节目，所以副净叫副末打鼓。到了南宋，杂剧角色有了更细致的分工。耐得翁《都城纪胜·瓦舍众伎》云："杂剧中末泥为长，每四人或五人为一场。先做寻常熟事为一段，名曰'艳段'，次做正杂剧，通名为两段。末泥色主张，引戏色分付，副净色发乔，副末色打诨，又或添一人装孤。"[②] 说明宋杂剧中已有固定角色末泥、副净、副末、引戏，他们各司其职。有时还"添一人"。又元人陶宗仪《南村辍耕录》卷二五《院本名目》云："唐有传奇，宋有戏曲、唱诨、词说，金有院本、杂剧、诸宫调。院本、杂剧其实一也，国朝院本杂剧始厘而二之。院本则五人：一曰副净，古谓之参军。一曰副末，古谓之苍鹘。鹘能击禽鸟，末可打副净，故云。一曰引戏，一曰末泥，一曰孤装，又谓之五花爨弄。"[③] 这个记载说明金院本与宋杂剧的角色相同，而且宋杂剧与参军戏在角色方面有承

---

① 黄庭坚：《豫章黄先生文集·豫章黄先生词·鼓笛令》，《四部丛刊》初编，商务印书馆民国25年（1936年）版。

② 耐得翁：《都城纪胜》，见孟元老等：《东京梦华录》（外四种），周峰点校，文化艺术出版社1998年第1版。

③ 陶宗仪：《南村辍耕录》，中华书局1980年第1版。

传关系，如副净源出
参军，副末源出苍鹘。
永嘉杂剧既名之为杂
剧，应当有相应的行
当。据《南词叙录》
等书可知，宋元南戏
的角色有 7 个，即生、
旦、外、贴、净、丑、
末。这些行当体制应
是在永嘉杂剧的基础
上发展而成的，只是
永嘉杂剧的行当可能
没有这么多。南戏中

浙江省台州市黄岩区灵石寺塔北宋杂剧表演砖雕（王中
河：《浙江黄岩灵石寺塔发现北宋戏剧人物砖雕》，《文
物》1989 年第 2 期）

的生、末、净 3 个行当可能源自宋杂剧中的末泥、副末、副净，旦、丑、
外这 3 个行当可能源于宋杂扮中的酸、孤、旦，贴则是戏文出现之后
产生的。

中国传统戏曲的对话是音乐性的，动作是舞蹈性的。歌和舞决定
了戏曲的外在形式要远离生活、变异生活，使之更具超越生活的节奏、
韵律、整饬、和谐之美。但它所表现的内容又是生活化的、不能脱离
生活的，并且寄寓人的生活理想，所以往往从悲剧开始而以喜剧结束。
从分离走向团聚，从穷困走向亨通，以"大团圆"结局。这种特色从
宋代戏曲产生时就有，如《张协状元》、《乐昌分镜》、《赵贞女蔡二郎》
（也包括由《赵贞女蔡二郎》故事原型改良的元《琵琶记》）都写负
心郎痴情女或因国难分离的痴男怨女，最后大多是破镜重圆。正如王
国维《〈红楼梦〉评论》所说："吾国人之精神，世间的也，乐天的也，
故代表其精神之戏曲小说，无往而不着此乐天之色彩：始于悲者终于
欢，始于离者终于合，始于困者终于亨。"[1]

---

① 王国维：《〈红楼梦〉评论》，载王国维：《王国维全集》第 1 卷，谢维扬、房鑫亮主编，浙江教
育出版社、广东教育出版社 2009 年第 1 版。

二、百戏乐事

宋代世俗文化的繁荣使社会生活日益多样化，瓦舍百戏、妓院歌舞和节庆风俗等构成丰富的社会生活画卷。瓦舍（瓦子）为宋代市语，原指临时集合的演艺集市，后演变为固定的大型演艺场所，又成为各种娱乐场所的通称。《梦粱录》卷一九《瓦舍》解释道："瓦舍者，谓其来时瓦合，去时瓦解之义，易聚易散也。不知起于何时。"[①]《都城纪胜·瓦舍众伎》也说："瓦者，野合易散之意也。"[②]又因其往往与集市贸易结合在一起，又称瓦市、瓦肆。如临安的桑家瓦舍有货药、卖卦、喝故衣、探博、饮食、剃剪、纸书、令曲之类，是一个综合集市。瓦舍表演的节目百戏杂陈，名目繁多。据《梦粱录》《武林旧事》《都城纪胜》等记载，有唱赚、诸宫调、转踏、大曲、清乐、小唱、弹唱、京词、崖词、耍令、商谜、相扑、女飐、踢弄、踏索、打硬、举重、射弩、竹马、蛮牌、神鬼、扑旗、夹棒、吟叫、合生、象生、道情、泥丸、头钱、沙书、弄水、舞旋、舞绾、鲍老、筑球、下棋、小说、烟火、说药、捕蛇、消息、参军戏、杂剧、鼓子词、说诨话、学乡谈、教走兽、乔相扑、教飞禽、教虫蚁、装秀才、放风筝、七圣法、划旱船、耍和尚、村田乐、马后乐、藏去之术等六七十种伎艺。瓦舍一般设有相关的配套服务设施，如茶坊、酒肆、食铺、歌楼、妓院、浴堂等，融各种感官享乐于一体。临安的妓业之盛在北宋开封之上，时有"酒色海"之称。南宋胡仔《苕溪渔隐丛话》卷二七《蔡文忠》云："余旧记一小诗云：'京师素号酒色海，溺者常多济者稀。吾子堂前有慈母，布衣须换锦衣归。'不知谁氏作规诲之言，惜其散逸，故附于后。"[③]临安妓院又称歌馆，比较热闹的街市都有。《武林旧事》卷六《歌馆》载："平康诸坊，如上下抱剑营、漆器墙、沙皮巷、清河坊、融和坊、

① 吴自牧：《梦粱录》，见孟元老等：《东京梦华录》（外四种），周峰点校，文化艺术出版社1998年第1版。

② 耐得翁：《都城纪胜》，见孟元老等：《东京梦华录》（外四种），周峰点校，文化艺术出版社1998年第1版。

③ 胡仔：《苕溪渔隐丛话》，廖德明点校，人民文学出版社1962年第1版。

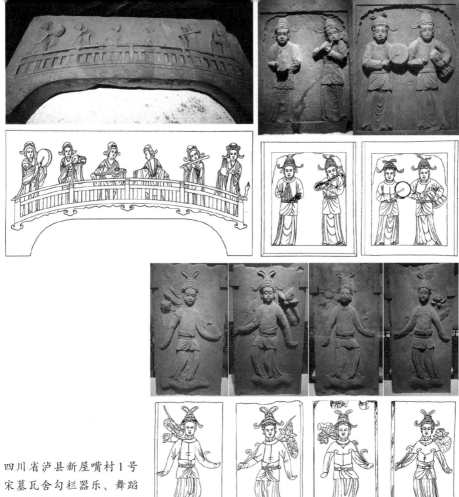

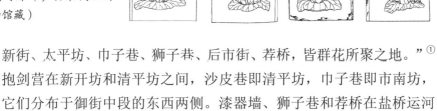

四川省泸县新屋嘴村1号
宋墓瓦舍勾栏器乐、舞蹈
表演砖雕（泸县宋代石刻
博物馆藏）

新街、太平坊、巾子巷、狮子巷、后市街、荐桥，皆群花所聚之地。"①
抱剑营在新开坊和清平坊之间，沙皮巷即清平坊，巾子巷即市南坊，
它们分布于御街中段的东西两侧。漆器墙、狮子巷和荐桥在盐桥运河
沿岸。

　　南戏外，南宋时宋杂剧及傀儡戏、影戏等百戏也得到发展。宋杂
剧是在唐代歌舞戏、滑稽戏、参军戏等基础上发展而成的，与后来的"元
杂剧"是不同概念。它在继承唐戏滑稽、讽谏的同时，于故事性和歌
唱性方面迈出了一大步。《梦粱录》卷二〇《妓乐》称宋杂剧"大抵

① 周密：《武林旧事》，见孟元老等：《东京梦华录》（外四种），周峰点校，文化艺术出版社 1998
年第 1 版。

全用故事，务为滑稽，唱念通遍。此本是鉴戒，又隐于谏诤，故从便跌露，谓之'无过虫'耳。"[①] 北宋杂剧与南宋杂剧也很不同，两者间的发展是杂剧形式从简单到复杂的演变和进化。北宋杂剧缺少完整的文体意识，还未成为独立的艺术门类，类似于唐代的参军戏。一般夹杂在队舞中表演，不能单独表演。队舞分小儿队舞和女童队舞，杂剧一般在小儿队舞后演出一段，女童队舞后再演一段。这是为避免单调，让观众既能欣赏清歌妙舞，又能够欣赏杂剧的滑稽。但南宋杂剧的演出已趋于一种独立的表演形式。"散乐传学教坊十三部，唯以杂剧为正色。"[②] 北宋杂剧追求禅语打诨式的机趣，主要迎合士大夫的欣赏趣味，南宋杂剧则追求故事性。比较《武林旧事》"官本杂剧段数"和北宋关于杂剧故事梗概的记载可发现，南宋杂剧虽也讲究机趣，但更主要的是追求曲折复杂的故事情节，如《崔护六么》《王子高六么》《莺莺六么》《裴少俊六么》《简帖薄媚》《郑生遇龙女薄媚》等。这种追求情节跌宕曲折的欣赏趣味迎合了普通市民的要求。北宋杂剧的角色体制继承了唐代参军戏的，数量较少，只有副末和副净。而南宋杂剧的角色体制已较完备，分工更细致。南宋后期杂剧的角色已不是5个，而是8个，即戏头、末泥、引戏、副净、副末、次贴、装孤、装旦。北宋杂剧与南宋杂剧的致语口号、演出形式、演出角色、演出结构、艺术地位等也多有不同。从服务对象、演出内容、演出场地、表现形式、演出风格、欣赏趣味等方面看，宋代杂剧又可分宫廷杂剧和民间杂剧。宫廷杂剧讲究演出的仪式性、欣赏趣味的多维性。民间杂剧包括士大夫杂剧和平民杂剧。士大夫杂剧具有家宴性质，用于家庭娱乐或招待宾客，讲究清雅、机趣，独重女音"浅斟低唱"；平民杂剧讲究热闹，注重科诨效果。宫廷杂剧与民间杂剧也没有绝对界线，不仅艺人相互流通，表演内容也相互影响。北宋晚期教坊的杂剧演员已外流，南宋教坊规模缩小甚至被省略。南宋赵升《朝野类要》卷一载："本

---

① 吴自牧：《梦粱录》，见孟元老等：《东京梦华录》（外四种），周峰点校，文化艺术出版社 1998 年第 1 版。

② 耐得翁：《都城纪胜·瓦舍众伎》，见孟元老等：《东京梦华录》（外四种），周峰点校，文化艺术出版社 1998 年第 1 版。

朝增为东、西两教坊，又别有化成殿钧容班。中兴以来亦有之。绍兴末，台臣王十朋上章，省罢之。后有名伶达伎，皆留充德寿宫使臣，自余多隶临安府衙前乐。"①说北宋扩充为东、西两个教坊，还有钧容班。南宋以来延续旧例，但教坊在绍兴三十一年（1161 年）被废除，除少数著名伶人乐伎留在德寿宫以外，其余艺人都外流成为临安府衙前乐的杂剧艺人，于是宫廷杂剧逐渐衰落。有的杂剧艺人身兼数职，在宫廷杂剧与民间杂剧的队伍中流动。北宋时少数民间杂剧艺人已参与皇家娱乐演出。《东京梦华录》卷六《元宵》记载："正月十五日元宵……教坊钧容直、露台弟子，更互杂剧。"②南宋时教坊的削弱更为民间戏班的发展和进入宫廷官府演出提供了机会。"今虽有教坊之名，隶属修内司教乐所，然遇大宴等，每差衙前乐充之。不足，则又和雇市人。近年衙前乐已无教坊旧人，多是市井歧路之辈，欲责其知音晓乐，恐难必也。"③南宋后期虽然还有教坊之名，隶属于修内司教乐所，但人数不多。如果遇到宫廷大宴演员人数不足，就要用临安府衙前乐的演员补充，再不够还要到市井去雇人。后来衙前乐已经没有外流的宫廷教坊演员，大多是市井演员。这使南宋宫廷杂剧的表演内容和审美趣味逐渐发生变化，市俗、热闹的内容进入了宫廷。

宋代百戏繁多。《都城纪胜》《梦粱录》等书记有 20 余种，《武林旧事》记有 35 种，如傀儡戏、影戏、相扑、幻术、踢弄等，其中最具特色的是傀儡戏和影戏。傀儡戏即木偶戏。《都城纪胜》所记傀儡戏有以下几种：（1）悬丝傀儡（提线木偶）。木偶形体多为一尺左右，四肢及头部和关节部分都以线连缀，表演者在上方提线操纵木偶动作。还有土塑的傀儡，也以线牵引。李嵩《骷髅幻戏图》画的就是悬丝傀儡。（2）杖头傀儡。木偶形体一般约一二尺，有手无足，手部用两根竹竿作支架，表演者用棍支起木偶并操纵其动作。据《武林旧事》卷六《诸色伎艺人》所记，著名杖头木偶艺人高手有张小仆射、刘小

① 赵升：《朝野类要》，王瑞来点校，中华书局 2007 年第 1 版。

② 孟元老：《东京梦华录》，见孟元老等：《东京梦华录》（外四种），周峰点校，文化艺术出版社 1998 年第 1 版。

③ 赵升：《朝野类要》卷一，王瑞来点校，中华书局 2007 年第 1 版。

宋李嵩《骷髅幻戏图》（故宫博物院藏）

仆射等。（3）水傀儡。源山二国叫的"水转百戏"和隋时的"水饰"。宋代大为改进，舞台设于船上，木偶表演钓鱼、划船、筑球、击球、舞旋等伎艺，完全效仿真人动作，还能配合技巧动作念"致语"相唱和。范成大《上元纪吴中节物俳谐体三十二韵》诗"旱船遥似泛，水傀近如生"①，描写的就是水傀儡。（4）肉傀儡。《都城纪胜·瓦舍众伎》云："肉傀儡，以小儿后生辈为之。"②一般认为是幼童在大人的托举下表演各种技艺和戏剧。但也有其他说法：一是在民间迎神赛会中的"抬阁"。以白皙小儿扮为戏剧人物，或坐或立，装以木座由人肩抬而行，似可视为"肉傀儡"。二是灯戏中的"木头人戏"。以人装作傀儡，动作滑稽，疑与"肉傀儡"有关。三是"布袋木偶"的别称。由艺人以手伸入袋操纵木偶。傀儡戏在"敷衍"故事即演绎故事的基础上加以发挥。《梦粱录》卷二〇《百戏伎艺》载："凡傀儡，敷衍烟粉、灵怪、铁骑、公案、史书、历代君臣将相故事，话本或讲史，或作杂剧，或如崖词。"③可见故事范围相当广泛，所以傀儡戏在"百戏"中的地位不下于俳优

① 范成大：《石湖居士诗集》卷二三《上元纪吴中节物俳谐体三十二韵》，商务印书馆民国 29 年（1940 年）版。

② 耐得翁：《都城纪胜》，见孟元老等：《东京梦华录》（外四种），周峰点校，文化艺术出版社1998 年第 1 版。

③ 吴自牧：《梦粱录》，见孟元老等：《东京梦华录》（外四种），周峰点校，文化艺术出版社 1998年第 1 版。

所演的杂剧。影戏也叫"弄影戏"，即皮影戏。也有人将平面的影戏称为"平面傀儡"，包括在傀儡戏范围内。影戏始于北宋初年，由说书衍变而来，南宋时更为盛行。据《都城纪胜·瓦舍众伎》，影戏在南宋时已盛行于瓦舍勾栏。为了与其他伎艺争胜，讲究制作精美外，还注意剧本创作、人物造型。影戏艺人还都有一套说书的本领。"其话本与讲史书者颇同。大抵真假相半，公忠者雕以正貌，奸邪者与之丑貌，盖亦寓褒贬于市俗之眼戏也。"[1]傀儡戏、影戏与南戏、南宋杂剧同时流行，南戏、南宋杂剧吸收了傀儡戏、影戏的某些伎艺，而傀儡戏、影戏更是从南戏、南宋杂剧中大量吸收技艺、借鉴剧目等。

宋代音乐文化的俗化更为彻底，其主体不再是宫廷音乐，而是民间音乐。随着南宋宫廷音乐机构和人员的精简，专属于宫廷的音乐表演乐人越来越少，南宋前期保留的主要集中在太上皇帝赵构颐养天年的德寿宫，部分宫廷乐伎乐工被遣散到临安府的衙前乐，更多的则流落到民间。衙前乐的乐伎乐工除了应承官府的音乐表演外，其余时间几乎都在民间娱乐场所谋生。他们的属性更多是民间的。宋代音乐形成了宫廷内外的互融互动格局，整体上趋于世俗化。文人音乐与民间音乐间也存在着类似的双向渗透。一方面文人在自己的创作中借鉴民间音乐元素，另一方面部分文人直接参与到民间音乐的创作甚至演出中。如南宋音乐代表人物姜夔收集整理当时的民间音乐编写了《越九歌》，同时又吸取民间音阶音调、曲式结构等音乐表现手法用于自己的创作并加以发展。他的自度曲在结构、音律、音阶、旋法等方面都与民间音乐有密切联系。其中旋律上的频繁大跳、常运用下行级进就是受江南民歌的影响，三度进行受湖北江汉地区民歌影响，委婉的终止式则在江、浙、皖民歌中多见。[2]南宋民间音乐艺人数量骤增，有姓名可考的人就远远多于北宋，《武林旧事》记载各类演艺人员1100余人，其中相当多是音乐艺人。宋代音乐的主要表现形式是说唱、戏

---

[1] 耐得翁：《都城纪胜》，见孟元老等：《东京梦华录》（外四种），周峰点校，文化艺术出版社1998年第1版。

[2] 刘明澜：《论姜白石歌曲的风格》，《音乐艺术》2005年第1期。

河南省禹县白沙宋墓壁画《散乐图》

曲、歌唱、器乐等，这些音乐形式来自民间，推动其发展的是普通市民或民众。琴乐一直是文人音乐的标志和象征，但在世俗化氛围浸淫下也染新声。南宋理学家真德秀曾述其"官于都城，以琴来谒者甚众。静而听之，大抵厌古调之希微，夸新声之奇变，使人喜欲起舞，悲欲涕零，求其所谓淳古淡薄者殆不可得。盖时俗之变，声音从之，虽琴亦郑卫矣"[1]。说在都城临安听不到真正淳古淡薄的古琴调，这是因为时代风俗在变，古雅琴音中也有了"郑卫"即放浪之音。在瓦舍勾栏等演艺场所中，创作者和表演者与各类其他艺人长期共处交流，通过相互学习逐渐将民间歌舞、说唱等多种艺术融入戏曲之中。戏曲在表现手法上受到大曲、唱赚、诸宫调、歌舞、滑稽戏等因素的影响，在演绎结构和塑造人物等方面受到杂剧、诸宫调、傀儡戏和影戏的影响，在音乐上采集融会民间小调、词调音乐、大曲、说唱、杂剧音乐等，在取材范围上更广泛涉及了传说、说话等。所塑造的舞台形象以社会下层平民为主，也比较全面地展示了商人、农民、工匠、医生、妓女、奴婢、艺人、游民、士兵、孤儿、寡妇、僧尼、船工、樵夫、强盗、失意文人、低级官吏、市井无赖等民间众生相。

---

① 真德秀：《西山先生真文忠公文集》卷二七《赠萧长夫序》，永瑢、纪昀等编纂：《文渊阁四库全书》，上海古籍出版社 2012 年第 1 版。

宋代歌舞在唐代基础上有所发展，逐渐无宫廷内外之分，最终完全世俗化，并总体上化为戏曲语言。歌舞是一种综合音乐、舞蹈、诗歌等艺术手段的边歌边舞的艺术形式。宫廷歌舞包括宫廷祭祀、朝贺、宴享典礼及宫中日常生活的歌舞，分为雅乐歌舞和燕乐歌舞两类。雅乐歌舞与唐代一样仍以文、武二舞为主，虽然历经多次改制和易名，仍有舞容丧失、乐器和乐工缺少等问题，无奈逐渐没落。宋代宫廷燕乐歌舞则出现了新的综合性表演形式队舞，这是一种由大曲为基础结构，结合歌唱、器乐、舞蹈、诗歌、朗诵等多种表演元素而成的具有固定程式的表演形式。特征是诗、乐、舞三位一体的综合性、基本结构固定的程式性，以及表演者职司的明确性。南宋时在队舞的基础上还形成了带有情节叙述的故事歌舞。南宋民间歌舞形式多样，并更多地与其他伎艺融合。民间舞队也有

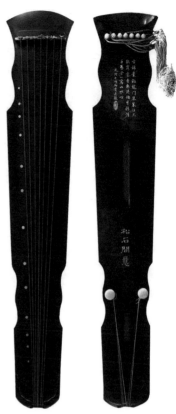

宋徽宗御制、清高宗御铭宣和式"松石间意"琴（私人藏）

发展。宋末宝祐年间（1253—1258年）画院待诏朱玉所画的《灯戏图》真实描绘了临安元宵节舞队的表演场景。该画以牌楼屏风为界做的布局，画了两个舞队。屏风前的舞队表演者细算有13人，扮演不同角色，动作神情各异。由此可知，舞队由班首、舞蹈表演者和乐队组成。《武林旧事》《梦粱录》等文献都以"舞队"来指涉民间舞蹈。《武林旧事》卷二《舞队》云："大小全棚傀儡：查查鬼（查大）、李大口（一字口）、贺丰年、长瓠敛（长头）、兔吉（兔毛大伯）、吃遂、大憨儿、粗旦、麻婆子、快活三郎、黄金杏、瞎判官、快活三娘、沈承务、一脸膜、猫儿相公、洞公觜、细旦、河东子、黑遂、王铁儿、交椅、夹棒、屏风、男女竹马、男女杵歌、大小斫刀鲍老、交衮鲍老、子弟清音、女童清音、诸国献宝、穿心国入贡、孙武子教女兵、六国朝、四

山西省稷山县马村宋墓戏曲表演砖雕和甘肃省瓜州县榆林窟 35 窟宋代文殊伎乐经变壁画

国朝、遏云社、绯绿社、胡安女、凤阮嵇琴、扑胡蝶、回阳丹、火药、瓦盆鼓、焦锤架儿、乔三教、乔迎酒、乔亲事、乔乐神（马明王）、乔捉蛇、乔学堂、乔宅眷、乔像生、乔师娘、独自乔、地仙、旱划船、教象、装态、村田乐、鼓板、踏橇、扑旗、抱锣装鬼、狮豹蛮牌、十斋郎、耍和尚、刘衮、散钱行、货郎、打娇惜。其品甚伙，不可悉数。首饰衣装，相矜侈靡，珠翠锦绮，炫耀华丽，如傀儡、杵歌、竹马之类，多至十余队。十二、十三两日，国忌禁乐，则有装宅眷笼灯，前引珠翠，盛饰少年尾其后，诃殿而来，卒然遇之，不辨真伪。及为乔经纪人，如卖蜂糖饼、小八块风子，卖字本，虔婆卖旗儿之类，以资一笑者尤多也。"[1] 又《梦粱录》卷一《元宵》云："正月十五日元夕节，乃上元天官赐福之辰……舞队自去岁冬至日，便呈行放。遇夜，官府支散钱酒犒之。元夕之时，自十四为始，对支所犒钱酒。十五夜，帅臣出街弹压，遇舞队照例特犒……姑以舞队言之，如清音、遏云、掉刀、

① 周密：《武林旧事》，见孟元老等：《东京梦华录》（外四种），周峰点校，文化艺术出版社 1998 年第 1 版。

鲍老、胡女、刘衮、乔三教、乔迎酒、乔亲事、焦锤架儿、仕女、杵歌、诸国朝、竹马儿、村田乐、神鬼、十斋郎各社，不下数十。更有乔宅眷、龙船、踢灯、鲍老、驼象社。官巷口、苏家巷二十四家傀儡，衣装鲜丽，细旦戴花朵□肩、珠翠冠儿，腰肢纤袅，宛若妇人。"①南宋民间舞队表演的艺术形式及节目纷繁多样，包括清音、遏云、掉刀、鲍老、胡女、刘衮、乔三教、乔迎酒、乔亲事、焦锤架儿、仕女、杵歌、诸国朝、竹马儿、村田乐、神鬼、十斋郎、乔宅眷、旱龙川、踢灯、鲍老、驰象社、傀儡等。表演场所多为节日的街头巷尾以及平时的瓦舍、茶肆。

　　宋代戏曲和百戏及舞蹈的发展极大地推动了代言体艺术的兴起，使文学艺术更加通俗化和商业化，从而全面走向世俗社会，真正意义上成为国民的精神产品，对于社会审美意识、审美趣味具有十分重要的提携作用。同时，文学艺术也自这时起找到了前所未有的广阔生长土壤。

三、话说古今多少事

　　说唱艺术历史悠久，萌芽于先秦，孕育于南北朝，形成于隋唐，而大盛于宋元明清。唐宋时说话伎艺逐渐成熟，并在宋代成为一种极为突出的民间文化现象，对后世的小说、戏曲、绘画等影响巨大。"说话"的"话"，犹言"故事"，是名词，后或加语缀"子"。孙楷第认为："话有排调假请意。释慧琳《一切经音义》卷七十：'话，胡快反。《广雅》：话，调也。谓调戏也。《声类》：话，讹言也。'王念孙《广雅疏证》卷四上谓：话与愆音义同，引哀公二十四年《左传》：是愆言也。服虔注云：愆伪不信言也。凡事之属于传说不尽可信，或寓言譬况以资戏谑者，谓之话。取此流传故事敷衍说唱之，谓之说话。业此者谓之说话人。'说话'乃隋唐以来习语，不始于宋。"②说民间不尽可信的故事或运用寓言、比喻手法来增加趣味性以便理解

① 吴自牧：《梦粱录》，见孟元老等：《东京梦华录》（外四种），周峰点校，文化艺术出版社 1998 年第 1 版。

② 孙楷第：《说话考》，载孙楷第：《论中国短篇白话小说》，棠棣出版社 1955 年第 1 版。

宋张择端《清明上河图》中的说话表演场景

的故事，可以叫"话"。再以说唱扩充，就是"说话"。从事说唱"话"的人就是"说话人"。"说话"这个习惯用语隋唐以来就有了，不是宋代首创的，但"说话"在宋代有了市民文化的适宜土壤才得到极大发展。

北宋说话艺人一般以个体形式表演，传承方式也仅限于师徒口耳相传；南宋时艺人组成行会组织如雄辩社等，使说话伎艺专业化水平进一步提高，并取得市场竞争优势。南宋取消教坊后在宫廷特设供奉局，从民间召集技艺超群的说话艺人进宫廷献艺，即所谓的"御前供话"。《武林旧事》卷七《乾淳奉亲》载："上倚太上于锣木堂香阁内说话，宣押棋待诏并小说人孙奇等十四人下棋两局，各赐银绢。"①提到孝宗为让太上皇帝赵构乐享晚年，让说话人进宫表演。雄辩社有点类似当代红火的相声组织。还有"市头"为说话人承揽表演业务。另外出现了专门编写话本的组织书会，著名的如永嘉书会、九山书会、古杭书会、武林书会、玉京书会、元贞书会、敬先书会等，编写者称为"书会先生"。书会中有才学者称为"才人"，社会地位较高者则称为"名公"。专业化表演、新型行会组织、高素质创作队伍的出现和皇室的大力推崇以及市民阶层的热烈追捧，使宋代说话的演出规模、普及程度和艺术水平较唐代有了质的飞跃。

南宋文献中有所谓"说话四家"的说法。《都城纪胜·瓦舍众伎》

① 周密：《武林旧事》，见孟元老等：《东京梦华录》（外四种），周峰点校，文化艺术出版社 1998 年第 1 版。

云："说话有四家：一者小说，谓之银字儿，如烟粉、灵怪、传奇；说公案，皆是搏刀赶棒及发迹变泰之事；说铁骑儿，谓士马金鼓之事；说经，谓演说佛书；说参请，谓宾主参禅悟道等事；讲史书，讲说前代书史文传、兴废争战之事。最畏小说人，盖小说者能以一朝一代故事，顷刻间提破。合生与起令、随令相似，各占一事。商谜，旧用鼓板吹《贺圣朝》，聚人猜诗谜、字谜、庆谜、社谜，本是隐语。"① 其中明确提到了"说话四家"，但表述含混不清。《梦粱录》《西湖老人繁盛录》《武林旧事》《应用碎金》等处的相关记载与之大同小异。后世研究者由此形成了几种不同的分类意见：一是三分法。皮述民《宋人"说话"分类的商榷》一文依据宋人罗烨《醉翁谈录》指出，"说话有四家"是耐得翁个人意见，并非定论，宋人说话真正的分类实际仅小说、演史、说经3家。② 谢桃坊、吴组缃、沈天佑、萧相恺等也赞同皮述民的分法。二是四分法。老一辈学者大多肯定耐得翁"说话有四家"之说，但具体的分类主张不尽相同。最具代表性的有3种：第一种：（1）小说（银字儿、说公案、说铁骑儿）；（2）谈经、说参请、说诨经；（3）讲史；（4）合生、商谜。代表学者有鲁迅、严敦易、孙楷第等，持类似观点的有王国维、赵景深、谭正璧、游国恩等。第二种：（1）银字儿（烟粉、灵怪、传奇）；（2）说公案、铁骑儿；（3）说经、说参请、说诨经；（4）讲史。代表学者为陈汝衡、李啸仓、青木正儿等。第三种：（1）小说即银字儿（烟粉、灵怪、传奇、说公案）；（2）铁骑儿；（3）说经、说参请、说诨经；（4）讲史。代表学者为王古鲁、胡士莹等。三是多分法。王文宝等认为，除小说、讲史、说经外尚有诨话、商谜；冯保善更认为有11种之多。各家意见中以主张四分法的占多数，且小说、讲史、说经列入四家中一般也没有疑义，问题的焦点在于小说的细目、说铁骑儿是自成一家，还是小说子目、合生和商谜独成一家。③ 小说因表演时以银字管吹奏相和，所以称银字儿。其中的烟粉讲女鬼

---

① 耐得翁：《都城纪胜·瓦舍众伎》，见孟元老等：《东京梦华录》（外四种），周峰点校，文化艺术出版社1998年第1版。

② 皮述民：《宋人"说话"分类的商榷》，《北方论丛》1987年第1期。

③ 李晓晖：《20世纪以来宋元"说话"研究回顾》，《明清小说研究》2008年第1期。

故事，灵怪讲妖异鬼怪故事，传奇叙男女爱情故事，公案道雪枉洗冤故事，铁骑儿演边关战争故事，说参请说宾主参禅悟道等事，说诨经则是带哏讲经。说铁骑儿讲述百姓喜闻乐见的战争故事，是小说中比较兴盛受欢迎的细目。商谜是猜谜说唱。合生（合声）源于唐代，是将"题目"内容配合声乐进行说唱，即北宋高承《事物纪原》说的"唱题目"。"题目"的意思是"品题""标目"，即品藻、评论人物。其中看似滑稽而实则蕴含玩味讽诵、显示机锋睿智的称乔合生，类似现在的相声、脱口秀。当时不仅题目人物，也指物题咏；不仅有乔合生，也有非谐谑性的普通合生。合生有"捻词"，即具有一定令格的韵语，类似后世评书前面的套话开场、白话小说前面的诗词开篇。唐代的合生还以"咏歌蹈舞"为主，北宋的"唱题目"依然注重"唱"，而南宋的合生已经偏于"说"，或者是带有动作表演的科白，更为生动。

中国古代小说有两种观念体系。其一是正史小说观念，也称子部小说观念，指正史艺文志或经籍志里记述的小说，外延包括著录在正史子部里的所有作品；其二是通俗小说观念，宋元时说话之小说观念的确立是其成熟的标志。通俗小说后来逐渐演变为现代小说文体。通俗小说所指对象十分明确，有鲜明的文体类别特点。从宋代正史著录的作品可看出，子部小说观念较前代有了改变，志怪传奇等故事已占据主流，但仍显芜杂。说话四家之小说则有了更多的补充、净化和提高。其素材取自子部小说而艺术魅力远高于子部小说。一是题材的补充。在子部小说志怪传奇题材基础上又加入了听众喜闻乐见的当代英雄故事"朴刀杆棒"和曲折的断案故事"公案"。水浒英雄如杨志、武松、鲁智深及杨家将抗金、包公破奇案等故事成为经典。二是体裁的净化。完全确立了小说的叙事特性，没有了琐杂的语录、知识性记载乃至理论论述。佚名《酒孝经》、佚名《座右方》、李恕《戒子拾遗》、李涪《刊误》、刘轲《牛羊日历》、陆羽《茶经》、张又新《煎茶水记》、封演《续钱谱》等不再列入小说之列。三是艺术表现力的提高。不满足于照本宣科地讲述志怪传奇中写定的故事，而有了丰富的知识和阅历表现。小说艺人在掌握大量题材的基础上，通过虚构想象、合理嫁接等方法进行创造发挥。《醉翁谈录》甲集卷一《舌耕叙引》之《小说引子》云："小说者，但随意据事演说"，"讲论只凭三寸舌，秤评天下浅和深"。因此有"最畏小说人"的说法。①

说话所预设虚拟的理想读者造就了中国古代小说的特殊体制说书体，并以此制约小说家的创作思维和读者的审美趣味。"说书的情境是一种隐喻，是对过去相互交流的一种方式的模仿，是作者与读者双方为了使交流成功而提供的相互默认为假设的情境。从它在中国小说中非凡的持久性来看，它作为一种模式或隐喻是非常成功的。"②说话对后世的话本小说、章回小说和现代小说影响巨大，在中国小说史上具有文体创始作用。虽然唐代传奇已有文人的作用在发挥，但还是隐藏不显的，宋代作者的作用已达到主导地位，直接导致话本小说作为一种独立文体兴起，也直接引发明清章回小说发生。

话本小说作为伎艺的故事内容时与"说话"的"话"含义相同，它是说话这种口头伎艺形式的物化形态，两者具有共生对应关系。说话艺人传授伎艺、交流故事的方式最初可能以口耳相传居多，但在说话伎艺职业化后，不再是瞽蒙或文盲占主流的说话艺人开始利用文字工具。其中既有故事的记录整理，也有书会才人的专门创作。胡士莹《话本小说概论》将话本体制分为6个部分：题目、篇首、入话、头回、正话、篇尾。③大部分宋元话本的标题直接承袭于说话且以人名、情节、道具、地点命名，多为简略的二言或四言，口头文学色彩浓厚，又频频出现"话说""却说""话本说彻，权作散场"等习惯性套语，而开头的"入话"明显源自说话艺人等待听众兼有静场作用的招数。日本学者大木康以为："白话小说最早来源于说书人的'说话'，这是一种将目不识丁的听众吸引来，聚集一处，说一些人人听得懂的诙谐有趣的故事的说话艺术。在这个阶段，'说话'确实可以说是庶民的东西，但是说话内容一旦见诸文字，开始以书形态问世时，情况当然

① 罗烨：《醉翁谈录》，古典文学出版社 1957 年第 1 版。
② 韩南（Patrick Hanan）：《中国短篇小说：年代、作者、作法研究》，曾虹、毛青平译，《明清小说研究》1986 年第 1 期。
③ 胡士莹：《话本小说概论》，中华书局 1980 年第 1 版，第 134—147 页。

就变了。说话的听众和书本的读者理当成为两个应分别考虑的问题。"①
宋代说话对通俗小说的人物塑造、情节设计、叙事旨趣、文体形态、
语言程式等方面的影响异常明显。话本小说、章回小说的作者虽身不
在说书场，但在创作中仍自觉地遵循说话伎艺的艺术规律。

章回小说是中国古代长篇小说的主要形式，远承唐代的俗讲变文，
近接宋元话本，所以陈寅恪《敦煌本〈维摩诘经·文殊师利问疾品演
义〉跋》一文指出："佛典制裁长行与偈颂相间，演说经义自然仿效之，
故为散文与诗歌互用之体。后世衍变既久，其散文体中偶杂以诗歌者，
遂成今日章回体小说。""观近年发现之敦煌卷子中，如《维摩诘经·文
殊问疾品演义》诸书，益知宋代说经，与近世弹词章回体小说等，多
出于一源，而佛教经典之体裁与后来小说文学，盖有直接关系。"②
鲁迅也说："总之，宋人之'说话'的影响是非常之大，后来的小说，
十分之九是本于话本的。"③章回小说篇幅长，动辄数十万上百万字，
所以情节也分成大体相当的段落，有明显的分回标目形式。这种独具
特色的形式，与说话中的讲史门类有直接的渊源关系。讲史"谈话头
动辄是数千回"，内容浩繁，不像话本小说那样"顷刻间提破"，艺
人讲述时只能采取分段方式一回一回地讲述。为了吸引听众听下去，
艺人每每制造悬疑，在故事的紧要关头突然打住，所谓"欲知后事如
何，且听下回分解"④。所以郑振铎指出："到了后来，一般的小说，
已不复是讲坛上的东西了——实际上讲坛上所讲唱的小说也已别有秘
本了——然其体制与结构仍是本着'说话人'遗留的规则，一点也不
曾变动。其叙述的口气与态度，也仍是模拟着宋代说话人的。说话人
的影响可谓为极伟大的了！"⑤孙楷第也认为："没有宋朝的说话，元、

① 大木康：《关于明末白话小说的作者和读者》，《明清小说研究》1988 年第 2 期。
② 陈寅恪：《敦煌本〈维摩诘经·文殊师利问疾品演义〉跋》，载陈寅恪：《金明馆丛稿二编》，
生活·读书·新知三联书店 2001 年第 1 版。
③ 鲁迅：《中国小说史略》附录《中国小说的历史的变迁》，载鲁迅：《鲁迅全集》第 9 卷，人民
文学出版社 2005 年第 1 版。
④ 罗烨：《醉翁谈录》甲集卷一《舌耕叙引》之《小说开辟》，古典文学出版社 1957 年第 1 版。
⑤ 郑振铎：《插图本中国文学史》，人民文学出版社 1982 年第 1 版，第 561 页。

明的词话，就不可能有明末的短篇小说。"① 中国古代章回小说的形
成途径一般有两条，即世代积累和文人独创。古典小说四大名著中的
3 部即《三国演义》《水浒传》《西游记》通常被认为是历时态的群
体创作，是文人创作和群众创作相结合的产物。② 宋代说话名目中有
专说三国故事的"说三分"，还有专说三国故事的艺人霍四究。明人
高儒《百川书志》卷六《史部·野史》评价罗贯中"编次"提升的《三
国志通俗演义》时说："据正史，采小说，证文辞，通好尚，非俗非虚，
易观易入。非史氏苍古之文，去瞽传诙谐之气。陈叙百年，该括万事。"③
水浒英雄的故事则更是说话艺人常讲常新的篇目。《水浒传》的小说
结构形态既凝结了说话人腾挪变化的叙事辩才，也表现了文人谋篇布
局的审美智慧。一些主要人物如林冲、武松和鲁智深都用相对集中的
笔墨刻画。林冲误入白虎堂、发配沧州道、风雪山神庙、雪夜上梁山
等故事，武松景阳岗打虎、斗杀西门庆、醉打蒋门神、大闹飞云浦、
血溅鸳鸯楼等故事，鲁智深拳打镇关西、大闹五台山、倒拔垂杨柳、
大闹野猪林等故事，均紧锣密鼓地连续推出，形成有名的"林十回"
"武十回"等块状结构。《醉翁谈录》所列公案类有石头孙立、朴刀
类有青面兽、杆棒类有花和尚和武行者，与《水浒传》的描述已很一致。
古典白话小说作者与宋元说话艺术艺人有血脉渊源。"因此，它的流
传者似乎最多可能只是属于说话门庭的伎艺工作者，亦即所谓说话人。
而敷演者，则根本便不会不是说话人了。说话人的脚本（台本），是
父子师徒，一脉相承传下去的。因此，我们似可推测到，施耐庵他本
身即可能竟是一位说话人，再不然也是这一行业中的后裔，或一与这
一门伎艺有其学习渊源的关系的，这样他也才可能传下了这《水浒传》
的'的本'。"④ "中国白话小说使用的似乎都是专业说书人的叙述
形式。《儒林外史》《红楼梦》等18世纪的长篇小说虽然已有许多变化，

① 孙楷第：《中国短篇白话小说的发展与艺术上的特点》，载孙楷第：《论中国短篇白话小说》，
棠棣出版社 1955 年第 1 版。
② 李晓晖：《宋元"说话"研究》，华中师范大学博士学位论文，2008 年。
③ 高儒：《百川书志》，古典文学出版社 1957 年第 1 版。
④ 严敦易：《水浒传的演变》，作家出版社 1957 年第 1 版，第 220 页。

仍可看出口头文学的影响……口头文学的影响，在白话小说的'叙述者层次'和'谈话形式层次'表现得最为明显。"①

说话韵散结合的叙事体制也被后世白话小说全盘吸收。《三国演义》开篇就引入明人杨慎的《廿一史弹词》，表明作者"是非成败转头空""古今多少事，都付笑谈中"的历史观。《水浒传》则每回都有回后诗。《红楼梦》更是广泛运用诗词曲赋刻画人物性格，比如同是贵族少女，用灵性别出的诗风表现林黛玉脱俗绝尘的个性，用含蓄朴素的诗风体现薛宝钗内敛守拙的气质，用活泼潇洒的诗风表现史湘云娇憨直爽的性格等。说话以交代故事时间、地点、人物来历的方式给听众"真实"的心理体验，这一方法也成为后世小说普遍使用的一种"纪实"路数。为了满足读者的兴趣，说话常常编造可以暗示史实分量的事件让读者有身临其境的真实感、亲临感。"纪实"手法的运用，使得"在中国的明清时代，如同西方与之相应的时代一样，作者与读者对小说里的事实都比对小说本身更感兴趣"②。这一传统也深刻影响了后世的"影射"小说。在中国传统审美心理中，从长枪大马、才子佳人、因果报应的世俗化题材，到皆大欢喜的大团圆结局，从不同于西方小说冗长的心理刻画、详尽的人物形体动作和对话语言描写，到中国读者普遍具有的"征实"接受心态，多多少少有说话或隐或显的影响。"中国古代的小说，从语言上看确乎浅俗；从故事内容看，也大半浅俗；甚至就其文学手法看，大多数也难逃'浅俗'恶谥。但是，从作品包含、传达的文化信息看，从作品在社会文化生活中的实际作用看，就绝非'浅俗'所能形容、概括的了。"③宋代说话正如同中国古代小说一样，在看似"浅俗"的外表下蕴含着特有的美学品格。④

---

① 韩南：《中国白话小说史》，尹慧珉译，浙江古籍出版社1989年第1版，第20页。

② 夏志清：《中国古典小说史论》，胡益民等译，陈正发校，江西人民出版社2001年第1版，第14页。

③ 陈洪：《浅俗之下的厚重：小说·宗教·文化》，南开大学出版社2001年第1版，第2页。

④ 李晓晖：《宋元"说话"研究》，华中师范大学博士学位论文，2008年。

第七章　工巧归天然的创意设计

一、雨过天青色

宋代发生了十分广泛的科技革命，特别是煤铁革命将矿冶和手工业推向新的发展阶段，加上美学观念的不断更新和综合化发展，全面带动了陶瓷、纺织、服装、漆器、家具、金属工艺、印刷、建筑等众多行业及工艺美术的发展。古代印度将学科称为明，共有5明（明处），即声明、工巧明、医方明、因明和内明。其中工巧明又称世工业明、巧业明，指通达有关技术、工艺、音乐、美术、书术、占相、咒术等艺能学问，可分身工巧和语工巧两类。身工巧为细工、书画、舞蹈、刻镂等艺能，语工巧指赞咏、吟唱等艺能。《瑜伽师地论》卷二《本地分中意地第二之二》将工巧明分为营农、商贾、牧牛、事工、习学书算计数及印、习学所余工巧业处6种。卷一五则将之分为营农工业、商估工业、事王工业、书算计度数印工业、占相工业、咒业工业、营造工业、生成工业、防邪工业、和合工业、成熟工业、音乐工业12种。《大明三藏法数》卷二四《碣六》以为，凡是文辞赞咏、城邑营造、农田、商贾、音乐、卜算、天文、地理等一切艺能皆属工巧明。总括起来，工巧明主要指工艺设计和制造技能。借鉴这个说法，宋代是一个工巧明普遍开启的时期。

宗白华《中国美学史中重要问题的初步探索》一文指出，南北朝诗人"鲍照比较谢灵运的诗和颜延之的诗，谓谢诗如'初发芙蓉，自然可爱'，颜诗则是'列律镂锦，雕缋满眼'。《诗品》：'汤惠休曰："谢诗如芙蓉出水，颜诗如镂金错采。"'颜终身病之（见钟嵘《诗品》、《南史·颜延之传》）。这可以说是代表了中国美学史上两种不同地美感或美的理想……楚国的图案、楚辞、汉赋、六朝骈文、颜延之诗、明清的瓷器，一直存到今天的刺绣和京剧的舞台服装，这是一种美，'镂金错采、雕缋满眼'的美。汉代的铜器、陶器，王羲之的书法、顾恺之的画，陶潜的诗、宋代的白瓷，这又是一种美，'初发芙蓉，自然可爱'的美"。宗白华认为这两种美感或美的理想表现在诗歌、绘画、工艺美术等各个方面，而最直观的则表现在工艺美术方面。宋代的工艺美术具有清和、质朴、平易、典雅的美学特征，很少有繁缛的装饰。甚至皇家御苑也皆仿江浙白屋（平民住的无装饰房子），不施五彩。这种如清水山芙蓉般自然朴素的美就是宗白华说的古朴无华的汉铜器陶器、自然混成的东晋书圣王羲之书法和画圣顾恺之绘画，还有隐逸诗人之宗陶潜的诗、完美无瑕的宋代白瓷所代表的美，一种极致和高度的审美典范。宗白华还提及："王廙曰：'山下有火，文相照也。夫山之为体，层峰峻岭，峭崄参差，直置其形，已如雕饰，复加火照。弥见文章，贲之象也。'（唐李鼎祚《周易集解》）美首先用于雕饰，即雕饰的美。但经火光一照，就不止是雕饰的美，而是装饰艺术进到独立的艺术：文章。文章是独立纯粹的艺术。"

"文章"原意是锦绣刺绣，用青、红两色线绣的是"文"，用红、白两色线绣的是"章"，后来引申为有纹样的表面，又转义喻文。"文"的另外一个意义是指画，同"纹"。王廙是王羲之的叔父，东晋书法家、画家、文学家、音乐家，他生活的时代是中国山水诗、山水画萌芽的时代。宗白华把王廙说《易》贲卦的含义从一般的装饰引申到艺术的范畴和领域，提出"艺术思想的发展，要求像火光的照耀作用一样，用人的精神对自然山水加以概括，组织成自己的文章"，这就是"从雕饰的美，进到绘画的美"。其实，在贲卦中，最重要的思想是"白贲"。"白贲"的"白"就是白屋的"白"，意思是本色、无色、纯白、返璞归真；"贲"是个多音字，有 bēn、bì 等多个读音，这里念"bì"，即《易·序卦》说的"贲者，饰也"，指装饰并引申为华美、光彩。所以"白贲"的意思就是李白《经乱离后天恩流夜郎忆旧游书怀赠江夏韦太守良宰》诗里说的"清水出芙蓉，天然去雕饰"[①]。正如宗白华所说："我们在前面讲到过两种美感、两种美的理想：华丽繁富的

---

① 李白：《经乱离后天恩流夜郎忆旧游书怀赠江夏韦太守良宰》，载曹寅、彭定求等辑：《全唐诗》卷一七〇，中华书局 1960 年第 1 版。

美和平淡素净的美。贲卦中也包含了这两种美的对立。'上九，白贲，无咎。'贲本来是斑纹华采，绚烂的美。白贲，则是绚烂又复归于平淡。'"上九：白贲，无咎"出自《易》贲卦第六爻的爻辞。白贲的这种自然、朴素的美就是最高级的美，白贲也是中国艺术所追求的最高境界。"所以中国人的建筑，在正屋之旁，要有自然可爱的园林；中国人的画，要从金碧山水，发展到水墨山水；中国人作诗作文，要讲究'绚烂之极，归于平淡'。所有这些，都是为了追求一种较高的艺术境界，即白贲的境界。"①宗白华以"初发芙蓉"为美的更高境界，揭示了中

北宋汝窑青瓷莲花式温碗（台北"故宫博物院"藏）

北宋钧窑天蓝釉三足筒式炉（故宫博物院藏）

国艺术的一种内在精神、气质和理念。② 这也是对南宋工艺美术特征的绝佳概括。

宋瓷是宋代工艺美术最突出的成就，是宋文化的主要代表之一，有人说宋代是一个"瓷的时代"。宋瓷不论生产规模、制作技术还是艺术水平都达到了炉火纯青的境界，是当时风靡世界的知名商品。宋

---

① 宗白华：《中国美学史中重要问题的初步探索》，载宗白华：《宗白华全集》第 3 卷，安徽教育出版社 1994 年第 1 版。

② 章启群：《重估宗白华：建构现代中国美学体系的一个范式》，《文学评论》2002 年第 4 期。

南宋官窑青瓷盖托和鼎式炉（杭州博物馆藏）

南宋官窑琮式瓶（日本东京国立博物馆藏）

瓷有民窑、官窑之分，也有南北地域之分。论瓷者将汝、官、哥、定、钧设为宋代五大名窑，除此之外广泛流行于民间的景德镇窑、磁州窑、德化窑、吉州窑等也有很高的成就。定窑形成的历史最早，晚唐时受邢窑影响已烧造白瓷，但真正形成气候和特色是在北宋时期。定窑除烧造白瓷外也有设色诸式，曾被选为宫廷用瓷。钧窑以五彩窑变为特色，盛于北宋末期，曾被选为宫廷用瓷。汝窑以玛瑙入釉，淡青色如堆脂，盛行于北宋末约40年，主要为宫廷所用。官窑与汝窑一样，以天青色釉为主要特征。虽以陈设用瓷为主，但造型、品种十分丰富。既有文房用具，也有日用器皿、祭祀用器、娱乐用器、装饰器具，如尊、壶、琮、炉、瓶、碗、碟、洗、罐、棋等。目前对哥窑的认识尚不统一。或云产于龙泉（今浙江省龙泉市），或云产于临安，实即官窑。其形态一般胎多紫黑色、铁黑色，也有黄褐色。釉色以炒米黄、灰青多见。釉为失透的乳浊釉，泛一层酥光。汝窑、官窑、哥窑均有冰裂纹，汝窑的细密，官窑、哥窑的明显。

南宋哥窑青釉葵口碗和龙泉窑粉青釉槌瓶（故宫博物院藏）

　　南宋官窑是青瓷的代表。其成就的取得不是偶然的。考古界有"一部陶瓷史，半部在浙江"的认识。周代以前浙江东苕溪流域出现了以德清为中心的原始瓷窑址群，东汉中晚期上虞小仙坛、大园坪窑已能烧造青瓷。慈溪上林湖后司岙等越窑遗址证明唐五代及宋代已形成十分成熟的青瓷生产体系和制造工艺。南宋官窑既继承了北宋汝窑等北方名瓷造型端庄简朴、釉质浑厚的特点，更是吸收了南方越窑薄胎厚釉、釉面莹沏、造型精巧之精髓，以紫口铁足、粉青釉色、冰裂纹片、薄胎厚釉四大特征著称于世，表现出极高的艺术造诣和美学追求。明人高濂称南宋临安修内司官窑"品格大率与哥窑相同，色取粉青为上，浅白次之。油灰色，色之下也。纹取冰裂、鳝血为上，梅花片、黑纹次之。细碎纹，纹之下也。官窑质之隐纹如蟹爪，哥窑质之隐纹如鱼子，但汁料不如官料佳耳"①。官窑青瓷崇玉尚青，模拟天然美玉的神韵。格调单纯，舍弃藻饰，似玉胜玉，崇尚"合于天造、厌于人意"，追求"天工与清新""疏淡含精匀"的境界。官窑青瓷具有良好的乳浊

① 高濂：《遵生八笺》卷一四《燕闲清赏笺》上《论官哥窑器》，永瑢、纪昀等编纂：《文渊阁四库全书》，上海古籍出版社 2012 年第 1 版。

性和层次丰厚的多次釉，有深致的美感。釉面开片有冰裂纹、蟹爪纹、鱼子纹、百圾碎等妙称。又因胎十含铁元素含量较高，烧成后无釉处（器足）和薄釉处（口沿）呈现黑褐色和紫褐色，称"紫口铁足"。明人曹昭、王佐《新增格古要论》卷下记载："官窑器宋修内司烧者，土脉细润，色青带粉红，浓淡不一。有蟹爪纹、紫口铁足。色好者与汝窑相类。"[①] 其结构比例也极富韵律感，构型变化细微，线条或简洁婉转或柔和流畅，有既端庄凝重又细腻轻巧的美感。"器皿的恰当比例和尺度，使人感到减一分则短，增一分则长，达到了十分完美的地步。这是宋瓷千百年来，为人们所赏识的原因所在。"[②] 南宋官窑青瓷器型多仿商周或秦汉古制。"论制如商庚鼎、纯素鼎、葱管空足冲耳乳炉、商贯耳弓壶、大兽面花纹周贯耳壶、汉耳环壶、文已壶、祖丁尊，皆法古图式，进呈物也。"[③] 南宋官窑造型、装饰既注重于矛盾中求统一，又善于从统一中求变化。如《周礼·冬官·考工记》所说："知者创物，巧者述之、守之，世谓之工。百工之事，皆圣人之作也。烁金以为刃，凝土以为器，作车以行陆，作舟以行水，此皆圣人之所作为。天有时，地有气，材有美，工有巧，合此四者，然后可以为良。材美工巧，然而不良，则不时，不得地气也。"[④] 所谓智慧的人创造工艺，巧干的人传承坚守工艺。人之外还需要天时地利，适当的气候、适宜的土地、合适的材料。四美兼备，适逢其会。宋代风行仿古铜器、玉器，但又囿于铜料匮乏，南宋初便以青瓷替代。目前发现的南宋官窑遗址除修内司遗址外，还有乌龟山郊坛下遗址等。

宋瓷普遍以清、寂、妙为特色。官窑瓷器全属青瓷系，但宋代并非青瓷一枝独秀。定窑白瓷曾以精湛的印花工艺闻名全国，一度成为贡品。宋人尚品茗，当时的茶不同于现代的茶，"点茶法"沏出的茶以出白沫为佳，所以宜用黑盏进行考评。黑釉茶盏盛行，也有众多名

---

① 曹昭、王佐：《新增格古要论》，中国书店出版社 1987 年第 1 版。

② 田自秉：《中国工艺美术史》，东方出版中心 1985 年第 1 版，第 238 页。

③ 高濂：《遵生八笺》卷一四《论官哥窑器》，永瑢、纪昀等编纂：《文渊阁四库全书》，上海古籍出版社 2012 年第 1 版。

④ 郑玄注，贾公彦疏：《周礼注疏》，阮元校刻《十三经注疏》，中华书局 1980 年第 1 版。

北宋定窑划花八棱大碗（台北"故宫博物院"藏）

品，如油滴、兔毫、玳瑁等。但白瓷最终为宫廷淘汰，黑瓷则一直未入贡品。晚唐人陆龟蒙《秘色越器》诗云："九秋风露越窑开，夺得千峰翠色来。好向中宵盛沆瀣，共嵇中散斗遗杯。"[①]越窑青瓷所以又有"秘色瓷"之称。汝窑、官窑、龙泉窑等都有这种特征。但何为"秘色"曾长久为谜。大概从"千峰翠色"可知它是青瓷。南宋人周辉《清波杂志》卷五《定器》云："越上秘色器，钱氏有国日供奉之物，不得臣下用，故曰'秘色'。"[②]宋人赵令畤《侯鲭录》、曾慥《高斋漫录》、叶寘《坦斋笔衡》也有相似记载。1987年，陕西省扶风县法门寺塔基地宫出土14件瓷器，其中13件在同时出土的《监送真身使随真身供养道具及恩赐金银宝器衣物帐》碑中明确记载为"瓷秘色"。

南宋景德镇窑青白釉瓷塑观音菩萨坐像（首都博物馆藏）

文献记载与考古发现两重证据互证，秘色瓷的神秘面纱始被揭开。秘色瓷呈天青或淡黄绿色，以天青色为正宗。表观多素面，晶莹幽净。胎壁薄匀，造型端庄。宋代

---

① 陆龟蒙:《秘色越器》，载曹寅、彭定求等辑:《全唐诗》卷六二九，中华书局1960年第1版。

② 周辉撰，刘永翔校注:《清波杂志校注》，中华书局1994年第1版。

南宋曜变天目盏（日本静嘉堂文库收藏）

南宋吉州窑仿剔犀如意云纹梅瓶（私人藏）

对青瓷的情有独钟源自对"天青""天清"境界的追求。相传五代后周世宗或北宋徽宗曾提出这样的青瓷审美理想："雨过天晴云破处，者（诸）般颜色捉将来。"或云："雨过天晴云破处，这般颜色做将来。"青釉可以分为豆青、粉青、梅子青等20多种，其中天青釉最为纯净优美。其釉汁莹润而堆脂，经过多次施釉后，微小气泡造成的折光散射形成了深邃凝练的蕴蓄。其釉色不仅讲究细净洁润，更有丰富微妙的肌理层次和精华内蕴的质地。除中国上古相传的"尚玉"传统影响之外，这种追求与五代以来江南佛教流行也大有关系。青瓷淡雅、含蓄，富蕴空灵的禅寂意趣，与禅家看"空"的境界相契合。其他宋瓷在形式上同样有如妙境界，主要表现为端庄的形态、和谐的曲线、静雅的釉色、含蓄的韵律，体现单纯平淡而不淡乎寡味的审美高度。

宋代黑瓷随茶道外传，后来在日本流行。日本晚期茶道器具"天目碗盏"或"天目瓷"北宋时由今杭州市临安区天目山寺院传出。日本《世界百科大事典》"天目"条云："'天目'为黑色及柿色铁质釉彩陶瓷茶碗的统称。镰仓时代建久三年（1192年）至元弘三年（1333年）的142年间到中国宋朝的禅僧归国时带回，始传到日本。此类茶碗系禅僧修行地——中国天目山寺院日常使用，故称'天目'。"①
学界较公认的是建武二年（1335 年）天目瓷在日本出现，町室时代
（1392—1573 年）大量输入。2013 年，杭州市文物考古研究所和临
安市文物馆联合对天目溪上游的东关溪和丰陵溪沿线 33 处瓷窑址进
行深入调查，探明东、西两个窑区，分布面积约 6 平方公里。天目山
窑烧造黑釉、青釉和青白瓷。"天目瓷"主要指黑釉瓷，其釉质有金
兔毫、银兔毫、鹧鸪斑、油滴斑、玳瑁、青丝、繁星、鸡血斑、满天
星等，器型有碗、盘、瓶、盏、盅、壶、罐、炉、灯等。采用刻花、
划花、印花、点彩及堆塑等工艺，饰有许多文字。当时出口到日本的
还有类似的建阳窑、吉州窑等产品，但统称"天目瓷"，可见天目山
窑具有代表性。根据对器物形制和胎釉、装饰特征的研究，天目瓷的
烧造年代始于北宋，盛于南宋，衰于元代。天目瓷烧造时间长、装烧
方法独特、装饰工艺精湛、产品类型多样，具有独特的审美性征。②

　　宋代漆器技术发展相当成熟，圈叠胎工艺流行，雕漆、戗金银、
描金、螺钿等工艺长足发展，素髹漆器也十分发达，后世主要的漆器
品类已基本齐备。素髹漆器又名"无文漆器"，朴质无纹，仅以色漆
为饰。素髹漆器是宋代漆器中留存最多的品类，而宋代素髹漆器在历
代素髹品中也堪为典范。素髹漆器或起棱分瓣，或洗练简洁，高低大
小比例均衡。虽无纹饰之华彩，却更显材质、造型之妙。素髹漆器有
一色、异色的区别，一色即器物通体髹同色漆，异色有的是器物表里
色漆相异，有的表里同色而底足内异色，还有的漆层异色。一色素髹
有黑髹、朱髹、绿髹、紫髹、金髹等。雕漆是在器胎上涂以几十道以
至上百道大漆，阴干后在漆地上雕刻图案。雕漆是个类名，以所髹大
漆颜色不同可区别为剔红、剔黄、剔绿、剔黑、剔彩、剔犀等多种。
《遵生八笺》卷一五《燕闲清赏笺》卷中《论剔红倭漆雕刻镶嵌器皿》

---

① 高井康雄主编：《世界百科大事典》，日本東京平凡社昭和四十一年（1966 年）第 1 版。
② 过婉珍：《天目茶碗》，《中国茶叶》2012 年第 5 期；杭州市文物考古研究所、临安市文物馆：
《杭州市临安天目窑址 2013 年度考古调查简报》，载浙江省博物馆编：《东方博物》第 53 辑，中
国书店出版社 2015 年第 1 版；李家治、陈士萍、张志刚、邓泽群、周学林、姚桂芳：《浙江临安
天目窑黑釉瓷的科学技术研究》，《陶瓷学报》1997 年第 4 期。

云："宋人雕红漆器，如宫中用盒，多以金银为胎，以朱漆厚堆至数十层，始刻人物、楼台、花草等像，刀法之工，雕镂之巧，俨若画图。有锡胎者，有蜡地者，红花黄地，二色炫观（按：以上剔红）。有用五色漆胎刻法，深浅随妆露色，如红花绿叶，黄心黑石之类，夺目可观，传世甚少（按：以上剔彩）。又等以朱为地刻锦，以黑为面刻花，锦地压花，红黑可爱（按：以上剔黑）。然多盒制，而盘匣次之。盒有蒸饼式、河西式、蔗段式、三撞式、两撞式、梅花式、鹅子式，大则盈尺，小则寸许，两面俱花。盘有圆者、方者、腰样者，有四入角者，有绦环样者，有四角牡丹瓣者。匣有长方、四方、二撞、三撞四式。"[①]宋代漆器几乎没有多余装饰，器物造型古朴洗练。盘、碗、盏托等都少作花口，以圆形为主。盒（筒形除外）的直线减少，代之以漫弧线条。但形制简练而不简单，含而不露，有"言有尽而意无穷"之妙。可见漆器也与宋瓷的美学追求一致，同样讲究造型、着力表现材料之美。

缂丝又称刻丝、克丝、尅丝等，由西域传来，后来发展为中国丝绸艺术的精华。缂丝融合织造之美和绘画之美，艺术表现力胜过其他织物，与绘画相比则有工艺之美。它以"通经断纬"的织法形成经彩纬显的花纹，具有雕琢镂刻的观赏效果，且富双面立体感。缂丝还能自由变换色彩与图案，特别适合复制书画作品。缂丝起源很早，中国已发现最早的实物产于汉魏之际。宋代丝绸受书画艺术的影响日深，而且图案内容涵盖了绘画的花鸟、山水、人物各领域，而缂丝逐渐成为其中翘楚，也代表了宋代丝绸艺术的最高水平。其主要特征是摹缂名人书画，涌现了朱克柔、沈子蕃、吴煦等名家。他们把以往纺织工艺难以表现的绘画用手工精巧细致地缂织出来。南宋初期朱克柔以女红行于世，她作为画家，运丝如运笔，所作缂丝作品表面丰润紧密，配色变幻多彩，层次分明协调，晕色和谐浑然，还有很强的立体效果，有的类似雕刻镶嵌，人物、树石、花鸟都极逼真。传世作品有《缂丝莲塘乳鸭图》《缂丝山茶》《缂丝牡丹》等。其中《缂丝牡丹》蓝地

---

① 高濂：《遵生八笺》，永瑢、纪昀等编纂：《文渊阁四库全书》，上海古籍出版社 2012 年第 1 版。

五色缂织，牡丹花瓣用"长短戗"调色法。"戗"就是填的意思，即利用织梭伸展的长短差异，使深色纬和浅色纬穿插戗色，巧妙地产生晕色。这是当时缂丝技术的新进步，后来得到普及，成为织制欣赏性缂织品的常用法。沈子蕃传世作品有《缂丝青碧山水》《缂丝花鸟》《缂丝山水》《缂丝梅花寒鹊》等。代表作品《缂丝梅花寒鹊》除采用常见的"提""构""长短戗"等技法外，还将"包心戗"织法用在梅花树干、鸟的背部等处，也就是使用"长短戗"法从两边同时向中间戗色，使织物颜色深浅渐变、自然过渡，完美表现纹样的转折变化和立体感。"包心戗"也是南宋时新创的缂织法之一。当时缂丝技艺普及，民间普通织工也多创新技法。故宫博物院所藏五代胡環《番骑图》的裱首是南宋人的《缂丝芙蓉秋葵》，叶子、花瓣、花托等处都用了"木梳戗"或"参和戗"和色方法。"木梳戗"是表现纹样中色彩由深到浅有层次均匀变化的戗色法，可将色彩左右依次缂织成粗细相同或由粗变细的"影光线条"，形如木梳。"参和戗"也是表现色彩由深到浅过渡的和色法，但深浅色的交替不求均匀，变化较灵活。

二、法式营造

宋代城市规划和建筑设计达到很高水平。唐代长安城是在隋代大兴城的基础上建立的，格局对称，坊市方正，井井有条，尊卑秩序非常严格，有半军事化管理格局。北宋开封城则非常不一样，长巷街市，官府、民居混杂，相对开敞。南宋临安城更是如此。南宋临安城由北宋杭州州城扩建而成。这次扩建不仅基于国都政治规格，而且要适应北宋以来坊市制度崩坏后商品经济发展的需要。因此实际上是有政治与经济双重任务的旧城改造，在中国古代城市规划制度演进历程中具有划时代意义，对中国后来的城市建设有重大影响。临安城布局充分利用居于浙西南丘陵与杭嘉湖水网平原交接地的地理优势，以江河为主干，编织湿地水上交通线和陆上京畿驿道，集聚周围大小卫星镇市及澉浦港，共构为一个城镇生态圈。临安罗城（外城）周长数十里，有旱门13座、水门5座，构成内跨吴山、北到武林门、东南靠钱塘江、

宋张择端《清明上河图》描绘的开封城楼

西濒西湖的大城。城内交通非常发达。主干道御街长约 10 里。另外 4 条南北走向和 4 条东西走向的大道连接各个城门。除宫城在御街最南端的凤凰山外，其余百官衙门、商业区和文化区等都沿着御街依次由南向北排列。宫城之北的御街南段是官署区，其次为中心综合商业区，再次为以行业为标志的商业区和文化娱乐区。分布于御街两侧及周围的 10 个大市场和无数小市场店铺林立，交易昼夜不歇。一般手工业和商业经营场所遍布全城，如官营手工业和仓库区在城北。以国子学、太学、武学组成的文化区也主要集中在城北。日本学者斯波义信《宋都杭州的城市生态》一文中称之为"城市生态区划"，并认为依功能在空间上可划分为经济区、官绅区和文化宗教区。经济区在城市中占有举足轻重的地位。自隋唐运河漕运开通后，运河始终是杭州城市发展的主要动力因素。城市的繁华地带逐渐从城南江干一带沿城内主要水系两岸北进发展延伸。南宋周必大《临安四门所出》一文云："车驾行在临安，土人谚云：'东门菜，西门水，南门柴，北门米。'盖东门绝无民居，弥望皆菜圃；西门则引湖水注城中，以小舟散给坊市；严州、富阳之柴聚于江下，由南门而入。苏、湖米则来自北关云。"①

---

① 周必大：《文忠集》卷一八二《二老堂杂志》卷四《临安四门所出》，永瑢、纪昀等编纂：《文渊阁四库全书》，上海古籍出版社 2012 年第 1 版。

佚《瑞鹤图》（辽宁省博物馆藏）

反映了运河交通对临安城内布局的影响。盐桥运河纵贯城市南北，两岸店铺鳞次栉比，在城区中部形成热闹繁华的商业区。盐桥运河南端柴垛桥下是最大的柴木交易市场。运河北段出城区后接新开运河，沿岸分布米市，临安商品输出和周边平江、湖、常、秀、润等府州（今浙北苏南）的纲运也由此进出。正因如此，元代来杭州的意大利旅行家马可·波罗（Marco Polo）惊叹杭州城区好像矗立在水中。

中国传统的都城布局一般都遵循"择地而中"和"坐北朝南"的原则，如长安、洛阳都采用"前市后朝"的构成方式，即皇城坐北，东、西、南为坊市。南宋临安城的布局逆其道而行之，因地制宜地采取了坐南朝北的特殊布局。这种特殊布局是由地理条件决定的。杭州城区地势南高北低，西为西湖，东南临近钱塘江，北为水网平原，所以吴越国和南宋都城皇宫均"居高临下"选择在南部的凤凰山麓。官府、街坊在北面，趋朝者须由后而入，杭州人叫"倒骑龙"。东南高、西南低也恰与唐宋时民间信奉的一种风水堪舆术"五音姓利法则"暗合。所谓"五音姓利"就是把姓氏分为宫、商、角、徵、羽五音，然后再对应阴阳五行中的土、金、木、火、水。宋代皇族的赵姓属于"角（jué）"音，利于赵彦卫《云麓漫钞》卷九所说"东南地穹、西北地垂"，即东南地高、西北地低。该书卷三又云："政和五年，命工部侍郎孟揆鸠工，内官梁师成董役，筑土山于景龙门之侧，以象余杭之凤凰山。最高一峰九十尺，山周十余里，分东西二岭，直接南山，石大者高四十尺，赐名'神运昭功'，封'磐固侯'，始名凤凰山。后神降，有'艮岳排空霄'之语。以在都城之艮方，故曰艮岳。南山成，易名曰寿岳，都人且曰万岁山。所谓余杭之凤凰山，即今临安府大内丽正门之正面。按：山上有天柱宫及钱王郊坛，尽处即嘉会门。山势自西北来，如龙翔凤舞，掀腾而下，至凤凰山止。山分左右翼，大内在山之左腋，后有山包之，第二包即相府，第三包即太庙，第四包即执政府，包尽处为朝天门。端诚殿在山之右腋，后有山包之，第二包即郊坛，第三包即易安斋，第四包即马院。东南皆大江，西为西湖，北临平湖，地险且壮，实为一都会。其兆先见于东都为山之时。"[1] 提到"东都为山"的传说，说徽宗在开封景龙门旁边筑园林，其中有模仿杭州凤凰山的土山。原来也名为凤凰山，突然有神明从天而降说"艮岳排空霄"，此山恰好在开封艮方，所以就改名艮岳，都城百姓称万岁山。宋室南迁后南宋人都觉得这是天机先兆。赵彦卫又描述了临安皇城和整个临安城的布局。凤凰山是天目山余脉，山势自西北蔓延而来，如龙翔凤舞，掀腾而下，至凤凰山而止。苏轼《表忠观碑》说："天目之山，苕水出焉。龙飞凤舞，萃于临安。"[2] 凤凰山上有天柱宫和五代吴越国钱王郊坛即设在南郊的祭祀土坛，尽头是嘉会门。凤凰山分左右两翼，皇宫大内在山的左腋，后面有山包孕。第二包是相府，第三包是宗庙太庙，第四包是执政府，尽头是朝天门。郊坛祭祀礼制建筑端诚殿在山之右腋，后面也有山包围。第二包就是南宋郊坛，第三包即祭天配套建筑易安斋，第四包为御前养马机构马院。山和宫殿群的东南都是大江，西边是西湖，北面是临平湖，地势险要壮美，有大都会气象。当时人都以为凤凰山山势象征"龙飞凤舞"。有人说龙首在西北，东太乙宫后小圃内的土丘就是一颗龙珠。

南宋临安城的结构功能与它在北宋时作为杭州州城相比，做了较

---

[1] 赵彦卫：《云麓漫钞》，傅根清校点，中华书局 1996 年第 1 版。

[2] 苏轼：《苏轼文集》卷一七《表忠观碑》，孔凡礼点校，中华书局 1986 年第 1 版。

宋佚名《汉宫秋图》（私人藏）

大调整。由以往礼治为主、经济为辅的秩序演变为以经济为主、礼治为辅的新秩序，彻底打破坊市分设的旧格局，形成坊市有机结合的新形态。适应经济社会变革的城市规划新思想经长期酝酿至此趋于成熟。除增加皇宫和中央行政区外，临安城还增加了国都级的文化教育、商业、城市防护等设施，并形成专门的手工业区和商业区。又全面完善西湖园林，初步形成西湖风景名胜区。城区按宫廷、行政、商业、仓储、码头、手工业、文化教育、居住、城市防护和风景园林等功能进行全新布局。

宫廷区南起钱塘江边，北抵今凤山门，东至候潮门，西迄万松岭。因地形起伏多变，各种建筑因势而建。宫廷区分为宫禁区和宗庙区、郊坛区。宫禁区包括皇城和德寿宫，即史书上所称的"南内"和"北内"。皇城布局基本遵循前朝后寝之制。其他各殿按功能和礼制配置在主殿周围，形成有机整体。宗庙区包括御街南段的太庙及城内西北隅的景灵宫和太乙宫为主的皇家祭祀中心。郊坛区包括郊坛、太社太稷坛、九宫贵神坛、籍田先农坛等。行政区分为中央行政区和地方行政区。中央行政区位于皇城外的御街南端，包括三省六部、枢密院、五府（寺）等机构，主要集中在皇城北丘陵的东南部。和宁门往北是三省六部和枢密院、谏院、太庙、太常寺、宗正寺、大理寺、司农寺、太府寺，再往北是司农寺、太府寺、宗正寺、将作监、军器监等。都进奏院、粮料院和审计司等也散落在这里。吴山北端与市街相连接的部分是御史台、都酒务和太司局。地方行政区位于西城内沿清波门至丰豫门近

宋郭忠恕《宫中行乐》（台北"故宫博物院"藏）

城垣地带，以临安府和两浙路转运使司治所为中心。钱塘、仁和两县县衙偏居城北。

商业区分为中心综合商业区、政府商业区和其他专业商业区。中心综合商业区位于御街中端两侧，自和宁门权子外直到观桥。其中朝天门至众安桥这段御街尤为繁华。这里既有特殊的行业街市，如五间楼北至官巷南街的金、银、盐、钞引交易铺，融和坊南官巷的珠子市，官巷的花市，也有一般的行业街市，如修义坊肉市。城内最著名的瓦舍、酒楼、茶坊、饮食店也大多开设于此。夜市繁荣，通宵达旦。中瓦前夜市犹如北宋开封的州桥，尤为热闹。《都城纪胜·市井》云："自大内和宁门外，新路南北，早间珠玉、珍异及花果、时新、海鲜、野味、奇器，天下所无者，悉集于此。以至朝天门、清河坊、中瓦前、灞头、官巷口、棚心、众安桥食物店铺人烟浩穰。"① 又《梦粱录》卷一三《团行》载："大抵杭城是行都之处，万物所聚，诸行百市。自和宁门权子外至观桥下，无一家不买卖者。"② 皇城与德寿宫之间的御街东侧通江桥东西一带为官府商业区。集中分布榷货务、都茶场、杂卖场、杂买务、会子库等机构。批发性的市、行、团大多分布在江干、湖墅一带航运线上。如米市主要设在北关外米市桥、黑桥，菜市设在东青门外坝子桥和崇新门外南北土门。其他如城南浑水闸鲞团、北关外鱼行、候潮门外南猪行、便门外横河头布市等。零售业著名者如炭桥（芳润桥）药市、橘园亭书房、马市巷马市、福

---

① 耐得翁：《都城纪胜》，见孟元老等：《东京梦华录》（外四种），周峰点校，文化艺术出版社1998年第1版。

② 吴自牧：《梦粱录》，见孟元老等：《东京梦华录》（外四种），周峰点校，文化艺术出版社1998年第1版。

佑巷（皮市巷）皮市等。商业发展使仓储（货栈）业应运而生。临安城内各类仓库甚多，有集中设置可自成一区的，也有分散设在各相关区内的。官办仓储区较多分布在城北东部。茅山河东面的咸淳仓、盐桥运河东岸的平籴仓各成一区。从观桥北丰储仓起，包括城西北隅白洋湖周围的粮盐仓（如省仓上界、草料场、天宗盐仓等）

宋李嵩《焚香祝圣》（台北"故宫博物院"藏）

及清湖河东岸的镇城、常平两仓，也成一区。它们均离运河很近。城内外又设 21 个柴场。民营仓储区也分布在白洋湖一带。钱塘江和运河沿岸龙山、浙江、北关、湖州等码头是规模较大的仓储区。

手工业区分官营手工业区和民营手工业区。官营手工业主要为少府监、将作监、军器监所属各院、司、所、场、作，其次为酒、醋酿造业和印刷业作坊。少府监所属手工业作坊区集中在北桥、义井巷，将作监所属手工业作坊区集中在康裕坊、咸淳仓南，军工区集中在招贤坊南、武林坊北、涌金门北。官窑区位于凤凰山麓，印刷业区位于纪家桥、通江桥、保民坊，造船、冶炼、制炭等手工业作坊区在城东的东青门外。酿酒、制醋等作坊区杂置于居民区内，如枢密院激赏酒库、行在赡军激赏酒库建在靠近西湖的清波门和丰豫门之间。其原因可能是考虑便于销售和获得水源。民营丝织业区主要集中在三桥、市西坊一带，印刷业区集中在睦亲坊、棚桥一带。

唐代西湖与钱塘江基本隔断后逐渐成为城区内湖，周边陆域化加速，水质淡化，人工改造的可能性加大。经中唐官员李泌、白居易等人的浚治，初显人工山水韵致。吴越国和北宋时在吴越国历代国王和苏轼等的治理下，人工山水景观趋于极致，且增添了一些人文景观。南宋时，西湖则全面园林化，并增加了大量建筑物，形成了风景名胜

宋王诜《飞阁延风图》（故宫博物院藏）

宋李嵩《月夜看潮图》（台北"故宫博物院"藏）

区。《咸淳临安志》卷三二《山川十一》云："自唐及国朝，号游观胜地。中兴以来，衣冠之集、舟车之舍、民物阜蕃、宫室巨丽，尤非昔比。"①由于沿湖陆域面积增扩较多，各类建筑物大量增加，湖区与沿湖地区共构为十分庞大的风景区。《武林旧事》卷五《湖山胜概》将其概括为南山路、西湖三堤路、孤山路、北山路、葛岭路、三天竺路、西溪路7个部分。其中西溪路不在西湖风景名胜区内，但湖溪表里、山水相连。南宋时西溪湿地尚未构成独立的风景区，所以在文献中附编于西湖风景区。

南宋的城市和建筑设计形成了系统的生态思想体系、科学技术标准和施工控制系统。南宋建筑设计与南宋园林设计秉承的是同一种路数，尤其注重加强各类居址的园林化效果，并在前代巧借山水资源的基础上强调有效节约土地资源，从唐代和北宋的"简淡平远""不事雕饰"逐渐发展为在"穷山绝谷"里因风水形势玩味"精

① 潜说友等：《咸淳临安志》，载中华书局编辑部编：《宋元方志丛刊》第4册，中华书局1990年第1版。

致小巧"，从写实写意并存更多地转向写意，形成了"深远"的美学意境。南宋名将张俊曾孙、刘光世外孙张镃精于园林等艺术。他建于临安城北南湖(今水星阁附近)的居所张园分为4个区，东园为寺，西园为宅，南园管领风月，北园娱宴宾亲。有各类建筑和景点90余处。建筑群布局既有单一轴线贯穿的，又有多条轴线并列的，

宋佚名《高阁凌空图》（天津博物馆藏）

还有以十字形轴线组成的。在群组之中建筑高低错落，既有如寺院布局层层殿宇平面铺展的，又有以高阁穿插于殿宇之间者，形成前阁后殿型、前后阁型、佛殿与双阁型、七堂伽蓝型等布局形式。"伽蓝"是梵语，指僧众共住的园林即寺院。"七堂"即寺院里的七种建筑，宋代的七堂格局包括佛殿、讲堂、禅堂、库房、山门、西净（厕所）、浴室。南宋时以禅宗五山（南宋朝廷敕封的临安径山寺、灵隐寺、净慈寺和明州天童寺、阿育王寺5座皇家寺院）为代表的十字轴式七堂伽蓝型为禅宗"心印成佛"思想的建筑表征，在张园的世俗建筑园林里也有鲜明的体现和化用。

　　皇家建筑园林更是体现南宋建筑美学的典范。凤凰山皇城除南、北、东三面宫墙线基本平直外，西宫墙沿山升降曲折蜿蜒，几乎都是坡地，仅馒头山东部和北部以及西边与凤凰山交界处地势较平坦。皇城内西南部为正朝区，东南部为太子东宫区，整个北部是后宫区。后宫东北部，即今馒头山东北是建有人工小西湖的御苑。"前朝后寝"之间是锦胭廊。但东宫北部有皇后居处慈明殿，御苑中有皇帝寝殿福宁殿，说明由于空间偏狭，本为专用的区块也不得不加以变通。这种布局法既继承了传统，又因地制宜，适应南方多水多山的地形。

　　南宋个体建筑形象变化之多更是远超前朝，建筑平面即有十字、

宋马麟《秉烛夜游图》（台北"故宫博物院"藏）

工字、凸字、凹字、曲尺、圆弧、圆形、一字等多种形式。有的个体建筑十分宏伟壮观，禅宗五山寺院中"千僧阁"一类的大型禅堂能列千僧案于其中。每当举行法事活动时，场面十分壮观。径山寺还曾建起九开间的五凤楼式大门，比北宋宫殿大门宣德楼还大。南宋的商业建筑设计更有不少创新，如接檐和侵街建筑在突破坊市格局、造就新型商业建筑形式和格局上起到了催化作用。商业建筑既有满足单一商业交换职能的，也有与作坊结合的；既有直接面向街巷的，也有带院落及花园的；既有单层的，也有多层的。它们都经过特别装饰，或于立面缚彩楼、欢门，或挂招牌、幌子，还有的于门前设红色杈子、绯绿帘子、金红纱栀子灯等，以引人注目。由于娱乐业繁荣，戏曲演出舞台从宫廷或祠庙中的露台发展为瓦舍勾栏中的木制舞台。有的舞台还加盖房屋，形成"舞亭"或"舞楼"，完成了从露台向舞台的转变。书院建筑则跳出一般的"庙学"（设于孔庙内的学校）框框，选址远离闹市，格局适宜于学习和研究。

为了弥补唐代建筑单纯追求豪迈气魄而细部经营欠缺的缺憾，宋代着力于细部的刻画、推敲，使建筑具有一种工巧、精致的美。木构建筑从大木作中派生出小木作工种，专事精细木件的加工制作，使建筑的装修、装饰工艺水平跃上新高度。建筑色彩、彩画品类增多，五彩遍装、碾玉装等带有多种动植物或几何纹样的彩画在高等级建筑中得到普遍运用。已能娴熟运用剔地起突、压地隐起、减地平级等多种手法雕凿出层次分明、凹凸有致的装饰物，还较普遍地以砖雕贴面装饰外墙。萧照《中兴瑞应图》、佚名《江山殿阁图》《龙舟竞渡图》等著名绘画作品中所表现的建筑，如坛、台基等，其边缘及中心均有砖雕。这些彩画和雕饰与具有多样化平面、屋顶的建筑物组合在一起，形成新一代绚丽、柔美的建筑风格。宋代建筑还普遍使用琉璃瓦。如赵伯骕《万松金阙图》高耸于苍翠山色中的宫殿有金黄色琉璃瓦顶。佚名《悬圃春深

宋刘松年《四景山水图·冬》（故宫博物院藏）

图》《碧梧庭榭图》《曲院莲香图》等画中的建筑都覆盖着蓝、绿、黄三色琉璃瓦。此时发展起来的砖石建筑也以模仿木构建筑为时尚。自檐至地、包裹四周的内外两层方格子木板窗是南宋建筑的鲜明特征之一。其中外面一层掩盖了檐下的斗拱和立柱，使建筑外观显得更富整体感。格子窗本身也有一种空灵和韵律性的美学意境。可以装卸的方格木窗炎夏可拆去，严寒可装上。刘松年《四景山水图》就表现了春夏秋冬四季这种格子窗装卸的过程。范成大寓临安石灰桥时有诗云"吹酒小楼三面风"①，就是说他住的建筑三面是窗，仅一面立墙。由于装卸多有不便，因而又有改进的分截格子窗。上面 1/4 部分固定于檐下，剩下的部分拆装会比较方便。另一种方法是将格子窗上部固定，下部改成向外的推窗。受理学思想影响，宋代建筑设计还以文化对环境进行构形，如许多村落出现借自然山水和人工建筑和谐组成"文房四宝"的规划格局。像以村庄背靠的山为笔架，呈长方形的村子为纸，村前池塘为砚，池边放置石条寓意墨。如温州楠溪江古村落颇多这种格局。不仅有大宗祠一类施行伦理、教化的建筑，还有以表现兄弟手足情谊之家庭伦理精神的望兄亭、送弟阁一类建筑。各种建筑的功能也大大丰富和强化。

北宋元符三年（1100 年），建筑学家李诫编订的《营造法式》是

————————————

① 范成大：《石湖居士诗集》卷八《客中呈幼度》，商务印书馆民国 29 年（1940 年）版。

浙江省宁波市保国寺及其宋代建筑构件

中国历史上第一套建筑技术标准和建筑工料定额标准，它是对中国长期流行于建筑行业的经久行用之法的总结，同时也是当时高标准、高质量建筑技术的展示。其中包括完整的木构建筑的材分模数制，体现了领先世界的建筑力学成就，如将梁、枋等受力构件断面高宽比确定为3：2。这种比例不仅出材率高、受力性能好，还有利于建筑尺度和构造节点的标准化，并且符合审美心理标准。建筑尺度是建筑美学的基本标准之一，建筑节点的标准化既是建筑尺度的构成要素，也是提高建筑设计和建筑施工质量的保障。崇宁二年（1103年）政府颁布《营造法式》，促进了全国建筑设计的平衡匀速发展。《营造法式》不仅是宋代建筑功能设计、成本核算的法典，也成为中国建筑科技美学的原典。

五代末北宋初著名建筑匠师喻皓（又作喻浩、预浩）为杭州一带人。其生平无确切记载，只知他在北宋初当过都料匠（掌管设计、施工的木工），对木结构建筑深有研究，尤其擅长建造多层宝塔和楼阁。欧阳修《归田录》卷一称："国朝以来木工一人而已，至今木工皆以预都料为法。有《木经》三卷行于世。"[1] 称他是宋代木工第一人。《梦

---

[1] 欧阳修：《欧阳修全集》卷一《归田录》，李逸安点校，中华书局2001年第1版。

溪笔谈》卷一八《技艺》载："钱氏据两浙时，于杭州梵天寺建一木塔。方两三级，钱帅登之，患其塔动。匠师云：'未布瓦，上轻，故如此。'乃以瓦布之，而动如初。无可奈何，密使其妻见喻皓之妻，贻以金钗，问塔动之因。皓笑曰：'此易耳！但逐层布板讫，便实钉之，则不动矣。'匠师如其言，塔遂定。盖钉板上下弥束，六幕相联如胠箧。人履其板，六幕相持，自不能动。人皆服其精练。"①

河北省正定县隆兴寺北宋转轮藏殿

钉牢木板，上下更加紧密相束，上、下、左、右、前、后六面互相连接，就像只箱子。人踩在楼板上，上下及四周板壁互相支撑，塔当然不会晃动。北宋太平兴国年间（976—984 年），太宗在开封建造开宝寺 13 级木塔，从各地抽调名工巧匠设计施工，喻皓受命主持这项工程。《归田录》卷一云："开宝寺塔在京师诸塔中最高，而制度甚精，都料匠预浩所造也。塔初成，望之不正而势倾西北。人怪而问之，浩曰：'京师地平无山，而多西北风，吹之不百年，当正也。'其用心之精盖如此！"且云："世传浩唯一女，年十余岁，每卧，则交手于胸为

---

① 沈括撰，胡道静校证：《梦溪笔谈校证》，上海古籍出版社 1987 年第 1 版。

结构状。如此越年，撰成《木经》三卷，今行于世者是也。"[1] 关于开封开宝寺木塔和喻皓女儿十多岁著《木经》的传说都有传奇色彩，但也可见喻皓的技艺精湛和用心于工艺。也许是作为聪慧巧匠的他不识字或不能写作，由女儿代笔著书而已。喻皓甚至可能连自己的姓名也不会写，以致文献记其姓名也据读音，所以多有不同。《木经》是建筑法式著作，有系统的建筑模数思想，是中国最早的建筑手册。李诫主持编纂的《营造法式》在很大程度上参照了《木经》。

三、园林会心

魏晋南北朝时期社会大动荡、思想大变革，士人隐逸江湖，修建了大量私家园林。当时涌现出大量以讴歌自然美为主题的田园山水诗文，如陶渊明的《桃花源记》等，对自然山水式园林的产生有助推作用。唐代开始，诗人、画家直接参与造园。宋代诗词绘画对园林营造的影响更大，郭熙《林泉高致》和李成《山水诀》等画论有关山水画的立意、构图等思想对园林的构思、布局、赋彩等有启发作用，使园林与诗画结合更为紧密，造园艺术臻于新的境界。

有宋一代造园数量极多，仅南宋都城临安著名的园林就多达百余个，其中皇家园林著名的有 20 余个。凤凰山建有大内御园，西湖南有聚景园、真珠园、屏山园，北有集芳园、延祥园、玉壶园，天竺山中有下竺御园，城南有玉津园，城东有富景园、五柳园，等等。其中清波门外的聚景园规模最大。聚景园是孝宗为奉养太上皇帝而建的，为建此园拆了原来的定水、水心、兴福、法喜等 9 座寺院，其范围南起清波门外，北至涌金门外，东起流福坊，西临西湖。德寿宫也是典型的皇家园林。宋人将德寿宫称为"北内"或"北宫"。德寿宫由秦桧旧第扩建而成，先后成为赵构、赵眘两位太上皇及太上皇后居所。经初步调查，占地约 17.06 万平方米。建造理念突破了赵构去奢崇俭的原则，以精巧的设计满足其不出宫门就可以游赏西湖的需求。凿地

---

① 欧阳修:《欧阳修全集》卷一，李逸安点校，中华书局 2001 年第 1 版。

为池，美其名曰大龙池，比拟西湖；叠石为山，美其名曰万岁山，比拟飞来峰。还在山峰之间营造流水，比拟飞来峰旁的冷泉。李心传《建炎以来朝野杂记》乙集卷三《南北内》云："德寿宫乃秦丞相旧第

复建的德寿宫

也。在大内之北，气象华胜。宫内凿大池，引西湖水注之。其上叠石为山，象飞来峰，有楼曰聚远。凡禁御周回分四地。东则香远（梅台）、清深（竹堂）、月台、梅坡、松菊三径（菊、芙蓉、竹）、清妍（荼蘼）、清新（木樨），芙蓉冈。南则载忻（大堂乃御宴处）、忻欣（古柏、湖石）、射厅、临赋（荷花、山子）、灿锦（金林檎）、至乐（池上）、半丈红（郁李）、清旷（木樨）、泻碧（养金鱼处），西则冷泉（古梅）、文杏馆、静药（牡丹）、浣溪（大楼子海棠），北则绛华（椤木亭）、旱船、俯翠（茅亭）、春桃、盘松（松在西湖，上得之以归）。"[1]

临安的私家园林也非常多。《梦粱录》《武林旧事》《都城纪胜》《西湖老人繁胜录》等提到的名园有 50 余处。《都城纪胜·园苑》云："在城则有万松岭、内贵王氏富览园、三茅观、东山、梅亭、庆寿庵、褚家塘、御东园（系琼华园）、清湖北慈明殿园、杨府秀芳园、张府北园、杨府风云庆会阁。城东新开门外，则有东御园（今名富景园）、五柳御园。城西清波钱湖门外聚景御园（旧名西园）、张府七位曹园。南山长桥则西有庆乐御园（旧名南园）。净慈寺前屏山御园、云峰塔前张府真珠园（内有高寒堂，极华丽）、寺园、霍家园、方家峪、刘园。北山则有集芳御园、四圣延祥御园（西湖胜地，唯此为最）、下

① 李心传：《建炎以来朝野杂记》，徐规点校，中华书局 2000 年第 1 版。

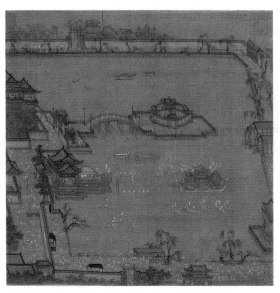

宋张择端《金明池争标图》（天津博物馆藏）

竺寺御园。钱塘门外则有柳巷，杨府云洞园西园、刘府玉壶园四并亭园、杨府水阁。又具美园、又饮绿亭、裴府山涛园、赵秀王府水月园、张府凝碧园。孤山路口，内贵张氏总宜园、德生堂、放生亭、新建公竹阁（袁枢尹天府就寺重建）。沿苏堤新建先贤堂园（本裴氏园，袁枢新建），又有三贤堂园（本新亭子，袁枢于水仙王庙移像新建），九里松嬉游园（大府酒库）。涌金门外则有显应观、西斋堂、张府泳泽园、慈明殿环碧园（旧是清晖御园）。大小渔庄，其余贵府富室大小园馆，犹有不知其名者。城南嘉会门外，则有玉津御园（虏使时射弓所），又有就包山作园以植桃花，都人春时最为胜赏，唯内贵张侯壮观园为最。城北北关门外，则有赵郭家园。东西马塍诸园，乃都城种植奇异花木处。"[1] 其中提到的大部分为私家园林。

西湖是诗画引导与实用开发共同作用下形成的典型的意境园林。南宋时的西湖已发展成四时朝暮、阴晴雪月无所不宜的风景胜地。西湖景区由众多皇家园林和寺观园林等点缀于自然山水中共同构成。据《武林旧事》所载，南宋西湖可供游览的主要有以下几条线路：一是南山路一线，自丰乐楼南至暗门（清波门）、钱湖门外，入赤山烟霞屋止。南高峰方家峪、大小麦岭并附于此，共有景点169处。其中有堂有祠、有园有洞、有寺有庵，著名的有雷峰显严院、净慈寺、石屋洞、

---

[1] 耐得翁：《都城纪胜》，见孟元老等：《东京梦华录》（外四种），周峰点校，文化艺术出版社1998年第1版。

烟霞洞、慈云岭、龙井、聚景园、卢园等。二是西湖三堤路一线，包括苏堤自南新路直至北新路口，小新堤自曲院至蚂蝗桥。共有景点 26 处，包括苏堤六桥和湖山堂、三贤堂、裴园、史园等。三是孤山路一线，共有景点 9 处，西泠桥、断桥、孤山及四面堂等都在其内。四是北山路一线，共有景点 111 处，园、楼、观、堂、院、庵都有，至今犹存的只剩玉泉净空院遗址。五是葛岭路一线，共有景点 48 处，包括石函桥、放生亭、葛岭、保俶塔、崇寿寺及众多小型园林。六是北新路一线，包括岳王墓、福寿院等景点 7 处。七是小石板巷一线，共有景点 19 处。八是石狮子路一线，共有景点 37 处，著名的有灵隐寺、武林山、北高峰塔、韬光庵观风亭等。九是西溪路一线，包括永清寺、大明寺、白云峰、双桧峰等景点 18 处。

　　宋代园林主要具有如下一些形式构造特征：一是叠石理水，片山多致，洞壑万端。注重山石设计建造，以叠石为设计建造主体。最突出的特点即叠石为"高峰"，使山石有了变幻的形态姿势、丰富的表情达意。中国士人玩石赏石自唐代而始，但讲究色、形、纹却在宋代。宋代园林的选石标准如米芾所言，在"皱、瘦、漏、透"中也掺入了很强的绘画造型理念。园林大多有水体。水体面积不一定大，但一般都要结合地形引注泉流，形式多样，可为潭、为池，或成瀑、成漱，环流萦带，潺潺有声，增添了园林的幽远深邃之美。所谓"堆垛峰峦，构置洞壑，绝有天巧"[①]。二是植物季相天然，翠羽丹霞。季相指植物在不同季节表现的外貌。借助高超的花木培养技术和高妙的审美观念，系统地将植物不同的季相景观收纳于园林空间，在园林空间融入时间因素。"春则花柳争妍，夏则荷榴竞放，秋则桂子飘香，冬则梅花破玉，瑞雪飞瑶。四时之景不同，而赏心乐事者亦与之无穷矣。"[②]并流行以植物的不同观赏特征作为庭院空间设计主题。张镃的宅园总称为"桂隐林泉"，其中许多景点的匾额都是对园林植物的描写，如

---

① 周密：《癸辛杂识》前集，吴企明点校，中华书局 1988 年第 1 版。

② 吴自牧：《梦粱录》卷一二《西湖》，见孟元老等：《东京梦华录》（外四种），周峰点校，文化艺术出版社 1998 年第 1 版。

玉照堂、满霜亭等。名"玉照"是因为其堂周围种了各种梅花，皎洁辉映，夜如对月。满霜亭周围种了菊花、橘花等，古代诗词对这些花有"满霜"的描述。张镃《桂隐百课》《赏心乐事》两书就摹写了园林的植物景观。三是建筑纤巧飞逸，精在体宜。园林建筑开始利用预制构件构建复杂多变的造型，飞檐反宇错落有致，达到了木构建筑的顶峰。园林建筑一改唐代雄浑的特点，外观变得精巧、绚烂而富于变化，装饰上多用彩绘、雕刻及琉璃砖瓦等，并出现了很多复杂多变的殿阁楼台和丰富多彩的建筑组合形式。其中名亭辈出。如甘园内的水亭，"四望水亭无正面，有花多处背湖光"[①]，借水成景，空灵流动，已有后世造园治园"巧于因借，精在体宜"[②]的神韵。又如张镃所构筑的驾霄亭，立于四棵古松间，"以巨铁缳悬之半空而羁之松身"[③]，借松为亭，亭与景浑然一体。四是人文化景，题名点景。"壶中天地"格局不断强化和"壶中"艺术手段不断完善。"壶中天地"本是《后汉书》卷八二下《方术传下》中的一个典故，说费长房随道士一同钻入葫芦过着悠闲无为的生活。宋代园林在有限空间内打造了这种意趣洞天。孝宗《题冷泉堂飞来峰》诗赞德寿宫曰："山头草木四时春，阅尽岁寒人不老。圣心仁智情优闲，壶中天地非人间。蓬莱方丈渺空阔，岂若坐对三神山。"[④] 其实西湖也就像巨型的"壶中天地"。

经过六朝隋唐的演化提炼，风水堪舆文化在宋代已比较成熟，与庭院园林建造结合也丝丝入扣。《宋史·艺文志》就列出 51 种相地书即踏勘选定园林地域的书籍。中国园林讲风水，无非讲聚气也就是积聚正能量为住在里面的人增添运气。聚气的关键在藏风和积水，宋代园林最常用的模式便是用"理山（叠石）理水"形成"环山积水"之生态。理山指以山造景，叠石指以石材造景，当然有真山可借更好；

---

① 朱继芳：《辛亥二月望祭斋公因游甘园》，载厉鹗：《宋诗纪事》卷六四，上海古籍出版社 1983 年第 1 版。

② 计成：《园冶》卷一《兴造论》，刘艳春编，凤凰文艺出版社 2015 年第 1 版。

③ 周密：《齐东野语》卷二〇《张功甫豪侈》，张茂鹏点校，中华书局 1983 年第 1 版。

④ 吴自牧：《梦粱录》卷八《德寿宫》，见孟元老等：《东京梦华录》（外四种），周峰点校，文化艺术出版社 1998 年第 1 版。

宋张先《十咏图卷》（故宫博物院藏）

理水是指以水造景。"环山"格局表现为：后坐山，前朝山、前案山，左辅山、左臂山、左护山，右弼山、右臂山、右护山。理山的最高境界为四围山即青山四面环绕。当然面积较小的园林可以采取背山面水的简化模式，不借景山、不造内山的园林还可以园墙为四围山。"积水"则可在四面环山中凿池积水。由此理念又演绎出讲究来龙去脉的园山园水理论。山水园林注重堆山以"有脉"。山脉之龙始于坐山（指房子背靠的地方有山），龙行则山势蛇走，龙止则点穴造房。水法则讲究引水、积水和去水。来水与去水的要义为来无影去无踪，来水口与去水口必作"留龙"处理：在线型上作弯曲状，在水口上架桥、堆山、种树、造塔，以防水池中的"潜龙"游走。日本最早的园林著作《作庭记》引《宅经》称："遣水以屈曲环抱处为龙腹。居者以龙腹为吉，龙背为凶"，并有"水以由东向南、复转西流者为顺流；以由西向东流者为逆流。故庭上遣水，以东水西流为常法。又，东来之水，经由屋下，泄出于未申方（西南方）者，最吉。此所谓以青龙（东方）水泄诸恶气于白虎（西方）道故也。其家主不染疫气恶疮，安乐长寿"。[①]一样是希望以人造山水营造更美好的人居环境。

宋代园林与宋词在美学上有异质同构的关系。一是园林与宋词有相似的美感特征，都显示轻柔婉约之韵。所谓"诗庄词媚"，诗词本一体，都是有韵诗体，但相对来说词外在较为柔美纤细，适合含蓄表达委婉幽深的情韵，这也是宋代园林的特征。陈从周拈出"婉约轻盈"来概括苏州园林之美，并说："余尝谓苏州建筑及园林，风格在于柔和，吴语所谓'糯'。"[②]宋代园林与宋词一样均能以小见大，余韵不尽。"园之佳者如诗之绝句，词之小令，皆以少胜多，有不尽之意。寥寥几句，

① 张十庆：《〈作庭记〉译注与研究》，天津大学出版社2004年第1版，第59页。
② 陈从周：《说园》（五），载陈从周：《梓翁说园》，北京出版社2004年第1版。

弦外之音犹绕梁间。"①园林和宋词也均讲求曲折含蓄，需要精心构思。清人钱泳《履园丛话》卷二〇《园林·造园》云："造园如作诗文，必使曲折有法，前后呼应。最忌堆砌，最忌错杂，方称佳构。"②"曲"是相对于重沓堆砌、杂乱纷繁而言的，是指有生机活力的变化、精心安排且最适合内容的外在叙述结构，符合人们追求新奇的审美要求。词论家论词也无一不重"曲"。在这一方面宋词更甚于唐诗。"意之曲者词贵直，事之顺者语宜逆，此词家一定之理。不折不回，表里如一之法，以之为人不可无，以之作诗作词，则断断不可有也。"③宋代园林和宋词均突出空间感，因而意境深远。园林空间的分隔和变化可扩大空间感。宗白华《论文艺的空灵与充实》一文指出："中国画堂的帘幕是造成深静的词境的重要因素，所以词中常爱提到。韩持国的词句：'燕子渐归春悄，帘幕垂清晓。'况周颐评之曰：'境至静矣，而此中有人，如隔蓬山，思之思之，遂由静而见深。'董其昌曾说：'摊竹下作画，正如隔帘看月，隔水看花。'他们懂得'隔'字在美感上的重要。"④除了帘幕，还有屏风、窗、门、山、杨柳、花丛、树荫等建筑与山水物象，都在宋词中承担了分隔空间、造成深远意象的重要角色，这些也是宋代的造园手法。二是宋词对园林意境的营造发挥了特别的作用，许多园林都有宋词的影响痕迹。陈从周《中国诗文与中国园林艺术》一文指出："园之筑出于文思，园之存赖以文传，相辅相成，互为促进，园实文，文实园。""我曾以宋词喻苏州诸园：网师园如晏小山词，清新不落套；留园如吴梦窗词，七宝楼台，拆下不成片段；而拙政园中部，空灵处如闲云野鹤去来无踪，则姜白石之流了；沧浪亭有若宋诗，怡园仿佛清词，皆能从其境界中揣摩得之。"⑤

---

① 张世君：《〈红楼梦〉的园林艺趣与文化意识》，《东莞理工学院学报》1995 年第 2 期。

② 钱泳：《履园丛话》，张伟点校，中华书局 1979 年第 1 版。

③ 李渔：《李渔全集》第 2 卷《笠翁一家言诗词集》之《窥词管见》，浙江古籍出版社 2010 年第 1 版。

④ 宗白华：《论文艺的空灵与充实》，载宗白华：《宗白华全集》第 2 卷，安徽教育出版社 1994 年第 1 版。

⑤ 陈从周：《中国诗文与中国园林艺术》，载陈从周：《中国园林》，广东旅游出版社 1996 年第 1 版。

宋词对园林文学意境的塑造、画龙点睛的品题等，更是相当普遍。三是许多宋词产生于园林，园林构成宋词的常见意象。园林对宋词的感发和生成作用相当明显。"宋词中许多作品的景色基调，和园林的景色基调是如此地情投意合。甚至可以这样说，宋词的美学特色之一就是特别喜爱和善于描写

宋夏珪《湖畔幽居图》（日本大阪市立美术馆藏）

园林美。其中很多作品，或把园林作为描写对象，或把园林作为抒情背景，这就构成了一种特定的'园林情调'。这种'园林情调'一直影响到明、清时期的词乃至戏曲、小说的创作，这也可以说是一种文化氛围的历史积淀。"① 宋词所表现的情感、哲理、历史等大多与园林有关。宋词的意象系统总体上与园林景物重合，并且与园林有着类似的构成要素。如果将宋词比作一座园林，那么意象就是这园林中的花木、泉石、建筑，还是那流动、氤氲的声、光、色、影。②

　　宋词与宋代的私家园林有更多的关系。南宋词人叶梦得在吴兴（今浙江省湖州市）卞山（弁山）构筑石林精舍隐居，所以自号石林居士，并著《石林词》。其102首词中隐居词达25首之多。如《江城子·登小吴台小饮》："生涯何有但青山。小溪湾。转潺湲。投老归来，终寄此山间。茅舍半欹风雨横，荒径晚，乱榛菅。　　强扶衰病上巉巅。水云闲。伴跻攀。湖海苍茫，千里在吴关。漫有一杯聊自醉，休更问，鬓毛斑。"③ 洪适在故乡江西饶州修隐居之所盘洲，弟弟洪遵、洪迈

① 金学智：《中国园林美学》，中国建筑工业出版社2005年第1版，第38页。

② 罗燕萍：《宋词与园林》，苏州大学博士学位论文，2006年。

③ 叶梦得撰，蒋哲伦笺注：《石林词笺注》，上海古籍出版社2014年第1版。

又分别筑小隐、野处。从洪适的《盘洲记》一文可知，盘洲面积约有百亩，夹在两溪之间，水源充沛。园内有洗心阁、有竹轩、双溪堂、舣斋、云叶（奇石）、啸风岩、涧柳桥、鹅池、墨沼、一咏亭、索笑亭、野绿堂、楚望楼等。其最大特征是植物种类多，且姿态各异。白色的有木兰、海桐、玉茗、素馨、茉莉、水桅、聚仙，红色的有佛桑、杜鹃、玫瑰、月桂、山茶、蔷薇、蜀葵、月季，黄色的有木樨、棠棣、迎春、含笑、秋菊，紫色的有凤仙尾。此外还有芍药、石榴、木蓼、海仙、郁李、山丹、水仙、红蕉、石竹、鸡冠等。园中木瓜为径，桃李为屏，西瓜有坡，木鳖有棚，沃桑盈陌，苍槐挺拔。山有蕨，野有芥，林有笋。洪适以盘洲景物为题写过《盘洲杂韵》诗 200 余首，并作 12 首《盘洲好》词咏盘洲 12 月风物。时人及后人常将盘洲与唐代名相李德裕的平泉山庄相提并论，是因为洪适也曾任宰相，也是因为二人都对自己的园林寄寓深情厚意。位于绍兴的沈园本系沈氏私家花园，是南宋著名园林，曾留下爱情传说。相传陆游初娶唐琬，伉俪相得，后被迫离异。绍兴二十一年（1151 年），两人邂逅于沈园，陆游感慨怅然，题著名的《钗头凤》词于壁间，极言"离索"之痛。唐琬见而和之，情意凄绝，不久悒郁而逝。陆游晚年又数访沈园，赋诗述怀。

宋代以前的文人多以家乡或长期居住地地名为别号，宋代特别是南宋文人别号（字）或文集名往往取自自家园林。如朱熹号晦庵，著有《晦庵集》；辛弃疾号稼轩居士，著有《稼轩集》；洪适号盘洲老人，著有《盘洲文集》；周必大号平园老叟，著有《平园集》；叶梦得号石林居士，著有《石林总集》；范成大号石湖居士，著有《石湖集》；杨万里号诚斋，著有《诚斋集》；李清照号易安居士，词体号"易安体"；吴文英号梦窗，著有《梦窗词》；周密号草窗，著有《草窗词》；史达祖号梅溪，著有《梅溪词》；周紫芝号竹坡居士，著有《竹坡词》；陈与义号简斋，著有《简斋集》；王灼号颐堂，著有《颐堂先生文集》；胡铨号澹庵，著有《澹庵先生文集》。这一现象说明宋代园林已具有强大的心灵归属功能。

第八章　商业变革编织的经商梦

一、商工文化与商农文化

英国汉学家伊懋可（Mark Elvin）在《中国往古的模式》一书中提出中国"中古时期的经济革命"即"宋代经济革命"的论点。"宋代经济革命"主要表现为农业革命、水运革命、货币和信贷革命、市场结构和城市化革命、科学技术革命。[①] 宋代以前的中国社会主要建立在自给自足的经济基础之上，交换或商业活动起辅助作用。城市手工业虽然有官营手工业、私营手工业等形态，但被官营手工业所主导或垄断，手工业的商品化受到较大限制；农产品由于缺乏市场渠道，商品化的可能性更小。不过中唐后商业禁区已被不断打破。到了北宋，官方虽然在政治主张上未必做过确定的昭示，但在实际作为上以商为纲的经济策略却是既定的，只是主要奉行的是国家重商主义政策。王安石的"市易法"即是以"商"的原理调节生产和流通的实验，"募役法"则以"商"调节徭役，一改过去过度依赖政治强制的做法，遵循的是一种以"商"治国的理念。但王安石变法实际上试图将政府改造成为超级公司乃至社会财富的聚敛机器。其国家重商主义类似17世纪英国重商主义时代的资本主义。这种重商主义并不尊重民间工商业，而重在政府对工商业的管制和垄断。官办商业主体既不与民间主体平等，也很少承担公共福利责任。但在客观上，它也推动了经济市场化。政府因竞逐财货而需要发展市场，以致推行重商主义政策以鼓励民间贸易。具体来说，为增加财政收入，政府将征税重点从数量有限、征收成本又高的农业税转移到商业税；而为了征收到更多的商业税，又鼓励发展工商业、维持市场繁荣；为了发展工商业，则需要积极修筑运河等交通设施，开放港口，增加城乡商业设施乃至取消时空

[①] Mark Elvin, *The Pattern of the Chinese Past*, Stanford, CA: Stanford University Press, 1973, pp. 113-199.

限制，铸造更多的铜钱、发行信用货币或有价证券建设金融网络，完
善民商法化解日益复杂的利益纠纷，保护个人财产权和人身自由，等
等。美籍奥地利经济学家约瑟夫·阿洛伊斯·熊彼特（Joseph Alois
Schumpeter）将 14—16 世纪的欧洲历史视为由领地国家向税收国家转
化的过程。具有利用信用工具举公债能力的税收国家则发展为财政国
家。财政国家指能够从市场源源不断大量汲取财政资源的国家体制。
刘光临等认为财政国家须符合以下 5 项条件：（1）财政收入高度货币化；
（2）间接税（包括消费税、通过税、坑冶矿课）在税收中占主要份额；
（3）具有流通性的债务票据在公共财政中扮演重要角色；（4）财政
管理体制高度集权化和专业化；（5）政府公共开支足以支持国家政
策对市场（如通货膨胀、投资和实质工资）发挥直接显著的作用。北
宋熙宁十年（1077 年）赋税收入中，两税（农业税）收入仅约占国家
赋税收入 1/3，且除了两税外大部分赋税收入都以货币交纳。即便两税，
也有 1/3 至一半是货币。与此同时，间接税占国家赋税收入 2/3，其中
消费税逾三成，是间接税的大宗。北宋已成为税收国家。由于北宋政
府始终可以维持收支平衡，即所谓"平衡预算"，不愿贸然介入并依
赖金融市场，所以信用工具只限于作为税收以外的补充手段。但北宋
末期对金战争导致军费急剧增加，面临前所未见的财政危机，政府被
迫通过公共债务的手段加以解决。至南宋宁宗嘉定年间（1208—1224
年），会子流通量已远超赋税收入。政府债券成为筹措军费的主要手段，
标志宋朝完成了由税收国家向财政国家的过渡。宋朝是中国历史上唯
一的以间接税为税源基础的政权，祛除了对劳役制和土地税的依赖，
成为可持续的财政国家。其他朝代，包括其后的明、清两代，田赋还
都是最主要的财政收入来源。[①]南宋时，重商主义成为全社会性的策略，
可称之为社会重商主义。所谓社会重商主义，即在"大官僚—大地主—
大商人"国家经济主体之上确认民间经济主体的社会主张。

从制度经济学的角度来看，发生上述变革的另一个重要原因是北
宋以来出现了产权结构明晰、市场交易成本下降的市场环境和自发成

---

① 刘光临、关棨匀：《唐宋变革与宋代财政国家》，《中国经济史研究》2021 年第 2 期。

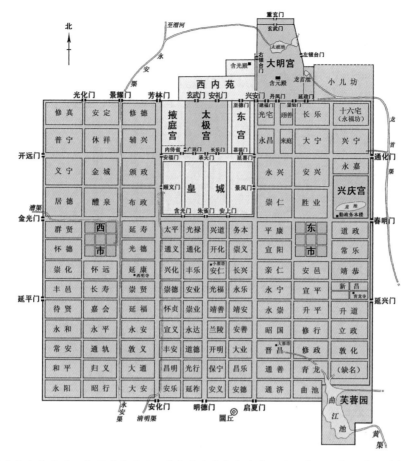

隋唐长安城平面示意图（龚国强：《有关隋唐长安城城门的几个问题》，《华夏考古》2018年第6期）

长的商业，使经济规模空前增大并导致国家权力削弱。南宋时，国家土地所有制进一步衰落，土地或财产私有制强化，并成为一种社会制度。北宋时纺织业、印刷业、酿酒业等手工业均出现产权较为明晰的作坊。特别是盐业，除了解州、安邑池盐仍由国家直接通过劳役制经营外，四川井盐和两浙、淮东海盐大多由井户或亭户经营。海盐亭户甚至拥有自己的盐田。南宋时，政府不仅对诸如盐业等垄断行业的控制进一步削弱，而且失去了对私营手工业作坊的绝对控制权。相对于北宋而言，南宋政权通过征收赋税或直接占有等方式获取资源的能力也在减弱。坊市制度至南宋彻底瓦解，经济活动空间已基本没有限制。赋税货币化等经济政策的推行，则又在客观上形成政府倒逼经济市场化的强制力。市场空间因此被逐渐打开，市场规律开始较为充分地发

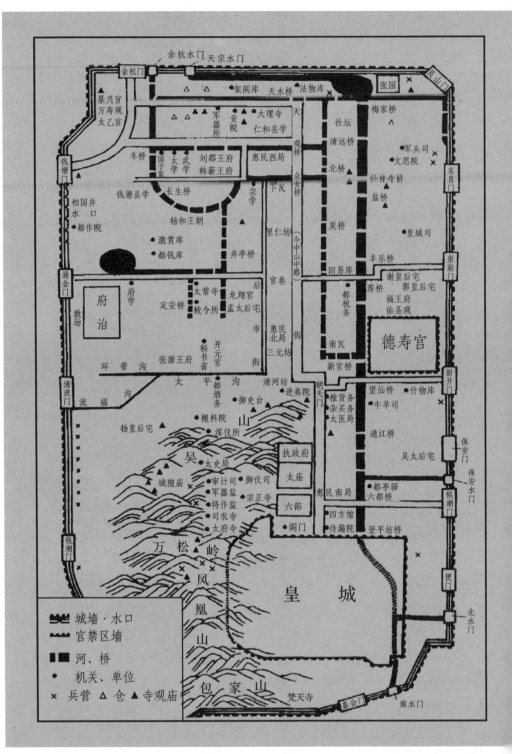

南宋临安城示意图（傅伯星、胡安森：《南宋皇城探秘》，杭州出版社2002年版，第18页）

挥作用。大量行商坐贾打通各个环节，编织了全国性深入城乡社会的营销网络系统，开创了由生产者、店商、牙行、钱庄、当铺、货栈、船行等组成的便于商品流通的有机体系。整个经济体系日益资本化，乃至形成"人家有钱本，多是停塌解质，舟行往来兴贩。岂肯闲着钱，买金在家顿放"的局面。"富人必居四通五达之都，使其财布于天下，然后以收天下之功。"①

　　南宋经济政治体制变革最直接的后果是城市经济由工商经济模式转换为商工经济模式。商工经济即以商业为主导的手工业经济。在新的商业体系推动下，城市手工业不断突破原有的市场边界和运作极限呈暴发式发展态势。城内除早市、日市、夜市和季节市等时令市外，还大量出现各种专业市场，如米市、菜市、茶市、肉市、珠子市、药市、花市、布市、生帛市、蟋蟀市、象牙玳瑁市、丝绵市、枕冠市、故衣市、衣绢市、卦市等，而又以手工业品市场为主。《武林旧事》卷六《作坊》云："都民骄惰，凡买卖之物，多与作坊行贩已成之物，转求什一之利。或有贫而愿者，凡货物盘架之类，一切取办于作坊，至晚始以所直偿之。虽无分文之储，亦可糊口。此亦风俗之美也。"②私营手工业发展水平已与官营手工业不相上下，不仅从业人员更多，分工也同样精细，几乎每一类商品都有专门作坊。工商业分工很细，达到了"四百十四行"③，比唐代最多的"二百二十行"④增加了近 1 倍。《武林旧事》卷六《小经纪》还记载了只有临安才有的 177 种职业。⑤行商和手工业已是城市居民的主要职业或谋生手段。

　　宋代经济政治体制变革也使农村小农经济或农商经济模式转换为

① 徐梦莘：《三朝北盟会编》卷二九、一八〇，上海古籍出版社 1987 年第 1 版。

② 周密：《武林旧事》，见孟元老等：《东京梦华录》（外四种），周峰点校，文化艺术出版社 1998 年第 1 版。

③ 西湖老人：《西湖老人繁胜录》，见孟元老等：《东京梦华录》（外四种），周峰点校，文化艺术出版社 1998 年第 1 版。

④ 宋敏求：《长安志》卷八《次南东市》载"市内货财二百二十行"，载中华书局编辑部编：《宋元方志丛刊》第 1 册，中华书局 1990 年第 1 版。

⑤ 周密：《武林旧事》，见孟元老等：《东京梦华录》（外四种），周峰点校，文化艺术出版社 1998 年第 1 版。

宋苏汉臣《卖浆图》（日本出光美术馆藏）

商农经济模式。当时农村市场快速成长，并呈体系化发展态势。其中镇市的发展已十分成熟，不仅商品流通规模大，辐射范围广，而且与城市市场和跨地区市场联系密切，成为农村区域市场的中心。镇市都有完整的工商业街区，聚集了一定规模的非农业人口。与城市一样，许多镇市形成了包括综合市场、专业市场、批发市场和零售市场等不同形式和层次的市场构成的市场系统，既建基于广阔的农村腹地之上，又有功能强大的复杂结构和形态，以商业上的主导优势将区域农业、手工业和服务业等多种产业集合在一起，构成小规模或初级形态的城市。农村市场也不再单纯是城市市场的附庸，而逐渐发展为具有相对独立性的以农产品为主的商品流通体系。商农经济使农民在自给性消费外有了更大的商品性消费空间，他们不仅可以借以提高生活水平，还可以由此提高生产技术水平，如购置先进的生产工具、优良的品种，学习先进的工艺技术等，更充分地追求生产的价值，而不仅仅是使用价值。由此将主副业都逐步改造为商品性农业，将有限的土地资源与市场紧密结合起来，以实现产出最大化。其中有的人根据农作物节令时差交叉种植，做到"相继以生成，相资以利用，种无虚日，收无虚月。一岁所资，绵绵相继"[1]，如"吴中之民，开荒垦洼，种粳稻，又种菜、麦、麻、豆，耕无废圩，刈无遗垅"[2]；有的人则发展为专业户，如蚕桑户、茶户、花户等。此外，还有一些人突破一

---

[1] 陈旉：《农书》卷上《六种之宜第五》，中华书局 1956 年第 1 版。

[2] 吴泳：《鹤林集》卷三九《隆兴府劝农文》，永瑢、纪昀等编纂：《文渊阁四库全书》，上海古籍出版社 2012 年第 1 版。

般的农副业进入农产品加工业或手工业，将剩余劳动力和特殊技能与市场结合起来。如属农产品加工业的磨户、油户、曲户、酒户、霜糖户等，又如属较纯粹的手工业的窑户、机户、染户、纸户、木作户等。有的则成为与城市商贩一样的专业商户。[①]

在商工经济与商农经济不断发展的基础上，南宋城乡形成了两个空间位置和性质均有所不同的经济圈，即城市商工经济圈与镇市商农经济圈。它们既相对独立发展，又互为市场，互动互生，造就了此前从未有过的经济繁荣，都市和镇市的税收和贸易额都大幅度增加。南宋淳熙年间（1174—1189 年），临安府在城及诸县岁入商税 102 万余贯[②]，与百年前北宋都城经济圈开封地区熙宁十年（1077 年）的 49.85 万余贯、元丰八年（1085 年）的 55.2 万余贯[③] 相比，足足增加了 1 倍左右。据《咸淳临安志》卷五九《商税》记载，临安府级"五税预元额，自赵安抚与蒦申请减放外，一岁共收四十二万贯文为额"，是北宋熙宁十年的 2.26 倍。其中"都税务一十五万五千三百一十三贯一百五十八文，浙江税务八万一千八百一十贯二文，北郭税务一十万八百九十贯四百四十三文，龙山税务三万六千九百六十八贯九百一文，江涨税务四万五千一十七贯六百四十七文"。[④] 按行商过税 2% 和坐贾住税 3% 的平均值即 2.5% 计，临安府在城及诸县年贸易总额约为 4080 万贯，其中府级贸易总额也约达 1680 万贯。再如镇江府在城商税北宋熙宁年间（1068—1077 年）每年 2.5 万多贯，南宋嘉定年间（1208—1224 年）每年则 7.4 万多贯，淳熙年间每年 33.6 万多贯，[⑤]

---

① 周膺、吴晶：《南宋商工经济与商农经济的耦合效应研究——兼论南宋的都市化与城镇化两种城市化》，《国际社会科学杂志》（中文版）2014 年第 2 期。

② 李心传：《建炎以来朝野杂记》甲集卷一四《景祐庆历绍兴盐酒税绢数》，徐规点校，中华书局 2000 年第 1 版。

③ 李焘：《续资治通鉴长编》卷三九〇，上海师范大学古籍研究所、华东师范大学古籍研究所点校，中华书局 2004 年第 1 版。

④ 潜说友等：《咸淳临安志》卷五九《贡赋》，载中华书局编辑部编：《宋元方志丛刊》第 4 册，中华书局 1990 年第 1 版。

⑤ 脱因、俞希鲁：《至顺镇江志》卷六，载中华书局编辑部编：《宋元方志丛刊》第 3 册，中华书局 1990 年第 1 版。

年贸易总额分别约为 100 万贯、296 万贯和 1344 万贯，近 100 年间增长了约 12.4 倍。北宋元丰三年杭州主客户 202816 人[①]，人口约 100 万，而按学术界的推算，南宋临安人口的峰值在其 1.2—2.5 倍之间，人均基本生活需求也不可能有太多增长，粮食等农产品的贸易额增长也就十分有限，因此可以判定与外地的贸易频繁和手工业品贸易额的增长是商税和贸易额快速增长的主要因素。南宋中后期，江南的临安、嘉兴、湖州、庆元（今浙江省宁波市）、绍兴、常州、镇江 7 个州府 30 个镇市年平均商税超过 3.2 万贯。[②]

由于陆上丝绸之路被辽和西夏阻断，北宋大部分对外贸易改由海路进行，所谓"东南之利，舶商居其一"[③]。舶货在流通中的征税及政府对抽买所得的经营获息十分可观。太平兴国二年（977 年），香药库使张逊建议"出官库香药、宝货，稍增其价，许商人入金帛买之"，当年获利 30 万缗。[④] 北宋中期以后，海外贸易收入一直相当高。当时的主要贸易港口自北京东路至海南岛有 10 多个，大致可以分为广南、福建和两浙 3 个相对自成体系的区域。唐代已设市舶使管理贸易事务，但仍只是使职差遣，没有专门机构。北宋设立了专门管理海外贸易的市舶司。南宋由于只余半壁江山，依赖外贸、面向海洋的发展倾向表现得更为强烈，进入中国海外贸易大发展时期。战争迫使南宋"头枕东南"，也逼迫南宋"面向海洋"。南宋政府采取一系列有效政策发展海外贸易，甚至出现凡是市舶纲首能招诱舶货增加税收的可以补官或转官升职的现象。[⑤] 据《宋史》记载，与南宋发展贸易关系的国家和地区有 50 多个。东起日本、高丽，西到阿拉伯半岛、非洲东海岸，都有中国商船出没。政府希望通过海外贸易增加财政收入，也对民间贸易实行一系列鼓励政策，使沿海居民从事海外贸易的积极性日增。

---

① 王存：《元丰九域志》卷五《两浙路》，王文楚、魏嵩山点校，中华书局 1984 年第 1 版。

② 陈国灿：《江南农村城市化历史研究》，中国社会科学出版社 2004 年第 1 版，第 84—85 页。

③ 脱脱等：《宋史》卷一八六《志第一百三十六·食货下八》，中华书局 1977 年第 1 版。

④ 李焘：《续资治通鉴长编》卷一八，上海师范大学古籍研究所、华东师范大学古籍研究所点校，中华书局 2004 年第 1 版。

⑤ 脱脱等：《宋史》卷一八五《志第一百三十八·食货下七》，中华书局 1977 年第 1 版。

"南海一号"沉船及其遗物

中国海商由此成为对外贸易的主力军。《夷坚志》之《夷坚丁志》卷六《泉州杨客》载："泉州杨客为海贾十余年，致资二万万……（绍兴十年）举所赀沉香、龙脑、珠琲珍异纳于土库中，他香布、苏木不减十余万缗，皆委之库外。"[1]日本、高丽、交趾、占城、三佛齐、阇婆、渤泥以及大食、波斯的商旅纷至沓来，有的还侨居临安。临安城内形成各种"蕃坊"，来自不同国家或地区的人按信仰聚居一地，形成许多新的社区。1987年，在广东省台山市阳江海域发现"南海一号"木质古沉船，年代为南宋初期。它是迄今发现的年代最早、船体最大、保存最完整的远洋贸易沉船。始发港应是福建泉州，目的地是新加坡、印度等东南亚、南亚或中东地区。出水文物超过18万件，包括瓷器、钱币、丝绸、金银铜锡器、竹木漆器以及动植物遗存等，以瓷器、铁

---

[1] 洪迈：《夷坚志》，何卓点校，中华书局1981年第1版。

器为大宗，为中国水下考古之最。

商工经济圈与商农经济圈又是与城市都市化和农村城镇化相伴生的。都市与农村构建为一种"城乡连续统"（Rural-urban Continuum）（塞西莉亚·塔科里〔Cecilia Tacoli〕1998 年提出的关于发展中国家城乡关联发展的模式，后被国内学者广泛引用）。中心城市不断向农村溢出，扩大容量，同都市化方向发展；农村则以镇市为中心形成市镇，推动农村城市化，即所谓的城镇化。但都市并非简单地向农村溢出，它还要向更高的层次发展；镇市的城镇化也并非简单走向都市化，它还是一种农村内部的城市化，有促动农村区域经济的特殊作用，并且因为具备许多都市没有的优势，如生态优美、可以获得新鲜优良的农产品、社会关系简单等而与都市相抗衡。镇市因此既可能发展为小城市乃至像上海一样的大都市，也可以永远以接近农村的方式存在下去。在此意义上，镇市与都市并不构成自下而上递进的连续统，而具有同等重要的地位和作用。肯尼斯·林奇（Kenneth Lynch）指出，城乡相互作用通过食物流、资源流、人流、观念流、资金流发生作用。林奇还提出"城乡动力学"（Rural-urban Dynamics）概念，并建议从"生计战略"和"资源分配"角度揭示城乡联系的复杂性。宋代都市的超常规发展极大地依赖农村的食物流、资源流和人流，其资源的分配和利用能力以及所实施的生计战略都走在时代前沿。其中以临安、平江（今江苏省苏州市）等府为代表的部分繁华大中城市，基本实现了从消费性商业为主体的单一经济向集生产、消费、流通于一体的多层次产业体系的转变。在此基础上，城市居民组分、思想观念、文化生活也在不断改变。最为突出的是以工商业者为主体的包括雇佣人员、伎艺人员、无业游民等在内的市民阶层的崛起。据学界估算，临安的市民总量可能高达 20 多万。他们与一般居民在文化、观念等方面差异颇大，如维护财产权益、劳动权益和社会公德方面都有相当的自觉意识。市民文化的兴盛则有力地推动了世俗文化的发展，促进传统文化逐渐走向大众化和平民化。经济、社会和文化领域的变革，反过来也使得传统坊市制下政治区、居民区、商业区条块分割的城区格局和单一管理体制难以维持，引发城市管理体制变革，逐渐形成城郊一体、坊市结合、分级管理的行政体制，以及消防、卫生、环境保护、赈济、慈善等适应城市社会和生活需要的公共事业和社会保障制度。

二、会子与信用

由于商业繁盛，宋代货币流通量很大。北宋初太宗时每年铸币 80 万缗，到中期神宗熙宁六年（1073 年）则超过 600 万缗。北宋以铜钱、银锭、银币为本位货币，其种类之多、数量之大、质量之高、工艺之美都远胜于汉唐时期。宋币铭文多为名家及皇帝手笔，篆隶真行草俱全，甚至还有古篆体、宋代独创的瘦金体，苏轼等人都曾为之题写。宋钱是周边各国最为流行、最坚挺的硬通货，在国际贸易中地位超然，各国钱币都与宋朝铜、铁币挂钩，现今日本以及东南亚、中东和欧洲、非洲等地区都有宋钱存世，可见其国际支付能力之强和国际信用之高。辽、金仿制宋币，可流通的还是宋钱。由于大量宋钱外流，而商品流通量又不断增大，造成硬通货短缺，再加上财政透支，因此唐代发明的信用票据在此时更多地进入流通领域。

唐代后期已出现许多专营钱币存取和借贷的金融柜坊，藩镇设在长安的诸道进奏院和有势力的富商还经营"飞钱"，经营货币汇兑业务。长安有许多寄附铺，对所寄存的钱物开出的凭证名为"寄附钱物会子"。宋太宗时期，朝廷即按刘式倡议推行入中法，鼓励商人至镇戍边地前线入纳军需品，地方政府估价后发以凭据，商人领凭据赴开封榷货务领交引，再至指定地点换取茶盐。为节省商人成本，后又允许入中后即可在开封交引铺转售茶、盐引，而不必亲往指定场务领取实物。交引这种短期信用票据的流通，催生出了具有投机机会的公债市场，也就是中国历史上最早的证券市场。部分开设交引铺的大商人垄断市场，通过交引买卖差额获得丰厚利润。北宋时已出现种类繁多的信用票据和信用货币，如茶引、盐引等期票类交引和交子、会子等汇票类兑换券。真宗时，成都 16 家富户主持印造纸币交子，代替铜钱，这是世界上最早的纸币。仁宗后改归官办，定期限额发行。徽宗时改名钱引，并扩大流通领域。但政和三年（1113 年）因"诸色人多将京

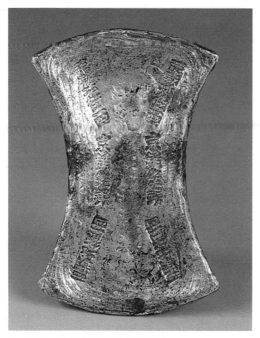

南宋银铤（南宋钱币博物馆藏）

城内私下寄附钱物会子之类出城及于外处行使，有害钞法"[1]，诏令禁止。南宋初年临安民间又发行"寄付兑便钱会子"。"寄付"即"寄附"。绍兴五年（1135年）诏令禁止寄付兑便钱会子出城，受到居民反对，次日即取消禁令。不过次年还是停用了。绍兴三十年二月，钱端礼知临安府，将原由富户主持的便钱会子收为官营，许于城内外与铜钱并行。[2] 七月，钱端礼为户部侍郎，会子也由户部接办，于次年二月设立行在会子务进行管理。乾道四年（1168年）改会子务为会子库。据《梦粱录》卷九《监当诸局》记载，会子库在榷货务，隶都茶场，有工匠200余人。会子面额最初为1贯，隆兴元年（1163年）增发200文、300文、500文3种。乾道四年（1168年）定3年为1界，界满收回，再次发行。后每界展至9年，会子数量大增。先后发行过18界。为杜绝伪造，淳熙十三年（1186年）诏令伪造者处死，较好地杜绝了伪造现象。《监当诸局》又记载："交引库在大府寺门内，专印造茶盐钞引，遂请丞簿签押。"[3] 卷九《诸寺》称大府寺在保民坊内，即今杭州城隍牌楼巷内。绍兴元年婺州屯兵，因水路不通军需输送不便，乃造关子。商人在婺州换取关子，赴临安向榷货务领取现钱或茶、盐、香、矾钞引。后在两淮、湖广等地扩大发行。临安府还发行过一

① 徐松辑：《宋会要辑稿·刑法二》，中华书局1957年第1版。

② 李心传：《建炎以来系年要录》卷九三、一八七，中华书局1956年第1版。

③ 吴自牧：《梦粱录》，见孟元老等：《东京梦华录》（外四种），周峰点校，文化艺术出版社1998年第1版。

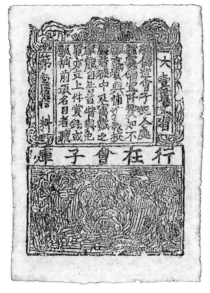

南宋会子及其铜版（中国国家博物馆藏）

种形制特殊的铸币，称"钱牌"。其正面有"临安府行用"字样，背面标明币值。铜质有"准贰佰文省""准叁佰文省"和"准伍佰文省"等，铅质有"准壹拾文省""准贰拾文省"和"准肆拾文省"等。

　　南宋信用票据交引可分为茶交引、盐交引、见钱交引、香药犀象交引、矾引和其他交引。按金融属性又可分为 3 类：第一类是政府向入纳现钱或粮草者发放的用以领取茶、盐、香、矾等禁榷物的提货凭证类交引，第二类是政府向入纳粮草者支付的用于领取现钱的期票类交引，第三类是政府向入纳粮草者支付的按比例领取现钱和实物的混合性交引。而南宋时遍布于临安等大城市的各种金银交引铺则可视为最初的证券交易所，它们还兼有现代银行的某些功能。[①] 事实上还存在其他类型的信用票据，如政府向茶、盐、香、矾等买卖者发行的经营许可证性质的交引。[②] 从使用功能上来看，大致可以分为物款互兑的期票类交引和款款互兑的汇票类兑换券两类。茶引、盐引、盐钞、

---

① 姜锡东：《宋代商业信用研究》，河北教育出版社 1993 年第 1 版，第 145 页。

② 李晓：《宋代工商业经济与政府干预研究》，中国青年出版社 2000 年第 1 版，第 116—117 页。

矾引、香药犀象引等属前者，交子、关子、会子等属后者。它们都可以实现异地汇兑，极大方便了商品流通。这些信用票据的大量出现和行用在中国经济史上具有里程碑意义。[①] 纸币或信用票据的大量出现和行用，与宋金、宋元战争以及南北政权对峙造成资源短缺以致钱币铸造量减少有关，也与军费开支巨大而通过印行纸币弥补财政缺口、摆脱财政困局有关，如上述朝廷在临安行用会子即有"佐国用"的目的[②]，但也确有便于商品经济发展的考虑。交引市场代表了一种新兴商人资本的出现，其性质与现代金融资本颇为相类。

交引市场直接推动了交引铺行业的发展。榷货务为了防止冒名支请，规定付给入中商人现金或交引时需铺户作保。北宋时，开封即出现了一种专门从事转卖交引的交引铺，或称交引铺户、交引户，充当保人。这种交引铺户都为富户，隶名于榷货务，以物产抵押作保。南宋时交引铺往往与金银铺合而为一，如临安的金银盐钞引交易铺即是后代钱业的前身。《都城纪胜·铺席》载："都城天街，旧自清河坊，南则呼南瓦，北谓之界北，中瓦前谓之五花儿中心；自五间楼北至官巷南御街，两行多是上户，金银钞引交易铺仅百余家。门列金银及见钱，谓之看垛钱。此钱备入纳算请钞引。并诸作匠炉韛，纷纭无数。"[③] 从五间楼北到官巷南御街两边有 100 多家金银盐钞引交易铺，其中较为著名的有南坊南、惠民药局北局前的沈家、张家金银交引铺和天井巷张家金银铺。[④] 北宋乾兴元年（1022 年）制定了有关赊买赊卖的法律，规定必须签订契约文书以确定支付现钱期限、担保人等，这是对商业信用的最初立法。南宋的相关法律更为健全。商业信用的发展，使得社会约束力或法律约束力填补了国家控制力削弱后腾出的控制力空缺，同时又提高了经济运行效率。

① 缪坤和：《宋代商业票据研究》，云南大学出版社 2002 年第 1 版，第 2 页。

② 马端临：《文献通考》卷九《钱币二》，上海师范大学古籍研究所、华东师范大学古籍研究所点校，中华书局 1986 年第 1 版。

③ 耐得翁：《都城纪胜》，见孟元老等：《东京梦华录》（外四种），周峰点校，文化艺术出版社 1998 年第 1 版。

④ 周密：《癸辛杂识》别集上《丁酉异星》，吴企明点校，中华书局 1988 年第 1 版。

　　与广义的金融业相关的典当业、租赁业、赌博业等在当时也较发达。南宋临安的质库即明代以后所称典当行普遍发展，私人高利贷资本也非常活跃。"有府第富豪之家质库，城内外不下数十处，收解以千万计。"①从收进与解出的数目看可谓巨资。从事典当、高利贷者除政府、富家大户外，还有高级将领和佛寺僧人等。"绍兴以来，讲究推割、推排之制。凡百姓典卖产业，税赋与物力一并推割。"②推割是查民户物力确定赋役之法，规定民户典卖产业，税赋与物力一并过户；又定3年一查定，名为推排。绍兴三十一年（1161年）二月诏曰："殿前司日前诸将下有除克掊敛、私放债负之类。"③又开禧元年（1205年）五月二十五日诏曰："访闻内外诸军将合干等人有诈作百姓名色，私放军债。"④陆游《老学庵笔记》卷六云："今僧寺辄作库质钱取利，谓之长生库。"⑤临安的租赁业有房屋租赁业、舟车租赁业、日用器物租赁业等。赵彦卫《云麓漫钞》卷四云："绍兴既讲和，务与民休息，禁网疏阔。富家巨室竟造房廊，赁金日增。"⑥可见南宋民间房屋租赁业随着房地产的发展也较发达。政府还专设管理政府房地产的机构楼店务，负责收取租金。由于旅游业兴起，舟车租赁也日益生意兴隆。《都城纪胜·舟船》称，西湖舟船租赁"无论四时，常有游玩人赁假。舟中所须器物，一一毕备。但朝出登舟而饮，暮则径归，不劳余力，惟支费钱耳"⑦。日用器物租赁有花轿、首饰、衣服、被褥、布囊、酒器、茶具、帏设、家具、丧具等。《武林旧事》卷六《赁物》曰："凡吉凶之事，自有所谓茶酒厨子专任饮食请客宴席之事。凡合用之物，一切赁至，不劳余力。虽广席盛设，亦可咄嗟办也。"同卷《歌馆》又曰：

① 吴自牧：《梦粱录》卷一三《铺席》，见孟元老等：《东京梦华录》（外四种），周峰点校，文化艺术出版社1998年第1版。

② 脱脱等：《宋史》卷一七八《志第一百三十一·食货上六》，中华书局1977年第1版。

③ 李心传：《建炎以来系年要录》卷一八八，中华书局1956年第1版。

④ 徐松辑：《宋会要辑稿·刑法二》，中华书局1957年第1版。

⑤ 陆游：《老学庵笔记》，李剑雄、刘德权校，中华书局1979年第1版。

⑥ 赵彦卫：《云麓漫钞》，傅根清校点，中华书局1996年第1版。

⑦ 耐得翁：《都城纪胜》，见孟元老等：《东京梦华录》（外四种），周峰点校，文化艺术出版社1998年第1版。

"下此虽力不逮者，亦竞鲜华。盖自酒器、首饰、被卧、衣服之属，各有赁者。故凡佳客之至，则供具为之一新，非习于游者不察也。"[1] 关扑又称关赌、扑卖，用钱币为工具，凭字幕（钱币正反面）定输赢，买家获赢便可折价购物，是宋元时民间流行的一种通过赌博买卖物品的博彩游戏、商业活动，往往有招揽生意的效果。始于北宋熙宁年间（1068—1077 年）王安石变法之时，起初仅在元旦、冬至、寒食三大节日允许举行。南宋临安也盛行，并且时间和地点都不受限制，随时随地可行。《梦粱录》卷一《正月》载："正月朔日，谓之元旦，俗呼为新年。一岁节序，此为之首……街坊以食物、动使、冠梳、领抹、缎匹、花朵、玩具等物沿门歌叫关扑。"[2] 关扑的物品也比北宋开封时丰富得多，市间杂卖也可用此法售物。《西湖老人繁胜录·食店》载："关扑螺钿交椅、螺钿投鼓、螺钿鼓架、螺钿玩物、时样漆器、新窑青器、乳窑楪碟、桂浆合伏、犀皮动使、合色凉伞、小银枪刀、诸般斗笠、打马象棋、杂彩拨球、宜男扇儿、土宜栗粽、悬丝狮豹、土宜巧粽、杖头傀儡、宜男竹作、锡小筵席、杂彩旗儿、单皮鼓、大小采莲船、番鼓儿、大扁鼓、道扇儿、耍三郎、泥黄胖、花篮儿、一竹竿、竹马儿、小龙船、糖狮儿、檐前乐、打马图、闹竹竿（有极细用七宝犀象揍成者）、赶趁船。"[3] 又《梦粱录》卷一三《夜市》载："大街关扑，如糖蜜糕、灌藕、时新果子、像生花果、鱼鲜猪羊蹄肉，及细画绢扇、细色纸扇、漏尘扇柄、异色影花扇、销金裙、缎背心、缎小儿、销金帽儿、逍遥巾、四时玩具、沙戏儿。春冬扑卖玉栅小球灯、奇巧玉栅屏风、捧灯球、快行胡女儿沙戏、走马灯、闹娥儿、玉梅花、元子槌拍、金橘数珠、糖水、鱼龙船儿、梭球、香鼓儿等物。夏秋多扑青纱、黄草帐子、挑金纱、异巧香袋儿、木犀香数珠、梧桐数珠、

---

① 周密：《武林旧事》，见孟元老等：《东京梦华录》（外四种），周峰点校，文化艺术出版社 1998 年第 1 版。

② 吴自牧：《梦粱录》，见孟元老等：《东京梦华录》（外四种），周峰点校，文化艺术出版社 1998 年第 1 版。

③ 西湖老人：《西湖老人繁胜录》，见孟元老等：《东京梦华录》（外四种），周峰点校，文化艺术出版社 1998 年第 1 版。

藏香、细扇、茉莉盛盆儿、带朵茉莉花朵、挑纱荷花、满池娇、背心儿、细巧笼仗、促织笼儿、金桃、陈公梨、炒栗子、诸般果子及四时景物，预行扑卖，以为赏心乐事之需耳。"[1]

宋代还推行经营权、收益权招标制度，所谓"买扑"。承包商可以向政府承包国有资产经营权或税收收益权。如对酒、醋、陂塘、墟市、渡口等的税收收益进行招商，由承包商投标，出价最高者取得包税权。从确定标底，到公众投标、政府评标，再到流标处理，都有完备的程序。欧阳修《乞免蒿头酒户课利札子》云："臣窃见河东买扑酒户，自兵兴数年，不计远近，并将月纳课利支往边上，折纳米粟。"[2]张耒《明道杂志》载："仁宗时，有大豪焦隐者尝诣三司投状，乞买扑解州盐池，岁纳净利。"[3]宋神宗时期买扑遍天下。

宋代有许多民间包买商，与此前的政府包买商不同，他们遵循市场规则开展经营活动。明人冯梦龙《喻世明言》卷三《新桥市韩五卖春情》描写了临安丝绸包买商吴山："去城十里，地名湖墅；出城五里，地名新桥。那市上有个富户吴防御……防御门首开个丝绵铺，家中放债积谷，果然是金银满箧、米谷成仓！去新桥五里，地名灰桥市上，新造一所房屋，令子吴山再拨主管帮扶，也好开一个铺。家中收下的丝绵发到铺中卖与在城机户……吴山道：'父母止生得我一身，家中收丝放债，新桥市上出名的财主。此间门前铺子，是我自家开的。'……便起身吩咐主管：'我入城收拾机户赊账，回来算你日逐卖账。'"[4]故事里提及吴家向乡村丝绵户预付工本钱，然后收掠其丝绵产品，并包揽这些丝绵的销售。还说到吴山因为贪色几乎"丢了泼天的家计"，但他仍自称"丝行资本，尽够盘费"。故事虽未必尽实，但其所反映的宋代商业活动当有事实依据。吴山新开设的丝绵铺位于离临安府城

① 吴自牧：《梦粱录》，见孟元老等：《东京梦华录》（外四种），周峰点校，文化艺术出版社 1998 年第 1 版。

② 欧阳修：《欧阳修全集·河东奉使奏草》卷下《乞免蒿头酒户课利札子》，李逸安点校，中华书局 2001 年第 1 版。

③ 张耒：《明道杂志》，载陶宗仪编：《说郛》卷四三下，上海书店出版社 1986 年第 1 版。

④ 冯梦龙：《喻世明言》，人民文学出版社 2004 年第 1 版。

10 里的灰桥市上，是专从乡村居民手中收购丝绵发往近城的"大铺"。吴山之父吴防御的"丝绵铺"设于离城 5 里的新桥，将灰桥市铺"收下的丝绵""卖与在城机户"。吴氏从乡间购买丝绵的手段，所谓"收丝放债"，是利用其"金银满箧"的"丝行资本"插手生产领域。吴氏出售丝绵的手段包括"日逐卖"和"机户赊账"两种方式。这两种方式，特别是后一种方式，不但有助于吴家迅速兜销大批丝绵，而且还向垄断方向发展，迫使机户与之形成依附关系。至于"收丝放债"之外的"放债积谷"，则是对乡村农户包括以售卖丝绵为副业的乡村农户进行放贷剥削。不过此类行为似非丝绵铺吴家之主业。吴家的"米谷成仓"是从债款流转中回收的农产品，不同于一般地租剥削的收入。这些农产品多数还要向城镇居民出售，还原为货币形式的信贷资本。这一点，故事的另一枝节提到的丝绵铺"间壁粜米张大郎"事似也有涉及。① 包买商正是在这些惯例中生长起来的新型商人。包买商的出现，说明手工业者零星或少量的产销与市场日益增长的需要愈来愈不适应。那些拥资巨万并享有一定商业信誉的商人乘机放出一部分资金，包揽小生产者的产品销售，由此带动社会生产的规模化。

宋代还大量出现经纪人或经纪人组织。经纪人古称牙人、牙侩或驵侩等，他们居间斡旋，从中说合交易，抽取"牙钱"（中介费）。牙人在汉代即已出现，但唐代以前仍较少在商业领域活动，唐代中期以后才大量介入，宋代则普遍存在。牙人增强了商业信息在商业活动中的作用，提高了商品交易效率。《梦粱录》卷一九《闲人》载："又有一等手作人，专攻刀镊。出入宅院，趋奉郎君子弟，专为干当杂事，插花挂画，说合交易，帮涉妄作，谓之涉儿，盖取过水之意。"② "大凡求利，莫难于商贾，莫易于牙侩。奔走道途之间，蒙犯风波之险。此商贾之难也，而牙侩则安坐而取之。数倍之本，趁锥刀之利，或计算不至，或时月不对，则亏折本柄者常八九，此又商贾之所难也。而

---

① 郭正忠：《宋代包买商人的考察》，《江淮论坛》1985 年第 2 期。
② 吴自牧：《梦粱录》，见孟元老等：《东京梦华录》（外四种），周峰点校，文化艺术出版社 1998 年第 1 版。

牙侩则不问其利息之有无，而己之所解落者一定而不可减。"① 牙人差不多分布在所有商业行当，如有米牙、炭牙、茶牙、酒牙、庄宅牙、牛马牙等。甚至军队中也有，如"（张）浚于财利之事，专任驵侩桀黠之徒……且驵之杰黠者，浚皆任以回易之事"②。还有一批女性牙人，时称"牙嫂"。《梦粱录》卷一九《顾觅人力》载："如府宅官员，豪富人家，欲买宠妾、歌童、舞女、厨娘、针线供过、粗细婢妮，亦有官私牙嫂及引置等人，但指挥便行踏逐下来。"③

由于商业信用体系建立和金融产品日益丰富，宋代的社会交易成本普遍降低。从本质上说，社会交易成本是一种制度成本。宋代的市场经济制度强化为降低社会交易成本创造了前所未有的条件。如上述《武林旧事》卷六《作坊》提及的："或有贫而愿者，凡货物盘架之类，一切取办于作坊，至晚始以所直偿之。虽无分文之储，亦可糊口。此亦风俗之美也。"④ 这就是信用给交易和商人带来的保障与福利。

三、商人主体与市民文化

斯波义信估计，宋代州（府）治所在县约 20% 的人口集中在城市里。⑤ 当时对户口除有主户与客户、官户与民户等区分外，也有坊郭户和乡村户之分。秦汉时有所谓"市籍"，指的是编户商人。唐代为适应城乡分治始分坊郭户和乡村户。唐宋时的坊郭户包括州（府）、军城和县城的居民，也包括镇、市居民。坊郭户广义上指城市居民，包括官户、寺观户等不承担赋税的特殊户，狭义上专指城市工商户等赋役征收对象。坊郭户的出现标志着"市民阶层"已成为不可忽视的

---

① 胡颖：《治牙侩父子欺瞒之罪》，载佚名辑：《名公书判清明集》卷一一《人品门·牙侩》，中国社会科学院历史研究所宋辽金元史研究室点校，中华书局 1987 年第 1 版。

② 李心传：《建炎以来系年要录》卷一一四，中华书局 1956 年第 1 版。

③ 吴自牧：《梦粱录》，见孟元老等：《东京梦华录》（外四种），周峰点校，文化艺术出版社 1998 年第 1 版。

④ 周密：《武林旧事》，见孟元老等：《东京梦华录》（外四种），周峰点校，文化艺术出版社 1998 年第 1 版。

⑤ 斯波义信：《宋代商业史研究》，庄景辉译，台湾稻禾出版社 1997 年第 1 版，第 335 页。

社会力量。

与乡村农家的户等划分出现在汉代的情况不同，坊郭户的户等划分出现较晚。《魏书》卷一一〇《食货志》记载北魏孝昌二年（526年）收工商税时，"其店舍又为五等，收税有差"①，开始划分户等。但唐后期穆宗时两次下诏划坊郭户等，都说是"始定店户等第"②，所以此前可能还是临时性的。入宋以后，政府对工商户的管理和赋税征派更为重视，加上传统的坊市制解体，工商赋税难以再按原来的居民区和店铺摊派，因而划分坊郭民户户等势在必行。北宋真宗时京西转运使郑文宝等人"请于部内州、军等第分配坊郭之民籴买刍粟"③，苗积和薛田在河南府"均定本府坊郭居民等"④。但这些记载并未说明坊郭户共分几等。仁宗时，欧阳修上《乞免浮客及下等人户差科札子》云："往时因为臣寮起请，将天下州、县城郭人户分为十等差科。当定户之时，系其官吏能否。有只将堪任差配人户定为十等者，有将城邑之民不问贫穷孤老尽充十等者，有只将主户定为十等者，有并客户亦定十等者。州县大小贫富既各不同，而等第差科之间又由官吏临时均配。"⑤说明此时划分户等的标准仍不确定。而事实上整个宋代的户等划分标准也并不统一，根据各地实际情况而定。编排户等的方法大致与划分农村户等相同，主要考虑资产，不考虑人丁。坊郭户财产通常分为动产和不动产两大类，划分户等时将这两大类财产分类统计后综合评定。北宋划分坊郭户等有时 5 年一划，有时 3 年一划，南宋时统一规定与乡村户等一样 3 年一划。坊郭户也分主户和客户，但是在划分坊郭户等时只划主户，即主客家庭一起划。同一个城镇的工商业者按行业分"行"，由行头总揽行会事务。与乡村的乡长、里正一样，政府征派税赋时行头按户等高下分派。行头可能参与户等定级。划分

① 魏收等：《魏书》，中华书局 1974 年第 1 版。

② 王钦若等：《册府元龟》卷五〇四《关市》，中华书局 1988 年第 1 版。

③ 徐松辑：《宋会要辑稿·食货三九》，中华书局 1957 年第 1 版。

④ 徐松辑：《宋会要辑稿·食货六九》，中华书局 1957 年第 1 版。

⑤ 欧阳修：《欧阳修全集·河东奉使奏草》卷下《乞免浮客及下等人户差科札子》，李逸安点校，中华书局 2001 年第 1 版。

户等时"官吏入人家，打量间架，搜索有无。下至抄及卖饼菜之家"①。

宋代往往将乡村上三等户称为兼并之家，与四、五等户算作两种不同类型，而坊郭户却无法作类似的简单化处理，因为大府、大州和小县、小镇、小市的差别颇大。北宋庆历八年（1048年），"尝诏河北州军坊郭第三等、乡村第二等，每户养被甲马一匹，以备非时官买"②。"诸州郡坊郭第四等户、县郭第三等、乡村第二等以上户，生计从容，皆须养马，以代徒步之劳"③。南宋《庆元条法事类》卷四八《赋役门》规定："诸坊郭品官之家免科配。若营运与民争利，在镇、寨、城、市及第一等、县第三等、州第四等者并不免。"④这条规定与上说一致，只是补充了镇市坊郭的相应户等为一等户。王安石发布免役令时曾规定"乡户自四等，坊郭自六等以下勿输"役钱⑤。徽宗时推行均籴也规定"坊郭第六等以下、乡村第五等以下免均"⑥。南宋高宗诏令："州、县乡村五等、坊郭七等以下贫乏人家生男女而不能养赡者，每人支免役宽剩钱四千。"⑦坊郭户一般六等以下为下户，但因地区有差异。坊郭户的结构比乡村户复杂，以下户居多。上户大致有地主、房主、商人、贷主、手工业主、揽户等几类，下户大致有小商贩、工匠、受雇者、穷书生以及所谓的"闲人""骄民""游手"等。

北宋杭州是大州，南宋临安又是国都所在，所以除一般坊郭户外官户特别多。《文献通考》卷四七《职官考一·官数》载："绍熙二年京朝官四千一百五十九员，合四选凡三万三千一十六员。庆元二年京朝官如绍兴之数，选人增至一万三千六百八十员，大使臣

---

① 王廷珪：《卢溪集》卷三一，永瑢、纪昀等编纂：《文渊阁四库全书》，上海古籍出版社 2012年第 1 版。

② 李焘：《续资治通鉴长编》卷二六〇，上海师范大学古籍研究所、华东师范大学古籍研究所点校，中华书局 2004 年第 1 版。

③ 文彦博：《文潞公集》卷二二《论保马》，郝继文标点，山西人民出版社 2008 年第 1 版。

④ 谢深甫等纂修：《庆元条法事类》，国家图书馆出版社 2014 年第 1 版。

⑤ 李焘：《续资治通鉴长编》卷二二七，上海师范大学古籍研究所、华东师范大学古籍研究所点校，中华书局 2004 年第 1 版。

⑥ 徐松辑：《宋会要辑稿·食货四一》，中华书局 1957 年第 1 版。

⑦ 李心传：《建炎以来系年要录》卷一一九，中华书局 1956 年第 1 版。

八千五百二十五员，小使臣一万八千七十员，通四选凡四万二千有奇。盖五年之间所增仅九千余员，可谓官冗矣。嘉泰元年春左选京官以上三千一百三十三员，选人万五千二百四员，大使臣以上六千八百五十四员，校尉以上万二千六百十六员，通四选共三万七千八百余员。是五年间所损仅二千余员，未知何故。"[1] 与官员相比，吏的队伍更为庞大。

为了适应人口增长，宋代以市场为主导进行整体性城市功能调整。南宋临安城内外共分为13厢，其中城内8厢84坊。旧的集中市区解体，为遍布全城的新型商业网所替代。另外增加了许多新的适应商工经济发展的功能区，如仓库区、码头区、专业性商业区等。分区不像过去那样依据礼制尊卑排列，而是服从产业链接关系。一般以旧集市发展而来的行业街市为骨干，联系分布在各地段的商铺、仓库区建立循环体系。新兴商业街以城市主干道路或运河为长轴不断向外延伸，集中了各级主管专卖的场、务、库、局，接待四方行旅的亭、馆、驿，交易或娱乐的店铺。为了吸纳生产要素，沿交通干道结合枢纽或站场发展服务业，并于其周边开发配套的高档住宅。房屋排列不依照传统的建筑定式，而是随河、巷走势取便建造，追求实用价值和土地利用效率。改用按街巷分地段的坊巷制组织城市居民混合聚居。坊巷内设有学校等配套设施。"乡校、家塾、舍馆、书会，每一里巷须一二所。弦诵之声，往往相闻。"[2] 可谓到处都是"学区房"。手工业作坊和外地移入的平民、工匠和杂业从事者的简陋棚屋分布在距离商业市街稍远的外围。公共建筑或市民广场分散设置于各居住区及交通便利之处，往往与商业街相结合。寺庙分散在各个街区，有的同时又是大型世俗性公共活动中心或定期集市；也有的分布在城市边缘，服务对象以过往行旅和客商为主。构建了陆路、水路立体交通网络，为居民提供多样的出行方式。合理划分坊巷治安和消防管理单元，并完善相应的社

① 马端临：《文献通考》，上海师范大学古籍研究所、华东师范大学古籍研究所点校，中华书局1986年第1版。

② 耐得翁：《都城纪胜·三教外地》，见孟元老等：《东京梦华录》（外四种），周峰点校，文化艺术出版社1998年第1版。

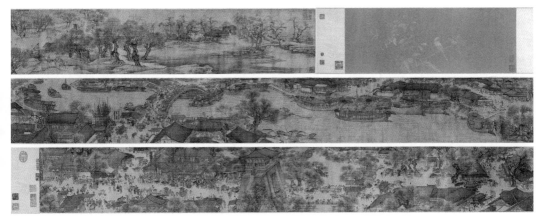

宋张择端《清明上河图》（故宫博物院藏）

会保障措施。另外也加强了对文化遗产和湖泊、绿地等资源的保护，提高城市的生态化发展水平。由于人口增长与工商业发展形成良性循环，宋代经济社会发展异常繁盛。[1]《梦粱录》卷一九《塌房》云："柳永咏钱塘词曰：'参差十万人家。'此元丰前语也。自高庙车驾由建康幸杭，驻跸几近二百余年，户口蕃息近百万余家。杭城之外城南西东北各数十里，人烟生聚，民物阜藩。市井坊陌，铺席骈盛，数日经行不尽，各可比外路一州郡。足见杭城繁盛矣。"[2]耐得翁《都城纪胜》序云："圣朝祖宗开国，就都于汴，而风俗典礼，四方仰之为师。自高宗皇帝驻跸于杭，而杭山水明秀，民物康阜，视京师其过十倍矣。虽市肆与京师相侔，然中兴已百余年，列圣相承，太平日久，前后经营至矣，辐辏集矣，其与中兴时又过十数倍也。"[3]

20 世纪 90 年代，美国城市兴起"精明增长"运动。精明增长是一种控制土地扩张、保护生态环境、提升经济质量、促进城乡协调发展和提高生活质量的城市发展模式。美国精明增长联盟（Smart Growth America）将其核心内容表述为：通过土地使用功能组合、限制城市成长边界、提高土地使用效率，充分利用城市存量空间；城市

① 周膺、吴晶：《南宋商工经济与商农经济的耦合效应研究——兼论南宋的都市化与城镇化两种城市化》，《国际社会科学杂志》（中文版）2014 年第 2 期。

② 吴自牧：《梦粱录》，见孟元老等：《东京梦华录》（外四种），周峰点校，文化艺术出版社 1998 年第 1 版。

③ 耐得翁：《都城纪胜》，见孟元老等：《东京梦华录》（外四种），周峰点校，文化艺术出版社 1998 年第 1 版。

布局相对集中，密集组团，生活和就业单元距离尽量拉近，减少基础设施建设和公共服务成本；改造或重建旧城区，特别是重视重新保护开发曾被废弃、污染的用地，改善城市生态环境。城市精明增长事实上也是一种经济增长方式。[①] 宋代城市人口大幅度增长，人口构成也变得十分复杂，而城市经济运行和社会生活井井有条，并以繁华著名于世，称得上是一个奇迹。可以认为，宋代城市已经无意识却自觉构成精明增长的典范。在人口和开发资金猛增的条件下，城市通过构建商工经济圈吸纳各种生产要素，并消解诸如住房、交通、卫生、社会保障等一系列矛盾，成功地实现精明增长。

宋代都市的兴盛也并不是汉唐以来的简单延续，而是从都市个体形态发展到区域结构体系的重大飞跃。都市在继续充当不同等级政治中心的同时，开始向不同层次的开放性商品流通中心、社会活动中心和文化发展中心转变。原来在政治因素主导下的州（府）、县两级等级体系，逐渐转变为以经济和社会因素为主，包括综合型、经济型、交通型、港口型等不同类型以及基层城市、地区中心城市、跨地区中心城市、大区域中心等不同层次的结构体系。都市开始真正成为推动社会发展和变革的重要动力。[②] 斯波义信认为："8—13 世纪的中国取得了很大的经济增长，从而带来了社会和文化方面的变化。总之，可用一句话概括为：与其说是'纯农业文明'，不如说是'都市化文明'含有更多的固有特征，这是延续到 19 世纪中国社会的最大特色。"[③] 也就是说，宋代以降中国社会带有更多的"都市化文明"特征，这是与此前的汉唐社会构成差异的主要表现。

宋代最多的仍是乡村户农民。农民主要有菜农、渔夫、果农、蚕农、茶农等。当时依据财产多少将乡村主户分成五等。一般一、二等

[①] 傅海英、朱德举、石英、刘瑞：《我国土地利用总体规划应借鉴美国城市精明增长的理念》，《中国信息报》2006 年 9 月 20 日第 3 版。

[②] 陈国灿：《中国城市化道路的历史透视和现实思考》，《江汉大学学报》（社会科学版）2012 年第 2 期。

[③] 斯波义信：《宋代江南经济史研究》，方健、何忠礼译，江苏人民出版社 2000 年第 1 版，第 65—66 页。

户是地主；三等户既有地主，也有较富裕的农民；四、五等户大多为贫苦农民。一、二、三等户为上户，四、五等户为下户。宋代规定"天下闰年造五等版簿"①。这种版簿的正式名称叫"五等丁产簿"②，既记录主户人丁，又登载其财产。每隔3年逢闰年重新编造一次。五等丁产簿由各县编造和保管，北宋仁宗时规定"造簿委令、佐责户长、三大户录人户丁口、税产、物力为五等"③。神宗时杨绘上奏云："凡等第升降盖视人家产高下。须凭本县，本县须凭户长、里正，户长、里正须凭邻里。自下而上，乃得其实。"④"三大户"就是耆长，也称耆户长，职司逐捕盗贼的差役。版簿的名称虽称"五等丁产簿"，而乡村主户户等高下的划分却与各户人丁多少完全无关，仅依据财产多少。各地划分五等户的标准也不统一。政府向乡村户摊派各种赋役大体有4种方式：一是按各户田地数量和质量，例如两税；二是按各户人丁，例如丁税；三是按各户户等，例如差役；四是按各户家业钱或税钱等数额，例如役钱与和买。这几种方式经常交错重叠。这些措施都直接地促进了农村商品经济和商人主体的发展。

宋代耕地增加十分有限，人多地少的矛盾日益突出。据不完全统计，到南宋中期，江南地区的人均耕地面积已降至3亩左右。⑤广大农民加强对有限耕地精耕细作的同时，不得不进行多种经营。或因地制宜进行养殖、捕捞、采伐和各种手工业活动，将产品投放市场出售以弥补生计不足；或外出佣工、帮工和参与商贩活动，从市场购买部分生活资料；或涌入城镇打工，完全以出卖劳动力为生。人口增长带来的社会总需求增长，特别是城镇人口的扩张要求农村提供更多的粮食和农副产品，直接或间接地促进农村市场和商品经济进一步活跃。由此

---

① 李焘：《续资治通鉴长编》卷一一三，上海师范大学古籍研究所、华东师范大学古籍研究所点校，中华书局2004年第1版。

② 徐松辑：《宋会要辑稿·食货一一》，中华书局1957年第1版。

③ 李焘：《续资治通鉴长编》卷二五四，上海师范大学古籍研究所、华东师范大学古籍研究所点校，中华书局2004年第1版。

④ 李焘：《续资治通鉴长编》卷二二三，上海师范大学古籍研究所、华东师范大学古籍研究所点校，中华书局2004年第1版。

⑤ 陈国灿：《宋代江南城市研究》，中华书局2002年第1版，第25页。

也造就了大量农村商人。

自宋以来的千余年间，江南地区的镇市数量和密集度均大大超过华北地区。这既是江南与华北这两大区域经济发展水平高低不同所致，也反映出这两大区域在经济类型和发展路向上已形成分野，即华北更多地保留旧有的自然经济因素，不少地区仍停留在封闭的内向型经济体系之内；而江南则显现出浓烈的商业经济氛围，在某种程度上已经具有开放的外向型经济因素。宋代以来江南区域经济发生重大变化，尤以农产品商品化范围扩大、镇市网络兴起、内外贸易发展以及早期工业化发轫等现象最为引人注目。正是这些新经济因素的出现，使宋元明清时期的江南社会与汉唐社会，还有与其同时的华北地区，在产业结构、经济类型和发展方向上区别开来。除了垦殖过度、生态恶化之外，中唐以后黄河流域发展速率趋缓的原因主要是止步于农业经济，即仍局限在自给自足的自然经济形态中；而江南地区在人口日益增加、农业不断发展的基础上，因商品经济的兴起而处于持续的进步之中。城市商工经济和农村商农经济造就了两种商人主体，也造就了新兴活跃的市民文化，促进了社会与文化的进步。

第九章　无限可能的科学创造空间

一、中国科学史上的里程碑

宋代科学技术进入发展高峰期，数学、天文学、医学、药学、建筑学、生物学、地学等方面都有较大突破。虽然总体没能超越技术经验层面，但有了早期科学技术思想的萌发和科学技术文化的发育。英国科学技术史家李约瑟（Joseph Terence Montgomery Needham）曾说："对于科技史家来说，唐代不如宋代那样有意义，这两个朝代的气氛是不同的。唐代是人文主义的，而宋代较着重科学技术方面……每当人们在中国的文献中查找一种具体的科技史料时，往往会发现它的焦点在宋代。不管在应用科学方面或纯粹科学方面都是如此。""宋代确实是中国本土的科学最为繁荣昌盛的时期。"[①]

沈括（1031—1095 年），字存中。生于杭州，晚年居润州（今江苏省镇江市）梦溪园，号梦溪丈人。李约瑟《中国科学技术史》称沈括"可能是中国整部科学史中最卓越的人物"，他的著作《梦溪笔谈》是"中国科学史上的里程碑"。[②]《中国科学技术史》第一卷《导论》按照现代科学分类，将沈括所著《梦溪笔谈》的内容画了一张分析表。这张表共分人事资料、自然科学、人文科学 3 大类 25 小类。沈括本人的科学技术贡献主要有如下 5 个方面：（1）数学。发明隙积术、会圆术。"隙积术"求解垛积问题，沈括举了累棋、层坛、酒家积罂等问题并创立正确的求解公式，对南宋数学家杨辉等人有影响。"会圆术"求解已知弓形的圆径和矢高求弧长，沈括推导出求弧长的公式，对元代郭守敬的授时历有启发。（2）物理学。共振研究与弦共振实验、发现磁偏角、发现凹面镜成像焦点和成像规律。发现磁针微偏东，是关于

---

① 李约瑟：《中国科学技术史》第一卷《导论》，袁翰青、何兆武、刘祖慰、鲍国安等译，科学出版社、上海古籍出版社 1990 年第 1 版，第 287 页；第 2 卷，第 526 页。
② 李约瑟：《中国科学技术史》第一卷《导论》，袁翰青、何兆武、刘祖慰、鲍国安等译，科学出版社、上海古籍出版社 1990 年第 1 版，第 140 页。也有译作"中国科学史上的坐标"的。

磁偏角的最早记载，领先欧洲 400 年。他用纸人做共振实验也比欧洲的类似实验早几百年。（3）天文学。发明十二气历，提出十二气为一年、以立春为一年之始等观点。欧洲在 800 年后有类似历法。（4）地理学。解释雁荡山的构造原理是流水侵蚀，华北平原的成因是泥沙的淤积。（5）工程技术。制作立体模型地图，比欧洲早 700 多年，对南宋黄裳和朱熹都有启发。此外，喻皓的建筑学著作《木经》，还有毕昇的活字印刷术、磁州锻坊的炼钢术、淮南漕渠的复闸技术、苏州到昆山浅山长堤的筑法等发明，也都赖有《梦溪笔谈》的记载而为后世所知。

据统计，《梦溪笔谈》中有关自然科学的内容多达 255 条，其中自然观（阴阳五行）13 条、数学（数学、度量衡）12 条、物理学（物理学、乐律）40 条、化学 9 条、天文学（天文学、历法）26 条、地学（气象学、地理学、地质学）37 条、生物医学（生物学、医药学）88 条、工程技术（工艺技术和冶金、建筑学、农田水利工程等）30 条。[①] 沈括是科学家，也是科普学者、历史学家、艺术家、文学家。用今天的话来说，是自然科学家兼人文科学家兼艺术家。其著作数量极多，而且遍及经、史、子、集各部。唯其如此，沈括才能以自然科学与人文科学会通的眼光透析科技与人文，描述各种因果关系。沈括著述约有 40 种，《宋史·艺文志》著录的有 22 种 155 卷。他在《梦溪笔谈》和其他文献中提到的还有 18 种。可惜大部分已失传。

2011 年浙江大学出版社出版的杨渭生编《沈括全集》收录目前能搜集到沈括的大部分论著，厘为上、中、下 3 编：上编《长兴集》（包括辑佚补编）为卷一至卷三二，收文 183 篇、诗词歌赋 65 首，共 248 篇（首）。中编《梦溪笔谈》（含《补笔谈》《续笔谈》和《笔谈辑佚》）为卷三三至卷六三，收文 609 条加辑佚 49 条。下编一《苏沈内翰良方》为卷六四至卷七三，收文 248 条（其中沈括 170 条、苏轼 50 条，另 28 条待考）；下编二沈括《良方》辑佚为卷七四，收文 19 条；下

---

① 王锦光、闻人军：《沈括的科学成就与贡献》，载杭州大学宋史研究室：《沈括研究》，浙江人民出版社 1985 年第 1 版。

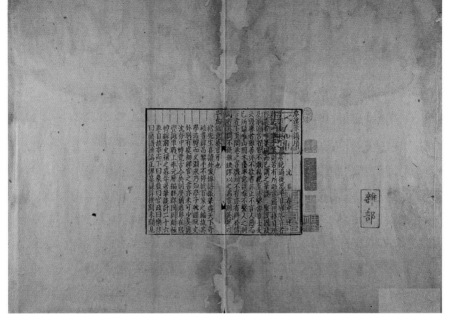

宋沈括《梦溪笔谈》现存最早的刊本元大德九年（1305 年）茶陵陈仁子东山书院刊本
《古迁陈氏家藏〈梦溪笔谈〉》（中国国家图书馆藏）

编三《灵苑方》辑佚一至四为卷七五至卷七八，收文 66 条；下编四《梦溪忘怀录》辑佚一至三为卷七九至八一，收文 63 条；下编五《清夜录》辑佚为卷八二，收文 5 条；下编六《熙宁奉元历》辑佚为卷八三，收清人李锐所辑 2 篇；下编七《惠民药局记》辑佚为卷八四。附录为卷八五，主要收入著述提要、序跋，诸家校记、题识，墓志、列传、年表，宋元主要书目，沈括研究资料编目等。

沈括同时代的黄庭坚在《题王观复所作文后》说沈括"博极群书"，写文章时引《左氏春秋传》《汉书》中的材料左右逢源，运用自如，称得上是一位"笃学之士"。[①]与黄庭坚同为苏门四学士之一的张耒在所著《明道杂志》中说沈括"博学多能，天文、历数、钟律、壬遁，皆极尽其妙，尤擅算术"[②]。

沈括在诸多研究领域都取得卓越成就，与他的科学思想和研究方法分不开。沈括强调"原其理"，"以理推之"。[③]他说："算术不

① 黄庭坚：《豫章黄先生文集》卷二六《题王观复所作文后》，《四部丛刊》初编，商务印书馆民国 25 年（1936 年）版。

② 张耒：《明道杂志》，载陶宗仪编：《说郛》卷四三下，上海书店出版社 1986 年第 1 版。

③ 沈括撰，胡道静校证：《梦溪笔谈校证》卷二四《杂志一》、卷七《象数一》，上海古籍出版社 1987 年第 1 版。

患多学，见简即用，见繁即变，不胶一法，乃为通术也。"[1] 表达了他的基本科学方法论。他还十分重视调查、观察、实测，具有实验科学精神。他虽受儒、道特别是元气说等的影响，但十分注意核查实测或实验数据。熙宁七年（1074年）上《浑仪》《浮漏》《景（影）表》三议，并为改进历法实测日、月、五星行度。详细观察五星运行轨迹"如柳叶边缘"和陨石坠落时的情景，设计窥管测量北极星与北天极的真实距离。每夜3次，连续3月，得200余图。得出当时极星"离天极三度有余"的粗测结论。作晷漏（漏壶、漏刻）精度实验10余年，第一个从理论上得出冬至日昼夜"百刻有余"、夏至日"不及百刻"是真太阳日不均匀的结果。还设计"一弹丸，以粉涂其半，侧视之则粉处如钩，对视之则正圆"的演示实验，证明了"月本无光犹银丸，日之耀乃光耳"的月相盈亏变化原理。[2] 沈括的学术研究作风在宋代具有普遍性。

北宋另一位杰出的科学家苏颂也在科学上有重要贡献。苏颂（1020—1101年），字子容，同安（今福建省厦门市）人。他于经史百家以至算术、地志、山经、本草、训诂、律吕等学无所不通，尤以天文学和医药学方面的贡献最为突出，发明的世界上最古老的"天文钟"水运仪象台开钟表擒纵器先河，并著有《图经本草》《新仪象法要》《苏魏公文集》等。熙宁九年（1076年）苏颂到杭州任职，除赈饥、修凤凰山水管、修补海塘外，还提出钱塘江潮汐因月球引力而生的科学观点。其《观潮》（三首）诗之一云："海门双峙隔沧溟，潮汐翻波势若倾。万叠银山横一线，千挝鼍鼓震重城。来无源委逢秋盛，信有盈亏应月生。今古循环曾不涸，谈天闳辩岂能名？"[3]

宋代设立司天监，开展观察天文、星象、气候等一系列活动。南宋临安建有两个天文台，即吴山的司天台（测验浑仪所）、御街今清河坊的浑仪所。《咸淳临安志》卷一二《行在所录十二》载："台上

---

① 沈括撰，胡道静校证：《梦溪笔谈校证》卷一八《技艺》，上海古籍出版社1987年第1版。

② 沈括撰，胡道静校证：《梦溪笔谈校证》卷七《象数一》，上海古籍出版社1987年第1版。

③ 苏颂：《苏魏公文集》卷一〇《律诗·观潮》（三首），王同策等点校，中华书局1988年第1版。

有浑仪，台下有土圭，长一丈五尺，表长八尺（并淮尺），堂内有刻漏。唯土圭以石为之，余皆铜。景定中创。"① 据《宋史·天文志》记载，两个天文台详录绍兴五年（1135 年）至德祐元年（1275 年）140 年日蚀 60 多次。其中绍兴七年二月一日、绍兴十七年十月一日、庆元六年（1200 年）六月一日、嘉泰三年（1203 年）四月一日、嘉定四年（1211 年）十一月一日 5 次尤为珍贵。另外对太阳黑子、月蚀和彗星的观察记录也很周详。有关黑子形状、大小、位置、持续时间、变化情景等的有19 次，有关月蚀的达 112 次之多，有关彗星形状、颜色、持续时间等的则有 14 次。绍熙元年（1190 年），黄裳根据天文观测资料绘制十分精确的《天文图》和《坠理图》。淳祐七年（1247 年），王致远将其摹刻于苏州文庙的石碑（今存苏州碑刻博物馆）上。《天文图》是迄今发现的中国古代最准确的古星图之一。《天文图》高 267 厘米、宽 116 厘米，分两个部分。上半部绘星图，有星 1440 颗。以北极为中心绘 3 个同心圆，分别代表北极常显圈、南极恒隐圈和赤道，又以 28条辐射线表示 28 宿距度，还有黄道和银河。下半部为说明文字，41 行，行 51 字，对宋代天文知识作了简单叙述。今人陈美东《中国科学技术史》（天文学卷）明代星图部分列举 18 种星图比较称："从总体上看，这些全天星图均未超出苏州石刻图碑的水平。"②《坠理图》宽约 100 厘米、长约 200 厘米。"坠"通"地"，《坠理图》即《地理图》。《坠理图》与西安碑林藏《华夷图》《禹迹图》并称为中国 3 幅最古老的全国性地图。此图绘制了山川、河流、湖泊、长城和路、州（府、军）位置，山脉、森林用形象画法，标注名称的山脉 120 多座，江河 60 多条，行政区域约 410 个，其中路级建制 22 个，州府级建制 34 个，军级建制44 个，监级建制 1 个，又有说明文字 36 行 700 多字，以宋代版图为基础分析历代政治地理变迁。绍兴五年，陈得一编《统元历》。孝宗时，刘孝荣先后编《乾道历》《淳熙历》《会元历》。庆元五年，任职

---

① 潜说友等：《咸淳临安志》，载中华书局编辑部编：《宋元方志丛刊》第 4 册，中华书局 1990年第 1 版。

② 陈美东：《中国科学技术史》（天文学卷），科学出版社 2003 年第 1 版，第 595 页。

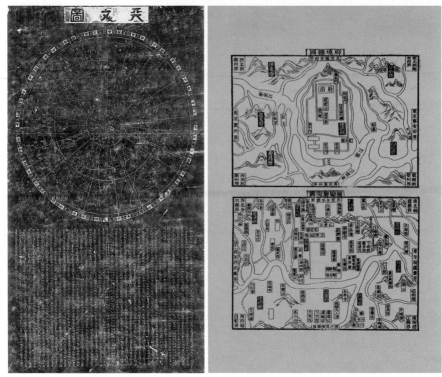

南宋黄裳《天文图》（苏州碑刻博物馆藏）和绍兴九年（1139年）董棻修纂，淳熙十三年（1186年）陈公亮、刘文富重修纂《淳熙严州图经》清光绪二十二年（1896年）渐西村舍汇刊本

于太史局的杨忠辅制定《统天历》，准确地测定地球一回归年时间计为 365.2425 日，接近现今通用的公历。他还发现回归年时间在逐渐变化。其历算达到当时世界一流水平。开禧三年（1207 年），又有鲍瀚之《开禧历》，此后另有《淳祐历》《会天历》《成天历》《本天历》。《淳祐临安志》卷一〇《山川》收录北宋吕昌明《浙江四时潮候图》。这份潮候图对每日海潮涨落的时辰和潮汐的大小、水势高低作了详细记录。

宋代地学异常发达。北宋著名的地理类全国总志有乐史《太平寰宇记》、王存等《元丰九域图志》、欧阳忞《舆地广记》，南宋则有王象之《舆地记胜》和祝穆《方舆胜揽》。北宋地理图经空前繁荣，李宗谔纂《祥符杭州图经》，又有《祥符严州图经》。南宋三纂《严州图经》，即董弅纂《绍兴新定志》，董棻修纂、陈公亮和刘文富重修纂《淳熙严州图经》，钱可则修、郑瑶和方仁荣纂《景定严州续志》（《景定新定续志》）。《淳熙严州图经》是现存最早且存有地图的图经。

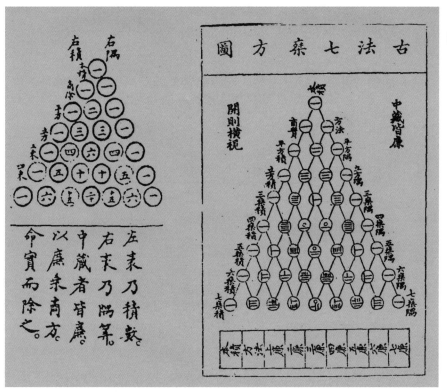

宋杨辉《详解九章算法》附录《纂类》保存的贾宪二项式展开式系数表《古法七乘方图》即"开方作法本源图"（"贾宪三角"或"杨辉三角"）

　　南宋数学家杨辉、秦九韶与金元时期的李冶、朱世杰并称"宋元数学四大家"。杨辉署名的数学著作有《详解九章算法》《九章算法纂类》《详解算法》《日用算法》《乘除通变本末》《田亩比类乘除捷法》《续古摘奇算法》等，其中后 3 种又合编为《杨辉算法》。南宋景定二年（1261 年），杨辉撰《详解九章算法》并附《纂类》，对三国魏刘徽和唐李淳风注、北宋贾宪细草《九章算术》进行详解。贾宪约于皇祐二年（1050 年）发明的"增乘开方法"和"开方作法本原图"不仅是中国数学史上的伟大成就，而且在世界数学史上也居于领先水平。1804 年意大利数学家保罗·罗斐尼（Paolo Ruffini）创立了一种逐步近似法解数字高次方程的无理数根的近似值解法，1819 年，英国数学家威廉·乔治·霍纳（William George Horner）发表《连续近似解任何次数字方程的新方法》一文，欧洲至今称这种推算高次方程正根的方法为罗斐尼－霍纳法。此法与贾宪的增乘开方法演算步骤相同，但晚了 750 年。刘益约于北宋元丰三年（1080 年）撰成《论古根源》，将贾宪的增乘开方法发展为高次方程的普遍解法，适用于系数是正数、负数、整数、小数的一般方程。《论古根源》已失传，此法赖有杨辉的《田亩比类乘除捷法》记载才保存下来。《详解九章算法》里的"杨辉三角"，是二项式系数在三角形中的一种几何排列，也称"贾宪三角"。"贾宪三角"比欧洲"帕斯卡三角形"早 600 年。杨辉在《日用算法》等书中还对乘除法进行改革，发明了"九归口诀"，不仅提高了运算速度和精确度，而且还对珠算的改进起到了重要的推动作用。秦九韶精研星象、音律、算术、诗词、弓剑、营造之学。著有《数书九章》，其中的大衍求一术（一次同余方程组问题解法）、三斜求积术和秦九韶算法（高次方程正根数值求法）达到世界先进水平。另外，他还首次对中国古代求解一次同余式联立方程的方法进行系统介绍，并加以推广应用。这种算法在国外称作霍纳算法，而秦九韶比霍纳早近 600 年发明了此算法。

宋代十分重视医学发展。北宋初在翰林院设翰林医官院，分唐代太医署医政管理职能；同时保留隶于太常寺的太医署，作为形式上的医学教育管理机构。有学者认为至迟在淳化三年（992 年）已正式设立医学教育机构太医局，也有学者认为始设于庆历四年（1044 年），医学教育开始走向正规化、专业化。太医局内分方脉、疡科、针科 3 科，熙宁九年（1076 年）有师生 300 余人。徽宗时，太医局选人还设殿试。《宋史·艺文志》收录的宋代医学著作有 509 种。北宋太宗诏编《太平圣惠方》，仁宗时编《嘉祐本草》，徽宗又编《圣济总录》（《政和圣剂总录》），采辑历代医籍并征集民间验方和医家献方。《圣济总录》收载药方约 2 万首，较全面地反映了北宋时期医学发展的水平。南宋绍兴二十九年（1159 年），朝廷刊行《绍兴校定经史证类备急本草》，使本草编撰转向删繁存要和分类精简的方向。唐慎微、庞安时、崔嘉彦、朱肱、董汲、孙用和、王唯一、孙奇、孙兆等民间医家也写了大量医著。唐慎微撰《经史证类备急本草》代表了宋代药物学最高成就，在中国药学史上有重要地位。庞安时撰《伤寒总病论》、崔嘉彦撰《脉诀》对后世也有较大影响。唐代医学设医、针灸、按摩、咒禁 4 科，宋代发展到大方脉科、小方脉科、眼科、风科、产科、口齿咽喉科、针灸科、疮肿折疡科、金镞兼书禁科 9 科。陈自明撰《妇人大全良方》是现存最早的妇产科著作，该书将产科分妇、产两科。钱乙首次以儿科独立为科，其《小儿药症直诀》是最早的以原本保存下来的儿科专著。宋代的解剖学和法医学更是成就卓越。吴简（一作灵简）编《欧希范五脏图》是已知中国最早的人体解剖学图谱，杨介编《存真图》更具体详备。淳祐七年（1247 年）宋慈撰成的《洗冤集录》是世界上最早的法医学专著，比 1598 年意大利人福图纳托·费德勒（Fortunato Fedele）著欧洲第一部法医学著作《医生的报告》早 350 多年。宋代还设和剂局和太平惠民局（熟药所）等，负责生产和出售中药制剂，又颁布中国第一部成药制剂规范《太平惠民和剂局方》。

宋代也十分重视科学技术教育，科举考试注重增加这方面内容，扩大了医学和算学等的规模，对科学技术发展具有积极的引导和推动作用。苏颂参加科举考试，3 次遇到科学技术类试题。北宋崇宁三年（1104 年）设算学，习天文、历算等。入学资格分命官子弟和庶人子弟两种。学生定额 210 人，是唐代算学人数的 7 倍。大观四年（1110 年）算学归太史局管辖。南宋绍兴初年，太史局试补算学生。《宋史》卷一五七《志第一百十·选举》载："淳熙元年春，聚局生子弟试历算《崇天》《宣明》《大衍历》三经，取其通习者。五年，以《纪元历》试。九年，以《统元历》试。十四年，用《崇天》《纪元》《统元历》三岁一试。绍熙二年，命今岁春铨太史局试，应三全通、一粗通，合格者并特收取，时局生多阙故也。嘉定四年，命局生必俟试中，方许补转。"其后，光宗、宁宗也曾陆续诏命补试太史局算学生。理宗时又将太史局对算学、历法考试录官的权利收归秘书省管理。"理宗淳祐十二年，秘书省言：'旧典以太史局隶秘书省，今引试局生不经秘书，非也。稽之于令，诸局官应试历算、天文、三式官，每岁附试，通等则以精熟为上，精熟等则以习他书多为上，习书等则以占事有验为上。诸局生补及二年以上者，并许就试。一年试历算一科，一年试天文、三式两科，每科取一人。诸同知算造官阙有试，翰林天文官阙有试，诸灵台郎有应试补直长者，诸正名学生有试问《景祐新书》者，诸判局阙而合差，诸秤漏官五年而转资者，无不属丁秘书；而局官等人各置脚色，遇有差遣、改补、功过之类，并申秘书。今乃一切自行陈请，殊乖初意。自今有违令补差，及不经秘书公试补中者，中书执奏改正，仍从旧制，申严试法。'从之。"[1] 宋代司天监也培养天文、历算人才，由提举、判监等领导和教育。天文学分监生、正名生、额外生 3 种。监生无定员，正名生 30 人，额外生按熙宁旧法以 50 人为额。学生从司天监官员子弟和民间历算家子弟中选拔。学习 3 年者可以参加拣试。监生学习 3 年，若"本业增广，别无违阙"[2]，则可取旨授官。所用教材是北宋元丰七年（1084 年）赵彦若校定和南宋鲍澣之嘉定六年（1213 年）两次刻印的《算经十书》。另要求学生在《易经》《书经》《春秋公羊传》《春秋谷梁传》这 4 经中兼习一经，愿学《周礼》等大经者听其自便。考试也执行奖惩严明的三舍法。上舍的一、二、三等可由皇帝推恩，分别授以通仕郎、登仕郎和将仕郎。

二、信息革命及其他

北宋庆历年间（1041—1048 年），杭州布衣毕昇发明活版印刷术，改以往的雕版印刷为活字排印法，这是中国对世界文明的重大贡献。《梦溪笔谈》卷一八《技艺》云："板印书籍，唐人尚未盛为之。自冯瀛王始印五经，已后典籍皆为板本。庆历中，有布衣毕昇又为活板。其法用胶泥刻字，薄如钱唇。每字为一印，火烧令坚。先设一铁板，其上以松脂蜡和纸灰之类冒之，欲印则以一铁范置铁板上，乃密布字印。满铁范为一板，持就火炀之。药稍熔，则以一平板按其面，则字平如砥。若止印三二本未为简易，若印数十百千本，则极为神速。常作二铁板，一板印刷，一板已自布字。此印者才毕，则第二板已具。更互用之，瞬息可就。每一字皆有数印，如'之''也'等字，每字有二十余印，以备一板内有重复者。不用则以纸贴之。每韵为一贴，

---

[1] 脱脱等：《宋史》卷一五七《志第一百十·选举三》，中华书局 1977 年第 1 版。

[2] 徐松辑：《宋会要辑稿·职官三一之一》，中华书局 1987 年第 1 版。

木格贮之。有奇字素无备者，旋刻之。以草火烧，瞬息可成。不以木为之者，木理有疏密，沾水则高下不平，兼与药相粘不可取。不若燔土，用讫再火令药熔，以手拂之，其印自落，殊不沾污。昇死，其印为予群从所得，至今宝藏。"① 胶泥活字就像印章，将它们置于带框的铁板内固定后印刷，可以大大提高印书效率。沈括对活字印刷术记述较为详细，但对毕昇的籍贯和他在何地发明活版印刷术却未提及。据毕昇死后泥活字被沈括的侄子收藏这一点，一般推测毕昇与沈家或是亲戚，或是近邻。沈括是杭州人，毕昇可能也是杭州人。1990 年湖北省英山县草盘地镇五桂村毕家坳发现毕昇墓碑，但是否即是活字印刷术发明者毕昇尚有疑问。现知宋代用活字印书的实例，仅有南宋周必大于绍熙四年（1193 年）印《玉堂杂记》的记载。《文忠集》卷一九八《札子十·程元成给事》云："某素号浅拙，老益谬悠，兼心气时作，久置斯事。近用沈存中法，以胶泥铜版移换摹印，今日偶成《玉堂杂记》二十八事，首恩台览。尚有十数事俟追记补段绪纳。窃计过目念旧，未免太息。岁月之沄沄也。"② 说的是南宋绍熙四年（1193 年）周必大参考毕昇法印《玉堂杂记》，但此活字版《玉堂杂记》未见传世实物。元初王祯《农书》附载《造活字印书法》云："后世有人别生巧技，以铁为印盔，界行内用稀沥青浇满冷定，取平火上再行煨化，以烧熟瓦字排于行内，作活字印版……近世又有铸锡作字，以铁条贯之作行，嵌于盔内界行印书。但上项字样难于使墨，率多印坏，所以不能久行。今又有巧便之法，造木作印盔，削竹片为行。雕板木为字，用小细锯镂开各做一字，用小刀四面修之，比试大小高低一同，然后排字作行，削成竹片夹之。盔字既满，用木榍搉之，使坚牢，字皆不动，然后用墨刷印之。"③ 由此可断定，南宋除了"烧熟瓦字"的泥活字，还有锡活字，南宋末或元初已有改进的木活字。1965 年温州市瓯海区白象塔二层发现《佛说观无量寿佛经》印本残页，有人认为系北宋崇

① 沈括撰，胡道静校证：《梦溪笔谈校证》，上海古籍出版社 1987 年第 1 版。
② 周必大：《文忠集》，永瑢、纪昀等编纂：《文渊阁四库全书》，上海古籍出版社 2012 年第 1 版。
③ 王祯：《农书》，《丛书集成初编》第 1467 册，中华书局 1991 年第 1 版。

宁二年（1103 年）前后的活字印刷实物，与沈括的活字印刷记载可以互证。活字印刷术在宋代毕竟属于初创，有许多不可克服的缺点，未能推广应用。甚至后来金属活字、木活字、瓷活字使用面扩大以后，仍以木刻雕版印刷为主流。

宋代雕版印刷已经十分成熟，事实上引发了一场信息革命。如前所述，媒介和传播方式的改变使信息由单一的口耳相传变为视觉、语言、文字传播，接受者可以甄别、筛选并做出符合理性的判断，开启了学术发明或改善发明的新时代。宋代所刻之书数量多、质量好，以纸墨精良、版式疏朗、字体圆润、做工考究闻名于世，至今仍被视作印刷精品。高濂《论藏书》云："宋人之书，纸坚刻软，字画如写，格用单边，间多讳字，用墨稀薄。虽着水湿，燥无湮迹。开卷一种书香，自生异味。"① 由于传世稀少，宋版书如今价值连城。北宋已形成河南、两浙、四川、福建、江西五大刻书中心，以两浙杭州最为著名。南北宋之交的叶梦得曾说："今天下印书以杭州为上，蜀本次之，福建最下。京师比岁印版殆不减杭州，但纸不佳；蜀与福建多以柔木为之，取其易成而速售，故不能工；福建本几遍天下，正以其易成故也。"② 北宋的印刷业分三大系统，官方国子监所刻称监本，民间书坊所刻称坊本，士绅家庭所刻称私刻。国子监除了遍刻儒家经典以外，还大量校刻史书、子书、医书、算书、类书、诗文总集等。

由于刻版印书实力雄厚，刻书质量特高，大批国子监用书也在杭州刻印。北宋时在杭州的市易务下设立刻书所，有相当可观的盈利。元祐四年（1089 年）苏轼上《乞赐州学书版状》，要求调拨市易务印书雕板以解决州学办学经费："臣勘会市易务元造书版用钱一千九百五十一贯四百六十九文，自今日以前所收净利，已计一千八百八十九贯九百五十七文，今若赐与州学，除已收净利外，只是实破官本六十一贯五百一十二文，伏乞详酌施行。"③ 杭州地方政府也

---

① 高濂：《遵生八笺》卷一四《燕闲清赏笺》上《论藏书》，永瑢、纪昀等编纂：《文渊阁四库全书》，上海古籍出版社 2012 年第 1 版。

② 叶梦得：《石林燕语》卷八，宇文绍、奕考异、侯忠义点校，中华书局 1984 年第 1 版。

③ 苏轼：《苏轼文集》卷二九《乞赐州学书版状》，孔凡礼点校，中华书局 1986 年第 1 版。

刻书，如元丰末、元祐初刻辽僧人释行均所撰佛教韵书《龙龛手鉴》。沈括《梦溪笔谈》卷一五《艺文二》云："幽州僧行均集佛书中字为切韵训诂，凡十六万字，分四卷，号《龙龛手镜》……熙宁中，有人自虏中得之，入傅钦之家。蒲传正帅浙西，取以镂板。"[①]又如印有景祐四年（1037 年）杭州通判林冀等衔名、经杭州详定官重新刊定的唐代诗人白居易的《白氏文集》。翟昭应知仁和县时将《刑统律疏正本》改为《金科正义》印卖。私人刊印者有临安陈氏万卷堂、钱塘颜氏、杭州沈氏等。坊肆刻书有杭州晏家和钱家。宋代杭州还继承五代吴越国遗绪广泛刊刻佛经。庆历二年（1042 年），晏家经坊校勘《妙法华严经》，并于熙宁元年（1068 年）至二年刊印，广行天下。嘉祐五年（1060 年）、八年，钱家经坊刻印《妙法莲华经》。哲宗时，泉州商人徐戬受高丽国委托在杭州刻《华严经》版 2900 多片，得高丽国赏银颇多。当时的佛寺也盛行刻书。龙兴寺于淳化至咸平年间（990—1003 年）刻印《华严经》。有的佛寺也兼刻其他书，如大中祥符二年（1009 年），明教寺刻唐代诗人韩愈《韩昌黎集》，开杭州佛寺刻印文人著作先河。南宋临安的印刷业更为发达，且官刻和私雕并举，出现了许多刻书机构，刻书数量之多、质量之高、流传之广在全国首屈一指。官刻机构分为两种，一是国子监等中央机构，二是地方政府机构。国子监是中央官学管理机构和最高学府，同时也是当时最权威的刻书机构，所刻书籍称"监本"。监本是通行的范本，印制精美。《宋史》卷一六五《志第一百一十八·职官五》载，国子监"掌印经史群书，以备朝廷宣索赐予之用，及出鬻而收其值以上于官"[②]。据王国维《两浙古刊本考》卷下《南宋监本》考证，南宋国子监所刻书主要有经部40 种、史部 22 种、子部 4 种、集部 2 种。元代西湖书院曾对南宋国子监残书进行整理。据《元西湖书院重整书目碑》所记，凡经部 51 部、史部 36 部、子部 11 部、集部 21 部。今传本尚有汉郑玄《礼记注》、唐孔颖达《周易正义》、东晋李轨《扬子法言注》等。南宋皇家内府

---

① 沈括撰，胡道静校证：《梦溪笔谈校证》，上海古籍出版社 1987 年第 1 版。

② 脱脱等：《宋史》，中华书局 1977 年第 1 版。

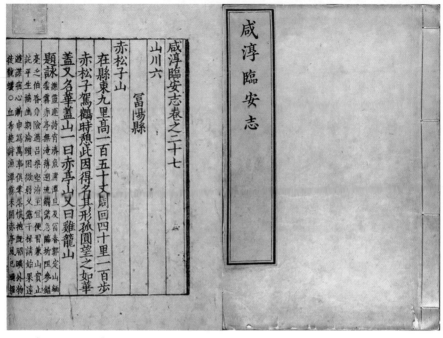

宋刊《咸淳临安志》残本（日本东京大学藏）

所属机构德寿宫及左司廊局、修内司、太医局、太史局等中央机关也刻印过不少书，通常称为"宋殿本"或某司某局本。德寿宫德寿殿刻有《隶韵》等，左司廊局刻有《春秋经传集解》《春秋左传》《国语》《史记》等，修内司刻有《乐府混成集》《绍兴校定本草》等，太医局刻有《小儿卫生总微论方》《脉经》等。专掌国家藏书与编校工作的秘书省下的太史局设有印历所，"掌雕印历书。南渡后，并同隶秘书省"①。交引库印制茶、盐钞引，行在会子库印造会子。地方政府机构如浙西都转盐运使司、浙西提点刑狱司、两浙西路茶盐使司、临安府等也刻印了不少书籍。浙西都转盐运使司刻有《易数钩隐图》《中兴馆阁书目》《中兴百官题名》《救荒活民书》和《林和靖先生诗集》《龟溪集》等，浙西提点刑狱司刻有《作邑自箴》等，两浙西路茶盐使司刻有《临川王先生文集》等，临安府刻有《仪礼疏》《通典》《群经音辨》《文粹》《西汉文类》《圣宋文海》《说文解字系传》《广韵》等。

南宋中晚期，私刻之禁被冲破，临安一时私刻之风盛行。御河棚桥边的一些街巷尤多书坊，所刻书形式风格也相近，通称"棚本"。有名可考的书坊有临安府棚北大街睦亲坊南陈宅书籍铺、临安府棚北

---

① 脱脱等：《宋史》卷一六四《志第一百一十七·职官四》，中华书局1977年第1版。

大街睦亲坊巷口陈解元书籍铺、临安府洪桥子南河西岸陈宅书籍铺、临安府鞔鼓桥南河西岸陈宅书籍铺、临安府太庙前尹家书籍铺、临安府众安桥南街东开经书铺贾官人宅、临安府修文坊相对王八郎家经铺、钱塘门里车桥南大街郭宅经铺、保佑坊前张官人经史子文籍铺、行在棚南街前西经坊王念三郎家、杭州沈二郎经坊、杭州猫儿桥河东岸开笺纸马铺钟家、太学前陆家、临安府中瓦南街东开印输经史书籍铺荣六郎家、大河北段油蜡桥（新桥）西桥橘园亭文籍书房、铺塘俞宅书塾、钱塘王叔边宅、临安府金氏等。其中荣六郎开设的经史书籍铺是从开封大相国寺东边迁来的，南宋初年曾名闻一时。南宋临安的寺院刻书风气也很盛，如净戒院刻《长短经》、开化院刻《四分律比丘尼钞》、慧恩院刻《华严经随疏演义钞》等。

临安府棚北大街睦亲坊南陈宅书籍铺、临安府棚北大街睦亲坊巷口陈解元书籍铺是陈起、陈思（续芸）父子的书肆，其刊本是棚本中最著名的。陈起与一些重利的商人不同，往往对贫困文士慷慨相助。他擅诗文，与许多江湖诗人有交往，被认为是南宋江湖诗派一员。他刻印了多种江湖诗人诗集，为江湖诗派张目宣传。《钦定四库全书总目》卷一六四著录《江湖小集》时称，江湖诗派"以陈起为声气联络，以刘克庄为领袖"[①]。

陈起的经营方式独成一格：一是时常向作者赠书。如有感于刘克庄当年对于刊刻《史记》的建议，后得到一部蜀刻《史记》，就赠予刘克庄。二是允许赊书。如许棐《陈宗之叠寄书籍小诗为谢》云"君有新刊须寄我，我逢佳处必思君"[②]，提到"叠寄书籍"。黄简所说"惭愧陈征士，赊书不问金"，更直言"赊书"。三是可以借书。俞桂《谢芸居惠歊石广香》"邺侯架中三万签，半是生平未曾见。一痴容借印疑似，留客谈玄坐忘倦"、张弋《夏日从陈宗之借书偶成》"案上书堆满，多应借得归"、赵师秀《赠卖书陈秀才》"最感书

① 永瑢、纪昀主编：《钦定四库全书总目》，中华书局 1997 年第 1 版。

② 许棐：《陈宗之叠寄书籍小诗为谢》，载陈起辑：《江湖小集》卷七七《许棐梅屋稿》，永瑢、纪昀等编纂：《文渊阁四库全书》，上海古籍出版社 2012 年第 1 版。

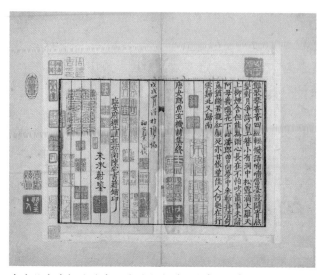

南宋临安府棚北睦亲坊南陈宅书籍铺印《唐女郎鱼玄机诗集》
（中国国家图书馆藏）

烧尽，时容借检寻"等诗句，都肯定了陈起书肆具有类似图书馆、资料室的借阅功能。① 这样做实际上也扩大了销售面。陈振孙《直斋书录解题》卷一五称陈起"巧为射利"②。陈起编辑出版的各种江湖诗集在收录范围和体例上不十分严格，随时刊印。《钦定四库全书总目》卷一八七著录《江湖后集》云："唯是当时所分诸集大抵皆同时之人，随得随刊。稍成卷帙，即别立一名以售。其分隶本无义例，故往往一人之诗而散见于数集之内。"③ 陈振孙对《江湖集》收录北宋人方惟深和南宋官员晁公武的作品不满，认为收录诗人并不尽当。这也使后人不能以《江湖集》是否收录作为判定江湖诗派成员的依据。陈起在资金周转上有可能采取类似"寄销"的手段，只有待诗册售出，作者才能得利。许棐《赠叶靖逸》诗云"朝士时将余俸赠，铺家传得近诗刊"④，视新诗印成上架为好消息，可隐约窥见"寄销"之意。编辑诗集是艺术劳动或学术劳动，但功利追求也是很重要的方面。陈振孙《宝刻丛编》序又称："都人陈思卖书于都市，士之好古博雅，搜遗猎忘，以足其所藏。与

---

① 黄简：《秋怀寄陈宗之》，俞桂：《谢芸居惠歙石广香》，张弋：《夏日从陈宗之借书偶成》，赵师秀：《赠卖书陈秀才》，载叶德辉：《书林清话》卷二《南宋临安陈氏刻书之一》，耿素丽点校，国家图书馆出版社 2009 年第 1 版。

② 陈振孙：《直斋书录解题》，徐小蛮、顾美华点校，上海古籍出版社 1987 年第 1 版。

③ 永瑢、纪昀主编：《钦定四库全书总目》，中华书局 1997 年第 1 版。

④ 许棐：《赠叶靖逸》，载陈起辑：《江湖小集》卷七五《许棐梅屋诗稿》，永瑢、纪昀等编纂：《文渊阁四库全书》，上海古籍出版社 2012 年第 1 版。

夫故家之沦坠不振，出其所藏以求售者，往往交于其肆。且售且卖，久而所阅滋多，望之辄能别其真赝。"又曰："思，市人也。其为是编，志于卖而已矣，而于斯文有补焉。视他书坊所刻或芜秽不切、徒费版墨、靡棁楮者可同日而语哉？诚以是获厚利，亦善于择术矣。"①可见陈思既收罗没落大家族的旧籍，又自己刊刻书籍出售给市人。

临安的官刻、私刻都追求经济效益。官刻除上述经史子集外，还印了历法、园艺等实用类书；私刻则更加注重实用类书的出版，颇受市场欢迎。一些书坊为求速成而力求简易，使用了简化字。罗振玉在日本影印的临安中瓦子张家所刻《大唐三藏取经诗话》中就有多个简化字。如《过狮子林及树人国》一章中"一个驴儿吊在厅前，及到山西王长者儿处"中的"驴""厅""处"等字都是简化字。这对后世的刻书事业及文字改革有深远影响。

宋代还是中国新闻传播业的兴起时代，其标志是邸报的成型。"邸报"之名最早出现于宋代，又称"邸抄"（邸钞），并有"朝报""条报""杂报"之称，是一种新闻通报。据文献记载，汉代的郡国和唐代的藩镇都曾在京师设邸如进奏院，作用相当于现今的各省驻京办事机构，功能是传达朝政消息。邸报最初在政府内部传抄，后张贴于宫门，故又称"宫门抄""辕门抄"，并逐渐扩大发行范围。宋代邸报的报道面较为宽广，信息量也较唐代进奏院状丰足，从重大政事、廷议奏对到皇帝的言行起居皆有涉及，信息容量大于册命、制书、印启、官诰、敕、牒、谱、状等官方文书，具有高度的信息集纳性和综合性。读者可分为基本读者和扩散型读者两类。基本读者拥有固定衙司和具体差遣，有法定的邸报接收、阅读权，具体包括中央各部门和路、州（府）、县、镇等地方各衙司在职官员。扩散型读者借助工作之便或依靠人际关系而获得阅读机会，具体包括部分致仕官员、官员亲属、吏胥、在野文人等。他们涵盖了当时主要的政治、文化精英，读者群不仅大大超过唐、五代，而且元、明、清几代也难望其项背。邸报不仅有新闻传播

---

① 倪涛：《六艺之一录》卷一二六《石刻文字一百二·陈直斋宝刻丛编序》，钱伟强等点校，浙江人民美术出版社 2015 年第 1 版。

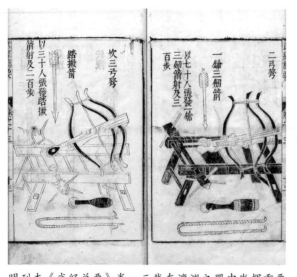

明刊本《武经总要》卷一三载在澶渊之盟中发挥重要作用的宋代武器三弓床弩

作用，也发挥了舆论监督功能。宋代定本制度对邸报的审查，既造成了邸报内容受限和传播滞后，又造就了小报市场。小报更自由、信息更多，虽屡遭官府查禁，但持续繁荣发展，是新闻传播的重要补充。

宋代已掌握较多化学和物理学知识，并能较主动地运用化学、物理变化创造新物质或改善旧物质，如陶瓷、纸张、合金、药物、丹剂等；能通过对天然物质进行化学加工提取糖、酒、香料、染料等；能运用化学能量，如煤炭、石油在生产中应用，火药在军事上广泛使用等。尤其是火器、航海、印刷、建筑、制瓷、丝织等实用技术都发展到前所未有的高度。它们与生产相结合，产生了巨大的经济社会效益。宋代还发明多弓床弩等先进武器。

早在春秋战国时期，炼丹家就烧炼火药，不过在很长一段时间只将其当作仙丹。对于硫磺、砒霜等剧毒金石药，炼丹家在使用前常用烧灼的办法"伏"一下（"伏"即降伏的意思），以使毒性失去或减低，称为"伏火"。唐代文献明确记载了以硫磺伏火法、伏火矾法制造火药的工艺，主要原料是硫磺、硝石和炭素粉末。由于炼制过程极易发生火灾，其燃烧爆炸功能被发现。后被用来制造烟花，常在烟火杂技、幻术表演中使用。再用于军事，唐代末期发明了最早的火箭。北宋后期，曾公亮、丁度等所纂《武经总要》记载当时的火药武器有火球、火箭、铁嘴火鹞、毒药烟球等，以投掷法或弓箭法施放，具有燃烧、爆破、熏灼、放毒、放烟幕等功能。但由于这些火器的直接杀伤力不大，所以应用并不广泛。到了南宋，火药武器开始得到大规模使用和推广，并发明了管形火器。绍兴二年（1132 年），名将陈规发明能喷射火焰的长竹竿筒"火枪"，为世界上最早的管形火器。另外又发明并广泛使用威力巨大的火药箭和霹雳炮，在绍兴末年的采石之战中给金兵以沉重打击。南宋在荆州和建康设立火药兵器制作院，在临安设立火药局，专门掌管火器火药生产和储存。

宋代海外贸易兴盛和航运技术的发展与东南沿海发达的造船业有关，特别是得益于指南针和航海图的应用、海洋潮汐研究综合作用下的航运技术发展。指南针在宋代以前主要用于看风水，导航主要还是依赖天文和地文。指南针在航海中的实际应用记载最早见于北宋末年朱彧所著《萍洲可谈》和徐兢所著《宣和奉使高丽图经》，在航海中的普遍运用却是在航海业十分发达的南宋时期。南宋时的指南针构造已从北宋简单的"水浮法"发展为比较先进和复杂的罗盘。南宋末，福建人陈元靓写的南宋日用类百科全书《事林广记》后集卷一一《器用类》介绍了当时的"龟型装置法"。此法将一天然磁石安装在木刻龟腹的竹钉上。这是后来旱罗盘的先声。南宋赵汝适《诸蕃志》卷下《海南》载："舟舶来往，唯从指南针为则。昼夜守视唯谨，毫厘不差，生死系矣。"[①]《梦粱录》卷一二《江海船舰》云："风雨晦冥时唯凭针盘而行。乃火长掌之，毫厘不敢差误。盖一舟人命所系也。"[②]都指出指南针、罗盘对航海的重要性。李约瑟指出，罗盘在航海中的应用是航海技术的巨大变革，它把原始航海时代推到终点，预示计量航海时代的来临。

三、《耕织图诗》与农学思想

楼璹的《耕织图诗》对南宋都城临安一带的农业、丝织业生产经验进行系统总结。楼璹是鄞县（今浙江省宁波市鄞州区）人，绍兴三年（1133 年）任於潜（今属杭州市临安区）县令，后官至扬州知州兼

---

① 赵汝适撰，冯承钧校注：《诸蕃志校注》，中华书局 1956 年第 1 版。
② 孟元老：《东京梦华录》，见孟元老等：《东京梦华录》（外四种），周峰点校，文化艺术出版社 1998 年第 1 版。

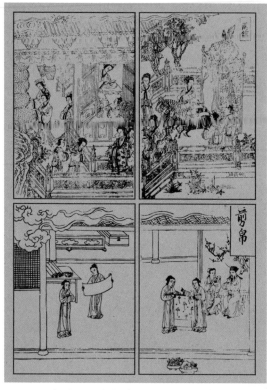

明天顺六年（1462年）摹刊南宋版楼璹《耕织图诗》
（日本国立公文书馆藏）

淮南路转运使、右朝议大夫等。致仕后继续为家乡做公益慈善，"取范仲淹规模为义庄，以活宗族之不给者。滨江有堤壤，以钱百万倡率里人共为之"①。楼璹擅画，除《耕织图》外还作有《六逸图》《四贤图》等。任於潜县令时绘制《耕织图》45幅并配诗，构成《耕织图诗》。该书进呈后获高宗嘉奖。其中涉及纺织之事的织图24幅，"织自浴蚕，以至剪帛，凡二十四事"②。内容有浴蚕、下蚕、喂蚕、一眠、二眠、三眠、分箔、采桑、大起、捉绩、上簇、炙箔、下簇、择茧、窖茧、缫丝、蚕娥、祀谢、络丝、经、纬、织、攀花、剪帛等。织图中史料价值最高的是《攀花》一图描绘的束综提花楼机图，这是中国目前发现的最早的提花机图录。宋代以前广泛使用的织机是多综多蹑织机，束综提花机较之在技术上有了很大改进。多综多蹑织机可织花纹不太复杂的锦绮等类丝织品，束综提花机则可织造"对雉、斗羊、翔凤、游麟"之类复杂或大型图案，是当时世界上最先进的丝织机。《耕织图》中的《经》一图则对轴架式整经进行了细致描绘，表明至晚在南宋时已普遍使用这种工艺。

---

① 陆心源辑撰：《宋史翼》卷二〇《楼璹传》，中华书局1991年第1版。

② 楼钥：《攻媿集》卷七六《跋扬州伯父〈耕织图〉》，永瑢、纪昀等编纂：《文渊阁四库全书》，上海古籍出版社2012年第1版。

清焦秉贞摹绘楼璹《耕织图诗》束综提花机和轴架式整经机（焦秉貞摹繪，玄燁、弘歷詩：《耕織圖詩》，日本東京東陽堂明治二十五年〔1892年〕刊本）

其过程是将丝籰（复摇、络丝时卷绕生丝的木、竹框架）排列在有小环的横木下，引出丝绪穿过小环和掌扇（即分交箝，分交用的经牌）绕在经架（类似经耙，古代织机主要部件，将经丝理成所需长度的工具）上。一人转动经架上的手柄，一人用掌扇理通扭结的经丝，将丝均匀地绕在大丝框上，冉翻卷在经轴上。这种整经工具与经耙式的相比，不仅产量高、质量有保证，而且对棉、毛、丝、麻等纤维都适用，所以后来一直沿用至晚清。其工作原理与晚清大圆框式的自动整经机完全一致。宋代还出现其他许多丝织图，如梁楷《蚕织图》、佚名《耕织图》、佚名《蚕织图》等。缫丝有熟缫和生缫两种。熟缫指茧经盐浥、烘干等贮藏工序之后再缫；生缫则以生茧直接缫丝，所得之丝洁净鲜明，质量也较好。宋代使用的缫丝机，在北宋秦观所著《蚕书》中有详细描述，但没有图示。而从佚名《蚕织图》所示缫丝机来看，当时临安等南方地区使用的缫丝机形制与近代杭嘉湖地区的缫丝机无大区别。这种缫丝机主要包括机架和集绪、捻鞘、卷绕功能组件等几大部分，传动装置由一脚踏杆和一曲柄连杆机构相连而成，缫丝者可腾出双手索绪、添绪，大大提高了生产效率。经多年研究，学界一般认定竖锭大纺车创始于南宋。其中尺寸大的主要用于捻麻，尺寸小的主要用于捻丝。

宋代其他与农业相关的科学技术发明也较多。如除饲养食用鱼外，南宋临安还最早培育了观赏鱼——金鱼。明李时珍《本草纲目》卷四四《鳞部三》集解云："金鱼有鲤、鲫、鳅、鳖数种。鳅、鳖尤难得，独金鲫耐久，前古罕知……自宋始有蓄者，今则人家处处养玩矣。"[1]苏轼《去杭十五年，复游西湖，用欧阳察判韵》诗云："我识南屏金鲫鱼，重来扪槛散斋余。"[2]释惠洪《冷斋夜话》卷二解释说："西湖南屏山兴教寺池有鲫十余尾，皆金色，道人斋余争倚槛投饼饵为戏。东坡习西湖久，故寓于诗词耳。"[3]不过，北宋这种金鲫鱼还只是鱼变前的红黄色鲫鱼。南宋时开始精选野生的金鲫鱼，饲以污水中的小红虫。经长期人工选择，以鱼变培育出金鱼。《梦粱录》卷八《德寿宫》记载德寿宫建有"金鱼池，匾曰泻碧"。卷一八《物产》又载："金鱼，有银白、玳瑁色者……今钱塘门外多蓄养之。入城货卖，名鱼儿活。豪贵府第宅舍沼池蓄之。青芝坞玉泉池中盛有大者，且清水泉涌，巨鱼游泳堪爱。"[4]南宋岳珂《桯史》卷一二《金鲫鱼》云："今中都有蓥鱼者，能变鱼以金色。鲫为上，鲤次之……问其术，秘不肯言。或云以阛市洿渠之小红虫饲，凡鱼百日皆然。初白如银，次渐黄，久则金矣。未暇验其信否也。又别有雪质而黑章，的皪若漆，曰玳瑁鱼，文采尤可观。逆曦之归蜀，汲湖水浮载，凡三巨艘以从。诡状瑰丽，不止二种。唯杭人能饵蓄之，亦挟以自随。"[5]培育金鱼说明已关注

[1] 李时珍：《本草纲目》，王育杰整理，人民卫生出版社 2005 年第 2 版。

[2] 苏轼：《苏轼诗集》卷三一《去杭十五年，复游西湖，用欧阳察判韵》，王文诰辑注，孔凡礼点校，中华书局 1982 年第 1 版。

[3] 释惠洪：《冷斋夜话》，陈新点校，中华书局 1988 年第 1 版。

[4] 吴自牧：《梦粱录》，见孟元老等：《东京梦华录》（外四种），周峰点校，文化艺术出版社 1998 年第 1 版。

[5] 岳珂：《桯史》，吴企明点校，中华书局 1981 年第 1 版。

生物遗传和变异关系。

宋代的农业生产技术发展不仅表现在实践上，而且有丰富的理论总结。宋代农书数量激增，且内容涵盖气象、农具、水利、粮食以及经济作物、园艺、蚕桑、病虫害防治、畜牧兽医等各方面。这些理论总结相当全面，涉及多种经济作物和与农业相关的手工业、商业的开发，实际上也从技术层面对当时的商品性农业或商农经济进行全景式反映。今人王毓瑚《中国农学书录》收书542种（其中佚书200余种），著录宋代农书114种，其中南宋49种。而据方健补考，南宋农书数量远远超过北宋。[1]邱志诚《宋代农书考论》一文考证，确定是宋代的约131种，可能是宋代的约10种。其中农业通论13种，即确定的贾道元《大农孝经》、何亮《本书》、佚名《农家切要》、陈旉《农书》、刘清之《农书》、陈峻《农书》、陈克己之父《农书》、范如圭《田夫书》、楼璹《耕织图诗》、何先觉《耕桑治生要备》、佚名《秦农要事》、佚名《鄙记》，可能是宋代的熊寅亮《农子》。另有月令书、通书8种，即佚名《真宗授时要录》、佚名《十二月纂要》、邓御夫《农历》、刘清之《时令书》、温革《琐碎录》、佚名《琐碎录后录》、陈元靓《博闻录》、佚名《四时栽种记》。涉及经济作物茶、花、果、竹等经济作物以及野菜类的最多，计有确定是宋代的77种，可能是宋代的6种。著名者如丁谓《北苑茶录》、刘异《北苑拾遗》、蔡襄《茶录》、沈括《茶论》、宋徽宗《大观茶论》、熊蕃《北苑贡茶录》、王灼《糖霜谱》、陈翥《桐谱》、陈景沂《全芳备祖》、陆游《天彭牡丹谱》、范成大《范村梅谱》《范村菊谱》、韩彦直《橘录》、史正志《菊谱》、史铸《百菊集谱》、沈竞《菊谱》、马揖《菊谱》、胡融《图形菊谱》、沈庄可《菊谱》、王贵学《兰谱》、赵时庚《金漳兰谱》、陈思《海棠谱》、张镃《梅品》、周必大《玉蕊辨证》、陈仁玉《菌谱》等。[2]另外还有大量散在的相关文章。这些著述作者几乎涵盖了各界精英，且众体均备，类别繁多，体裁多样，内容丰富，

---

[1] 方健：《南宋农业史》，人民出版社2010年第1版，第350页注[1]。

[2] 邱志诚：《宋代农书考论》，《中国农史》2010年第3期。

既有以理论创新著称而在农学史上举足轻重的综合性农书，也有极为系统的专题性农书，还有通俗普及性农书。陈旉的《农书》最具开创性，虽然篇幅不长，但系统总结了江南农业生产技术经验，与《氾胜之书》《齐民要术》《农政全书》和王祯《农书》列为"五大农书"。陈旉在书中指出，连种、套种未必导致地力下降，只要耕耨得宜就可以保持肥力，以实现地力常新壮。①他的农学思想既体现天、地、人三才相维的哲学观，也有生态农业观的朴素萌芽。在其影响下，江南形成了系统的深耕、细耙、再耖水田整地技术，通过种植绿肥作物广辟各种肥源，并使种地、养地相结合，一年两熟、三熟作物得到广泛开发。当时稻田耕作已可耕、耙、耖同步作业，并有成熟的施肥、灌溉、耘耥、烤田等技术。时人高斯得曾说，"浙人治田""深耕熟犁"，已达到"壤细如面"的程度。②即在复种的基础上非常重视精耕细作。嘉定五年（1212 年），富阳县令程珌《壬申富阳劝农》云："虽田无不耕，而粪田不至。每见衢、婺之人收蓄粪壤，家家山积，市井之间扫拾无遗。故土膏肥美，稻根耐旱，米粒精壮。此邦之人重于粪桑，轻于壅田。"③就是陈旉思想的反映应用。农作物复种的一大关键是排水防涝。宋末元初王祯《农书·百谷谱集之一·大小麦（青稞附）》称：麦"未种之先，当于五六月暵地。若不暵地而种，其收倍薄"④。虽针对冬麦，却也是两熟复种制的难题。他所总结的"腰沟"排水法正是南宋人的发明。种植水稻有"干干湿湿"之说，后期土壤湿度不能太大；种麦则须重视排水、中耕、施肥等。育秧移栽技术最早似出现在汉代，从杜甫《行官张望补稻畦水归》诗已出现"插秧"看至迟也在唐代中叶，而其普遍化则在宋代，技术成熟要到南宋。中耕耘田技术在当时也臻成熟。南宋张九成《横浦先生文集》卷一六《王耕耘

---

① 陈旉：《农书》卷上《粪田之宜篇第七》，农业出版社 1956 年第 1 版。

② 高斯得：《耻堂存稿》卷五《宁国府劝农文》，《丛书集成初编》第 2041 册，中华书局 1991 年第 1 版。

③ 程珌：《洺水集》卷一九《劝农文·壬申富阳劝农》，永瑢、纪昀等编纂：《文渊阁四库全书》，上海古籍出版社 2012 年第 1 版。

④ 王祯：《农书》，《丛书集成初编》第 1467 册，中华书局 1991 年第 1 版。

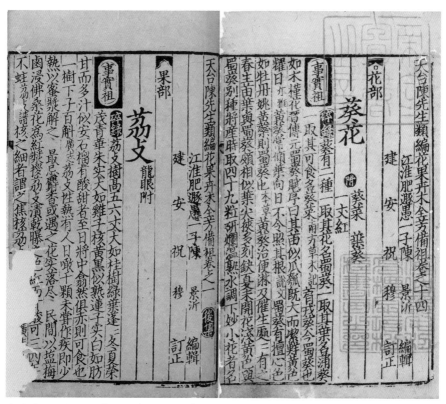

宋陈景沂编辑、祝穆订正《全芳备祖》宋刊本（日本宫内厅书陵部藏）

字序》称："农人治田，有耕有耘。耕所以起土膏也，耘所以除恶草也。有土膏以滋之，无恶草以害之，则苗勃然而兴矣。"[①] 将耕、耘视作稻作农业生产最重要的两个环节。楼璹《耕织图诗》有耕图 21 幅，每幅配以五言诗一首，表现了从浸种、耕地、平地、插秧、耘耥、灌溉等田间管理到收割、脱粒、入仓水稻种植、栽培、生产加工的全过程。楼璹侄子楼钥《攻媿集》卷七六《跋扬州伯父〈耕织图〉》称《耕织图》"农桑之务，曲尽情状"[②]。如前所述，南宋时还有传为梁楷所绘《耕织图》。陈景沂所著《全芳备祖》前集著录花果、草木类植物约 120 种，后集著录果卉、草木、农桑、蔬药类植物 170 余种，合计近 300 种，涉及

① 张九成：《横浦先生文集》，永瑢、纪昀等编纂：《文渊阁四库全书》，上海古籍出版社 2012 年第 1 版。

② 楼钥：《攻媿集》，永瑢、纪昀等编纂：《文渊阁四库全书》，上海古籍出版社 2012 年第 1 版。

甘肃省瓜州县榆林窟 20 窟宋代耕获壁画

门类多且全。韩境在序中称其"物推其祖，词掇其芳"①。《全芳备祖》专门采辑植物（特别是栽培植物）资料，所以称"芳"。据陈景沂自序，此书于花、果、草、木记录完整齐备，所辑总 400 余门（多于上述"近300 种"），所以称"全芳"；而涉及每一植物的掌故、诗词，则考证其最初始资料，所以称"备祖"。全书每门各列 3 部分内容：一是事实祖，下分碎录、纪要、杂著 3 目，大体按成书时间先后排列；二是赋咏祖，分五七言散句、散联、古体、绝、律凡 10 目，分辑唐宋诗；三是乐府祖，分录唐宋词，各以词牌标目。该书是宋代花谱类著作集大成之作，是植物百科全书，具有极高的学术价值和资料价值，被后人誉为"世界最早的植物学辞典"，也是后人辑佚的渊薮、校勘的宝山。如《全宋诗》《全宋词》就从中辑录了许多诗词。吴怿（或吴攒）《种艺必用》不仅涉及稻、麦、高粱、谷的种植，还有蔬菜、瓜果、花卉、竹木园艺等方面的内容，突破了南北朝《齐民要术》以来花木不入农书的禁条。其记录的移栽、嫁接、生物治虫等技术一直沿用至今。王祯《农书》有不少内容抄录自它。温革《琐碎录》除记载稻、麦等大田作物栽培技术外，也总结记录了园艺类作物如花果、树木、蔬菜等

---

① 陈景沂：《全芳备祖》，浙江古籍出版社 2014 年第 1 版。

的种植经验和技术，并涉及家畜、家禽养殖及兽医、饮食、酿酒等方面的内容。如花卉种植中的催花早开之法始见于此书。所记生物防治果树虫害技术不仅在中国最早，也较简便易行。韩彦直《橘录》是中国最早的柑橘学专著。范成大《范村梅谱》《范村菊谱》对梅、菊的栽植技术叙述较细。《范村梅谱》是中国最早的梅谱类著作。陈仁玉《菌谱》是中国最早的菌谱。赵时庚《金漳兰谱》论述兰品和栽植方法。

　　隋唐时，关于酿酒法的著作很多，而北宋则出了一本总结性著作，即湖州人朱肱的《北山酒经》。朱肱不乐仕途，退而隐居酿酒著书，他对医学如伤寒等也深有研究。《北山酒经》分上、中、下 3 卷。上卷为总论，记述酒的历史渊源；中卷记制曲法，将曲分为 3 类 13 种，并述配料名目、用量以及加工或配制方法；下卷记造酒法，如造酒分酢浆、淘米、煎浆等 16 道工序，每道工序注明方法及要点。还记载了白羊酒、地黄酒、菊花酒、葡萄酒等多种名酒的制法。《北山酒经》中记述的制曲法和造酒法比前代进了一步。在制曲方面，比南北朝时期的制曲法有两点明显改进：一是所用原料如小麦、糯米等大部分已不再先行蒸炒，而改用磨碎的面粉，可节省人工和原料成本。二是采用下种技术，即将老曲抹涂在生曲团上以加速造曲。由于老曲糖化能力较强，杂菌较少，用其所制新曲更适宜酿酒。还发明了红曲（丹曲），即经发酵取得的透心红大米，可用它制作豆腐乳、食品染料等。宋人陶谷《清异录》有"以红曲煮肉"的记载。李之仪《姑溪居士全集》曾谈到"红糟笋"。红曲的发明，是宋代酿酒业发展的重要标志。红曲由红曲霉感染产生。红曲霉繁殖缓慢，很容易被其他繁殖迅速的菌类压抑，用普通制曲方法繁殖难度较大。发明红曲是长期耐心观察、实践的结果。明人李时珍《本草纲目》卷二五《谷部四》云："此乃人窥造化之巧者也。"[1] 赞美红曲是通过科学途径领略自然原理的科技进步。明末宋应星所著的世界上第一部关于农业和手工业生产的综合性著作《天工开物》也称红曲为"奇药"。在酿酒工序上，《北山酒经》所记与《齐民要术》相比不仅更加细致，而且有所改进，如"上

---

[1] 李时珍：《本草纲目》，王育杰整理，人民卫生出版社 2005 年第 2 版。

槽"（压榨出酒液）、"收酒"（将榨出的酒液澄清后放入瓶中）、"煮酒"（将酒液煮沸增加酒精度及灭菌）。酿酒工序共有卧浆、淘米、煎浆、汤米、蒸醋麋、用曲、合酵、酴米、蒸甜麋、酒器、上槽、收酒、煮酒 13 道。《北山酒经》对后世的影响很大，中国现代黄酒酿造技术继承和发展了这种酿造传统。《武林旧事》卷六《诸色名酒》记载了蔷薇酒、流香、凤泉、思堂春、雪醅、黄都春、常酒、留都春、和酒、十洲春、海岳春等 54 种宋酒，有许多都是黄酒。

第十章　世俗盛美间的百态人生

一、生活的艺术

宋代服饰与唐代一样种类繁多，但在价值追求上与唐代的开阔恢宏、绚丽华贵有所不同，总体呈现功能上更加实用简适、审美上自然清新、制度上消融等级的取向。当时上至贵族、百官，下至士人、平民，服饰都以文雅理性、朴素节俭为尚。突出表现如下：

一是修长适体，便身利事。男子服饰主要有袍、衫、襦、袄、短褐、褐衣、直缀、襕衫、道服、鹤氅、褙子、半臂、旋袄（貉袖）、蓑衣、腹围等，女子服饰主要有袍、襦、衫、袄、裙、抹胸、裹肚、围腰、褙子、半袖、裤、裈等。男性包括士人着装也有喜爱褒衣博带即宽袍广身大袖如袍、鹤氅等的，但总体上趋简。许多文人私居、燕居（闲居）还喜好野服即常服便服，如直缀或道服、青衣、褐袍，头戴幅巾、高巾，腰束绦带，足踏棕鞋等，体现了隐逸心态和平民气息，像苏轼《赠写真何充秀才》诗"黄冠野服山家容"[1]、《定风波·莫听穿林打叶声》词"竹杖芒鞋"[2] 所描述的。南宋罗大经《鹤林玉露》乙篇卷二《野服》载："朱文公晚年以野服见客，榜客位云：'荥阳吕公尝言京洛致仕官与人相接，皆以闲居野服为礼，而叹外郡之不能然。其旨深矣！某已叨误恩，许致其事。本未敢遽以老夫自居，而比缘久病，艰于动作，遂不免遵用旧京故俗，辄以野服从事。然上衣下裳，大带方履，比之凉衫，自不为简。其所便者，但取束带足以为礼，解带足以燕居，且使穷乡下邑，得以复见祖宗盛时京都旧俗如此之美也。'余尝于赵季仁处，见其服上衣下裳。衣用黄白青皆可，直领，两带结之，缘以皂，如道服，长与膝齐。裳必用黄，中及两旁皆四幅，

---

① 苏轼：《苏轼诗集》卷一二《赠写真何充秀才》，王文诰辑注，孔凡礼点校，中华书局1982年第1版。

② 苏轼：《定风波·莫听穿林打叶声》，载唐圭璋编纂，王仲闻参订，孔凡礼补辑：《全宋词》第1册，中华书局1999年第1版。

宋佚名《番骑图》局部（美国波士顿艺术博物馆藏）

不相属。头带皆用一色，取黄裳之义也。别以白绢为大带，两旁以青
或皂缘之。见侪辈则系带，见卑者则否。谓之野服，又谓之便服。"①
详细提及朱熹晚年惯常穿的野服、便服形制以及他的复古简朴审美意
识。朱熹平时坚持上衣下裳的穿法，以对领镶黑边饰的长上衣配黄裳。
燕居时不束带，待客时束大带。宋代复古儒雅又简朴实用的"深衣幅巾"
是一般士人的家居服和交际服。刘克庄《沁园春·送孙季蕃吊方漕西归》
词提到"幅巾布裘"②，周密《齐东野语》卷一〇《脱靴返椁二图赞》
言及"幅巾兮野服，貌腴兮神肃"③。幅巾又称巾帻、幞头、帕头等，
用于束首裹头。如果是葛布所制，就称葛巾。宋代官员公服则多用长
脚幞头、襕衫、革带、乌皮靴等，改唐代软脚幞头为内衬木骨、外罩
漆纱的硬脚（裹）幞头冠帽。体力劳动者流行裤袄，衣着窄小，适于
劳作。宋代男女装都流行褙子，因其造型符合礼仪规范且有含蓄雅致
之美。褙子又名背子、绰子、绣裾，直领对襟，腋下开胯，腰间可用
勒帛系束，下长过膝。

　　二是用色质朴，装饰适度。平民一般只穿白色粗麻布衣，士人也
追求素雅平淡色彩。如野服以黄、白、青色为主。白、青二色体现儒
雅气质，黄色则符合《仪礼·士冠礼》"玄端、玄裳、黄裳、杂裳可也"

① 罗大经：《鹤林玉露》，中华书局 1983 年第 1 版。

② 刘克庄：《后村集》卷一九《诗余》，永瑢、纪昀等编纂：《文渊阁四库全书》，上海古籍出
版社 2012 年第 1 版。

③ 周密：《齐东野语》，张茂鹏点校，中华书局 1983 年第 1 版。

佚名《歌乐图》所绘着褙子女子（上海博物馆藏）

（郑玄注："上士玄裳，中士黄裳，下士杂裳。杂裳者，前玄后黄。"）①的规范。

三是消解等级，上下混用。所谓"衣服无章，上下混淆"②。朝廷对实行服饰等级制屡有议论，但服饰等级制度事实上一直未被严格遵行，上下服饰没有绝对差别。隋唐的幞头在宋代成为男子的主要首服，冠帽渐衰。按规定只能穿白色和皂色服装的庶人、公人、商贾等则常违禁穿戴官员衣冠。到南宋末年，"衣冠更易，有一等

宋刘宗古《瑶台步月图》所绘着褙子女子（故宫博物院藏）

晚年后生不体旧规，裹奇巾异服，三五为群，斗美夸丽"③。

四是胡汉交融，兼容并包。《梦溪笔谈》卷一《故事一·中国衣冠用胡服》载："中国衣冠，自北齐以来，乃全用胡服也……窄袖利于驰射，短衣长靿皆便于涉草。"④雨天过草地衣裤也不会沾湿。宋

① 郑玄注，贾公彦疏：《仪礼注疏》，阮元校刻《十三经注疏》，中华书局 1980 年第 1 版。

② 朱熹撰，黎靖德辑：《朱子语类》卷九一《礼八》，载朱熹：《朱子全书》，朱杰人、严佐之、刘永翔主编，上海古籍出版社、安徽教育出版社 2002 年第 1 版。

③ 吴自牧：《梦粱录》卷一八《民俗》，见孟元老等：《东京梦华录》（外四种），周峰点校，文化艺术出版社 1998 年第 1 版。

④ 沈括撰，胡道静校证：《梦溪笔谈校证》，上海古籍出版社 1987 年第 1 版。

宋佚名《杂剧打花鼓图》表现的勒帛系束褙子（故宫博物院藏）和传宋钱选《招凉仕女图》表现的对襟薄纱上衣（台北"故宫博物院"藏）

代总体上继承这种传统，只有祭服、朝服以及司马光等提倡但不太流行的深衣等保留了汉制，其他都由胡服化变而来。朝廷屡下令禁止仿效胡服，但无效果。如朱熹所说："今世之服大抵皆胡服，如上领衫、靴鞋之类。先王冠服扫地尽矣。"[1]淳熙年间（1174—1189年），临安知府袁说友上奏曰："臣窃见今来都下一切衣冠服制习外国俗，官民士庶浸相效习，恬不知耻。事属甚徵，而人心所向，风化所本，岂可不治？"[2]乃至"风俗狂慢，变节易度"的"服妖"大量出现[3]。比如窄袖衣是宋代女子的流行便服，特征是对襟、窄袖、交领、衣长至膝、瘦窄方便。而宋末流行一种窄袖衣奇瘦贴身，前后两侧相缝处开衩，开衩处有许多衣扣装饰，叫作"密四门"。这种服饰就被视为"服妖"。

五是开放时尚，破旧立新。不少人拿宋服与唐服相比，认为前者趋于保守。其实宋代服饰相当开放，如女子服饰以低交领半露酥胸为主，且抹胸位置很低。温州市瓯海区白象塔出土两尊北宋彩塑女菩萨立像右袒裸胸，其中一尊还裸露双臂。传北宋何充《摹卢媚娘像》所画道姑卢媚娘身着对襟低领道袍，抹胸显露。卢媚娘是唐人，但画中人物服饰和造型是典型的宋代样式。北宋武宗元《朝元仙仗图卷》、

① 朱熹撰，黎靖德辑：《朱子语类》卷九一《礼八》，载朱熹：《朱子全书》，朱杰人、严佐之、刘永翔主编，上海古籍出版社、安徽教育出版社2002年第1版。

② 黄淮、杨士奇：《历代名臣奏议》卷一二〇《论衣冠服制》，上海古籍出版社1989年第1版。

③ 班固：《汉书》卷二七中之上《五行志第七中之上》，颜师古注，中华书局1962年第1版。

南宋张思恭《猴侍水星神图》画的女神仙也着低胸装。南宋刘松年《茗园赌市图》画有一名提茶瓶市井女子，酥胸微露。梁楷《八高僧故事图卷》所画汲水女子露出红色内衣和胸脯。梁楷另一幅《蚕织图卷》所画蚕娘穿的也是低胸上装，露出贴身内衣。北宋赵令畤《蝶恋花·商调十二首》之二云："锦额重帘深几许。绣履弯弯，未省离朱户。强出娇羞都不语，绛绡频掩酥胸素。"[1]"绛绡频掩酥胸素"是说少女常穿素雅的丝质抹胸。宋人的抹胸极讲究，材质多为罗、绢、纱，颜色多鲜红、粉红、橙色，往往还绣有花朵、鸳鸯等装饰图案。汉服女装似

传宋何充《摹卢媚娘像》所绘着抹胸女子（美国弗利尔美术馆藏）和温州市瓯海区白象塔出土北宋彩塑女菩萨立像（浙江省博物馆藏）

宋刘松年《茗园赌市图》所绘着抹胸市井女子（台北"故宫博物院"藏）和梁楷《蚕织图卷》所绘着抹胸蚕娘（黑龙江省博物馆藏）

在东汉后期即出现低胸风潮，局部流行以武周时期为盛，而全面流行则在宋代。高交领服饰是金人带入汉服的，宋亡后低领服饰才逐渐退世。宋代女子着装尚秀丽苗条，多以窄袖衫襦配长裙，外罩对襟交领

---

[1] 赵令畤：《蝶恋花·商调十二首》，载唐圭璋编纂，王仲闻参订，孔凡礼补辑：《全宋词》第1册，中华书局1999年第1版。

福建省福州市晋安区黄昇墓出土南宋服饰（福建博物院藏）

小袖长襦或长褙子，且尊饱和度低的色系，既突出女性特征，又表现含蓄温婉的气质。宋代服饰也追求奇特，乃至奇装异服不绝。最甚者为南宋晚期的理宗朝。"宫妃系前后掩裙而长窣地，名赶上裙。梳高髻于顶，曰不走落。束足纤直，名快上马。粉点眼角，名泪妆。剃削童发，必留大钱许于顶左，名偏顶；或留之顶前，束以彩缯，宛若博焦之状，或曰鹁角。"[1]但宋代服饰的某些变化，如改唐代紧身窄袖常服为宽衣大袖公服，在靴上加饰绚、繶、纯、綦，也表明从全盘胡风逐渐回归汉服传统，并在制度上加以完善。这并非归于保守，而是一种发展或创新。实际上，这种变化从中晚唐已经开始，经唐末五代，至宋代基本成型。既是文化融合加深的正常表现，也是唐代安史之乱后面临民族危机的一种社会心理反应。朝廷出于政治舆论的需要，极

---

① 脱脱等：《宋史》卷六五《志第十八·五行三》，中华书局 1977 年第 1 版。

浙江省台州市黄岩区赵伯澐墓出土南宋服饰（黄岩博物馆藏）

力表明对胡服的抵制，但大多只是一种姿态。"服妖"之论持续不断，则说明宋代服饰始终充满创新活力。只是其创新遵循一般规律，属正常的自体制度继承性发展、正常的对异体文化的吸收补充。对多元文化的兼容并蓄，对美的不懈追求，对时尚的突发奇想，是宋代服饰文化创新的特点。宋代服饰既较大程度地消解了上下等级差异，抹去了士、农、工、商的界限，使服饰文化完全世俗化，也丰富了市民的日常生活。

妆饰也是服饰文化的重要组成部分。宋代女子化妆也用脂粉，但崇尚素淡。当时流行慵来妆、酒晕妆、桃花妆、飞霞妆、北苑妆、啼眉妆、白妆、赭面、三白妆、檀晕妆、泪妆、佛妆等前代流传下来的妆容，但更崇尚的是类似于现在的裸妆，或也可以说裸妆发源于宋代。这种与唐代反差甚大的妆容，特点是薄施朱色、面透微红，当时称"薄妆""素妆""淡妆"。慵来妆源自汉代，特点是薄施朱粉，浅画双眉，鬓发蓬松，给人慵困、倦怠之感。酒晕妆、桃花妆、飞霞妆自南北朝开始流行。先敷粉后施朱，色浓的为酒晕妆，色淡的为桃花妆。飞霞妆则先施浅朱，再覆盖以白粉，呈浅红色。北苑妆自南朝始流行，方法是在淡妆基础上于额头贴大小形态各异的油茶花籽。啼眉妆、白妆、赭面、三白妆自唐代开始流行。八字眉配乌膏涂唇为啼眉妆，脸部涂白粉为白妆，脸部涂红褐色为赭面。三白妆即施底妆后在额头、鼻梁、下巴3处涂白，类似现在用高光粉。檀晕妆始于唐代，宋代十分流行。特点为在铅粉底敷檀香粉，面颊中部呈微红，逐步向四周晕开，眉下

宋苏汉臣《妆靓仕女图》（美国波士顿艺术博物馆藏）

染浅赭色。泪妆始于唐代，传说为杨贵妃的三姐虢国夫人发明。特点是仅在两颊或眼角点素粉，而不施胭脂。佛妆是契丹女子的一种特殊妆型，特点是以黄色粉末染于面颊，经久不洗，如同金佛之面。宋代女子的唇妆沿袭前代色泽艳丽之风，以朱红小口为时尚，在淡雅的面部上显得更加突出。又有在唇中间抹色并上下晕染的咬唇妆。宋代女子还喜欢加面饰，如鹅黄、妆靥、斜红和花钿等。额黄即将额部涂黄，是一种古老的额饰。妆靥即在脸颊两侧酒窝处施以装饰，如翠靥、花靥和粉靥等。斜红是在面颊两侧、鬓眉之间画月牙形纹饰，表现残破缺憾之美。北宋晏几道《玉楼春·琼酥酒面风吹醒》词云："琼酥酒面风吹醒，一缕斜红临晚镜。"[1]周邦彦《塞翁吟·大石》又云："梦念远别、泪痕重。淡铅脸斜红。"[2]与唐代一样，宋代女子也喜欢用花钿来装饰面容，通常是将彩纸、云母片等剪成花、鸟、昆虫等形状粘贴在眉心上。材质多种多样，既有雅致华美的翠钿，又有清新动人的鲜花钿，还有小巧玲珑的珍珠钿。用于粘贴的是一种称作呵胶的物质。故宫南薰殿旧藏宋仁宗皇后像描绘了仁宗皇后和侍女面饰珍珠。有的甚至满面点缀花钿，以遮蔽面部瑕疵，以达到修饰自己面容的效果。宋代女子青睐的寿阳妆，不仅在额头上妆点梅花钿，还要在鬓边插戴梅花。宋代女子特别重视眉妆。汉代有八字眉、愁眉、远山眉等，三国时有蛾眉，唐玄宗令画工画《十眉图》，有所谓鸳鸯眉（又名八字眉）、小山眉（又名远山眉）、五

① 晏几道：《玉楼春·琼酥酒面风吹醒》，载唐圭璋编纂，王仲闻参订，孔凡礼补辑：《全宋词》第1册，中华书局1999年第1版。

② 周邦彦：《塞翁吟·大石》，载唐圭璋编纂，王仲闻参订，孔凡礼补辑：《全宋词》第2册，中华书局1999年第1版。

故宫南薰殿旧藏宋高宗皇后像和宋仁宗皇后像（台北"故宫博物院"藏）

岳眉、三峰眉、垂珠眉、月棱眉（又名却月眉）、分梢眉、涵烟眉、拂云眉（又名横烟眉）和倒晕眉。宋代女子进行了全面继承。唐代众多宫廷侍女追捧文殊菩萨的细眉。据北宋陶毂《清异录·妆饰门》所记，五代范阳（今河北省保定市北部）凤池院一年轻尼姑发明浅文殊眉，后来在宋代流行。除了浅文殊眉、远山眉为代表的细长眉，月棱眉和倒晕眉在宋代也颇流行。倒晕眉是一种由内而外颜色逐渐变浅直至消失的眉饰，颇具立体感，当时女子对这种眉妆的追捧不亚于浅文殊眉。晏几道《蝶恋花·碾玉钗头双凤小》词云："倒晕工夫，画得宫眉巧。"[1]

　　簪花同样是宋代服饰的重要组成部分。宋人爱簪花，还形成多种艺术样式。故宫南薰殿旧藏宋仁宗皇后像中的侍女头戴饰有四季花卉的"一年景"花冠。陆游《老学庵笔记》卷二云："靖康初，京师织帛及妇女首饰衣服，皆备四时。如节物则春幡、灯毬、竞渡、艾虎、

① 晏几道：《蝶恋花·碾玉钗头双凤小》，载唐圭璋编纂，王仲闻参订，孔凡礼补辑：《全宋词》第 1 册，中华书局 1999 年第 1 版。

河南省禹县白沙宋墓壁画《梳妆图》

云月之类，花则桃、杏、荷花、菊花、梅花皆并为一景，谓之一年景。"①"一年景"花冠只是其中一种。当时市面上有很多卖花冠的店铺，还有专门维修花冠的手艺人。簪花原由女子主导，宋代还出现颇为奇特的男子普遍簪花现象。宋代男子簪花是唐代重阳节男子簪花和宫廷簪花风气的放大，也是宋人自发的趋吉辟邪心理的表露，以及新的审美观的表达。北宋初太宗曾在宫廷举办花宴，君臣应景赋诗作词，且人人簪花。端拱元年（988 年），朝廷为新进士置闻喜宴，太宗亲自为他们簪花。新进士在履行入朝谢恩、祭祀孔子、拜恩师等活动时也簪花。真宗时行御宴赐花礼仪，至仁宗时又形成簪花礼仪。每逢重大节庆，如郊祀回銮、皇帝生日、宫廷会宴等君臣都要簪花，《宋史》之《礼志》《舆服志》对此有许多详细记载。后来不局限于宴会，举办各类庆典时宫廷所有人员始终簪花，皇帝驾出时则簪花而从。南宋淳熙十三年（1186 年），太上皇赵构 80 岁，元日临安城举行簪花游行盛典，自皇帝以至群臣禁卫吏卒往来皆簪花，四方万姓远道前来快睹盛事。杨万里《德寿宫庆寿口号》（其三）诗云："春色何须羯鼓催，君王元日领春回。牡丹芍药蔷薇朵，都向千官帽上开。"②宋代还流传"四相簪花"的佳话：北宋庆历五年（1045 年），韩琦任扬州知州，有一天官署后花园一株芍药一枝四杈都开了花，花瓣上下呈红色，一圈金黄蕊围在中间。这种芍药称金缠腰，又叫金带围，

---

① 陆游：《老学庵笔记》，李剑雄、刘德权校，中华书局 1979 年第 1 版。

② 杨万里：《诚斋集》卷一九《德寿宫庆寿口号》，永瑢、纪昀等编纂：《文渊阁四库全书》，上海古籍出版社 2012 年第 1 版。

宋苏汉臣《货郎图》（台北"故宫博物院"藏）

不仅花色美丽奇特，而且传说它开了就要出宰相。当时大理寺评事通判王珪、大理评事佥判王安石正好在扬州，韩琦便邀他们一同观赏。因为花开 4 朵，所以韩琦便又邀请州钤辖使，但因他身体不适就临时请了路过扬州的大理寺丞陈升之。饮酒赏花之际，韩琦剪下这 4 朵金缠腰插在每人头上。后来他们真的都做了宰相。宋人沈括《梦溪笔谈》、陈师道《后山丛谈》、彭乘《墨客挥犀》、苏象先《丞相魏公谭训》、蔡絛《铁围山丛谈》对此都作了记载。只是《铁围山丛谈》记的过客是吕公著，不是陈升之。这个故事赋予簪花美好的寓意。

　　簪花由此渐渐成为受皇帝赏识或科举登第的一种象征，因而为人羡慕和向往，被争相仿效，成为各级官员簪花的内在驱动因素。由于朝廷倡导，簪花在民间也十分流行。《水浒传》第十四回描写阮小五出场时的打扮："斜戴着一顶破头巾，鬓边插朵石榴花。"浪子燕青也喜戴四季花。这些并非特定的小说虚构，而是当时社会生活的反映。李嵩《货郎图》、传李唐《春社醉归图》等绘画作品对此也有生动表现。赐花、簪花也是统治者营造普爱天下和君臣和睦气象的一种方式。

宋代赦免或处死犯人时，为了向犯人宣示"天恩""天意"，狱卒也须簪花。《水浒传》中"病关索"杨雄和"一枝花"蔡庆原是狱卒，兼做行刑剑子手，前者"鬓边爱插翠芙蓉"（第四十四回），后者"一朵花枝插鬓旁"（第六十二回），即以此为据。①

宋代实际上还出现了簪花文学。据统计，北京大学古文献研究所编《全宋诗》收录的簪花诗有 100 多首，唐圭璋主编《全宋词》收录的簪花词有 170 多首，涉及人物有欧阳修、晏殊、梅尧臣、苏轼、司马光、黄庭坚、曾巩、苏舜钦、周邦彦、李清照、陆游、辛弃疾、姜夔、秦观、杨万里、周必大、朱熹、刘克庄等近百位。较著名者如欧阳修《浣溪沙·堤上游人逐画船》："白发戴花君莫笑，六幺催拍盏频传。人生何处似尊前。"②苏舜钦《哭曼卿》："高歌长吟插花饮，醉倒不去眠君家。"③陆游写的簪花诗最多，有 51 首。其《醉舞》诗云："短帽簪花舞道傍，年垂八十尚清狂。"④又《花时遍游诸家园》（十首）其二诗表达爱惜名花的痴狂："为爱名花抵死狂，只愁风日损红芳。绿章夜奏通明殿，乞借春阴护海棠。"⑤称因愁狂风烈日损坏名花，要写一道绿章奏明玉皇大帝，求他多安排一些阴凉天气。理学家邵雍喜欢簪戴各式鲜花，也写过许多簪花诗。其《对花》诗云："花枝照酒卮，把酒嘱花枝。"又《插花吟》诗云："头上花枝照酒卮，酒卮中有好花枝。"⑥苏轼写的簪花诗数量仅次于陆游，有 19 首。宋熙宁五年（1072 年），时任杭州通判的苏轼随知州沈立去吉祥寺花园赏牡

① 施耐庵：《水浒传》，人民文学出版社 1997 年第 2 版。

② 欧阳修：《浣溪沙·堤上游人逐画船》，载唐圭璋编纂，王仲闻参订，孔凡礼补辑：《全宋词》第 1 册，中华书局 1999 年第 1 版。

③ 苏舜钦：《哭曼卿》，北京大学古文献研究所编：《全宋诗》卷三一五，北京大学出版社 1995 年第 1 版。

④ 陆游：《醉舞》，北京大学古文献研究所编：《全宋诗》卷二二〇四，北京大学出版社 1995 年第 1 版。

⑤ 陆游：《花时遍游诸家园》（十首），北京大学古文献研究所编：《全宋诗》卷二一五九，北京大学出版社 1995 年第 1 版。

⑥ 邵雍：《对花》《插花吟》，北京大学古文献研究所编：《全宋诗》卷三七〇，北京大学出版社 1995 年第 1 版。

丹，大醉而归，第二天作《吉祥寺赏牡丹》诗云："人老簪花不自羞，花应羞上老人头。醉归扶路人应笑，十里珠帘半上钩。"[①]

饮食文化在唐宋时期也发生重大变革，其主体则在宋代完成。无论是主、副食，还是茶、酒，都由此形成新的形制。这一新的形制奠定了后来中国饮食体制的基础，乃至可以大体涵括今日中国饮食文化的概貌。

宋代以前的主粮是粟、麦、稻，宋代与之相同，但三者的地位发生了很大变化，即由稻、粟、麦格局变成稻、麦、粟格局。主食可分为粒食和面食两大类。粒食以谷物整粒蒸煮，面食则将谷物先磨成粉再烹制。宋代的粒食烹饪与前代大致相同，主要是蒸和煮。蒸用于做饭，煮用于制粥。面食烹饪有烤、烙、煎、炸、蒸、煮等。宋代流行蒸，与此前流行烤有所不同。重蒸制有多种原因：其一，节约薪柴。蒸不仅可以少用燃料，而且对燃料的要求不高，如可利用农作物秸秆、碎叶等，所以能大大节省薪柴。其二，发酵技术普及。唐代以前已掌握了发酵技术，但应用不普遍。宋代全面普及，且技术水平进一步提高。其三，适宜人群扩展。与烤制的胡饼相比，发酵蒸制品因蓬松温软而更易消化吸收，尤其适宜妇幼老弱。其四，花色丰富精致。蒸制品的形状从扁平走向立体，且可入馅，使馒头以外的酸馅、包子、兜子等新兴面食在北宋中期后大量进入食谱。宋代还综合运用各种烹制方法制作面、米、粟等为原料的糕点类食品，如端午巧粽、七夕巧果、汤圆、面条等。中国后来的主食大多可以从宋代找到原型，也就是说中国的主食在宋代完成了向近世的转型。

宋代的菜肴较前代大为丰富，市场也极为繁荣。《东京梦华录》卷一《饮食果子》载开封菜肴 70 种、水果干果 47 种，《梦粱录》卷一六《分茶酒店》列临安菜肴 306 种、水果干果 85 种，《武林旧事》卷六《市食》记临安菜肴 178 种、水果干果 42 种、凉水（饮品）17 种。又据《武林旧事》卷九《高宗幸张府节次略》记载，绍兴二十一年（1151

---

① 苏轼：《吉祥寺赏牡丹》，北京大学古文献研究所编：《全宋诗》卷七九〇，北京大学出版社1995 年第 1 版。

传宋牧溪《萝卜芜菁图》（日本宫内厅三之九尚藏馆藏）

年），张俊宴请高宗，用菜肴、水果约260种。临安还开设了许多有名的食店。《梦粱录》卷一三《铺席》载："向者杭城市肆名家有名者，如中瓦前皂儿水，杂货场前甘豆汤、戈家蜜枣儿，官巷口光家羹，大瓦子水果子，寿慈宫前熟肉，钱塘门外宋五嫂鱼羹，涌金门灌肺，中瓦前职家羊饭。"[1] 相传北宋末年，宋五嫂从开封流落至临安，续操旧业。淳熙六年（1179年）孝宗陪太上皇赵构游西湖，赵构品尝其所制鱼羹后勾起乡情，称赞不绝，特赐银帛。于是"宋嫂鱼羹"名声大振，人所共趋，宋五嫂遂成富媪。宋代与唐代一样，肉食以家畜、家禽为主，但猪肉和水产逐渐取代羊肉和家禽，成为主肉食。北宋时贵羊贱猪的意识开始改变，南宋时猪肉成为首选，并由此逐渐改变了中国人的肉食习惯。到明代即称猪肉为"大肉"。《梦粱录》卷一六《分茶酒店》所记水产类菜肴有112种。鱼类名菜有姜燥子赤鱼、鲈鱼脍、鲤鱼脍、燥子沙鱼丝儿、清汁鳗鱼、酥骨鱼、酿鱼、两熟鲫鱼、酒吹鲫鱼、油炸春鱼、鲂鱼、油炸土步（鮭鲈）、银鱼炒鳝等20余种，蟹类名菜有枨醋赤蟹、白蟹辣羹、蝤蛑签、蝤蛑辣羹、奈香盒蟹、签糊斋蟹、枨醋洗手蟹、五味酒酱蟹、酒泼蟹、糟蟹等10余种。宋代芥菜、葱、韭、蒜、姜、瓠、黄瓜、茄子、水芹、

① 吴自牧：《梦粱录》，见孟元老等：《东京梦华录》（外四种），周峰点校，文化艺术出版社1998年第1版。

藕、芋等在蔬食中的地位与前代相似，但芜菁、萝卜、菘、菠菜、莴苣、笋、菌类、冬瓜等的地位有所上升，种植和食用越来越普遍。葵菜、薤菜（藠头）等的地位则有所下降。但与现代相比宋代的

宋黄庭坚《糟姜帖》（台北"故宫博物院"藏）

蔬食结构和食用方法仍有一定差异。一是野菜仍占相当比例。宋代经常食用的野菜有竹笋、蕨菜、莼菜、荠菜、马齿苋、苍耳、蒲菜以及蘑菇、木耳等食用菌等。二是部分园蔬地位尚不稳定。如葵菜虽也重要，但至明清后才成为主菜。萝卜、白菜在宋代的地位虽有所提高，但没有达到当家菜地步。三是有的蔬菜的食用部位和食用方法有差异。如姜多糟食，主要用作佐饭的普通蔬菜，而不是调味品。今人多食芜菁（盘菜）之根，宋人则"春食苗，夏食心（亦谓之苔子），秋食茎，冬食根"①。宋代蔬菜生产和烹饪加工的专业化和市场化水平也有大幅度提高。现代菜肴烹饪方法唐代已基本具备，但不少用语是从宋代开始出现的，如煠、揎、萩、炟、燠、鲙等。清代后"煠"写作"炸"，"揎"写作"佘"，"萩"写作"炖"。炟是将原料用油煎炒后加汤汁、调料再以小火收干，燠指略煎之后加水、调料煮。宋代以前盛行炙烤，宋代多炒，出现大量用"炒"字命名的菜肴。如炒兔、生炒肺、炒蛤蜊、炒蟹、旋炒银杏、炒羊等。在炒的基础上又发明了煎、燠、爆等烹饪方法。鲙即脍，指生食水产。以酒、醋、胡椒、姜、橘皮丝等作调料，著名者有酒法青虾、海鲜脍、鲈鱼脍、鲤鱼脍、鲫鱼脍、枨醋赤蟹、枨醋蚶、淡菜脍、蚶子脍、生脍十色事件等10多种。又有冷冻菜，如冻蛤蜊、冻鸡、冻三鲜、冻石首鱼、冻土步鱼、冻鲞、冻肉等。宋代也盛行汤

<hr />

① 唐慎微：《重修政和经史证类备用本草》卷二七《芜菁及芦菔》，中医古籍出版社2010年第1版。

羹类菜肴，《梦粱录》卷一六《分茶酒店》记有江瑶清羹、青虾辣羹、决明羹、石首玉叶羹、搽鲈鱼清羹、土步假清羹、虾鱼肚儿羹、虾玉鳝辣羹、蚶子辣羹、蝤蛑辣羹、百味羹、百味韵羹、集脆羹、三软羹、五软羹、小鸡头二色莲子羹、三色肚丝羹等。宋代以前热菜的调味品主要是豆豉，宋代变为以酱为中心。酱又演化为酱油，由此形成了中国现代菜肴的调味特征。宋代以前鲙（脍）等生食凉拌菜调味多用蒜齑，宋代则较多用橙等捣齑。宋代以前以肉食为美，素菜种类不多，素菜也不被视为美食。宋代素菜烹饪有了很大发展，如多尝试不用鱼、肉而只用蔬菜制作菜羹。菜羹制作成本低，且简便易行，为普通百姓常食。陆游《老学庵笔记》卷八记载南宋有"苏文熟，吃羊肉。苏文生，吃菜羹"[①]的俗语。"苏文"指苏轼等人的文章，意思是熟读苏轼等名家文章，科举中第为官便可常吃羊肉了，落第了就只能喝菜汤。以蔬菜为主要原料的羹汤有莲子头羹、枕叶头羹、碧涧羹、玉糁羹、锦带羹、玉带羹、白石羹、金玉羹等 10 余种。代表素菜最高成就的是仿荤素菜，如假河豚、假圆鱼、假蛤蜊、假野狐、假炙獐等。由于素菜已经成为独立的菜系，所以出现了专卖素食的素分茶（素饭店）。

宋代在食疗发展史上也有重要地位。当时几部官修大型医书如《太平圣惠方》《圣济总录》等均有食治记载，《圣济总录》还专设"食治"门。医书之外，各类笔记、诗词文献资料也保留了丰富的食疗文化史料，其中尤以林洪《山家清供》一书最为集中。林洪是南宋晋江（今福建省晋江县）人，绍兴年间（1131—1162 年）进士。他自称林逋七世孙。清施鸿保《闽杂记》卷四载，嘉庆二十五年（1820 年）林则徐任杭嘉湖道员，主持重修杭州孤山林和靖墓及放鹤亭、巢居阁等时，发现一块碑，碑文记载林逋确有后裔。施鸿保分析认为，林逋并非不娶，而是丧偶后不再续娶，自别家人，过着"梅妻鹤子"的隐居生活。林洪确有可能是林逋后裔。除《山家清供》外，林洪还著有《山家清事》《西湖衣钵集》《文房图赞》等。林洪曾在江淮一带游历 20 余年，《山家清供》所录许多为其与士林交游所得。是书分为上下 2 卷，

---

① 陆游：《老学庵笔记》，李剑雄、刘德权校，中华书局 1979 年第 1 版。

上卷 47 则，下卷 57 则，共收录 104 种美食制作方法。每一种皆详细描述名称、用料、烹制方法、诗文掌故、人物轶事，以及诸多饮食宜忌等，读来妙趣横生，被公认为反映宋代饮食水平的经典著作。书中涉及的食材范围颇广，包括菜蔬、肉类（包括水产）、干果、花果、豆类等。以素食为主，但体现营养均衡。加工方式多样丰富，采用煮、烤、炸、炒、蒸、煎、炙、炖、渍、腌等烹饪方法。林洪主张食养，以美食养身养心。

由于饮宴之风盛行，临安还出现专门为"筵会"服务的"四司六局"。《武林旧事》卷六《赁物》载："凡吉凶之事，自有所谓茶酒厨子专任饮食请客宴席之事。凡合用之物，一切赁至，不劳余力。虽广席盛设，亦可咄嗟办也。"① 所谓"四

宋马远《华灯侍宴图》（台北"故宫博物院"藏）

司"，即帐设司、茶酒司、厨司、台盘司。帐设司专掌仰尘、录压、桌帏、搭席、帘幕、屏风、书画、画帐等布置，茶酒司（或名宾客司）专管邀宾宴会、送迎亲姻、传语取复、请坐、斟酒、上食、喝揖以及协助主家招待宾客，厨司专掌放料批切、烹制菜肴等，台盘司专掌菜肴上桌和碗盘清洗等。所谓"六局"，即果子局、蜜煎局、菜蔬局、

---

① 周密：《武林旧事》，见孟元老等：《东京梦华录》（外四种），周峰点校，文化艺术出版社 1998年第 1 版。

油烛局、香药局和排办局。果子局负责筹办装点时新水果、南北京果（进贡水果）、海腊肥脯等，蜜煎局供应蜜饯盘果等，菜蔬局采办菜蔬和时新食料等，油烛局掌管灯火照明等，香药局提供香料和醒酒药等，排办局掌管椅桌及相关清洁等。

宋代的成品酒主要有米酒（谷物发酵酒）、配制酒和果酒，朱弁《曲洧旧闻》卷七录张能臣《酒名记》记各地酒名100多种，有香泉、天醇、琼酥、瑶池、瀛玉、眉寿、竹叶清等。配制酒大多以米酒为酒基，加入动植物药材或香料，采用浸泡、掺兑、蒸煮等方法加工制作，口感层次丰富。按使用功能不同，可分为节日饮用的节令酒和防病疗疾、滋补养生的药酒两大类。唐代的果酒主要是葡萄酒，宋代新出现蜜酒、黄柑酒、梨酒等。《梦粱录》《武林旧事》等文献记载南宋有名酒54款，如宋高宗皇后娘家吴府所酿"蓝桥风月"。其实蓝桥风月为古江州所造。《水浒传》第三十九回《浔阳楼宋江吟反诗　梁山伯戴宗传假信》描述宋江喝此酒大醉而在浔阳楼题反诗。元朝才出现蒸馏白酒，宋代所酿酒酒精度不超过20度，接近于现代的黄酒，所以武松在景阳冈连喝18碗还能打老虎。宋代与唐代一样盛饮酒之风，如陆游爱喝葡萄酒，苏轼对黄柑酒情有独钟，普通百姓通常喝酿造米酒。宋代也形成了许多饮酒习俗，如饮宴时按巡饮酒、行令助觞、歌舞侑酒、女妓陪酒等。宋人多称"巡"为"行"。巡是指由尊长到卑幼分轮一个个依次饮酒，宋代饮酒行数较唐代多。《东京梦华录》卷九《宰执亲王宗室百官入内上寿》、《梦粱录》卷三《宰执亲王南班百官入内上寿赐宴》、《武林旧事》卷一《圣节》和卷八《皇后归谒家庙》中所载宫廷酒宴为9行，《武林旧事》卷九《高宗幸张府节次略》记高宗幸张俊府第行宴则达15行。唐代酒令以器具令居多，宋代以文字令居多。唐人行令强调胜负，宋人行令注重参与。唐人行令比较豪爽，宋人行令比较文雅。唐代酒宴不仅有歌妓舞女等专业人员表演他娱性歌舞，也有参与酒宴的主人或宾客表演自娱性歌舞。宋代自娱性歌舞逐渐消失。由于全由歌妓舞女表演，演出水平一般较高。唐代公私酒宴常男女同席，宋代则极为少见，女妓入席陪酒只在妓馆等处较多。宋代酒具主要由经瓶、酒注、酒盏

组成。经瓶是一种
盛酒用器，大多就
是被誉为中国瓷
器第一器形的"梅
瓶"。南宋末年人
萧泰来《亭坐》诗
云："公余终日坐
闲亭，看得梅开梅
叶青。可是近来疏
酒盏，酒瓶今已作
花瓶。"[1]经瓶样
式一般为小口、细
短束颈、丰宽肩、
深腹修长、平底暗
圈足，高约40厘

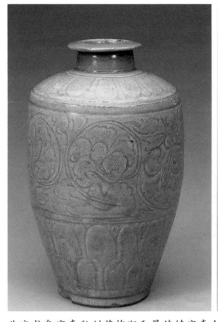

北宋龙泉窑青釉刻花梅瓶和景德镇窑青白釉（影青瓷）刻花梅瓶（故宫博物院藏）

米。因小口只能插梅花所以叫"梅瓶"，又因为皇家经筵（帝王为讲
经论史而特设的御前讲席）最后一项酒宴所用而得名"经瓶"。经瓶
不仅造型优美，而且运输轻便，所以被大量使用。与唐代相比，宋代
的酒注（注子，即酒壶）注身增高，注嘴和注柄变长，显得洒脱、轻盈、
别致。酒注还往往配有温酒的注碗。[2]

　　宋代形成了系统的节庆风俗和节庆文化。在张俊曾孙张镃笔下，
南宋临安每个月都有节庆活动。其《赏心乐事》一文将春夏秋冬中的
每一季都分为孟、仲、季3个部分："正月孟春：岁节家宴，立春日
迎春春盘，人日煎饼会，玉照堂赏梅，天街观灯，诸馆赏灯，丛奎阁
赏山茶，湖山寻梅，揽月桥看新柳，安闲堂扫雪。二月仲春：现乐堂
赏瑞香，社日社饭，玉照堂西赏缃梅，南湖挑菜，玉照堂东赏红梅，

① 萧泰来：《亭坐》，北京大学古文献研究所编：《全宋诗》卷三二七四，北京大学出版社1995
年第1版。

② 刘朴兵：《从饮食文化的差异看唐宋社会变迁》，《史学月刊》2012年第9期。

宋佚名《崔山茶图》（美国纳尔逊–阿特金斯艺术博物馆藏）

餐霞轩看樱桃花，杏花庄赏杏花，群仙绘幅楼前打球，南湖泛舟，绮互亭赏千叶茶花，马塍看花。三月季春：生朝家宴，曲水修禊，花院观月季，花院观桃柳，寒食祭先扫松，清明踏青郊行，苍寒堂西赏绯碧桃，满霜亭北观棣棠，碧宇观笋，斗春堂赏牡丹芍药，芳草亭观草，宜雨亭赏千叶海棠，花苑蹴秋千，宜雨亭北观黄蔷薇，花院赏紫牡丹，艳香馆观林檎花，现乐堂观大花，花院尝煮酒，瀛峦胜处赏山茶，经寮斗新茶，群仙绘幅楼下赏芍药。四月孟夏：初八日亦庵早斋，随诣南湖放生、食糕糜，芳草亭斗草，芙蓉池赏新荷，蕊珠洞赏茶，满霜亭观橘花，玉照堂尝青梅，艳香馆赏长春花，安闲堂观紫笑，群仙绘幅楼前观玫瑰，诗禅堂观盘子山丹，餐霞轩赏樱桃，南湖观杂花，鸥渚亭观五色莺粟花。五月仲夏：清夏堂观鱼，听莺亭摘瓜，安闲堂解粽，重午节泛蒲家宴，烟波观碧芦，夏至日鹅炙，绮互亭观大笑花，南湖观萱草，鸥渚亭观五色蜀葵，水北书院采蘋，清夏堂赏杨梅，丛奎阁前赏榴花，艳香馆尝蜜林檎，摘星轩赏枇杷。六月季夏：西湖泛舟，现乐堂尝花白酒，楼下避暑，苍寒堂后碧莲，碧宇竹林避暑，南湖湖心亭纳凉，芙蓉池赏荷花，约斋赏夏菊，霞川食桃，清夏堂赏新荔枝。七月孟秋：丛奎阁上乞巧家宴，餐霞轩观五色凤儿，立秋日秋叶宴，玉照堂赏玉簪，西湖荷花泛舟，南湖观稼，应铉斋东赏葡萄，霞川观云，珍林剥枣。八月仲秋：湖山寻桂，现乐堂赏秋菊，社日糕会，众妙峰赏木樨，中秋摘星楼赏月家宴，霞川观野菊，绮互亭赏千叶木樨，浙江亭观潮，群仙绘幅楼观月，桂隐攀桂，杏花庄观鸡冠黄葵。九月季秋：重九家宴，九日登高把萸，把菊亭采菊，苏堤上玩芙蓉，珍林尝时果，景全轩尝金橘，满霜亭尝巨螯香橙，杏花庄笃新酒，芙蓉池赏五色拒霜。十月孟冬：旦日开炉家宴，立冬日家宴，现乐堂暖炉，满霜亭赏早霜，烟波观买市，赏小春花，杏花庄挑荠，诗禅堂试香，绘幅楼庆暖阁。十一月仲冬：摘星轩观批杷花，冬至节家宴，绘幅楼食馄饨，味空亭赏腊梅，孤山探梅，苍寒堂赏南天竺，花院赏水仙，绘幅楼前赏雪，绘幅楼削雪煎茶。十二月季冬：绮互亭赏檀香腊梅，天街阅市，南湖赏雪，家宴试灯，湖山探梅，花院观兰花，瀛峦胜处赏雪，二十四夜饧果食，玉照堂赏梅，除夜守岁家宴，起建新岁集福功德。"[1]普通人家未必如此讲究，不过当时的主要节日都是全民性的。南宋的很多节日都渐渐脱去前朝的宗教祭祀意义，具有较多民间世俗的狂欢喜庆色彩。

　　元宵节在农历正月十五日，又名"元夜""元夕"，是传统"三元"上元节、中元节、下元节中的第一个。唐代开始有"元宵节"之名，宋代以后文献中"元宵节"之名频频可见。临安元宵灯会的灯品数量繁多，有羊皮灯、罗帛灯、日月灯、水灯、龙灯、凤灯、琉璃灯、珠子灯、竹灯、戏影灯等。灯会还流行灯上题谜语（隐语），猜中有彩头。随着猜谜活动的兴起，南宋临安还出现了不少常设谜社。《都城纪胜·社会》载："隐语则有南北垕斋、西斋，皆依江右。谜法、习诗之流，萃而为斋。"[2]谜社成员大多是文人，所作谜语多以诗词为谜面。北宋时，咏节令词还与唐诗一样以重阳题材最多，但写元宵节的大大增加。如徽宗《满庭芳·寰宇清夷》和欧阳修《生查子·元夕》。苏轼的《蝶恋花·密州上元》虽题写密州，实则半篇回忆杭州元宵节盛况。南宋时元宵词数量大增，最著名的是李清照的《永遇乐·落日熔金》和辛弃疾的《青玉案·元夕》。清明与寒食相连，寒食节过后即清明节，

---

① 周密：《武林旧事》卷一〇《张约斋〈赏心乐事〉（并序）》，见孟元老等：《东京梦华录》（外四种），周峰点校，文化艺术出版社 1998 年第 1 版。

② 耐得翁：《都城纪胜》，见孟元老等：《东京梦华录》（外四种），周峰点校，文化艺术出版社 1998 年第 1 版。

后世将两节合一。宋代寒食节、清明节主要活动有插柳、取火、祭扫、踏青等。《梦粱录》卷二《清明节》载："清明交三月，节前两日谓之寒食。京师人从冬至后数起至一百五日便是此日。家家以柳条插于门上，名曰明眼。凡官民不论小大家，子女未冠笄者，以此日上头。"① 唐代已有清明头上圈柳之风，据说为免虿毒。五代时衍变为清明折柳条插门。《武林旧事》卷三《祭扫》记临安寒食风俗也说："清明前三日为寒食节，都城人家皆插柳满檐，虽小坊曲幽，亦青青可爱。"② 《西湖游览志余》卷二〇《熙朝乐事》云："人家插柳满檐，青茜可爱，男女亦咸戴之。谚云：'清明不戴柳，红颜成皓首。'"③ 又寒食节以柳条穿枣锢（枣饼）为串悬挂于屋檐下，纪念春秋时不肯出山为官的介子推。此风传自北宋开封。《东京梦华录》卷七《清明节》载："寻常京师以冬至后一百五日为大寒食，前一日谓之炊熟，用面造枣锢飞燕，柳条串之，插于门楣，谓之'子推燕'。"④ 北宋人宋敏求《春明退朝录》卷中云，唐时清明取榆柳之火以赐近臣戚里。宋代因袭了这一风俗。《梦粱录》卷二《清明节》载："寒食第三日，即清明节，每岁禁中命小内侍于阁门用榆木钻火，先进者赐金碗、绢三匹。宣赐臣僚巨烛，正所谓'钻燧改火'者，即此时也。"元代以后不再有钻火之仪。清明扫墓在南宋临安已成惯例。皇室民间都如此。"禁中前五日发宫人往绍兴攒宫朝陵，宗室南班，亦分遣诸陵，行朝享礼。向者从人官给紫衫、白绢、三角儿青行缠，今亦遵例支给。至日亦有车马诣赤山诸攒，并诸宫妃王子坟堂，行享祀礼。官员士庶俱出郊省坟，以尽思时之敬。车马往来繁盛，填塞都门。"⑤《武林旧事》卷三《祭

① 吴自牧：《梦粱录》，见孟元老等：《东京梦华录》（外四种），周峰点校，文化艺术出版社 1998 年第 1 版。

② 周密：《武林旧事》，见孟元老等：《东京梦华录》（外四种），周峰点校，文化艺术出版社 1998 年第 1 版。

③ 田汝成：《西湖游览志余》，刘雄、尹晓宁点校，上海古籍出版社 2018 年第 1 版。

④ 孟元老：《东京梦华录》，见孟元老等：《东京梦华录》（外四种），周峰点校，文化艺术出版社 1998 年第 1 版。

⑤ 吴自牧：《梦粱录》，见孟元老等：《东京梦华录》（外四种），周峰点校，文化艺术出版社 1998 年第 1 版。

甘肃省瓜州县榆林窟 38、20 窟宋代嫁娶壁画

扫》载："从人家上冢者……南北两山之间，车马纷然，而野祭者尤多。如大昭庆、九曲等处，妇人泪妆素衣，提携儿女，酒壶肴罍，村店山家，分饧游息；至暮则花柳土宜，随车而归。"[1] 江湖诗人高翥以《清明》诗写临安清明扫墓情景，又借扫墓踏青游戏。《梦粱录》卷二《清明节》载："宴于郊者则就名园芳圃、奇花异木之处，宴于湖者则彩舟画舫，款款撑驾，随处行乐。"[2] 另一位江湖诗人吴惟信的《苏堤清明即事》诗写临安百姓清明倾城而出到西湖踏青的盛况。南宋临安以农历四月初八为浴佛节。浴佛节又称灌佛节。据说释迦牟尼诞生时有九龙吐水为其沐浴。"九龙吐清圣水浴佛"的传说后来被载入《过去现在因果经》，并设浴佛节和浴佛会。《武林旧事》卷三《浴佛》载："四月八日为佛诞日，诸寺院各有浴佛会。僧尼辈竞以小盆贮铜像，浸以糖水，覆以花棚，铙钹交迎，遍往邸第富室，以小杓浇灌，以求施利。是日西湖作放生会，舟楫甚盛，略如春时小舟，竞买龟鱼螺蚌放生。"[3] 可见还有放生活动。中秋节源自古老的祭月活动，周代帝王就有春分

① 周密：《武林旧事》，见孟元老等：《东京梦华录》（外四种），周峰点校，文化艺术出版社 1998 年第 1 版。

② 吴自牧：《梦粱录》，见孟元老等：《东京梦华录》（外四种），周峰点校，文化艺术出版社 1998 年第 1 版。

③ 周密：《武林旧事》，见孟元老等：《东京梦华录》（外四种），周峰点校，文化艺术出版社 1998 年第 1 版。

祭日、夏至祭地、秋分祭月、冬至祭天的习俗。宋代祭月习俗逐渐变为求月神赐福，男子求功名，女子求美貌灵巧。宋代咏物词崛起，多以月圆寓意国家统一，以月缺月半寓意半壁江山、山河破碎，所以宋末词人的中秋咏月词数量超过了元宵词。著名者如吴文英《尾犯·甲辰中秋》《新雁过妆楼·中秋后一夕李方庵月庭延客命小姝过新水令坐间赋词》《永遇乐·乙巳中秋风雨》《思佳客·闰中秋》《玉漏迟·瓜泾度中秋夕赋》、史达祖《满江红·中秋夜潮》、刘辰翁《桂枝香·吹箫人去》、刘克庄的《木兰花慢·丁未中秋》等。临安又有中秋节观潮弄潮习俗。杨万里《观浙江潮》诗写的"海涌银为郭，江横玉系腰"[1]，就是号称天下伟观的浙江潮。泅泳弄潮始于唐代，宋代盛行。南宋时再加水军表演，将弄潮活动推向高潮。北宋蔡襄、苏轼等人在杭州执政时每于钱塘江江潮涨涌时张贴公告劝阻弄潮，但弄潮戏仍十分流行。一些善泳者手执大旗、凉伞等，在波涛中表演惊险动作。南宋时朝廷于八月十八日在钱塘江举行水军大教阅。"每岁京尹出浙江亭教阅水军。艨艟数百，分列两岸。既而尽奔腾分合五阵之势，并有乘骑弄旗、标枪舞刀于水面者，如履平地。倏尔黄烟四起，人物略不相睹。水爆轰震，声如崩山。烟消波静，则一舸无迹。仅有敌船为火所焚，随波而逝。吴儿善泅者数百，皆披发文身，手持十幅大彩旗，争先鼓勇，溯迎而上，出没于鲸波万仞中。腾身百变，而旗尾略不沾湿，以此夸能。而豪民贵宦争赏银彩。"[2] 有万民空巷的盛况。

除各种娱乐外，宋代还发展了许多体育活动。西汉时发展起来的蹴鞠竞赛此时已较为完善。江少虞纂编《宋朝事实类苑》卷五二《书画伎艺》载："蹴鞠，以皮为之，中实以物，蹴踏为戏乐也，亦谓为毬焉。今所作牛彘胞，纳气而张之，则喜跳跃。然或俚俗数少年簇围而蹴之，终无坠地。以失蹴为耻，久不坠为乐。亦谓为'筑球鞠'也。"[3]

---

[1] 杨万里：《诚斋集》卷四《观浙江潮》，永瑢、纪昀等编纂：《文渊阁四库全书》，上海古籍出版社 2012 年第 1 版。

[2] 周密：《武林旧事》卷三《观潮》，见孟元老等：《东京梦华录》（外四种），周峰点校，文化艺术出版社 1998 年第 1 版。

[3] 江少虞纂编：《宋朝事实类苑》，上海古籍出版社 1981 年第 1 版。

北宋何薳《春渚纪闻》卷二《杂记·刘仲甫国手棋》载，北宋哲宗、徽宗朝的围棋国手刘仲甫旅居钱塘时，曾以"江南棋客刘仲甫，奉饶天下棋先"①为帜，出银300两摆擂台。一时观者如堵，纷纷推出高手应战。尽管最后刘仲甫打败了杭州棋手，但他声称杭州棋手云集，自己胜得并不容易。可见当时杭州颇盛棋风。南宋临安出现了许多棋社，围棋爱好者一般一旬一集。《鹤林玉露》丙编卷一《象山棋》载："陆象山少年时，常坐临安市肆观棋，如是者累日。棋工曰：'官人日日来看，必是高手，愿求教一局。'象山曰：'未也。'三日后却来，乃买棋局一副，归而悬之室中。卧而仰视之者两日，忽悟曰：'此《河图》数也。'遂往与棋工对，棋工连负二局，乃起谢曰：'某是临安第一手棋。凡来着者，皆饶一先。今官人之棋，反饶得某一先，天下无敌手矣。'象山笑而去。其聪明过人如此。"②这个故事既说明陆九渊（象山）聪慧，也表明临安有许多专业棋手。孝宗爱下棋，国手赵鹗因棋艺精绝被提拔为武功大夫。《武林旧事》卷六《诸色伎艺人》记载宫廷中有棋待诏15人（包括象棋手）。宋代还流行骑射、马球、投壶等活动。南宋临安民间武士还组建了射弓踏弩社。

　　节庆和游乐具有深刻的社会生活内涵。谢和耐《蒙元入侵前夜的中国日常生活》一书指出："刺激人们过这些节日的精神实质是什么？许多习俗具有某种象征意义……不过，即使是对那些意义尚很隐讳的节日，我们若细加省察也总会发现，许多礼仪形式的外在目的与实际隐藏于其后的深层愿望并非相去很远。总而言之，这些一年一度的各种节日的初始目的乃在于摆脱浊气、瘟疫和魔障，以便重新把万物塑造得新颖纯净，取一个吉祥的先兆，并开拓一帆风顺的前景。与此同时，这些节日还提供了种种娱乐，使人们爱好娱乐的天性得以放纵。而在这些寻欢作乐的瞬间，日常生活的紧张感亦得片刻遗忘。""世上再没有什么地方能像中国这样把节日过得如此欢闹喜庆了。也再没有什么场合能比中国的大小节日更好地表达全体人民的愉悦企望了。这些

---

① 何薳：《春渚纪闻》卷二，中华书局1983年第1版。
② 罗大经：《鹤林玉露》，中华书局1983年第1版。

节日不仅可以作为季候转换的标志，从而使时间被人看重，而且还表达了对生活的某些确定理解。"①

二、四般闲事

《梦粱录》卷一九《四司六局筵会假赁》云："俗谚云，烧香点茶，挂画插花，四般闲事，不宜累家。"② 又《都城纪胜·四司六局》云："故常谚曰：烧香点茶，挂画插花，四般闲事，不许戾家。"③ 点茶、焚香、插花、挂画被宋人看作生活四事或文人四艺，是每家司事者都应做好的日常事务，也是文人雅士提高修养情趣的必修技艺。此四事通过嗅觉、味觉、触觉与视觉品味，将日常生活提升至艺术境界，且充实人的内在涵养与修为。是四般闲事，更是四般韵事。

焚香起源于祭祀活动，汉代渐渐从礼仪活动中分离出来，引入日常生活。至唐代，点香之风盛行于上层贵族。来自西域朝贡的香料，深得崇尚佛教的宫廷名流垂爱。盛唐时调香、熏香、评香已成高雅艺术，香道文化俨然成形。但由于香料来源有限，种类也少，除宗教和祭祀活动之外，香事还只是流行于上流社会。宋代以后海外贸易扩大，各种香料随海运进入，民间合香（香料的采集、加工、配制尤其是研磨混合）炼香日盛，才从宫廷飞入寻常百姓家，也将香事推向新的高度。宋人行香事大概有焚（爇、炷）香、含香、食香、熏香等方式，家居、宴客、读书时都会点香。洪刍《香谱》卷上载香 80 余种，并介绍熏香、衣香、怀香、啗香、沐浴、傅粉诸用法。有悠悠香味入鼻，有袅袅香气入眼，有幽幽香韵入心，为审美时尚。不少人尤其是女子往往口含香料或以香料入食物药物，以求身味芬芳，衣着妆容更是无物不香。香料有不同功效，熏香于室内可祛秽气，熏衣被可使衣物芳馨，也可

---

① 谢和耐：《蒙元入侵前夜的中国日常生活》，刘东译，北京大学出版社 2008 年第 1 版，第 173 页。

② 吴自牧：《梦粱录》卷一三《团行》，见孟元老等：《东京梦华录》（外四种），周峰点校，文化艺术出版社 1998 年第 1 版。

③ 耐得翁：《都城纪胜》，见孟元老等：《东京梦华录》（外四种），周峰点校，文化艺术出版社 1998 年第 1 版。

防虫驱蚊或静神助眠。
而在氤氲的香气中读书
品茶，静思冥想，更成
了典型的文人雅事。宋
代文人留下很多有关香
的轶事，如欧阳修《归
田录》记载北宋名臣梅
询喜欢日常焚香两炉使
官服和房间有香气。《归
田录》还记载欧阳修为
感谢书法家蔡襄为他抄
录《集古录目序》，赠
以茶、笔。后有人送"清
泉香饼"给欧阳修，蔡
襄以为若香饼早一些送

宋马远《竹涧焚香图》（台北"故宫博物院"藏）

到欧阳修手中，一定会随茶和笔一起送给他，遂有香饼来迟之憾。南
宋淳熙元年（1174 年），周必大写信给刘焞，并以海南蓬莱香 10 两、
蔷薇水 1 瓶为赠。宋人还留下大量优秀的咏香诗文，晏殊、晏几道、
欧阳修、柳永、苏轼、黄庭坚、范成大、李清照、陆游、辛弃疾等都
有咏香佳作。黄庭坚嗜香成癖，他的朋友贾天锡曾屡次制作清丽闲远、
自然有富贵气的"意和香"赠送给他，还向他讨诗作为回礼，元祐二
年（1087 年）黄庭坚赠以《贾天锡惠宝薰乞诗予以兵卫森画戟燕寝凝
清香十字作诗报之》10 首谈香小诗。他说自己"天资喜文事，如我有
香癖"，"险心游万仞，躁欲生五兵。隐几香一炷，灵台湛空明"。①
传说黄庭坚还提出"香之十德"："感格鬼神、清净身心、能拂污秽、
能觉睡眠、静中成友、尘里偷闲、多而不厌、寡而为足、久藏不朽、
常用无碍。"黄庭坚诗作与香相关的有近 90 首，直接咏香的近 30 首，

---

① 黄庭坚：《豫章黄先生文集》卷五《贾天锡惠宝薰乞诗予以兵卫森画戟燕寝凝清香十字作诗报
之》，《四部丛刊》初编，商务印书馆民国 25 年（1936 年）版。

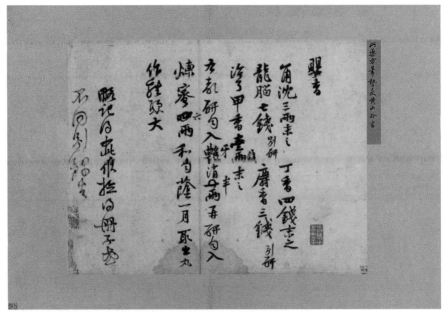

宋黄庭坚《制婴香方帖》（台北"故宫博物院"藏）

可见其对香的推崇。

现在常见的线香是在明代以后才流行起来的，宋香大多是以各种香材混合研磨的香粉或用香粉制成的香丸、香饼。陈敬《新纂香谱》卷三《凝和诸香》记载北宋名臣韩琦的浓梅香方，并说明可以做成香丸，"圆如芡实，金箔为衣，十丸作贴"[1]。焚香的方式以爇和炷为主，以闷香法（将香品点燃埋在香碳之中）或隔火熏香（隔火温香）法可使香气悠长、持久。为了方便，常用香篆行香。南宋时印篆香特别兴盛，据说同中书门下平章事张浚等每日焚一盘资善堂印香。香篆是用香压和香篆印这两种工具压塑成型、形似篆文的香饼，也叫"印香""压印香篆"。《梦粱录》卷一三《诸色杂货》云："且如供香印盘者，各管定铺席人家，每日印香而去，遇月支请香钱而已。"[2]洪刍《香谱》卷下《香篆》云："镂木以为之，以范香尘为篆文，燃于饮席或佛像前。往往有至二三尺径者。"[3]称香篆有直径两三尺大的。欧阳修《一

---

① 陈敬：《新纂香谱》，严小青编，中华书局 2012 年第 1 版。

② 吴自牧：《梦粱录》卷一三《团行》，见孟元老等：《东京梦华录》（外四种），周峰点校，文化艺术出版社 1998 年第 1 版。

③ 洪刍：《香谱》，永瑢、纪昀等编纂：《文渊阁四库全书》，上海古籍出版社 2012 年第 1 版。

斛珠·今朝祖宴》词"愁肠恰似沉香篆，千回万转萦还断"① 形象描绘了香篆的样子。香在古代常被当作一种计时工具，比如一炷香。香篆中的百刻香也可以计时。《香谱》卷下《百刻香》云："近世尚奇者作香篆，其文准十二辰，分一百刻，凡燃一昼夜已。"这种香燃烧一昼夜十二时辰，合漏壶箭杆上刻的 100 格。

随着香的兴起、品香制度的完善，品香器具也得到发展，如出现了许多精致的香炉。宋代香炉形制可分为继承型和创新型两大类。继承型的可细分为多足香炉、单足香炉、长柄香炉和仿生香炉，其中单足香炉又可细分为高足杯型香炉、莲花香炉、博山炉以及博山炉演变的球形带盖单足香炉；创新类的可细分为鼎式香炉、奁

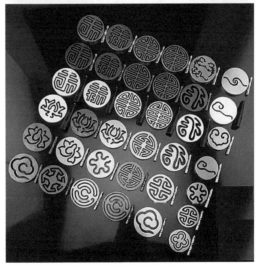

宋式香篆打法和香印

式香炉、鬲式香炉、簋式香炉。北宋大多延续使用前朝器形，南宋创新型大量涌现，继承型与创新型两大类同时存在。南宋中晚期继承型渐渐消失，创新型成为主流。北宋吕大临《考古图》记载："香炉像

---

① 欧阳修：《一斛珠·今朝祖宴》，载唐圭璋编纂，王仲闻参订，孔凡礼补辑：《全宋词》第 1 册，中华书局 1999 年第 1 版。

北宋汝窑三足奁式香炉（英国大英博物馆藏）

赵构所合"中兴复古"龙涎香饼（常州博物馆藏）

海中博山，下盘贮汤使润气蒸杳，以像海之四环。"① 黄庭坚诗中常提及的香炉有博山炉和睡鸭炉。由北宋《陈氏香谱》增益形成的《新纂香谱》卷三《香品器》云："香炉不据银、铜、铁、锡、石，各取其便。用其形，或作狻猊、獬豸、凫鸭之类，随其人之意作。顶贵穿窡，可泄火气，置窡不用太多，使香气回薄则能耐久。"② 可见宋代香炉多为金属质地的。从材质讲，瓷香炉的确不是最佳选择，因为使用时需在炉底放置石英等隔热砂石以防炉壁过热炸裂，但因烧制成本低于金属质地的，且瓷质温润美好，受到平民阶层的喜爱和推崇。宋人还常在未熄的香碳（香灰）上放置瓷、云母、金钱、银叶、砂片等薄而硬的"隔火"，再放香丸、香饼，借微火烤焙以缓缓释放香氛。除了香粉，香碳质地也影响隔火熏香效果，其制作及用料也就很讲究。香碳要洁净松软、疏松透气，隔火片通常是陶或瓷，银叶或云母的效果更好。

① 祝穆：《古今事文类聚续集》卷一二《香茶部》引，永瑢、纪昀等编纂：《文渊阁四库全书》，上海古籍出版社 2012 年第 1 版。

② 陈敬：《新纂香谱》，严小青编，中华书局 2012 年第 1 版。

香事的兴盛使香药成为巨大的产业。宋代海上丝绸之路比唐代更为繁荣，香料贸易占比越来越大，故又有"香料之路"之称。南亚和西亚的沉香、檀香、熏陆、龙涎、苏合、丁香等通过广州、泉州等进口，中国盛产的麝香等则向南亚和欧洲出口。1973年泉州后渚港出土的宋代沉船中有大量来自东南亚的香药。宋代香料榷易甚严，多数香料实行专卖。《宋史》卷一八五《志第一百三十八·食货下七》云："宋之经费，茶、盐、矾之外，为香之利博，故以官为市焉。"[1]《宋

宋鹤形铜香薰（观复博物馆藏）

会要辑稿·职官四四》载："太平兴国初，京师置榷易院，乃诏诸番国香药、宝货至广州、交趾、泉州、两浙，非出官库者，不得私相市易。"[2]毕仲衍《中书备对》卷二载，熙宁十年（1077 年）明州（今宁波）、杭州、广州 3 市舶司所收乳香 354449 斤。[3]《东京梦华录》载北宋开封皇家有香药库、民间有香药铺，《清明上河图》描绘了开封闹市的"刘家上色沉檀拣香"铺。广州南海县（今佛山市南海区）有专门的香户、香市。

　　茶文化在唐代已经大兴，至宋代则进入极盛。宋代与唐代一样仍行末茶法，即饮用茶末或茶粉，而非明清以后的散条形茶，但宋代较唐代在茶叶制作、烹茶方式、茶风茶俗、茶具等方面有不少改进。徽宗曾称，宋代的茶"采择之精、制作之工、品第之胜、烹点之妙，莫

① 脱脱等：《宋史》，中华书局 1977 年第 1 版。

② 徐松辑：《宋会要辑稿》，中华书局 1957 年第 1 版。

③ 毕仲衍撰，马玉臣辑校：《〈中书备对〉辑佚校注》，河南大学出版社 2007 年第 1 版。

河南省登封市黑山沟北宋李守贵墓壁画《备茶图》

不咸造其极"①，说宋茶在 4 个方面超逸唐茶。所谓"采择之精"，即对采茶的季节、天气、技艺等的要求和鲜茶的拣择更加严格。唐代多在农历二月至四月之间采茶，宋代则具体到农历惊蛰前后。唐代多在晴朗无云的天气采茶，宋代已认识到清晨的露水可以滋润茶芽，受日光照射后品质

就会下降，因此"撷茶以黎明，见日则止"②。为了保持茶芽洁净，防止气汗熏渍，又规定用指甲掐摘茶芽，而非以手指捏摘茶芽。所谓"制作之工"，指饼茶加工精细。饼茶蒸后普遍增加榨茶工艺以去苦汁。先用水多次淋洗蒸过的茶叶，然后放入小榨床挤干，再用布帛包扎并裹上竹皮放入大榨床榨出苦汁。还重视采用和发展饼茶拍制工艺。又在饼茶上饰以龙、凤、云彩、花卉等精美图案，增加观赏性。所谓"品第之胜"，指鉴辨更为精深。唐代有陆羽《茶经》品评天下名茶。宋代产生了许多新的名茶，如北苑茶。北苑茶产于福建建溪流域，是以龙凤图案模具制作的蒸青团茶，所以又名龙凤茶、龙团凤饼。《大观茶论》序云："龙团凤饼，名冠天下。"又其《鉴辩》云："色莹

---

① 赵佶：《大观茶论》序，载陈祖椝、朱自振编：《中国茶叶历史资料选辑》，农业出版社 1981 年第 1 版。

② 赵佶：《大观茶论·采择》，载陈祖椝、朱自振编：《中国茶叶历史资料选辑》，农业出版社 1981 年第 1 版。

彻而不驳，质缜绎而不浮，举
之则凝然，碾之则铿然，可验
其为精品也。"[1] 茶饼颜色晶莹
透彻而不杂乱，质地紧密而不
浮华，拿在手里坚实，用茶碾
碾时铿然有声，才是茶中精品。
所谓"烹点之妙"，指泡制工
艺精妙。宋人用茶碾或水磨代
替唐代的杵臼，将蒸榨后的茶
叶碾磨成极细的糊状物制成茶
膏，不仅极大提高了劳动生产
率，降低了生产成本，而且使
茶叶质量更有保证，点茶时也
更富美感。

宋刘松年《斗茶图》（台北"故宫博物院"藏）

　　唐代烹饮主流是煎茶，宋代
则改为点茶。陆羽《茶经》卷下《五之煮》记载的"三沸煎茶法"，
唐末五代被新出现的更为艺术化的点茶法取代。点茶用水须过二沸，
刚到第三沸为佳。点茶前先将茶盏烫热，再将茶粉置于茶盏中调成一
定浓度和黏度的膏状物。注水时用精细切割而成的竹片制成的调茶工
具茶筅击拂茶盏中的茶膏，边点边搅，使茶与水均匀混合成乳状茶液。
以茶液表面的白色茶沫多而持久为佳。陆游《临安春雨初霁》诗写到
分茶，分茶是点茶的进阶版，在宋代很流行。分茶即冲制具有纹脉图
案的茶汤。因类似在茶汤上作画书写，所以也叫水丹青或茶百戏。点
茶法使饮茶向艺术化方向发展，但因过于精细而逐渐失去社会基础，
于宋代晚期衰落。明代初年基本退出历史舞台，被简单易行的泡茶法
取代。

　　中唐以后形成的斗茶、茶会（茶宴）等茶俗在宋代发扬光大，于

---

[1] 赵佶：《大观茶论》，载陈祖槼、朱自振编：《中国茶叶历史资料选辑》，农业出版社 1981 年第
1 版。

宋佚名《饮茶图》（美国弗利尔美术馆藏）

社会各阶层盛行。宋代又称斗茶为"茗战"。范仲淹写过42行的长诗《和章岷从事斗茶歌》，夸张地描写斗茶之乐。斗茶在点茶技艺高超外也讲究茶、水、器。决定胜负的主要是茶汤颜色和汤花。颜色主要由茶质决定，也与水质和器皿色泽有关。"点茶之色以纯白为上真，青白为次，灰白次之，黄白又次之。"①汤花主要由点茶技艺决定。首重白色，次看水痕，茶沫和水离散的痕迹持久者为胜。宋代茶会蔚然成风，是社交和信息交流的重要方式。当时还形成了一些新的茶礼、茶俗，影响最为广泛深远且直至今日仍存在的当属来客敬茶。传南宋人徐度撰《南窗纪谈》云："客至则设茶，欲去则设汤，不知起于何时。然上至官府，下至里闾，莫之或废。"②婚礼下茶的习俗也始于宋代。在茶具方面，因点茶法取代煮茶法，茶注（执壶、注壶）遂取代唐代的镀（大口锅）而为主器。又相应推出点茶用的茶匙、茶筅等。因品茗的艺术化，茶具的样式、选料和颜色等也发生变化，向更有利于发挥点茶最佳功能的方向发展。如唐代茶盏样式比较简单，宋代则既要求壁厚，又要求呈深腹、斜腹壁和敞口状，以利于点茶。

宋代是茶文化的精细化发展时期,出现无数与茶相关的诗文。苏轼、黄庭坚、王禹偁、林逋、范仲淹、欧阳修、王安石、梅尧臣、苏辙、

① 赵佶：《大观茶论·色》，载陈祖椝、朱自振编：《中国茶叶历史资料选辑》，农业出版社1981年第1版。

② 徐度：《南窗纪谈》，《丛书集成初编》第2884册，中华书局1985年第1版。

陆游、李清照、文天祥等写过许多茶诗文。陆游的茶诗最多，有 300 多首。这些诗文抒发了人生哲理，如苏轼《次韵曹辅寄壑源试焙新茶》诗"从来佳茗似佳人"①、郑清之《茶》诗"书如香色倦犹爱，茶似苦言终有情"②、

宋佚名《斗浆图》（黑龙江省博物馆藏）

文天祥《太白楼》诗"闲品茶经拜羽仙"③。宋代还多茶画，如南宋刘松年的《斗茶图》和佚名的《斗浆图》表现了斗茶情景，刘松年还有《卢仝烹茶图》《茗园赌市图》等茶事名作。他的《撵茶图》和徽宗的《文会图》则描写了文人雅集品茗场景。

　　挂画指鉴赏书画诗词卷轴。宋代文人聚会通常都会挂一些自己的作品或以收藏的作品供文友品评鉴赏。看山水，也看自己；听画中松风，也听心声。诗言志，画言情，卷轴上的书画藏着作者的心境、观者的品位。马远《西园雅集图》以白描手法写实描绘了苏轼、黄庭坚等 16 位文人在驸马都尉王诜府邸作客聚会的情景。他们在松桧梧竹、小桥流水间写诗作画、题石拨阮、看书说经，享受宴游之乐。苏轼《书朱象先画后》云："能文而不求举，善画而不求售，曰文以达吾心，画以适吾意而已。"④文人挂画不仅仅是耳目之娱、社交之谊，更多的是志向所寄。当时不光文人贵族挂画，坊间的茶楼

① 苏轼：《苏轼诗集》卷三二《次韵曹辅寄壑源试焙新茶》，王文诰辑注，孔凡礼点校，中华书局 1982 年第 1 版。

② 郑清之：《茶》，北京大学古文献研究所编：《全宋诗》卷三四六一八，北京大学出版社 1995 年第 1 版。

③ 文天祥：《太白楼》，北京大学古文献研究所编：《全宋诗》卷四二九三五，北京大学出版社 1995 年第 1 版。

④ 苏轼：《东坡题跋》卷五《书朱象先画后》，白石校，浙江人民美术出版社 2016 年第 1 版。

宋马远《西园雅集图》局部（美国纳尔逊－阿特金斯艺术博物馆藏）

酒肆也风行挂名人字画装点门面。《梦粱录》卷一六《茶肆》云："汴京熟食店张挂名画，所以勾引观者，留连良客，今杭城茶肆亦如之。"①《都城纪胜》也有类似记载。如能得几张苏轼、米芾的书画作品悬挂店堂，则对提升店的品位、扩大生意有助益。据说宋太祖为汴梁城东门外的茶肆赐画图，使之名声大振，此后宋代饮茶挂画之风盛行。挂画不但是艺术，也是学问，赵希鹄《洞天清录·古画辨》介绍了挂画之法："择画之名笔，一屋止可三四轴。观玩三五日，别易名笔，则诸轴皆见风日决不蒸湿，又轮次挂之，则不惹尘埃。时易一二家，则看之不厌。然须得谨愿子弟，或使令一人细意舒卷出纳之。日用马尾或丝拂轻拂画面，切不可用棕拂。室中切不可焚沉香、降真、脑子，有油多烟之香，止宜蓬莱甲笺耳。窗牖必油纸糊，户口常垂帘。一画前必设一小案以护之。案上勿设障画之物，止宜香炉、琴、砚。极暑则屋中必蒸热，不易挂壁。大寒于室中渐著小火，令如二月天气候，挂之不妨。然遇夜必人匣，恐冻损。"②上文提及南宋临安设有专门代理宴席、接待的"四司六局"。除了办酒席，其中的帐设司可以租赁屏风、绣额、书画等物事，排办局可以帮着挂画、插花。

---

① 吴自牧：《梦粱录》，见孟元老等：《东京梦华录》（外四种），周峰点校，文化艺术出版社 1998 年第 1 版。
② 赵希鹄：《洞天清录》，尹意点校，浙江人民美术出版社 2016 年第 1 版。

宋人爱花，赏花插花为全民盛事。陈著《夜梦在旧京忽闻卖花声，感有至于恸哭，觉而泪满枕上。因趁笔记之》诗云："卖花声，卖花声，识得万紫千红名。与花结习夙有分，宛转说出花平生。低发缓引晨气软，此断彼续春风萦。九街儿女方睡醒，争先买新开门迎。泥沙视钱不问价，唯欲荡意摇双睛。薄鬟高髻团团插，玉盆巧浸金盆盛。人心世态本浮靡，庶几治象有承平？"① 欧阳修《洛阳牡丹记·风俗记第三》载："洛阳之俗，大抵好花。春时，城中无贵贱，皆插花，虽负担者亦然。"② 女子闺房、文人案头、出家人禅室、富人庭院、路边小店，都不缺插花。插花虽短暂，但插花之美也常常留在宋代的绘画诗词里，成为永恒的风景。

宋刘松年《博古图》（台北"故宫博物院"藏）

宋代的插花艺术并不因为花卉品种多、花色繁多而追求花团锦簇、繁复富丽，不仅追求怡情

---

① 陈著：《本堂集》卷三一《夜梦在旧京忽闻卖花声，感有至于恸哭，觉而泪满枕上。因趁笔记之》，永瑢、纪昀等编纂：《文渊阁四库全书》，上海古籍出版社 2012 年第 1 版。

② 欧阳修：《欧阳修全集·居士外集》卷二二《洛阳牡丹记》，李逸安点校，中华书局 2001 年第 1 版。

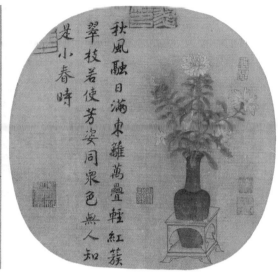

宋马麟《兰图》（美国大都会艺术博物馆藏）和佚名《胆瓶秋卉图》（故宫博物院藏）

娱乐，也注重文化表达，赋花以德，以花寓意，不像唐代那样讲究形式排场。花材多用松、柏、竹、梅、兰、莲、菊、桂、山茶、水仙等素雅者，以清为精神所在，以疏为意念依归。或半簇桃花，或一枝蜡梅，宛如半边一角的宋画。冬日韵胜格高的梅，春日淡泊清疏的兰，夏日素洁静雅的莲，秋日清高瘦劲的菊，凸显极简的线条构图美，也以特定寓意彰显插花者的个性。外应季节变换之景，内寄主人心境情志。搭配以各种造型色彩的陶瓷花瓶，更显风韵格调。宋代插花容器比前代多样，并发明 31 孔花盆、6 孔花瓶、19 孔花插等，都是为现代插花用具剑山原型。花架设计也十分考究。

　　宋代插花之外的花事也繁多，四季皆有。《梦粱录》卷二《二月望》载："仲春十五日为花朝节。浙间风俗，以为春序正中。百花争放之时最堪游赏。都人皆往钱塘门外玉壶、古柳林、杨府、云洞，钱湖门外庆乐、小湖等园，嘉会门外包家山王保生、张太尉等园，玩赏奇花异木。最是包家山桃开浑如锦障，极为可爱。"写了仲春农历二月十五花朝节的临安赏花盛况。又《暮春》载，三月末，"春光将暮，百花尽开。如牡丹、芍药、棣棠、木香、酴醾、蔷薇、金纱、玉绣球、小牡丹、海棠、锦李、徘徊、月季、粉团、杜鹃、宝相、千叶桃、绯桃、香梅、紫笑、长春、紫荆、金雀儿、笑靥、香兰、水仙、映山红等花，种种奇绝”。[①]描画了暮春农历三月底百花盛开之景。《都城纪胜·园苑》也载："城南嘉会门外，则有玉津御园（虏使时射弓所），又有就包山作园以植桃花，都人春时最为胜赏，唯内贵张侯壮观园为最。城北北关门外，则有赵郭家园。东、西马塍诸园，乃都城种植奇异花木处。"称临安各名苑如玉津园等处春日奇花异草美景。到了夏季，农历五六月间西湖上荷花盛开，赏花"纳凉人多在湖船内，泊于柳荫下饮酒，或在荷花茂盛处园馆之侧"。中秋前

传宋赵昌《竹虫图》（日本东京国立博物馆藏）

"木犀盛开，东马塍、西马塍园馆争赏"，花海人潮，其盛无比。[②]

　　花事造就了巨大的消费市场。端午节前一天，南宋临安"城内外家家供养，都插菖蒲、石榴、蜀葵花、栀子花之类，一早卖一万贯花钱不啻。何以见得？钱塘有百万人家，一家买一百钱花，便可见也……虽小家无花瓶者，用小坛也插一瓶花供养，盖乡土风俗如此"[③]。端

① 吴自牧：《梦粱录》，见孟元老等：《东京梦华录》（外四种），周峰点校，文化艺术出版社1998年第1版。

② 耐得翁：《都城纪胜》，见孟元老等：《东京梦华录》（外四种），周峰点校，文化艺术出版社1998年第1版。

③ 西湖老人：《西湖老人繁胜录》，见孟元老等：《东京梦华录》（外四种），周峰点校，文化艺术出版社1998年第1版。

宋李嵩《花篮图》（故宫博物院藏）

午前一早晨的鲜花可卖 1 万贯，可见消费量之巨大。临安最著名的花市在皇宫和宁门外。杨万里《经和宁门外卖花市见菊》诗云："病眼仇冤一束书，客舍葳莙菊一株。看来看去两相厌，花意索寞恰似无。清晓肩舆过花市，陶家全圃移在此。千株万株都不看，一枝两枝谁复贵？平地拔起金浮屠，瑞光千尺照碧虚。乃是结成菊花塔，蜜蜂作僧僧作蝶。菊花障子更玲珑，生采翡翠铺屏风。金钱装面密如积，金钿满地无人拾。先生一见双眼开，故山三径何独怀？君不见，内前四时有花卖，和宁门外花如海。"①诗以"花如海"来描述和宁门外鲜花市场之繁华。更大的鲜花批发和零售市场在东、西马塍，这里是临安最大的鲜花产地，经营规模在全国首屈一指。叶适《赵振文在城北厢两月，无日不游马塍，作歌美之，请知振文者同赋》诗云："马塍东西花百里，锦云绣雾参差起。长安大车喧广陌，问以马塍云未识。酴醾缚篱金沙墙，薜荔楼阁山茶房。高花何啻千金值？着价不到宜深藏。

---

① 杨万里：《诚斋集》卷二三《经和宁门外卖花市见菊》，永瑢、纪昀等编纂：《文渊阁四库全书》，上海古籍出版社 2012 年第 1 版。

青鞋翩翩乌鹤袖，严劳引首金蒋后。随园摘蕊煎冻酥，小分移床献春酒。陈通苗傅昔弄兵，此地寂寞狐狸行。圣人有道贲草木，我辈栽花乐太平。知君已于苕水住，尽日橹声摇上渚。无际沧波蓼自分，有情碧落鸥偏聚。追逐风光天漫许，抛掷身世人应怒。君不见南宫载宝回，何如赵子穿花去？"① 记述了东、西马塍成为花市的历史。南宋初陈通和苗傅、刘正彦兵变后，马塍由训练马军的基地逐渐衰落为荒凉的野狐出没之地，后来逐渐发展为花卉种植基地。

　　临安近郊还形成了其他一些花卉种植基地，并有工艺花市在御街中段官巷内。《都城纪胜·诸行》载："大抵都下万物所聚，如官巷之花行，所聚花朵、冠梳、钗环、领抹极其工巧，古所无也。"② 其所谓"花"主要指装饰打扮用的首饰、帽饰、手饰、颈饰、衣饰等物品。官巷花行当为应时应市而作。官巷花行当然也有鲜花，因为宋代人也流行簪鲜花。"最是官巷花作，所聚奇异飞鸾走凤、七宝珠翠、首饰花朵、冠梳及锦绣罗帛、销金衣裙、描画领抹极其工巧，前所罕有者悉皆有之。"③ 官巷的著名店铺有飞家牙梳铺，齐家、归家花朵铺，盛家珠子铺，刘家翠铺，马家、宋家领抹销金铺，沈家枕冠铺，等等。④ 官巷后来曾称"花市巷，宋时作鬻花朵者居之"⑤。

　　宋代以前的农书不载花卉栽培种植技术，宋代尤其是南宋以来谱录类农书大量涌现，记录了许多相关花卉栽培工艺。如张镃不仅是园林专家，也是园艺专家，曾著《梅品》等花艺著作。明人徐光启《农政全书》卷三七《种植·种法》录张镃所著《种花法》的嫁接法："春

---

① 叶适：《水心集》卷七《赵振文在城北厢两月，无日不游马塍，作歌美之，请知振文者同赋》，永瑢、纪昀等编纂《文渊阁四库全书》，上海古籍出版社 2012 年第 1 版。

② 耐得翁：《都城纪胜》，见孟元老等：《东京梦华录》（外四种），周峰点校，文化艺术出版社1998 年第 1 版。

③ 吴自牧：《梦粱录》卷一三《团行》，见孟元老等：《东京梦华录》（外四种），周峰点校，文化艺术出版社 1998 年第 1 版。

④ 吴自牧：《梦粱录》卷一三《铺席》，见孟元老等：《东京梦华录》（外四种），周峰点校，文化艺术出版社 1998 年第 1 版。

⑤ 田汝成：《西湖游览志》卷一三《南山分脉城内胜迹》，尹晓宁点校，上海古籍出版社 2018 年第 1 版。

分和气尽，按不得；夏至阳气重，秧不得。立春、正月中旬宜接樱桃、木犀、徘徊、黄蔷薇，正月下旬宜接桃、梅、李、杏、半丈红、蜡梅、梨、枣、栗、杨、柳、紫薇，二月上旬可接紫笑、绵橙、扁橘。以上种接并于十二月间沃以粪壤，至春时花果自然结实。立秋后可接林檎、川海棠、黄海棠、寒球、转身红、祝家棠、梨叶海棠、南海棠。以上接种法，并要按时将头与木身、皮对皮、骨对骨用麻皮紧缠，上用箬叶宽覆之。如萌茁稍长，即撤去箬叶，无有不盛也。"[1]周密《齐东野语》卷一六《马塍艺花》记载了"堂花"的反季节栽培法，反映了马塍花农高超的艺花技艺："马塍艺花如艺粟，橐驼之技名天下。非时之品，真足以侔造化、通仙灵。凡花之早放者，名曰堂花。其法以纸饰密室，凿地作坎，缠竹置花其上，粪土以牛溲硫磺，尽培溉之法。然后置沸汤于坎中，少俟，汤气熏蒸，则扇之以微风。盎然盛春融淑之气，经宿则花放矣。若牡丹、梅、桃之类无不然，独桂花则反是。盖桂必凉而后放，法当置之石洞岩窦间，暑气不到处，鼓以凉风，养以清气，竟日乃开。此虽揠而助长，然必适其寒温之性，而后能臻其妙耳。"[2]先进的花卉培养技艺造就了千姿百态、争奇斗艳的宋代花事。

三、隐逸文化与隐逸世俗化

隐逸是中国士人心理—行为意识的重要命题之一，也是士人内在价值取向与处世态度的外在表征。中国古代的隐逸经历了小隐（隐于山林）到大隐（隐于朝市）再到中隐（隐于郡斋）的嬗变，政统与道统的矛盾决定了隐逸的形式和内涵在各个时代有所不同。传统隐逸以道抗势的抗议精神逐渐弱化，而不断精神化、世俗化。这反映了世俗王权为代表的势统挤压下士人持守的道统重新整合和重新定位。

具有宋代特征的士人隐逸思潮的形成，除了专制政治的外迫外，也与当时特有的冗官、闲官政治有关。冗官、闲官政治消磨了士人的济世情怀。当时的党争虽也涉及价值观和政治理想，但往往夹杂着各

---

① 徐光启：《农政全书》，中华书局1956年第1版。
② 周密：《齐东野语》卷一六《马塍艺花》，张茂鹏点校，中华书局1983年第1版。

失名《寒鸦图》（辽宁省博物馆藏）

种意气纷争，消磨了士人的意志。边官边隐、似出似处便成了士人调谐仕隐矛盾、求取适意人生的最佳方式。

隐逸风尚的盛行也与儒、佛、道三教融合紧密相连。宋代士人大多是集官僚、文士、学者、艺术家等身份于一体的通才全才型人物，其知识、思想淹博宏大，也能兼容并包、融摄吸纳各种思想文化。明代高僧憨山说："不知《春秋》，不能涉世；不精《老》《庄》，不能忘世；不参禅，不能出世。此三者，经世、出世之学备矣，缺一则偏，缺二则隘，三者无一而称人者，则肖之而已。"[1] 涉世、忘世、出世集中体现了儒、道、释三教不同的社会文化功能和处世态度，而三者的兼备并具则可以不偏不隘，满足现实生活中的个体可能具有的多方面需求。清人厉鹗《宋诗纪事》卷五七引杨万里《赞功甫像》之语赞许张镃："香火斋祓，伊蒲文物，一何佛也！襟带诗书，步武琼琚，又何儒也！门有珠履，坐有桃李，一何佳公子也！冰茹雪食，瑓碎月魄，又何穷诗客也！"[2] 说张镃集佛、儒、贵族公子、诗人等于一身，是理想人物。当时的士人纷纷以居士名号，也是吏隐生活方式的一种表现。在唐代，以居士名号者只是个别现象，著名文人中只有李白、白居易、王维分别以青莲居士、香山居士、摩诘居士为号。到了宋代，以居士名号成为一种时尚，如六一居士（欧阳修）、姑溪居士（李之仪）、翠微居士（薛绍彭）、半山居士（王安石）、东坡居士（苏轼）、浮休居士（张舜民）、山谷居士（黄庭坚）、淮海居士（秦观）、后

① 释德清辑：《憨山大师梦游全集》卷三九，文物出版社 1989 年第 1 版。

② 厉鹗：《宋诗纪事》，上海古籍出版社 1983 年第 1 版。

山居士（陈师道）、清真居士（周邦彦）、东湖居士（徐俯）、芗林居士（向子谌）、石林居士（叶梦得）、鹿门居士（米芾）、茶山居士（曾几）、至游居士（曾慥）、芦川居士（张元干）、石湖居士（范成大）、遂初居士（尤袤）、千岩居士（萧德藻）、于湖居士（张孝祥）、稼轩居士（辛弃疾）、臞轩居士（王迈）、后村居士（刘克庄）、竹坡居士（周紫芝）、深宁居士（王应麟）、灌园居士（计有功）等。就连女词人李清照和朱淑真也分别自号易安居士、幽栖居士。这一居士名单中的每一位都是宋代文化的重镇，将这个名单串连起来几乎就是一部宋代文化史。居士原是一个佛教名词，指在家信徒。《维摩诘经》称，维摩诘居家学道，号称维摩居士。维摩诘是世俗人，但又是超越世俗的禅者。他过着世俗贵族式的优渥生活，却被看成是深达实相、高于出家修行者的菩萨。《维摩诘经·方便品》载，维摩诘"示有妻子，常修梵行；现有眷属，常乐远离；虽服宝饰，而以相好严身；虽复饮食，而以禅悦为味。若至博奕戏处，辄以度人"，"入诸淫舍，示欲之过；入诸酒肆，能立其志"，"一切治生谐偶，虽获俗利，不以喜悦"，"游诸四衢，饶益众生"。①维摩诘所做的一切饶益布施众生的善事，大多为出入于赌场、妓院、酒肆时所为。自号"羲皇上人"的东晋隐逸诗人陶渊明是后世很多人的偶像，但他仍不如维摩诘超脱自在，所以自号东坡居士的苏轼在诗里说："殷勤稽首维摩诘，敢问如何是法门？"②"休官彭泽贫无酒，隐几维摩病有妻。"③不为五斗米折腰而辞去彭泽令的陶渊明，归园田居后时常家贫无酒，而居家学道的维摩诘生病时却有法喜为妻（以佛法为乐）。维摩诘于世间求出世间精神解脱的居士行为令宋代士人艳羡不已。其实他们并非真的想做一个身体力行的居士在家学道，但无不倾心于居士的超脱心境。绍兴三十一年（1161 年），陆游从敕令所删定官调升为大理寺司直，住在临安的

---

① 《维摩诘经》，高永旺、张仲娟译注，中华书局 2016 年第 1 版。

② 苏轼：《苏轼诗集》卷七《和文与可洋川园池三十首·无言亭》，王文诰辑注，孔凡礼点校，中华书局 1982 年第 1 版。

③ 苏轼：《苏轼诗集》卷一九《十二月二十八日，蒙恩责授检校水部员外郎、黄州团练副使，复用前韵二首》之二，王文诰辑注，孔凡礼点校，中华书局 1982 年第 1 版。

百官宅（下级官员居所），他将住所命名为富于江湖隐逸意味的"烟艇"，即烟波浩渺中的小舟，并作《烟艇记》记事抒怀："予少而多病，自计不能效尺寸之用于斯世，盖尝慨然有江湖之思。而饥寒妻子之累，劫而留之，则寄其趣于烟波洲岛苍茫杳霭之间，未尝一日忘也。使加数年，男胜锄犁，女任纺绩，衣食粗足，然后得一叶之舟，伐荻钓鱼，而卖芰芡，入松陵，上严濑，历石门、沃洲，而还泊于玉笥之下，醉则散发扣舷为吴歌，顾不乐哉！虽然，万钟之禄，与一叶之舟，穷达异矣，而皆外物。吾知彼之不可求，而不能不眷眷于此也。

宋佚名摹李公麟《维摩居士像》（日本京都国立博物馆藏）

其果可求欤？意者使吾胸中浩然廓然，纳烟云日月之伟观，揽雷霆风雨之奇变，虽坐容膝之室，而常若顺流放棹，瞬息千里者，则安知此室果非烟艇也哉！"[①]"烟艇"典出杜甫《八哀诗·故右仆射相国曲江张公九龄》的"犹思理烟艇"。陆游说自己既有入世情怀，又有隐逸之思，之所以还没有立刻挂冠辞官而去，是因为有饥寒妻子之累，还需要靠俸禄来养家糊口。但虽然身在朝中，"寄其趣于烟波洲岛苍茫杳霭之间"的归隐江湖愿望却一日不曾忘却放下。他觉得只要"胸

---

① 陆游：《陆游集》之《渭南文集》卷一七《烟艇记》，中华书局 1976 年第 1 版。

宋朱锐《溪山行旅图》（上海博物馆藏）

中浩然廓然，纳烟云日月之伟观，揽雷霆风雨之奇变"，虽处闹市小屋，而心境却如同放游江湖一般。① 经历了北宋末年以来的家国之难和异常复杂的政治局面，士人对传统的仕隐观念及运行机制进行了更多的思考，增强了"濠濮""烟艇""渔翁"之想，更多地游离于现实政治之外，也增加了美学色彩。"濠濮间想"一词出自记录魏晋文人思想情感作为的《世说新语·言语》：东晋简文帝司马昱进入皇家园林华林园后，说在山水间有"濠濮间想"。"濠濮间想"糅合了《庄子·秋水篇》里的两个寓言故事：一个是庄子、惠子在濠水上观鱼、讨论人能不能知鱼之乐的故事，另一个是庄子在濮水垂钓、以"宁生而曳尾涂中"的神龟自喻拒绝出仕的故事。

由于士人的大量介入，并成为实践主体，宋代的隐逸文化进一步显在化。隐逸文化是中国古代一种具有强烈离世色彩的诗性文化，包括士人所普遍追求的清高狷介的人格理想、淡泊宁静的生活方式和雅正脱俗的文化品味，具有浓郁的非功利和非主流色彩，核心是自由和本真，因而以审美为本质。隐逸文化的主体是隐士和心隐者，他们最突出的思维定式是或重或轻的逃遁意识。从内涵上看，隐逸文化包括隐士和心隐者特有的人生观、艺术观、价值观，如特殊的生存模式、

① 张玉璞：《"吏隐"与宋代士大夫文人的隐逸文化精神》，《文史哲》2005 年第 3 期。

思维特征、精神格调等人格特征，以及文化实践和文化创造如园林、诗词、绘画、音乐等美学成果。鲁迅曾将中国传统文学分为廊庙（在朝）文学和山林（在野）文学两大类①，可见隐逸文化的特殊价值。在中国古代漫长的社会发展中，隐逸文化经历了多个发展阶段，并对中国传统哲学、文学、伦理学、社会学、政治学、美学等产生深远影响。宋代是中国隐逸文化的成熟期。其隐逸风尚的盛行源于士人自省、内敛的心态和审美趣味。与汉、唐相比，宋代的整个文化都有内在化趋向，具有精致审美的特性。由于政治实现的难度很大，而文化实现的可能性却大大增强，文化事实上成为一种隐逸的无限空间。许多人将生活追求移向诗酒茶食、琴棋书画等，或者直接讨论心性命理，更注重个体生命的存在、人格的完善，将隐逸作为体验自由、寻求解脱的方式。

　　士人园林是宋代士人归隐、心隐的环境承载主体，在某种程度上类似于东晋陶渊明所描绘的"世外桃源"。然而"世外桃源"具有乌托邦性质，体现其乐融融、和平相处的社会集体性，与隐逸文化所追求的个人化、私密化、封闭性仍有差异。到唐宋时期，士人园林已成为士人生活不可缺少的组成部分，并将隐逸意趣更清晰地表现出来，即定位于比"世外桃源"更为超脱的"壶中天地"。士人园林可"以小观大"，以尺寸之波尽沧溟之势，即芥子纳须弥在微妙的时空构建一番净土，力求创造出至为深广的美学空间，使人进入壶中老翁的自在自如境界。此时园林除了向士人提供安置身家或愉悦身心的场所之外，更为重要的是提供了滋养心智的精神家园。士人园林作为一种成熟的艺术形式，在设计风格上有显著特点，有别于皇家园林和寺观园林。李渔是明末清初最出色的造园家和园林理论家之一，建有"芥子园"，《笠翁一家言文集》卷四《〈芥子园杂联〉序》云："此予金陵别业也。地止一丘，故名'芥子'，状其微也。往来诸公，见其稍具丘壑，谓取'芥子纳须弥'之义。"②"芥子纳须弥"寓意可摄大

---

① 鲁迅：《帮忙文学与帮闲文学》，载鲁迅：《鲁迅全集》第 7 卷，人民文学出版社 2005 年第 1 版。

② 李渔：《李渔全集》第 1 卷《笠翁一家言文集》，浙江古籍出版社 2010 年第 1 版。

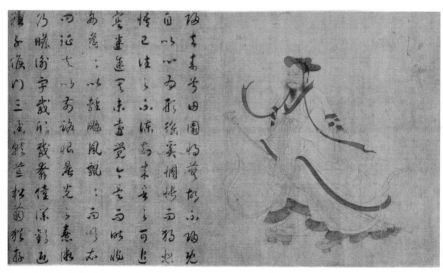

宋佚名《归去来辞书画图》局部（美国波士顿艺术博物馆藏）

千世界而微积于方寸之地。明清的园林观念承袭自宋代，宋代园林多"壶中天地"或"芥子纳须弥"面貌，而且在精神上突破了晋唐时期较为外在的饮酒唱和、山水啸傲，而融入了更为丰富的内心化、个人化的诗词、书画、音乐、戏曲等美学元素。隐逸士人对社会及自身的生存危机都有一种天生的敏感，他们一方面向虚无的彼岸世界伸出求援之手，另一方面在对自然的审美观照中把沉思和眷顾注入文学艺术，以洞悉生命的意义和生存的价值。文学艺术成为他们的精神支柱。有"无为而治"及"返璞归真"的导引，归隐、心隐的士人在自然审美活动中追求没有功利目的的纯审美也成为可能。游山玩水、渔猎躬耕、品藏文玩、谈玄务虚、坐禅求道等成了他们最外在的行为表现。这样的人生是休闲的人生，也是艺术的人生、审美的人生。

宋代士人之隐逸包含了参透世事、了悟人生后的沉静、深邃、淡泊和练达，散发出一种空淡之美。清人孙麟趾《词径》提出"作词十六字诀"，主旨是"空"与"淡"，所谓"天以空而高，水以空而明，性以空而悟。空则超，实则滞"，"花之淡者其香清，友之淡者其情厚。耐人寻绎，正在于此。故贵淡"。[1]空淡之美是一种不着色

_____

① 孙麟趾：《词径》，载唐圭璋编：《词话丛编》，中华书局1986年第1版。

相而意蕴丰富、回味悠长之美，一种外枯而中膏之美。姜夔终生布衣，半生飘零，晚年隐居临安西马塍。他是江湖诗人，也是隐逸诗人。在时人眼中，他是潇洒的"野云孤飞"，却内敛得"去留无迹"。① 人说他"襟期洒落，如晋宋间人"②，但他明显具有更多宋人的特点和品格。他的词"清空""空淡"，得自他的平和淡泊性情。

宋佚名《雪峰寒艇图》（上海博物馆藏）

其《鹧鸪天·元夕有所梦》词云："肥水东流无尽期，当初不合种相思。梦中未比丹青见，暗里忽惊山鸟啼。　　春未绿，鬓先丝。人间别久不成悲。谁教岁岁红莲夜，两处沉吟各自知。"③ 写他痛失一生挚爱的"合肥情事"，明明刻骨铭心，但表达平淡。全篇除"红莲"一词因关系爱情而稍显艳丽外，其余皆用经过锤炼而自然清劲的语言，可谓铅华洗尽、素面朝天。尤其"人间别久不成悲"一句，寓深挚的伤悲于平淡的语气之中，耐人回味，似淡而实厚，真真如观"瘦石孤花"，如闻"清笙幽磬"。④ 继姜夔词学衣钵的张炎是南宋名臣张俊六世孙，

① 张炎：《词源》卷下，载唐圭璋主编：《词话丛编》，中华书局 1985 年第 1 版。

② 陈郁：《藏一话腴》内篇卷下，永瑢、纪昀等编纂：《文渊阁四库全书》，上海古籍出版社 2012 年第 1 版。

③ 姜夔：《鹧鸪天·元夕有所梦》，载唐圭璋编纂，王仲闻参订，孔凡礼补辑：《全宋词》第 3 册，中华书局 1999 年第 1 版。

④ 郭麐：《灵芬馆词话》卷一，载唐圭璋编：《词话丛编》，中华书局 1986 年第 1 版。

他出生清贯却半生流落江湖，心性高洁不改，词作得空淡三昧。如咏物词代表作《疏影·梅影》，从清绝影、疑似影、缥缈影、竹外影、淡洁影、贞固影、玲珑影7个方面写梅影，用有生命的形象来刻画无生命的"影"，用笔空灵雅淡、气韵丰沛。其实，宋词之空淡只是其色其貌，在无色无味的外表下有着丰富厚重的艺术形象，蕴含着士人"闲看庭前花开花谢""望天空云卷云舒"的人生智慧[①]。在士人以精神自由、心灵自适为核心的隐逸精神烛照下，宋代词坛才有了清旷、疏放、空淡的独特风景。

宋代隐逸词表现了士人在重重生存苦闷中重新进行人生定位的坚定与彷徨、超脱与无奈，他们在追求男欢女爱的幽情私绪、渴望建功立业和挽救民族于危难的壮志豪情之外，对自我生存状态不断反思，对生命价值不倦追问。既有英雄失路的苦闷和愤懑，也有吞吐辗转、欲隐难随的思绪表达。宋词以言"情"为特色，抒情性强，隐逸词却涉理路、落言筌，以理性的眼光看待心灵世界。与外向、向往鲜衣怒马少年壮游的唐诗相比，追求隐居山林庭院的宋词可称得上是内省型的。钱锺书比较唐宋诗云："一集之内，一生之中，少年才气发扬，遂为唐体；晚节思虑深沉，乃染宋调。"[②] 其实隐逸词更能体现"宋调"的这种特色。与抒写男欢女爱、离情别绪的"本色词"不同，也有别于"变体"豪放词，隐逸词在静观世间纷纭中探索生命的真谛，或隐或显地渗透思理，往往用达观之语自我消解入世与出世、外物与自我的心理冲突，突破对生命感受的经验层次而进入到自觉观照、体悟生命意义的境界。隐逸词的这种特质在整个宋代文学艺术中有广泛体现。

---

① 洪应明：《菜根谭》篇四《闲适》，杨春俏评注，中华书局 2008 年第 1 版。
② 钱锺书：《谈艺录》一《诗分唐宋》，中华书局 1984 年第 1 版。

第十一章　文化包容互动中的智慧启示

一、教虽三分而道乃归一

就思想史而言，汉代至宋代相比于先秦时期最大的特色是佛教的渗入和儒、道、释思潮的相互作用和融合。儒、道、释三教各有宗旨，各具特色，宋孝宗概括为"以佛修心，以老治身，以儒治世"[①]。但它们也有各执一端之嫌，在实践层面上存在互补的需求，因此在唐宋之际走向三教合一也成为历史必然。如北宋全真教南五祖之一张伯端《悟真篇》卷首序所说"教虽三分，道乃归一"[②]。宋代的三教合一既是中国思想文化的新发展，也是美学意义上的新开展。

魏晋以至唐代儒道释三教总体上并立平衡发展。"印度佛教传入中国曾产生了重大的影响，但仍与基督教在西方中古文化中所取得的绝对的主宰地位有别。六朝隋唐之世，中国诚然进入了宗教气氛极为浓厚的时代，然而入世教（儒）与出世教（释）之间仍然保持着一种动态的平衡。道教也处于出世与入世之间。故中国中古文化是三教并立，而非一教独霸。"[③] 早期的"三教一致"论强调的是三教都有裨益于社会教化功用，即所谓的"习善共辙""劝善义一"，很少实质性的思想义理融会。唐代的"三教鼎立""三教融合"则是三教各成体系，立足本教以融通外教，以充实、发展本教，尚处于兼而未融的状态。入宋以后，三教出于生存、发展的需要而相互融摄、渗透、补充，在思想层面开始深层、广泛、有机融合，"三教鼎立"的格局逐渐被以儒为主、道释为辅的"三教合一"所替代。而宋学或理学以及宋代美学思想就是儒家思想与道、释两家思想既互相排斥、冲突和斗争又

---

① 李心传：《建炎以来朝野杂记》乙集卷三《原道辨（易名〈三教论〉）》，徐规点校，中华书局2000年第1版。

② 张伯端撰，王沐浅解：《悟真篇浅解》（外三种），中华书局1990年第1版。

③ 余英时：《士与中国文化》引言《士在中国文化史上的地位》，上海人民出版社2003年第1版，第6页。

宋佚名《六道绘》之《天道》（日本新知恩院藏）

互相作用、影响和渗透的产物。J. Z. 爱门森（Jingjing Zhao Edmondson，赵晶晶）在论南宋词人姜夔的专著《清空的浑厚：姜白石文艺思想纵横》中指出："白石如大多数宋代文人一样周流三教，其哲学思想是儒佛道三位浑然一体的，很难明确剖开。往往儒中有道，道中有佛。也像大多数宋代知识分子一样，三家思想成分可应机随时调适增减。儒说是白石文艺思想之本，他总是以儒家经典——如《诗经》为度来折衷群言；他与当时负盛名的理学家和经学者如朱熹、杨万里、叶适、王炎、楼钥等均有交游，其文艺思想受理学影响可比并谈的地方很多，但他却能始终不受理学家轻视文艺的思想之害，终身致力于其间。从其创作与文艺思想观，白石受惠于魏晋玄学之处甚多，人赞其'翰墨人品皆似晋宋间雅士'（周密《齐东野语》），'如闲云野鹤'（张炎《词源》），并号称'白石道人'。他自己也时时流露'山林缥缈之思'（《角招》词前小序）。而事实上他却又无意山林深处的玄元宫殿，仅取庄老与艺术相通之径。白石不时会在'禅'的境界中体验人生，但又不与佛经的绝对'空''无'发生联系，他以诗人和诗论家的身份对'色''形''相'感兴趣，对视听的映象和产生的意象感兴趣，往往有意无意，巧妙地转宗教意识成审美意识。他论诗倡'无迹'‘以心会心'，谈‘妙'说‘悟'更在严羽以禅说诗之前。而所有这些，都是与其‘折衷'的思维方式紧密相关的。"①宋代士人在"三教合一"的思想文化背景下兼摄、融通三教义理，处世心态有着不同于前代的表现。尤其是在人生哲学上实现了互补，使他们在不同的人生阶段或不同的生存环境中提高自身的协调能力，自由转换心境，得到相应的精神支持，保持最佳的生存心态。

原始儒学属于道德伦理之学，终极目标是经世致用，强调的是个体对于家、国应尽的责任和义务，对天人之际的形而上方面关注不够，未能从根本上解答人的本质等问题。正如被陈寅恪推许为"于宋代新儒家为先觉"②的北宋天台宗山外派僧人释智圆所说，释家虽然"治天下、安国家，不可一日而无之"，但其"谈性命"“则未极于唯心"，"言报应"“则未臻乎三世"。而儒家所短恰是道、释二家所长。宋代佛教（禅宗）进一步世俗化转向，调和了出世和入世的矛盾，并积极向居于文化主体地位的儒家思想靠拢，正如释智圆说的"吾修身以儒，治心以释"③。而宋代的道教也逐渐开始摆脱符箓鬼神等怪诞诡谲之习和走火入魔的外丹炼养之风，道家宗师陈抟、张伯端等吸收了儒家的纲常伦理和禅宗的心性之学，将其融入自己的养生思想，建立了完善的内丹学，把目光投向人生课题。在这样的思想文化背景下，宋代新儒家各派为了给陷于困境的传统儒家文化注入新的活力，也积极整合道、释学说，出入释、老，或援佛入儒，或援道入儒，吸收、改造道、释的宇宙论和认识论成果来重建自己的理论体系。胡适在民国9年（1920年）与诸桥辙次的笔谈中指出："宋代承唐代之后，其时印度思想已过‘输入'之时期，而入于‘自己创造'之时期。天台、华严、禅宗三宗皆中国人自己融化印度思想之结果。唐末宋初又有道

---

① J. Z. 爱门森：《清空的浑厚：姜白石文艺思想纵横》，上海文艺出版社1997年第1版，第111页。

② 陈寅恪：《冯友兰〈中国哲学史〉下册审查报告》，载陈寅恪：《金明馆丛稿二编》，生活·读书·新知三联书店2001年第1版。

③ 释智圆：《闲居编》卷一九《中庸子传》上，《卍续藏经》第56册，台湾新文丰出版公司，1975年。

传宋马公显《药山李翱问答图》（日本南禅寺藏）

教之复兴，其影响及于政治（如宋代之《天书》等），又及于学术（如邵雍、周敦颐之论《易》）。当此之时，儒学吸收佛道二教之贡献，以成中兴之业，故开一灿烂之时代。"①

"三教合一"分两个层面。一是政治、伦理层面，基本上重复前人的老调子，没有多少新内容。二是理论层面，即中心义理的相互融合。宋儒探索儒学主要以心性义理阐发儒经，形成了所谓的"义理之学"。周敦颐濂溪学、邵雍象数学、张载关学、二程理学、王安石新学、司马光朔学、朱熹理学、陆九渊心学等对宇宙本体论和心性论进行了广泛探讨，最终完成了儒学的哲理化和伦理化。唐中叶出现的儒学复兴运动，在北宋中叶终于汇集成一股普遍的社会思潮，这就是宋代新儒学的兴起。由此造

---

① 胡适、诸桥辙次：《胡适和诸桥辙次的笔谈》，载李庆编注：《东瀛遗墨：近代中日文化交流稀见史料辑注》，上海人民出版社 1999 年第 1 版。

成中国学术思想的历史性转变，开创了所谓的"宋学时代"。宋学从经的大旨出发，复苏了传统儒家旧有的开放性、兼容性和创造性，吸收了多元文化，完成了中国古代学术思想内部的自我更新。"儒家学者之所以要抛弃汉唐学者的章句训诂之学而趋重于阐发经典中的义理内涵，其内在原因固在于对汉儒繁琐哲学的厌弃而要转移方向，而其外部原因则也是在于看到佛教的那些学问僧都在讲说心性之学，便也想在这一方面能与之一较高低之故。"①

宋学或理学的功用不局限于治国，而是成为理身理家理国理天下之器。而"以儒家学说为主导的中国古代学术，从本质上说是一种以践履为特征的、信仰性质的学说，它的主要任务是通过严厉、持久而漫长的人格训练来确立道德的理想和人格的伟大信念"②，因此它更是一种人生美学。三教合流的核心内容主要体现在 3 个方面：一是对人的生命价值给予更多关切。这是三家融会的基础。儒家主张积极入世，在现实世界中有所作为并实现人生价值，这给无数英雄豪杰以精神激励。道家重视个体的存在价值，主张因顺自然、复归自然，为不重功名利禄或默默无闻者提供精神援助。释家则关心人的生老病死，关心愿望与现实之间永远无法消解的反差所带来的痛苦，给历经磨难的人以心理温暖和情感慰藉。二是对人生崇高境界的追求。这是三家共通的理想目标。儒家关心天下兴亡，少计个人得失，知其不可而为之；道家不刻意人为，宗法自然，主张"无为无不为"；释家倡导无私无欲，主张行善追求佛性。三是重视心性修养。这是三家共同的方法论。在宋代士人身上，往往僧与俗、山林气与头巾气和谐统一。士大夫文人禅僧化，禅僧士大夫文人化，是宋代特征非常鲜明的文化现象。

儒、道、释三教融合铸就了宋代文人异于前代的文化性格和美学观念，使文学艺术呈现出与前代不同的精神面貌。一是较普遍地受白居易融会三教人生哲学而提出的"中隐"的影响。"吏隐""江湖"

---

① 邓广铭：《谈谈有关宋史研究的几个问题》，《社会科学战线》1986 年第 2 期。

② 方朝晖：《"中学"与"西学"：重新解读现代中国学术史》，河北大学出版社 2002 年第 1 版，第 23—24 页。

等人生取向比前代史为圆融通达，在出与处、仕与隐方面采取了一种权变的态度，更侧重干真性的保持和发挥，而不是简单追求外在的隐士声名。与此相关的隐逸文学主题也发生了相应变化。辛弃疾"一世之豪，以气节自负，以功业自许"①，然而英雄失路，"莫说弓刀事业，依然诗酒功名"②，却依然在困境中保持初心真我，追慕陶潜，奇心佛老，仕闲居生涯中成就"酒圣诗豪"的事业。辛词中有不少自我排解的"齐物"思想，如《贺新郎·甚矣吾衰矣》中说"我见青山多妩媚，料青山见我应如是"③。二是迁谪时能用道、释文化精神来化解苦闷。佛教的随缘自适和道家的贵生、任自然等思想使他们在穷处贬所能怡然自得，文学艺术中的迁谪主题也因此超迈旷达。韩愈所代表的中唐迁谪文化是激愤恣肆的满腹牢骚，柳宗元的寓言故事看似平静实则冷冽内藏机锋，而苏轼所代表的宋代迁谪文化则更显圆融温厚、乐天自在。苏轼一生多贬，却依然自嘲"心似已灰之木，身如不系之舟。问汝平生功业，黄州惠州儋州"④。有"拗相公"之称的王安石晚年退居江宁也能安然自处，常骑驴访僧，抒写清丽小诗。可以说"顺适无闷"或"遁世无闷"是宋代贬谪文化的主调。"中国的文化思想，至两宋而三教合一，共融于心性义理，与此相应，中国诗人的人生旨趣，至宋人也同样臻于精熟状态。参儒家与佛老而互用，兼此岸与彼岸而通融，既是入世者的超脱情怀，又是出世者的随物悲喜。"⑤三教人生哲学的融通互用，能帮助士人在通达与穷愁之间自由转换心境、平衡心理，使他们的文化性格变得更为坚实圆熟。葛兆光指出："中国士大夫的个人生活情趣既不是像古印度民族那样讲究忍受苦难与磨炼，讲究禁欲主义，也不是像西方，如苏格拉底的弟子

① 范开：《稼轩词》序，载辛弃疾撰，俞樟华注：《稼轩词注》，岳麓书社 2005 年第 1 版。

② 辛弃疾：《破阵子·硖石道中有怀吴子似县尉》，载唐圭璋编纂，王仲闻参订，孔凡礼补辑：《全宋词》第 3 册，中华书局 1999 年第 1 版。

③ 辛弃疾：《贺新郎·甚矣吾衰矣》，载唐圭璋编纂，王仲闻参订，孔凡礼补辑：《全宋词》第 3 册，中华书局 1999 年第 1 版。

④ 苏轼：《苏轼诗集》卷四八《自题金山画像》，王文诰辑注，孔凡礼点校，中华书局 1982 年第 1 版。

⑤ 韩经太：《宋代诗歌史论》，吉林教育出版社 1995 年第 1 版，第 96 页。

阿利斯的布（Αρίστιππο）和伊壁鸠鲁（Επίκουρος）那样，以快乐与享受为道德准则及人生目的，更不像现代西方那样，追求个性的解放和欲望的满足，而是以克制、和谐的方法来追求内心世界的平衡、精神上的解脱与人生完美境界的实现。"[1] 宋代士人更具典型性。黄庭坚被贬偏远落后的广西宜州（今属广西壮族自治区河池市），住在喧嚣恶臭的市集旁破房子里，却能焚香而坐，得灵台空明、身心宁静。南宋初的四大名臣之一李光在高宗朝历官至参知政事，因主张抗金先后贬迁滕州、琼州、昌化军等边远穷苦之地。《宋史》卷三六三《列传第一百二十二·李光（子孟传）许翰、许景衡、张悫、张所、陈禾、蒋猷》载，李光谪居昌化军，"论文考史，怡然自适"[2]。他参悟佛理，学习道家养生之术，始终保持积极的生活态度。三是"士不遇"情绪

传宋牧溪《布袋图》（日本京都国立博物馆藏）

大为减弱。西汉董仲舒有《士不遇赋》、司马迁有《悲士不遇赋》，东晋陶潜有《感士不遇赋》，"建安七子"和唐代诗人张九龄、陈子昂、李白、柳宗元等也有感（不）遇诗，都继承屈原"香草美人"文学传统，感慨际遇不顺、怀才不遇。到了宋代，"士不遇"文学主题大大淡化，而表达内求的成分更多。宋代士人更重视"内圣"，因此

---

① 葛兆光：《禅宗与中国文化》，上海人民出版社 1986 年第 1 版，第 96 页。

② 脱脱等：《宋史》，中华书局 1977 年第 1 版。

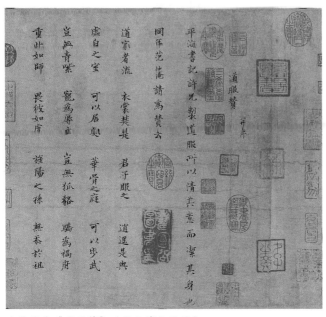

宋范仲淹《道服赞》（故宫博物院藏）

对外在的得失看得相对淡薄。南宋时民族矛盾尖锐、抗战情绪高涨，"士不遇"情结潜气流转，垒然而出，转化为更为沉郁悲壮的"英雄失路"的愤慨，但并非牢骚和悲叹。杨万里《正月十二日游东坡白鹤峰故居，其北思无邪斋真迹犹存》诗云："诗人自古例迁谪，苏李夜郎并惠州。人言造物困嘲弄，故遣各捉一处囚。不知天公爱佳句，曲与诗人为地头。"[1] 杨万里宦游广东惠州时去苏轼故居，感慨文人贬谪，却又说这或是天公对诗人的成全。刘过《贺新郎·弹铗西来路》词云："男儿事业无凭据。记当年、悲歌击楫，酒酣箕踞。腰下光芒三尺剑，时解挑灯夜语。谁更识、此时情绪？"[2] 也表达出豁然旷达、超然物外的心境。四是忧生忧世的情怀加重。正统的儒家思想"以中道御群生，罕言性命"[3]，强调的是社会伦理关系，注重的是"大我"的调节，而对于个体人生何以自处疑问的解答，比起道、释两家有较多欠缺。道、释两家关心更多的是人生意义等终极性问题。清人王昶曾认为"南宋词多黍离麦

---

① 杨万里：《诚斋集》卷一八《正月十二日游东坡白鹤峰故居，其北思无邪斋真迹犹存》，永瑢、纪昀等编纂：《文渊阁四库全书》，上海古籍出版社 2012 年第 1 版。

② 刘过：《贺新郎·弹铗西来路》，载唐圭璋编纂，王仲闻参订，孔凡礼补辑：《全宋词》第 3 册，中华书局 1999 年第 1 版。

③ 刘禹锡：《刘禹锡集》卷四《袁州萍乡县杨岐山故广禅师碑》，上海人民出版社 1974 年第 1 版。

秀之悲，北宋词多北风雨雪之感"①，形象地道出了宋词中所深蕴的"忧世"意识。"人生如寄""人生如梦"常为宋代文学表达的主题。徐复观以为："'忧患'与恐怖、绝望的最大不同之点，在于忧患心理的形成，乃是从当事者对吉凶成败的深思熟虑而来的远见；在这种远见中，主要发现了吉凶成败与当事者行为的密切关系，及当事者在行为上所应负的责任。忧患正是由这种责任感来的要以己力突破困难而尚未突破时的心理状态。所以忧患意识，乃是人类精神开始直接对事物发生责任感的表现，也即是精神上开始有了人的自觉的表现。"②宋代士人的"忧世"意识，就是已清醒预感到国家面临的潜在危险，出于强烈的社会责任感想力挽狂澜却又力不从心、无能为力甚至无可奈何的心理状态。范仲淹进退皆忧、先忧后乐的儒者风范，是宋代士人自觉的角色认同。朱熹云："范文正公自做秀才时便以天下为己任，无一事不理会过。一旦仁宗大用之，便做出许多事业。""宋朝忠义之风，都是自范文正作成起来也。""大厉名节，振作士气，故振作士大夫之功为多。"③道光《苏州府志》卷二四载，宋代士人"其未仕也，必如文正刻苦自励，以六经为师……文章论说一本仁义而后可；其既仕也，必如文正有是非利害，与上官往复论辩，不以官职轻人性命而后可；其仕而通显也，必如文正至诚许国，始终不渝，天下闻风夷狄委命而后可。"④正因如此，他们的忧患意识也就格外浓厚。

二、援禅悦禅与以禅喻诗

佛教在经历晚唐五代短暂的衰落后，于宋代再一次迎来了发展良机。一是寺院经济转型。取消南北朝隋唐以来寺院的经济特权，继承

① 谢章铤：《赌棋山庄词话》卷一，载谢章铤：《谢章铤集》，陈庆元编，吉林文史出版社2009年第1版。
② 徐复观：《周初宗教中人文精神的跃动》，载杜正胜编：《中国上古史论文选集》，台湾华世出版社1979年第1版。
③ 黎靖德辑：《朱子语类》卷一二九《本朝三》，载朱熹：《朱子全书》，朱杰人、严佐之、刘永翔主编，上海古籍出版社、安徽教育出版社2002年第1版。
④ 宋如林等纂修：《苏州府志》，清道光四年（1824年）刊本。

晚唐以来严格控制寺院经济的政策。北宋神宗时将寺院作为特殊户籍征收助役钱，南宋时向僧道征收免丁钱，使寺院经济向世俗经济即地主经济转化。这为佛教彻底中国化奠定了基础。二是佛典翻译成果丰硕。译经总量几乎与唐代持平。三是《大藏经》的编纂数量位居历史之最。这一时期共刊刻了9部《大藏经》，其中宋朝刻有《开宝藏》《崇宁藏》《毗卢藏》《圆觉藏》《资福藏》《碛砂藏》6部，辽朝有《契丹藏》（《辽藏》）1部，金朝有《赵城藏》（《赵城金藏》）1部，西夏有《西夏文大藏经》1部，全面收录佛教传入中国以来的典籍。四是佛学宗派传承和流变的特征变得更明晰，尤其是处于繁荣期的禅宗形成了五家七宗并存的局面，构成中国佛教发展的主流。禅宗五家七宗指的是曹洞宗、云门宗、法眼宗、沩仰宗、临济宗，临济宗又分为杨岐方会派和黄龙慧南派。禅宗外的其他宗派如律宗、贤首宗、慈恩宗的义学在宋代也很流行，天台宗、净土宗则有新发展。[①] 五是佛教中国化、平民化和世俗化的特征更明显。主要体现在与中国传统文化的融合上，尤其是僧人群体对儒学思想的认同并将其转用于佛学。而随着民间佛教和居士佛教的发展，佛教思想更深入人心。"自宋以后，佛教已入中国人之骨髓，不能脱离。"[②] 六是佛教史学的发展进入黄金期。编年体类、纪传体类、灯录体类、语录体类、笔记体类、目录类等史著大量出现。七是国际佛学中心地位得到了进一步巩固和发展。11世纪以后，佛教在印度逐渐消亡，而中国汉地佛教在宋代仍处于繁荣阶段，加之藏传佛教在青藏高原的中兴，中国成为世界佛学传播中心。中国佛教在亚洲的影响日渐广大，大批求佛人员往往径直来华学习。宋代佛教诸宗则由这些求学人员带往日本、高丽、新罗、安南等地。同时，宋代佛教还向周边少数民族地区的辽、夏、金渗透。[③] 佛教自东汉传入中国后在教理上发生了很大改变，特别是三教合一后

---

① 山田晋卿：《赵宋以后的佛教宗派》，载张曼涛主编：《中国佛教史论集》（五）宋辽金元篇，现代佛教学术丛刊，台湾大乘文化出版社1977年第1版。

② 吴学昭：《吴宓与陈寅恪》，清华大学出版社1992年第1版，第12页。

③ 韩毅：《宋代佛教的转型及其学术史意义》，《青海民族学院学报》（社会科学版）2005年第2期。

具有了比较完全的中国文化根基。从某种意义上说，"中国佛教是一个自生系统（Sui-generis），是一种独立发展的结果"①。其中禅宗是中国佛教的代表。梁启超《中国佛法兴衰沿革说略》一文指出："唐以后殆无佛学。唐以后何故无佛学耶？其内部之原因，则禅宗盛行，诸派俱绝。"② 南宋禅悦之风较北宋更为盛行，南宋文人及文学艺术从内容到形式都更加近禅。同是援禅入儒，北宋人是"尽用其学而不自知"③，一方面吸收禅学精神，另一方面又公开攘斥佛老；而南宋人不仅援禅入儒，以禅学为儒学的参照系，还身体力行，受佛教浸染甚深。张九成是洛学从北宋向南宋过渡阶段的重要代表人物，"横浦学派"的开创人，也精于禅理。他援禅入儒的态度更主动，不像北宋诸儒如程颐等人遮遮掩

宋周季常《五百罗汉图》之《应身观音》（美国波士顿艺术博物馆藏）

掩，自号"无垢居士"，供食华严，"以饭缁流"，行为已接近僧侣。南宋士人参禅礼佛的目的和动机不仅是以禅养性，还希望通过学佛达到齐生死的境界，消解对死亡的恐惧。他们对佛教的态度更虔诚，佛教徒特征更强。据《佛祖统纪》《五灯会元》等书记载，明州人吴秉信因为不赞成秦桧政见，被贬斥回乡。他在家乡建小屋日夜静坐修行，夜里还睡在一个棺材中，天亮后起来习禅课诵。他看淡生死差别，提

---

① 许理和（Erik Zürcher）：《佛教征服中国：佛教在中国中古早期的传播与适应》，李四龙、裴勇等译，江苏人民出版社 2003 年第 1 版，第 1 页。

② 梁启超：《饮冰室合集》之《饮冰室专集》之五十一《中国佛法兴衰沿革说略》，中华书局 1989 年第 1 版。

③ 叶适：《习学记言序目》卷四九《皇朝文鉴三·序》，中华书局 1977 年第 1 版。

宋金大受《十六罗汉图》之《尊者跋陀罗尊者图》（日本东京国立博物馆藏）

早体验死亡。秦桧死后他被召回临安，据说路过萧山时听到音乐声，安然坐化。同为南宋初人的李弥逊是李纲好友，也是因为反对议和忤逆秦桧主动辞官归隐。他临终前沐浴、趺坐、作褐（穿上僧衣），以佛家特有的形式遽归道山。曾任临安知府的钱端礼临终时对选择"坐去"还是"卧去"犹豫不决，可见其重视佛家仪规。①

禅悦之风在士林的盛行，不仅对南宋的佛教政策有所影响，也影响了士林的美学批评和美学创作。从北宋中期开始，中国文学艺术的门类不断增多，各门类之间的界限也被打破，它们的特殊性和共同性同时被关注和研究。在三教合一的影响下，出现了整合会通的文化思潮。这一文化思潮的演进给宋人带来了观察世界的全新眼光，即将世界和各种学术思想、文学艺术看作是普遍联系的。而要进行各种思想的融通，必然要借助于某一方便法门，经过儒、道等多种思想改造的中国版佛教禅宗由于修行方法简便易行而成为一种普遍选择。"理一分殊"是由

---

① 钱建状、尹罗兰：《南渡士人的佛教因缘与文学创作》，《浙江大学学报》（人文社会科学版）2003 年第 3 期。

程颐提出、朱熹进行系统论述的程朱理学的一个核心观点，是理学家重要的认识论和思维方式之一，要旨是打通宇宙和人生的界限，把宇宙观和人生观结合起来，从而将社会伦理秩序解释为宇宙天理的表现。弟子刘安问程颐："某尝读《华严经》，第一真空绝相观，第二事理无碍观，第三事事无碍观，譬如镜灯之类，包含万象，无有穷尽，此理如何？"程颐回答："只为释氏要周遮，一言以蔽之，不过曰万理归于一理也。"[①]《华严经》在四法界中讲理法界和事法界时指出理是全遍，不是分遍。种种之法悉为绝对，而与一切法熔融时，知其一，即知一切。朱熹从本体论角度指出，总合天地万物的理只是一个理，分开来每个事物都各自有一个理，而千差万殊的事物都是那个理的体现。以理一元论或禅宗思想来统合文学艺术本质是对文学艺术的哲学性认知。早期的禅宗是不立文字的，而黄庭坚弟子、名僧释惠洪却倡导文字禅。他熟悉禅宗五家宗旨，对华严思想也颇有会心，能运用禅家的"法眼"来论诗谈艺。认为审视艺术作品应像参禅一样领会其中所寓的神情，特别是禅意。他特别强调"法眼"和"俗眼"的区别，要求在美学欣赏中放弃关注对象的表面现象，而直抉它后面所蕴藏的神情或神理。唐宋时期"以禅喻诗""以禅入诗"之风蔚为大观、久盛不衰，几乎波及文学艺术各个门类。可以说，禅宗对文学艺术的作用不亚于其宗教价值。

宋代兴"以禅参诗"。禅宗创立之前已有禅学。禅是梵语"禅那"（Dhyana）的简称，意译为"思维修""静虑""禅定"等，是佛教各宗派最基本的修行方式。禅定可引发智慧，定慧结合即达成成佛目的。禅具有理和行两个方面的意义。印度禅重行，讲修行；中国禅重理，讲佛性。禅宗讲佛性近于极端，甚至对修行有所忽视。禅的情感体验与诗一脉相通，"禅则一悟之后，万法皆空，棒喝怒呵，无非至理；诗则一悟之后，万象冥会，呻吟咳唾，动触天真"[②]。诗重直觉、

---

① 程颢、程颐：《二程集》之《河南程氏遗书》卷一八《伊川先生语四》，王孝鱼点校，中华书局 1981 年第 1 版。

② 胡应麟：《诗薮》内篇卷二，上海古籍出版社 1979 年第 1 版。

宋梁楷《六祖截竹图》（日本东京国立博物馆藏）和
《六祖撕经图》（日本三井纪念美术馆藏）

重灵感、重体悟，禅的"拈花妙谛""活参""妙悟"在相当程度上使诗人的艺术思维得以飞跃。禅宗以为真理不可言说，早先的禅宗甚至以为"开口即错""动念即乖"；而诗所表达的意蕴也有超思维、超语言的性质。禅家对后学的传示不直接述说，而是提供一种环境和一个契机让其亲身体悟，这与诗抒情而不直接言情、只是为读者提供一个引发感情的契机是一致的。禅宗所谓的真理是一种内在的、空明静寂的主观状态，因而禅家参禅反对对外部物象的执着而主张回视本心；诗所传达的也是一种内在的感受，诗人在诗作中所直接说出来的都不过是指月的手指，如果读诗时只关注直接说出来的意思就好比禅家所批评的以指代月了。①"指月手指"典出《楞严经》，教人不可以指代月。《坛经·机缘品第七》载，无尽藏尼诵读《大涅槃经》，向六祖慧能请教经义。六祖慧能不识字。无尽藏尼非常惊讶。六祖慧能解释说，文字就像手指，手指能指出月亮的所在，但是手指并不是月亮。

"以禅喻诗"是宋人对文学作出的新诠释，而"援禅入诗""援禅入词"，则是他们在创作上的实际作为。以宋词为例，禅宗对宋词有多层次全方位的影响，既有思想意识、思维方式的同化，又有审美意象、观念、心理等的影响，还有音韵学、词汇学等知识的涵养。可分为直接和间接两方面，前者是主题和题材的增广和艺术境界的拓深，

---

① 郑先彬：《禅对唐宋诗人及诗学的影响》，《文学教育》2007 年第 5 期。

后者是思维方式方面对审美意识的渗透和同化建构。禅宗对宋代文学的影响体现在以下几个方面：一是人生空漠之感与悲哀解脱之道的形成。《坛经·付嘱品第十》云："心生种种法生。心灭种种法灭。"[1] 外界事物都是虚幻的，随人的心情而变化，并无常态。人们只要破除我执，保持虚静，就能消除妄念，以超脱、旷达的襟怀对待世事的变换更迭。这种冷眼看世界的人生态度，练就了文人"不以物喜，不以己悲"[2]

北宋木雕菩萨立像（私人藏）

的平和心态，成就了平和冲淡的美感和宁静致远的心悦："我自爱、绿香红舞。容与。看世间、几度今古。"[3] 二是形象价值取象与生活伦理审度的变化。将儒家"立德、立功、立言三不朽"理想看作过眼烟云，所以"忍把浮名，换了浅斟低唱"[4]。传统文学以载道为己任，而词则摒弃这一要求，以表达个人情感为主要和最终目的，把男欢女爱、个人闲愁甚至青楼妓馆的缠绵柔情、烟花巷陌的浅斟低唱都纳入了文学系统，极大地丰富了文学题材，拓展了意境。三是谈禅说佛，追求理趣与喜乐兼得。"援禅入词"增加了文词的禅趣，也增加了禅

---

① 释慧能述，释法海辑，郭朋校释：《坛经校释》，中华书局 1983 年第 1 版。

② 范仲淹：《范仲淹全集》之《范文正公文集》卷三《岳阳楼记》，李勇先、刘琳、王蓉贵点校，中华书局 2020 年第 1 版。

③ 姜夔：《石湖仙·越调寿石湖居士》，载唐圭璋编纂，王仲闻参订，孔凡礼补辑：《全宋词》第 3 册，中华书局 1999 年第 1 版。

④ 柳永：《鹤冲天·黄金榜上》，载唐圭璋编纂，王仲闻参订，孔凡礼补辑：《全宋词》第 1 册，中华书局 1999 年第 1 版。

甘肃省敦煌市莫高窟76窟宋观音经变壁画和瓜州县榆林窟13窟宋普贤经变壁画

悦即入于禅定，使人心神怡悦，获得超越世俗感官之上的快乐。[1] 也就是黄庭坚《四月戊申赋盐万岁山中仰怀外舅谢师厚》诗说的"禅悦称性深，语端入理近"[2]。

如前所述，禅宗初创时讲究的是"不立文字"，以"直指人心，见性成佛"为要，即所谓内证禅。教派不断分化后，参禅方式也发生了巨大变化，由"不立文字"变成了"不离文字"，由内证禅变成了文字禅。这种转变以宋代幅度最大，并得以完成。宋代汇编的众多禅宗语录、灯录就是文字禅的一大成果，主要有北宋释道原《景德传灯录》，南宋释颐藏《古尊宿语录》、释师明《续古尊宿语录》、释悟明《联灯会要》，以及释普济根据《景德传灯录》、李遵勖《天圣广灯录》、释惟白《建中靖国续灯录》、释悟明《联灯会要》、释正受《嘉泰普灯录》5部灯录缩编而成的《五灯会元》。《五灯会元》是灯录中的杰作，它对禅宗法系的把握提纲挈领，因而广为流布。还有与语录相似的记录高僧言行的高僧传，如北宋释赞宁《大宋高僧传》、释

---

① 邓莹辉：《试论禅宗对宋词的影响》，《华中师范大学学报》（哲学社会科学版）1990年第2期。

② 黄庭坚：《豫章黄先生文集·外集》卷三《四月戊申赋盐万岁山中仰怀外舅谢师厚》，《四部丛刊》初编，商务印书馆民国25年（1936年）版。

慧洪《禅林僧宝传》等。文字禅的另一种成果表现形式是以公案解释著作。公案指高僧们有深意寓焉的语言和行为，如"獦獠作佛"公案、"干屎橛"公案、"狗子无佛性"公案等。这些说法做法不易被其后继者所理解，于是有了以注、颂形式出现的阐释性著作。灯录记载了历代禅师悟道、得法、传法的因缘，其中没有概念名相的演绎，只是生动记叙了祖师领悟、传递心法的过程。如先觉如何启发后觉、已燃之灯如何引燃未亮之灯、觉性的光明如何驱散种种障碍放射出来。文字禅非常通俗，所以虽然其所立字据不多，反而比其他佛教宗派的典籍更为普及，社会或文化影响也就大。可以说灯录避免了禅师结茅山林远离社会还有"不立文字"给禅宗弘

宋陆信忠《佛涅槃图》（日本奈良国立博物馆藏）

扬带来的不利，不仅记录了宗法统脉，还使禅的本体、禅的实相般若以文字为依托而普及进入了广大民众的视野，自宋代以来十分广泛深刻地影响文学艺术各领域，并成为一种普遍的审美思想元素。

宋代出现的话本小说已经有普遍而深刻的禅宗或佛教文化的影子，其故事主题、故事类型、人物类型、场景选择、叙述语言、叙事模式及所表现的时空观、人生观、价值观、审美观等各方面都有了禅意。其中人物主要有如下类型：一是有清净超脱心的俗人，能看破名利，洞悉人生奥义，悯世悯人；二是关注世事的僧人，关注民间疾苦，不忘为民之心；三是有文化融合观念的僧人，在儒、道、释融合的背景下倡导三家文化不分彼此，往往是"似道似僧，故曰道僧"的异人。

故事类型大多突出伦理观念：一是善恶伦理，讲因果报应；二是孝道伦理，与儒家忠孝思想结合。场景设计则有这样的特点：一是佛界世间化，将佛界与世间打通，以佛界故事讲世间故事；二是地狱伦理化，将地狱描述为人间社会，传达伦理教化思想。小说叙事模式包括叙事时间、角度、结构3个层次。轮回报应、地狱复生的故事基本采用倒叙方式，离开现实回到过去，再转回现实。大多以第一或第三人称全知叙事视角叙述，也有以第一人称限知视角叙述的。叙事主要以因果报应、转世轮回、地狱复生为中心构建情节。

　　唐宋文人书画的兴起也与禅悦之风有关。文人书画走向抒情化的极端，滋生的弊端是最终有取消书画规定性的危险，有可能将中国书画导向失去特性的没落。但也有另一种路子，这就是不废技巧的境界一格。特别是五代以来的山水画，既有无与伦比的工巧之术，又有高远淡泊的意境。明代董其昌创立画分南北宗之说，认为五代北宋山水画中的北宗着色钩斫，如斧劈皴，貌像形似；而南宗水墨渲染，如披麻皴，遗貌取神。董其昌崇尚南宗，所以在《画禅室随笔》卷二《画源》云："李昭道一派，为赵伯驹、伯骕，精工之极，又有士气。后人仿之者，得其工不能得其雅。若元之丁野夫、钱舜举是已。盖五百年而有仇实父。在昔文太史亟相推服，太史于此一家画不能不逊仇氏，固非以赏誉增价也。实父作画时，耳不闻鼓吹阗骈之声，如隔壁钗钏戒顾，其术亦近苦矣。行年五十，方知此一派画殊不可习。譬之禅定，积劫方成菩萨。非如董、巨、米三家，可一超直入如来地也。"[1] 含蓄批评学唐代北宗画家李思训画风、精于金碧青绿山水和界画的南宋画家赵伯骕、赵伯驹，认为他们的绘画虽然精工又有文人气，但模仿他们的后人如丁野夫、钱选学得工丽却不能学到风雅。明代仇英晚年才幡然醒悟，知这一派画风不可学。学这一派就像禅定，需经历积久的劫难才能到达正途。董其昌认为学南宗五代北宋文人山水画家董源、巨然、米芾才是正途，可直达最高境界。但实际上北宗由于受释慧能为代表的重顿悟的佛教南禅（南宗）影响稍小，反倒没有过多地在笔墨意趣

----

[1] 董其昌：《画禅室随笔》，周远斌点校纂注，山东画报出版社2007年第1版。

上消磨，而有更多丰富的艺境
表现或禅意表达。南宋院画即
主要继承北宗一路，在南宋时
没有走文人画的偏路。宋画中
还有较专门的佛禅画。南宋画
家中最具禅学特征的是梁楷、
释法常、释玉涧等人，他们是
僧禅画家的代表人物。3人中
除释玉涧的禅画主要为水墨山
水（代表作有《潇湘八景图卷》
等）外，梁楷和释法常作品的
题材多为佛禅故事。禅画家的
佛禅画与一般经文插图式的宗
教画不同，多将现实生活感受
寄托于佛禅画的教义。梁楷擅
作道画，也善禅画，他继承北
宗画法，又与禅僧交往频繁，
深谙禅事、禅意，作有《八高
僧故事图卷》《释迦出山图》
等。释法常师承无准禅师，曾
与日本高僧圆尔辨圆的弟子圣
一法师同门，后居于临安六通
寺。他的作品题材涉及水墨龙、
虎、猿、鹤、禽鸟、山水和人
物等，其中观音绘像最为著名。

宋佚名《千手千眼观世音菩萨像》（台北"故
宫博物院"藏）

　　北宋兴起的以苏黄为代表的不重笔法的尚意书风同样与援禅入书
法有关，有其进步解放意义，也留下了弊端。南宋在书法上虽少有振作，
但姜夔等人已经看到其失去法度的问题，并进行了批判和纠偏。姜夔
《续书谱》一书主张对书体考镜源流，以魏晋古法、钟王书风为圭臬。

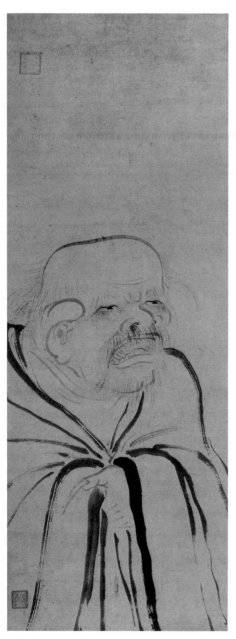

宋牧溪《老子图》（日本冈山县立美术馆藏）

三、归真悦性与文字道

北宋末徽宗立足道教提出了以"神"为核心的审美判断、"无心"的审美态度、"淡而无为"的文艺创作观等，既是对宋代美学的一种概括，也是对宋代文化的一种提炼。南宋中期全真道南宗五祖白玉蟾的道教思想集中体现了南宋乃至整个宋代的道教思想内涵，代表了宋代道教思想的高峰。白玉蟾的说法特别引人注意的是以下 3 个方面。一是"真快活"。其《快活歌》之一云："快活快活真快活，被我一时都掉脱。撒手浩歌归去来，生姜胡椒果是辣。如今快活大快活，有时放癫或放劣。自家身里有夫妻，说向时人须笑杀。向时快活小快活，无影树子和根拔。男儿端的会怀胎，子母同形活泼泼。快活快活真快活，虚空粉碎秋毫末。轮回生死几千生，这回大死方今活。旧时窠臼泼生涯，于今净尽都掉脱……一个闲人天地间，大笑一声天地阔。衣则四时唯一衲，饭则千家可一钵。三家村里弄风狂，十字街头打鹘突……收来放去任纵横，即是十方三世佛。有酒一杯复一杯，有歌一阕复一阕。日中了了饭三餐，饭后齁齁睡一歇。放下万缘都掉脱，脱得自如方快活。用尽醒醒学得痴，此时化景登晨诀。"①这种炼丹有成得"真快活"的心理体验不仅是宗教性的，也是审美性的，是道人在修炼过程中自我确证的审美心理体验，也可引申为一般人在人生修炼中得到的感悟。二是"其心之乐而乐乎山者"。白玉蟾《海琼问道集》之《海琼君隐山文》

宋佚名《叱石成羊图》（故宫博物院藏）

一文云："客或问：'隐山之旨何乐乎？'曰：'善隐山者，不知其隐山之乐。知隐山之乐者，鸟必择木，鱼必择水也。夫山中之人，其所乐者不在乎山之乐，盖其心之乐而乐乎山者，心境一如也。对境无心，对心无境，斯则隐山之善乐者欤？'""心境一如"之隐是一种彻底的尤意尤念之隐，不在于"大隐"还是"小隐"。佛教也有类似"心境一如"的说法。三是"即心是道"。白玉蟾《海琼问道集》之《玄关显秘论》一文又云："即心是道也。故无心则与道合，有心则与道违，唯此'无'之一字，包诸有而无余，生万物而不竭。天地虽大，能役有形，不能役无形；阴阳虽妙，能役有气不能役无气；五行至精，能役有数，不能役无数；百念纷起，能役有识，不能役无识。"②

---

① 白玉蟾：《琼琯白玉蟾上清集》卷三九《快活歌》，北京图书馆出版社 2005 年第 1 版。

② 白玉蟾：《海琼问道集》，《道藏》第 33 册，文物出版社、上海书店、天津古籍出版社 1988 年第 1 版。

作为最高审美本体的"道"是不容易被审美观照的，观照它必须充分发挥"心"的作用，有"心"则有"道象"和"道声"。唐代禅僧黄檗希运曾提出"即心是佛"。

南宋初何守澄在今江西省新建县西山镇玉隆万寿宫创立净明道(净明道忠孝派)。净明道是一个符箓道派，以符咒等方术治病驱鬼，世俗化和伦理化倾向更强，十分重视美和善的同一，并强调实践性，标举忠孝审美人格理想，也十分强调净明的宗教心胸。《净明忠孝全书》卷三《净玉真先生语录内集》云："要知求仙学道，譬如做一座好房屋相似。就地面上，先要净除瓦砾，剪去荆榛，深筑磉窠，方成基址。"①以为内心保持清净无染、空旷灵明的状态，才可以达致清虚无碍的神仙境界。在净明道系谱中称净明嗣教、旌阳三传的元初道士黄元吉还将"净"区分为"外净"和"内净"，并且认为内净更重要。

道教有特殊的文字观，认为文字与"道"是一致的。文字是道的表现工具，本身也就是"道"，道经乃天书，由大道自然结气而成字。北宋道教类书《云笈七签》卷七《三洞经教部·本文·说三元八会六书之法知》引《道门大论》云，大道化生万物之际运气撰集，化出天字，进而形成三元八会之文、八龙云篆之章。这些真文之章，是天地人三才的开端。后世一切龙书凤篆、鸟迹古文、大小篆隶、摹印等，皆由真文而出。于此文字达到了本原和本体的高度。按照这种自然垂文、结气成字的文字观，道教文学作为人文的一部分，与道有同质性，创作和阅读道教文学是修道法门，青词、谣谶、步虚、祷词、盟誓、道情等道教文字形式既是文学作品的体裁，又是宗教活动的道具。一方面，文字可推演为文章而通贯于道，是得道的工具。文字的宗教性质被推衍成各种宗教活动，成为道教文化体系的组成部分。文学可视为修道之术中的一类。另一方面，道是文字之本、文章根据，还是文章的归宿。文章必须受道的统率并符合于道。所以，道士襐被、上章、启奏、盟祝、颂赞、用符、唱名既是宗教行为，又是文学活动。② 在

---

① 黄元吉等编：《净明忠孝全书》，《道藏》第24册，文物出版社、上海书店、天津古籍出版社1988年第1版。

② 孔令宏：《宋明道教思想研究》，宗教文化出版社2002年第1版，第125—127、137—138页。

这种意义上，道教文本都是美学文本。

宋代道教在文学艺术如诗词、散文、小说、音乐、舞蹈、书画、装饰、造像、建筑等之上也多有直接创设。道教诗词涵盖诗词的各种体式，内容包罗歌咏玄道、唱酬道流、劝人修仙、形绘丹道、图写神仙、描摹宫观等各方面，从至玄之理到日常修为都加以记录阐述。其中较有代表性的是内丹诗词、游仙诗词、宫观诗词、题赠诗词、咒语诗、颂德祝寿诗词以及道情等。道教初以外丹即炼丹术著称于世，中晚唐以来特别是宋代内丹术后来居上，成为道人学道修仙的主要途径。教门内外的奉道之士用诗词表述内丹理论、实践也成为一种修道方法。教内如张伯端、张继先、朗然子、陈楠、白玉蟾等道教诗人，教外如苏轼、陆游等融通儒道的诗词大家，于此多有作为。这些诗词不但叙述并说明内丹的理论和修行过程，而且描绘和摹写修行过程中的宗教审美体验。诗词因善于表达微妙的心理体验，所以特别能传达内丹修炼的神秘美感。道教以追求长生不老不死为信仰，创造了众多长生的传说故事和审美符号。在民间，游仙意象也常用于祝寿等活动。吴文英《水龙吟·寿嗣荣王》词云："望中璇海波新，泛槎又币银河转。金风细袅，龙枝声奏，钧箫秋远。南极飞仙，夜来催驾，祥光重见。紫霄承露掌，瑶池荫密，蟠桃秀、蚃莲绽。　　新栋晴羃凌汉。半凉生、兰檠书卷。绣裳五色，昆台十二，香深帘卷。花萼楼高处，连清晓、千秋传宴。赐长生玉字，鸾回凤舞，下蓬莱殿。"[1] 是词为为理宗弟弟、度宗生父亲荣王嗣子赵与芮写的祝寿词，以游仙的手法书写显得非常浪漫。宋代道士或文人也有许多道教题赠诗。道教咒语作为一种祝祷之辞，有祝、颂、谒、咒等形式，而以咒语诗统之。咒语诗具有主体意识鲜明、世俗关怀明显、节奏明快和气势恢弘等美学特点。咒语诗较多的是祈雨、祈晴等希望能控制自然现象，达到风调雨顺、国泰民安目的的祝祷诗。另外较多的还有与世俗民间日常生活极其密切的咒语诗，如北宋末上清派道人路时中编撰的《无上玄元三天玉堂大法》还

---

① 吴文英：《水龙吟·寿嗣荣王》，载唐圭璋编纂，王仲闻参订，孔凡礼补辑：《全宋词》第 4 册，中华书局 1999 年第 1 版。

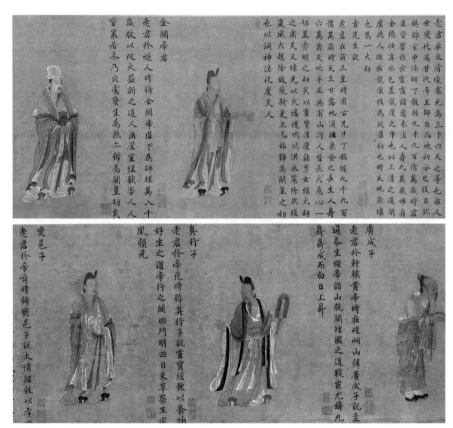

宋王利用《写神老君别号事实图》局部（美国纳尔逊－阿特金斯艺术博物馆藏）

收有《禳井溢咒》《禳犬怪咒》《禳野兽入人家咒》《禳夜中门外鬼声咒》《禳六畜自死咒》《禳蛇怪咒》等。咒语诗大多摹仿自然界各种天籁，如风吼、雷鸣及各种动物的呼号声，因而多声调回复，韵律生动。道情也是一种较典型反映和表现道教思想及其审美观念的诗词。它本是道教声腔艺术的一个种类，源于唐代道观内所唱的《承天》《九真》等道曲经韵。为诗赞体，即以诗为主，然后据文配乐。宋代吸收词牌、曲牌，逐渐变为游方道士或艺人在民间布道抒怀时演唱的新经韵，称为"道曲""道歌"。南宋时用渔鼓（愚鼓）、简板伴奏，形式与鼓子词相类似，有时也被称为"渔歌"，成为民间一种曲艺，至今一些地方犹存。南宋道情不仅流传于闾巷，而且受到宫廷的欢迎。《武林旧事》卷七《乾淳奉亲》记载："后苑小厮儿三十人，打息气唱道情，太上云：'此是张抡所撰《鼓子词》。'"① 由于道情受到普遍欢迎，所以一些道士或富有道教情怀的文人非常乐于创作。道士诗词主要有如下一些特点：一是对世俗价值的否定和对宗教价值的肯定，体现超凡脱俗、高蹈世外的情怀情调；二是对道教信仰的笃诚坚定，奠定了奇崛神秘的风格基调；三是对道德修养的自我肯定和高度自觉，因而有优越自豪的崇高气象；四是因创作主体实际生存状态的逼仄另类，造就了孤傲绝尘的品格。文人创作道教诗词虽然也表达了道教教义和道教的审美观念，但不忘一贯的理性思考。与受箓道士从道教信仰本身出发创作道教诗词不同，文人创作道教诗词一则是因为喜爱崇尚道教源自道藏、道教神仙体系那些独特神秘瑰丽的审美意象，二则是为了与道教人士互相唱和题赠、交流交往，三则是为了通过描述道人生活和道观、仙境缥缈美好景象传达对世外仙境、自由境界的向往。但这种羡仙意识与儒家治国理想及现实的理性认知之间存在不解矛盾，因此往往是"外道内儒"，仙气缥缈中仍存忧患之思。

　　道教散文也是道教文学的重要体裁，大致可分为祝祷、议论、记叙和抒情4类。其中青词最有代表性。青词又名青辞、清词、绿章，是举行斋醮活动时敬献给神灵的奏章、祝祷之类文书，也是进行人神沟通的文学化书面表达形式。由于一开始多用朱笔书写在青藤纸上，所以名曰青词。青词在唐代多为官方文书，内容多为谢罪禳灾、祈求平安、为国消灾、为民祈福，用语追求气势磅礴、辞藻华丽，多骈俪对偶文字。宋代青词创作达到高潮，不仅在朝廷举行的斋醮法事中广泛运用，民间也频频出现，成为常用文体。除道士外，大量文人也加入青词创作队伍，他们还常以创作难度较高的青词比文采。据《全宋文》等统计，青词作者有近百人，包括宋真宗、欧阳修、王安石、苏轼、苏辙、秦观、黄庭坚、洪皓、周必大、杨万里、陆游、叶适、真德秀等。现存宋代文人别集含青词的有70余部，有青词作品1400余首。文人所创作的青词不仅反映当时内容繁富的道教斋醮活动，同时也折射出

---

① 周密：《武林旧事》，见孟元老等：《东京梦华录》（外四种），周峰点校，文化艺术出版社1998年第1版。

社会生活的纷繁复杂。与此对应，此时道门内还出现了较系统的青词宗教美学规范。《灵宝玉鉴》《上清灵宝大法》《道门定制》等均对青词的具体书写要求、宗教禁忌等有所论述。撰写青词必须融入虔诚真挚的宗教感情，因此青词又称心词。青词一直到清末仍十分流行。

道教小说是宋代小说的重要组成部分。宋代道教小说极少作为单行本流传下来，更多存在于笔记小说集里，如北宋王禹锡的《海陵三仙传》、耿延禧的《林灵素传》，南宋洪迈的《夷坚志》、魏良臣的《黄法师醮记》、郭象的《睽车志》、鲁应龙的《闲窗括异志》、郑总的《罗浮仙人传》等。许多故事后来被明人改编，编入冯梦龙的短篇白话小说集"三言""二拍"、洪楩《清平山堂话本》等。洪迈卷帙浩繁的《夷坚志》是宋代道教小说的代表作，全书分初志、支志、三志、四志，每志有甲、乙、丙、丁编，今仍存 206 卷。涵括大量道教轶闻、掌故、风俗、医药等题材，以精怪故事数量最多，而且多一手资料，富有原创性。道教小说崇尚纪实，偏重事状，铺叙不多，文体简约，但有许多生动形象的细节描写，往往成为后世小说戏曲的素材。道教小说的表现模式主要有两种。一是降除妖怪模式。《清平山堂话本》收有《西湖三塔记》一篇，是西湖白蛇故事的最早版本，可能创作于南宋时期。这篇小说文字还比较粗疏，但已有比较完整的故事情节：南宋淳熙年间（1174—1189 年），临安涌金门年方 20 余的已婚男子奚宣赞不好酒色，只喜闲耍。他清明节到西湖观玩，救一迷路女子卯奴。卯奴婆婆寻来，感谢宣赞，邀至其家。宣赞见到一如花似玉的白衣娘子，心神荡漾。但其实白衣娘子是吃人心肝的妖怪，觅得新欢后，便要杀旧情人。幸得卯奴相救，宣赞两次逃脱。宣赞的叔叔奚真人在龙虎山学道，望见城西有黑气，特来降妖。妖怪现形，才知卯奴是乌鸡，婆婆是水獭，白衣娘子是白蛇。奚真人化缘造 3 座石塔，镇三怪于湖内。明代《小说传奇》合刊本中的《王魁》写著名的敫桂英变鬼活捉负心人王魁的故事，文字古朴简洁，胡士莹考订后认为这是南宋光宗时永嘉（温州）的文人作品。[①] 故事说书生王魁上京应试落榜，失意下到莱州北

---

① 胡士莹：《话本小说概论》，中华书局 1980 年第 1 版，第 334 页。

市鸣珂巷妓家喝酒。妓女敫桂英爱慕王魁才华，助其继续求学并进京赴考。临行时二人在海神庙焚香起誓，言定不相辜负。后王魁高中状元，外放任职，嫌弃敫桂英出身低微，别娶他人。敫桂英修书差仆人至王魁任所，王魁不予理睬。仆人告以敫桂英，敫桂英呕血大哭，自刎身亡。后敫桂英鬼魂现形于王魁官邸，索其性命而去。故事用道教观念进行伦理评判。二

宋燕文贵《三仙授简》（台北"故宫博物院"藏）

是谪仙模式。南宋道士杨智远编有宫观志《梅仙观记》，篇首《梅仙事实》是梅仙传记，据《汉书》卷六七《梅福传》演绎隐士梅福修道成仙的故事。梅福汉成帝时任洪州南昌县尉，居官清节，恤民为念。时值王莽作乱，灾异数见。他不忍天下生灵涂炭，上灾异书陈治乱之策，但成帝不采纳。梅福便解衣挂冠、弃妻别子，去九江访道修仙。然而梅福的修仙之途并不顺遂，经历身心双重磨难。先是多年修炼未有结果。有一天蒙空洞仙君降临，授予外烧内炼还返大丹之法、九老仙都济世之文，并告诫择名山依法修炼。梅福依法修炼，屡有应验，但依然有许多险阻。在鸡笼山被尸鬼蒙魔，在演仙山被野火所伤，在玉华山为盗匪所劫，在乌石山为樵妇所触，但他没有放弃，终于在飞鸿山修炼千日成仙。其实梅福在修仙中遇到的困难都是仙君有意的安排和考验。这个故事告诫世人，道教修仙要"诚"。

宋代还出现大量宣扬道教教义、展现神仙风采、表现道人活动的具象艺术道教书画。为适应皇室和社会各方面需要，画院画家和民间画工创作了大量道教绘画。主要有道教人物画、道教境界画和方术示意画3种。宋代道教人物画不如以道教为国教的唐代兴盛，但也有一

传宋赵伯骕《仙山楼阁图》（辽宁省博物馆藏）

些好作品。其中道教人物壁画相当普遍，南宋临安的显应观、西太一宫、五圣庙等都曾由画院名家创作壁画。道教画有鲜明的世俗化倾向，画师根据当时审美趣味创造了特有的绘画形式。在许多民间画师的笔下，仙人形象不再庄严肃穆，有了更多凡人色彩，或妩媚动人，或慈祥可亲。宋代道教人物画大家不多，但也有梁楷这样的绝世人物。如前所述，梁楷狂放不羁，有"梁疯子"之称，其实他画的并非仙人，而是自己的内心写照。赵氏宗室、后入元为官的赵孟𫖯也创作过《玄元十子图》，后被收入《道藏》。同样收入《道藏》的《许太史真君图传》创作年代也约在南宋，内有净明道派尊奉的祖师、东晋人许逊传记插图计 53 幅，其中十二真君像各 1 幅。① 道教境界画指展现道教活动场所实景、仙境虚境或宣扬道教教义的山水画作。传赵伯骕的《仙山楼阁图》是典型的道教山水画。画中山峰陡峭、楼台隐约，造就了玄远缥缈的道教仙幻世界。道教境界画对宋代山水画的发展有推动作用。道教书法包括几方面内容。一是道教符箓。符箓是书写在禁咒护符上的特殊文字，大多用一些曲折蜿蜒的特殊符号表现道教特有的神秘观念，并非随意书写，有一定的规律和书写标准，总体上是汉代隶书的变种。二是书写道教经典、强调道教宗教意蕴的书法。按道教观念，书写经书也是"道"的体现。三是将道教修炼过程中感悟到的宗教情绪和悟道心境用书法点画的大小粗细、运笔的强弱速缓、

---

① 朱越利：《道藏分类解题解》，华夏出版社 1986 年第 1 版，第 206 页。

墨色的浓淡变化以及气韵的协奏韵致进行自由表现。

道教科仪音乐在宋代发展到历史高峰。科仪音乐是道教人士表达其信仰与思想情感的重要手段，也是养生的重要辅助手段。与"真文"是"道美"的显现一样，科仪音乐也被看作是"道美"的显现，体现了"道"

宋佚名《蓬瀛仙馆图》（故宫博物院藏）

的境界。北宋编定的《玉音法事》是道教科仪音乐历史上第一部词谱兼备的经韵曲集，囊括了当时流行的各类经韵，并新增皇帝御制经词，集中反映了北宋科仪音乐的面貌。《玉音法事》在南宋时一直流传。除了皇室推动颁布统一的道教科仪音乐，教内高士也有意识地辑录道门音乐。南宋嘉泰年间（1201—1204 年），吕元素编制《道门定制》10 卷，其中卷五记载当时道门所用道曲如《启堂颂》《奉戒颂》等。宋代道教音乐在上层和下层社会分化发展的趋势进一步明显，官方宫观道教音乐偏重向皇室宫廷靠拢，与雅乐相结合，而民间道教音乐则面向下层民众，与俗乐相结合。道教音乐还与戏曲广泛结合，促进了戏曲包括道教戏曲的发展。南戏中就应用了《步虚》《叱精令》等道教法曲。[①] 主要在斋醮时表演的道教舞蹈又称"道士舞"。与原始巫舞比较，道教舞蹈显得更肃穆、玄妙。

道教建筑包括殿堂、回廊、亭阁、庭园、墓塔、碑匾等。东汉张道陵设 24 治为道教活动场所。"治"又称"庐""靖"，南北朝时称"仙馆"，五代后周武帝改称"观"，取观星望气之意。唐代皇室以老子

---

① 蒲亨强：《道教与中国传统音乐》，台湾文津出版社 1993 年第 1 版，第 21—22 页。

为宗亲，皇帝的居所称为"宫"，所以道教居所也称"宫"。作为道教建筑美学的综合载体，宫观建筑的美学内涵十分丰富。它往往通过集群的方式形成道教建筑群落，有些建筑群掩映于名山大川之中而成为洞天福地。周边有奇峰灵泉，建筑区域内又有饱含仙风道韵的道教书画、神像雕塑，融多元审美元素于一体。如苏州玄妙观三清大殿重建于南宋淳熙六年（1179 年），为宗室画家赵伯骕所设计。现存大木样式除了有些部位及装修系明清时修补的外，梁架结构和斗拱形制等与北宋末《营造法式》所记载的相符。

第十二章 崇文时代的开明政治

一、君主与士大夫共治天下

在中国历史上，秦与汉唐等统一帝国总体上奉行文武并重的治国理念，力图保持文治与武功的平衡。当其强盛之时，一方面对内强化统治与建设，另一方面对外采取积极的边防攻势，从而维持了大一统格局。但也较长时间对外征战，加重了财政负担，社会矛盾加剧，最终削弱了统治能力。北宋政权是在经历唐末五代十国近百年割据战乱后建立的，统治者对前朝的教训进行了深刻反思。开国君主宋太祖君臣探讨以往长期动乱的原因所在，一致认为是君弱臣强、藩镇割据，而又突出表现为武力因素超强以致干预政治。正如两宋交替之际的理学家范浚总结的："大抵五代之所以取天下者，皆以兵。兵权所在，则随以兴；兵权所去，则随以亡。"① 于是统治集团有针对性地高度重视内部秩序建设，以收兵权为首要手段，辅之以分解中央与地方事权，形成新的中央集权体制。为了长治久安，还特别正本清源地对影响朝政的超强武力进行抑制，对弱化的儒家思想文化加以振兴，力图恢复文治与武功之间的平衡。②

宋代确定"崇文"国策以后，逐步开创了君主与士大夫共治天下的政治格局。在制度和机构创设上注意权力分散和相互制衡，形成了一套能够较好发现问题、解决问题的权力运行和监督纠错机制。君主、宰执、台谏官构成中央政权的三角，它们互相限制又互相倚恃，形成共治架构。除君主外的最高权力主体分为掌政事的宰相府和掌军事的枢密院，它们共同对君主构成第一道批评机制，言事于决策之前。决策形成之后、命令下达之前，还有封驳制度制约。君主和宰相商议形

---

① 范浚：《香溪集》卷八《论·五代论》，《丛书集成初编》第 1993—1995 册，中华书局 1985 年第 1 版。

② 陈峰：《中国古代治国理念及其转变：以宋朝"崇文抑武"治国理念为中心》，《文史哲》2013年第 3 期。

故宫南薰殿旧藏传宋王霭绘宋太祖像（台北"故宫博物院"藏）

成决策之后由翰林学士或者知制诰起草文书，文书送出之前须经通进银台司知门下封驳事的审核，如果不合适可以驳回。决策执行之后则有台谏监督。谏官和言事御史知无不言，可以进行多面批评。除了中央这一套制度以外，宋代对地方工作和地方官员的考察也有一整套防止偏差的制度。在这样的政治格局中，士大夫上升为政治主体，得以与君主共同探讨和制定治理国家的大政方针即"国是"，并成为执行和维护"国是"的主体。故有所谓"盖宋之政治，士大夫之政治也。政治之纯出于士大夫之手者，唯宋为然。故唯宋无女主、外戚、宗主、强藩之祸"①。而以士大夫维系和运转整个国家机器，需要拥有制度化、庞大的士大夫儒士群体的培养和生成机制。军政改革不仅迫使宋初的太祖、太宗、真宗等皇帝重视文治人才在更深层次、更广范围的选拔和任用，也从此形成了宋代政治对文官高度依赖的传统。大量被遴选从政的文官在治国理政方面表现出了相当的能力和热情，在政治活动中的作用和影响力逐渐增强，同时也产生了更多的政治诉求。宋代君主在保持其最高决策权的情况下，愿意牺牲一部分君

① 柳诒徵：《中国文化史》，中国大百科全书出版社1988年第1版，第516页。

权。"大臣奏事，或至于首肯；内廷请谒，未免于付外；然崇奖直臣，妙选台谏，一言可取，断在必行。"① 北宋明道二年（1033年），仁宗开始亲政，年轻的欧阳修给刚拜右司谏的范仲淹呈《上范司谏书》云："坐乎庙堂之上，与天子相可否者，宰相也。""立殿陛之前，与天子争是非者，谏官也。"② 提出了宋代文人政治的理想格局和模式。后来很多宋代文人都引用这两句话，比如南宋初名臣李纲的《上渊圣皇帝实言封事》等。由此循序渐进地形成了士大夫政治，使得士大夫能够与君主共治天下。

宋代君主大多能明智看待自身在政治体系中的地位，虽拥有最高决策权，但并不能乾纲独断，

宋佚名《却坐图》（台北"故宫博物院"藏）

而按照成文或不成文的规定履行职责和权力。仁宗对这种政治局面有相当积极的论述："措置天下事，正不欲专从朕出。若从朕出，皆是则可，有一不然，难以遽改。不若付之公议，令宰相行之。行之而天下不以为便，则台谏公言其失，改之为易。"③ 为睿智之见。有人评价仁宗平庸，而事实上仁宗朝是北宋历史上政治、经济、文化较为辉煌的时期，史有"嘉祐之治"或"仁宗盛治"之称，也是士大夫政治发

---

① 楼钥：《攻媿集》卷二二《雷雪应诏条具封事》，永瑢、纪昀等编纂：《文渊阁四库全书》，上海古籍出版社 2012 年第 1 版。

② 欧阳修：《欧阳修全集·居士外集》卷一七《书七首·上范司谏书》，李逸安点校，中华书局 2001 年第 1 版。

③ 陈亮：《陈亮集》（增订本）卷二《论执要之道》，邓广铭点校，中华书局 1987 年第 1 版。

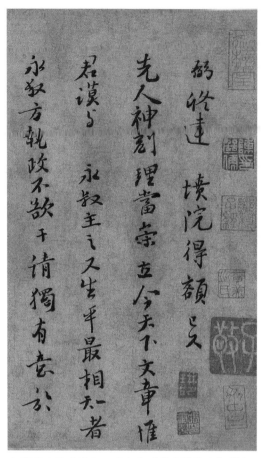

宋富弼尺牍册页之一（台北"故宫博物院"藏）

展完善而成熟的时期。神宗时期，当变法在朝野出现激烈争论时，神宗辩称："更张法制，于士大夫诚多不悦，然于百姓何所不便？"而历仕仁、英、神、哲四朝，出将入相50年的旧党大臣文彦博则反击道："为与士大夫治天下，非与百姓治天下也。"[①]神宗时期还形成了具有突破性的原则，即君主必须与士大夫共商"国是"。这是王安石毅然接受变法大任的重要原因。在这种士大夫政治架构下，官员任免赏罚、政务诏令发布，都受到士大夫集团的种种约束，君主不能按个人意志喜好独断专行。大臣富弼曾指责神宗："内外之事，多出陛下亲批，恐喜怒任情，善恶无准，此乃致乱之道。"对此宋神宗不仅不发怒、不感逆耳，还称其是"金石之言，朕不忘也"。[②]正如王安石所言："若夫道隆而德骏者，又不止此。虽天子北面而问焉，而与之迭为宾主，此舜所谓承之者也。"[③]"北面而问""迭为宾主"都体现了一种平等对话的理想关系。

① 李焘：《续资治通鉴长编》卷二二一，上海师范大学古籍研究所、华东师范大学古籍研究所点校，中华书局2004年第1版。

② 徐自明撰，王瑞来校补：《宋宰辅编年录校补》卷七，中华书局1986年第1版。

③ 王安石：《临川先生文集》卷八二《虔州学记》，《四部丛刊》初编，商务印书馆民国11年（1922年）版。

南宋光宗的近臣、私臣每每向他请求"恩泽"，光宗也总是说："恐谢给事有不可耳！"谢给事是时任给事中的谢深甫，曾多次抵制光宗提拔请托的私旨。楼钥当中书舍人时，驳正制敕之违失而封还章奏，无所回避。光宗很是顾忌，遇有私请也常推脱："楼舍人，朕也惮也，不如且已。"[①]不算好皇帝的光宗也不能不尊重给事中与中书舍人封驳皇帝私旨的权力。君主尊重制度，宰相也尊重制度。仁宗拟提拔张贵妃伯父张尧佐，殿中侍御史唐介等得知后极力反对。仁宗推脱说是中书奏拟的，他便弹劾文彦博，还说文彦博宰相的官位是巴结张贵妃得

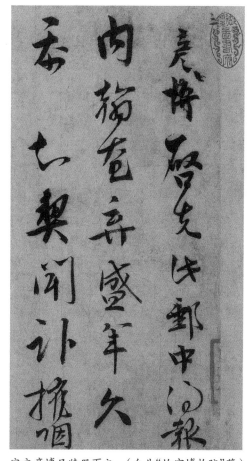

宋文彦博尺牍册页之一（台北"故宫博物院"藏）

来的。文彦博听着他骂，却为唐介辩护："台官言事，职也，愿不加罪。"[②]

　　皇权受到限制，宰执权责必然增强。宋代先后以同平章事、尚书左右仆射、左右丞相为宰相，以参知政事、门下侍郎、中书侍郎、尚书左右丞、枢密使、枢密副使、知枢密院等事、同知枢密院事为执政，合称宰执。政令一般以皇帝诏敕的形式下发，但规定："国制，凡诏

① 脱脱等：《宋史》卷三九四《列传第一百五十三·胡纮、何澹、林栗、高文虎、陈自强、郑丙、京镗、谢深甫、许及之、梁汝嘉》，卷三九五《列传第一百五十四·楼钥、李大性、任希夷、徐应龙、庄夏、王阮、王质、陆游、方信孺、王柟》，中华书局 1977 年第 1 版。
② 杨仲良：《皇宋通鉴长编纪事本末》卷三九《仁宗皇帝·唐介劾张尧佐》，李之亮校点，黑龙江人民出版社 2006 年第 1 版。

故宫南薰殿旧藏宋太宗像（台北"故宫博物院"藏）

令皆中书门下议，而后命学士为之。"① "凡制敕所出，必自宰相。"② 意思是没有宰相的同意并副署，皇帝就不能下诏敕和行下。如果皇帝违反了这一制度，会遭到群臣的强烈反对，最后多以皇帝屈服于制度告终。副署权是宰相的核心权力，使宰相能过问所有事务。如明道元年（1032 年），吕夷简干预仁宗安葬生母李宸妃，并对仁宗理直气壮地说："宰相，事无内外，无不当预。"③

在军权和财权上，宰执群体事实上也获得了主导权。宋初，虽然太祖和太宗在军事调度层面设置了枢密院和禁军三司"互相维制"的军事领导权机制，但在军事决策上，由于君主大多不知兵，军权实际上长期掌握在宰相和枢密使手中。又由于很多时候宰相身兼枢密使，使得军权大多集中于宰相一人之手。如真宗"每得边奏，必先送中书"，并声明军事指挥虽然属枢密院，但"中书总文武大政，号令从所出"。④ 在财政方面，也是由宰相"通制国用"，皇帝并不能直接过问。国家财政由三司使（计相）和宰相掌握，往往

---

① 徐自明撰，王瑞来校补：《宋宰辅编年录校补》卷七，中华书局 1986 年第 1 版。

② 李焘：《续资治通鉴长编》卷一八，上海师范大学古籍研究所、华东师范大学古籍研究所点校，中华书局 2004 年第 1 版。

③ 脱脱等：《宋史》卷二四二《列传第一·后妃上》，中华书局 1977 年第 1 版。

④ 李焘：《续资治通鉴长编》卷七五，上海师范大学古籍研究所、华东师范大学古籍研究所点校，中华书局 2004 年第 1 版。

对皇帝保密。真宗曾"屡欲知其数"，宰相李沆却不让三司使告诉他，"恐其知数而广用也"。①

宋代革唐代藩镇之弊，收其支郡（州、府），夺其兵权，制其钱粮，中央统辖府、州、军、监。州级之上设路，路无长官，事权分属互不统属的诸监司，有负责经度和传输财赋的转运使司，负责司法的提点刑狱司，负责军事和治安的安抚使司，负责赈灾救济和水利等的提举常平司。州有节度州、防御州、团练州、军事州，但仅表示州格，所设节度使、防御使、困练使和刺史等为虚衔，实际事务由知州等执掌。州级长官与诸监司官阶也不相上下，甚至更高。

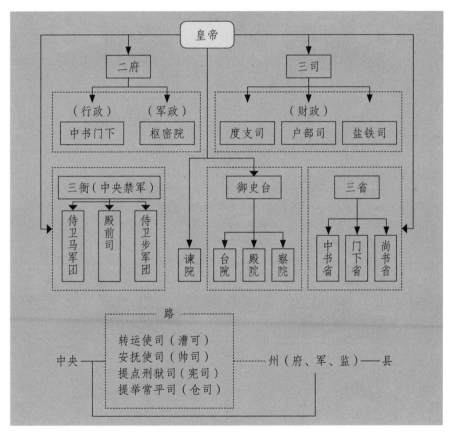

宋代中央和地方基本行政建制

---

① 徐自明撰，王瑞来校补：《宋宰辅编年录校补》卷七，中华书局 1986 年第 1 版。

宋代自 960 年到 1279 年享国 320 年，共有 18 位皇帝。其中北宋、南宋各 9 位，南宋最后 3 位幼年即位且在位时间很短。至度宗 15 位皇帝，未出现一位暴君，与皇帝自省和克制有很大关系。除了优化政体以外，宋代君主还自觉将服从神权、誓约、道理、祖宗法、条贯、国是、经筵、史传、公议等作为自己的约束。

宋代君主中不少讲祥瑞迷信，更普遍的是信天命和神。吕公著曾上书真宗道："天虽高远，日监在下，人君动息，天必应之。若修己以德，待人以诚，谦逊静懿，慈孝忠厚，则天必降福，享国永年，灾害不生，祸乱不作；若慢神虐民，不畏天命，则或迟或速，殃咎必至。"① 神宗暂罢新法，很大程度上是出于对天的敬畏。有一个叫郑侠的小官不忍流民流离失所，绘《流民图》上于神宗，请求罢去新法，并言："如陛下行臣之言，十日不雨，即乞斩臣宣德门外，以正欺君之罪。"神宗"反复观图，长吁数四，袖以入。是夕，寝不能寐"。翌日，诏令"青苗、免役权息追呼，方田、保甲并罢，凡十有八事，民间欢叫相贺"，"越三日，大雨，远近沾洽"。②

《宋史·曹勋传》《三朝北盟会编》《建炎以来系年要录》《挥麈后录》等南宋历史文献都记载有太祖立"不杀士大夫"誓约一事。说太祖于建隆三年（962 年）在开封太庙立了一块誓碑，告诫自己及后代君主遵守。后世著作如清初学者王夫之《宋论》卷一云："太祖勒石，锁置殿中，使嗣君即位，入而跪读。其戒有三：一保全柴氏子孙，二不杀士大夫，三不加农田之赋。"③ 另一位清初学者顾炎武《日知录》卷一五《宋朝家法》云："宋世典常不立，政事丛脞。一代之制，殊不足言。然其过于前人者数事：如人君宫中自行三年之丧，一也；外言不入于梱，二也；未及未命即立族子为皇嗣，三也；不杀大

---

① 李焘：《续资治通鉴长编》卷三五七，上海师范大学古籍研究所、华东师范大学古籍研究所点校，中华书局 2004 年第 1 版。

② 脱脱等：《宋史》卷三二一《列传第八十·郑獬、陈襄、钱公辅、孙洙、丰稷、吕诲、刘述、刘琦、钱颢、郑侠》，中华书局 1977 年第 1 版。

③ 王夫之：《宋论》，舒士彦点校，中华书局 1964 年第 1 版。

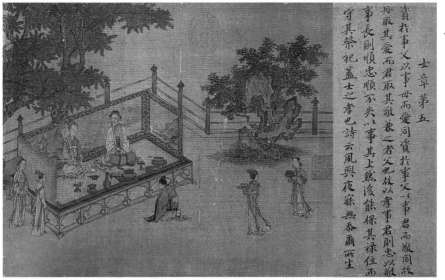

赵构书《孝经》（马和之绘图）之《士章第五》（台北"故宫博物院"藏）

臣及言事官，四也。此皆汉唐之所不及，故得继世享国至三百余年。"①
对此事记载最详尽的是传说为陆游（一说叶梦得）所撰的《避暑漫钞》：
"艺祖受命之三年，密镌一碑，立于太庙寝殿之夹室，谓之誓碑。用
销金黄幔避之，门匙封闭甚严。因敕有司，自后时享及新天子即位，
谒庙礼毕，奏请恭读誓词。独一小黄门不识字者从，余皆远立。上至
碑前，再拜跪瞻默诵讫，复再拜出。群臣近待，皆不知所誓何事。自
后列圣相承，皆踵故事。靖康之变，门皆洞开，人得纵观。碑高七八
尺，阔四尺余，誓词三行。一云：柴氏子孙有罪不得加刑。纵犯谋逆，
止于狱内赐尽，不得市曹刑戮，亦不得连坐支属。一云：不得杀士大
夫及上书言事人。一云：子孙有渝此誓者，天必殛之。后建炎间，曹
勋自金回，太上寄语，祖宗誓碑在太庙，恐今天子不及知云。"② "天
必殛之"是一种毒誓。"太祖勒石"虽不载正史，仍有历史可信性。
至少，太祖时对于文臣的尊重和礼遇可以看作是宋代士大夫政治的雏
形、缩影和寓言。"不杀"是底线，事实上宋代对士大夫不仅不杀，
还不刺不打。侯延庆《退斋笔录》载："神宗时以陕西用兵失利，内
批出令斩一漕臣。明日，宰相蔡确奏事，上曰：'昨日批出斩某人，
已行否？'确曰：'方欲奏知。'上曰：'此事何疑？'确曰：'祖

---

① 顾炎武：《日知录》，严文儒、戴扬本点校，上海古籍出版社1984年第1版。

② 陆游：《避暑漫钞》，《丛书集成初编》第2863册，中华书局1985年第1版。

宋佚名《折槛图》（台北"故宫博物院"藏）

宗以来未有杀士人事，不意自陛下始。'上沉吟久之曰：'可与刺面配远恶处。'门下侍郎章惇曰：'如此即不若杀之。'上曰：'何故？'曰：'士可杀，不可辱。'上声色俱厉曰：'快意事更做不得一件！'惇曰：'如此快意，不做得也好。'"①刺、打是一种人格污辱，不刺不打是人格尊重。有尊严，人才会有担当。

宋代士人对"致君行道"或"得君行道"有着普遍的执着追求。宋学内部派别林立，但在这方面却表现出惊人的一致。先秦时期"忠"尚且有理性的尺度，调整的是双向度的人际关系，君臣之间也是如此。强调忠君的同时，也强调"义高于君""道高于君"。"忠君"是忠抽象的"明君"，"明君"是"道"的代表或化身。进入专制时代后，"忠义"演变为非理性的单向度"忠君"，走向至愚的地步。宋代士大夫推崇的"忠义"是理性意义上的"忠君"，也包含了一般世俗人际间的忠诚关系。他们认为，为君之道与具体的君主是相分离的，且超越君主、高于君主。先秦诸子以道品分君主。衡量忠臣也不仅看是否一心事主，还要看所事是否符合仁义。司马光认为"以为冉

① 侯延庆：《退斋笔录》，《丛书集成初编》第 2791 册，中华书局 1985 年第 1 版。

援立昭王，除其灾害，使诸侯稽首而事秦。秦益强大者，冉之功也"。洪迈则反驳"予观秦所以得罪于天下后世，皆挟诈失信故耳"。[①] 这段历史公案是说，战国时的秦武王死后，魏冉拥立幼主昭王，因功专权，拘留楚王，夺回许让之地，失信于楚及天下诸侯。君、道可以分离，国、君也可能分离，臣子当从道重国，以社稷为重，辅佐君主。从这个角度看，魏冉对国家和国君来说不是忠臣。"以道进退"的另一层意思是对"治道"的强调。据沈括《梦溪笔谈》所记，宋太祖曾问赵普："天下何物最大？"赵普回答说："道理最大。"[②] 太祖称善。"道理最大"之说自王安石变法后逐渐多见于文人嘴里笔下。此说建立了一种独立于君王意愿之外的客观标准，在一定程度上是对"君王至上"体制的精神制约。"道理"成为北宋中期以后士人由此出发、批评既有政治措置、矫正帝王失误的标准和依据，南宋时更成为一种"话语"套路，体现了士人政治主体意识的觉醒。[③] 他们回向三代，尊奉"天下为公"。王禹偁《小畜外集》卷一一《代伯益上夏启书》云："夫天下者，非一人之天下，乃天下之天下。理之得其道则民辅之，失其道则民去之。民既去，又孰与同其天下乎？"[④] 这其中固然有理学情绪，但更主要的是对真理的坚持精神。宋人强调"得君行道""道高于君"，当第一序的理想不能实现时，第二序的"道理最大"就自动成为追求目标。宋文化、宋人骨子里的筋骨思理基础就在于此。

宋代每有新君登基，都要强调一遍对祖宗成规的忠诚，申明自己将恭秉遗训、不敢逾违。宋代的祖宗法不是哪一个君主制定的，而是由一系列先帝故事、习惯、惯例、故典所组成。它们通常由士大夫群体塑造出来，融入了许多儒家治国理想，经过漫长时间变成了非成文宪法性惯例。宋代另外还有规范皇室行为的成文法即"条贯"。皇室

---

① 洪迈：《容斋随笔》之《容斋四笔》卷九《魏冉罪大》，孔凡礼点校，中华书局 2005 年第 1 版。

② 沈括撰，胡道静校证：《梦溪笔谈校证》之《补笔谈续笔谈校证·续笔谈十一篇》，上海古籍出版社 1987 年第 1 版。

③ 邓小南：《关于"道理最大"：兼谈宋人对于"祖宗"形象的塑造》，《暨南大学学报》（哲学社会科学版）2003 年第 3 期。

④ 王禹偁：《小畜外集》，《四部丛刊》初编，商务印书馆民国 11 年（1922 年）版。

赵构书《孝经》（马和之绘图）之《谏诤第十五》（台北"故宫博物院"藏）

行事和一切度用开支都要遵从条贯。太祖尝令后苑作造熏笼取暖，但仍需经过繁复的程序层层审批。走完这些程序，最快也得几个工作日。其间如果台谏觉得不妥，还可以驳退回去。太祖开始对这样的条贯很不耐烦，但经过宰相赵普的解释，大加赞赏，说条贯极妙，没有熏笼倒是小事。"国是"是君主与士大夫集团共同商定、制定的"基本国策"。"国是"确立后，君主与廷臣都共同遵守，不可再争执。李纲《议国是札子》云："古语有之云：'愿与诸君共定国是。'夫国是定，然后设施注措以次推行，上有素定之谋，下无趋向之惑，天下事不难举也。"①

经筵是汉唐以来帝王为讲论经史所设的御前讲席，到宋代制度化，始称经筵。讲官以翰林学士或其他官员担任。经筵是一种特殊的教育制度，以君主为教化对象，旨在让君主熟悉和接受儒家经义、吸取历代兴亡教训。但经筵不仅仅是御前教育，从更深层次看，还是一项精妙的政治制度，目的在于用儒家义理驯化皇权，或有《孟子·离娄上》所谓"格君心之非"的功能。甚至可以如程颐所说"天下重任，唯宰

---

① 黄淮、杨士奇：《历代名臣奏议》卷八四《经国》，上海古籍出版社 1989 年第 1 版。

相与经筵：天下治乱系宰相，君德成就责经筵"①。钱穆指出："王安石为经筵讲官，主坐讲，君则立而听。则相位之更重于君位，而师道之更尊于君道，其事皆从宋代起。"② 史官主要记录君主言行，将其编成起居注、时政记、实录传之后代。吕公著曾告诫神宗："人君一言一动，史官必书。若身有失德，不唯民受其害，载之史策，将为万代讥笑。故当夙兴夜寐，以自修为念。以义制事，以礼制心，虽小善不可不行，虽小恶不可不去。"③ 如果君主在乎身后声名，行事就不能不有所顾忌。真德秀指出："公议，天道也。侂胄违之，则违天矣。天其可违乎？故善为国者，畏公议如畏天，则人悦之，天助之。"④ 宋代也是最尊重公议的朝代。

宋代还在隋唐基础上对官制进行改革，实行官、职、差遣制度，通过不受资历限制的量才授职灵活任用人才，也防止官员专权。《宋史》卷一六一《志第一百一十四·职官一》云："其官人受授之别，则有官、有职、有差遣。官以寓禄秩、叙位著，职以待文学之选，而别为差遣以治内外之事。"⑤ 由此形成官、品、职分离的格局。"官"又称寄禄官、本官、正官，是一种寄禄待遇，表示禄位、品秩高低，以及荫补、赎罪、免役的特权，但无实际职掌。宋初以隋唐职事官的正官作秩，而别置差遣以任职事，就是说某部尚书、某部侍郎等正官并不代表具体职务，因此称寄禄官。神宗元丰改制时新颁《寄禄格》，正官恢复职事，改以大夫、郎等散官作秩，也称寄禄官。官分文阶、武阶。除了阶官还有文武散官，主要用来定章服。二者相互独立而又联系，共同构成官员的待遇。"职"表示品阶，是一种荣誉性虚衔，包括文官的

---

① 程颢、程颐：《二程集》之《论经筵第三劄子·贴黄二》，王孝鱼点校，中华书局 1981 年第 1 版。

② 钱穆：《中国文化演进之三大阶程及其未来之演进》，载钱穆：《宋代理学三书随札》，生活·读书·新知三联书店 2002 年第 1 版。

③ 李焘：《续资治通鉴长编》卷三五七，上海师范大学古籍研究所、华东师范大学古籍研究所点校，中华书局 2004 年第 1 版。

④ 真德秀：《西山先生真文忠公文集》卷二《庚午六月十五日轮对奏札二》，永瑢、纪昀等编纂：《文渊阁四库全书》，上海古籍出版社 2012 年第 1 版。

⑤ 脱脱等：《宋史》，中华书局 1977 年第 1 版。

馆职、贴职和武官的阁职、环卫。贴职与馆职是相对而言的，职事官以及其他官带馆职或殿学士者谓"贴职"或"带职"。阁职相当于文官中的馆职，宋代环卫已经失去唐代南衙诸卫职能，仅作为武臣储备人才。"差遣"是隋唐"使职"的发展与演变，是职事官，即实际职掌。隋唐使职主要分布在农牧业和工商业，官员资历可高可低。宋代差遣则延仲到各个部门，如中央的三司使、宣徽使等，地方的转运使、经略使等，涉及政治、经济、军事等各方面。除上述官、职、差遣之外，宋代还沿袭唐制保留了一些附加性官衔，如勋、爵、食邑、食实封等。司马光撰《资治通鉴》依成书时间不同而有变化，卷一〇〇的系衔有63 个字，为"端明殿学士兼翰林侍读学士、朝散大夫、右谏议大夫、充集贤殿修撰、权判西京留司御史台、上柱国、河内郡开国侯、食邑一千三百户、食实封四百户、赐紫金鱼袋"，分别表示贴职、文散阶、寄禄官阶、馆职、差遣、勋、爵、食封、食实封、赐的官衔。其中只有差遣"权判西京留司御史台"是实际职务。官、职、差遣分离制度冲破了门第等限制，使用人制度更加灵活多变。阶官和散官的循年叙迁作为官员的地位及经济保障，有助于提高他们的积极性和对朝廷的向心力；职的设立可以支持人才储备。差遣与官、职的分离不仅可以打破资历限制、发挥官员的才能、提高行政效率，而且可以增加官员任职的流动性，使行政体系不会流于固化或出现专权。按照这种任官制度，凡寄禄官（本官）高于职事官（差遣）一品者，叫作"行"；高于二品及以上者，叫作"判"；凡寄禄官（本官）低于职事官（差遣）一品者，叫作"守"；低于二品者叫作"试"；再低者叫作"权发遣"。如一品大员转任节度州长官，一般称"判某州（府）"；八品官担任知州，通常称"权发遣某州（府）事"。行、判、守、试、权发遣的制度安排，可以让一名资历极浅的七八品小官有机会担任州郡的行政长官，也可以让一位德高望重的宰相转任知府或知州。张奎、范祥、吴安持、岳珂、傅崧卿等宋史留名的才俊，都曾以七八品小官的身份当上知州；吕蒙正、张齐贤、冯拯、文彦博、富弼、韩琦、王安石、司马光、章惇、韩缜等名臣，则有过从宰相、副宰相退下来出知外郡的经历。他们并不是被贬官，而是换了一份差遣（职事官），品秩没有降低。而在其他王朝，很难看到宰相（包括明代的内阁首辅、清代的军机大臣）调离相位后转任地方官，除非因为犯下过错被贬职。这些王朝的官制系统是线性的，官员循资从低层向高层晋升；宋代的官制系统则是环形的，州（府）长官可以转任宰相，宰相也可以转任州（府）长官。这与现代议会制国家有些类似。康有为由衷赞叹："善哉！复古之制，未有如宋祖者也。"他指出："官职以治事也，事唯其才，则能者任之，其义在用也；爵

元赵雍绘包拯像（私人藏）

位以酬勋旧年，德也，所以尊显之，其义在报。故有治事之才者，不拘资格可以任官，然未有积累之功，不必加尊显之爵位也。有爵位者任事未必其能称职，故不必用之当官。两者各有所宜，当并行之而不可合一。""事权轻重视其差，恩荣轻重视其位，两不相蒙，各有所得。才贤争效其职，大臣不怨遗佚，权贵不至尸位。"①

　　宋代的政治体制造就了包拯、赵抃等中国历史上最著名的清官。古代戏曲中的"包青天"形象并非全是包拯，其原型一半是"黑脸"包拯，另一半是"铁面"赵抃。《宋史》中赵抃与包拯、吴奎、唐介等清官同传。包拯曾任知开封府和右谏议大夫、权御史中丞，职司朝外之狱；赵抃曾任殿中御史，职司宫禁之狱。包拯立朝刚毅，廉洁公正，

① 康有为：《康有为全集》（增订本）第 7 集《官制议·改差为官以官为位第十三》，姜义华、张荣华编校，中国人民大学出版社 2019 年第 1 版。

不畏权贵，敢于替百姓申不平，有"包青天""包公""包弹"之名。如数任转运使的王逵巧立名目盘剥百姓激起民变，但与宰相陈执中关系密切，又得宋仁宗信任，包拯却连续 7 次上章弹劾，乃至当面指责仁宗，终于使其落职。包拯还取消诉讼当事人所递诉状由门牌司收转的旧制，让有冤者直接到庭前申诉，属下胥吏因此失去勒索钱财的机会。时有"关节不到，有阎罗包老"[①] 的民谣。赵抃历仁宗、英宗、神宗 3 朝，累官至参知政事。为官 45 年不蓄资产，俸禄家资多用于济贫扶孤。他四度入蜀为官只带着一古琴一白鹤，"一琴一鹤"后来成为成语。赵抃治政铁面无私，堪称"赵铁面"。《宋史》卷二八五《列传第四十四·陈执中》载，宰相陈执中宠妾鞭笞婢女致死，赵抃一再上书要求将其罢免，同时还弹劾对此事不闻不问的台谏官张择行和反对罢免陈执中的台谏官范镇。最终陈执中被贬，赵抃自己也遭贬。而司马光《涑水记闻》卷一四又记，王安石变法时，范镇坚决反对，两人矛盾很深。王安石在神宗前告状说："陛下问赵抃，即知其为人。"神宗果然问了赵抃，赵抃却说范镇是忠臣。王安石回头问赵抃："公不与景仁（按：范镇）有隙乎？"赵抃说："不敢以私害公。"[②] 宋人留下的《名公书判清明集》所载 400 余篇司法判词表明，当时司法审判重视证据收集和判别真伪，坚持依法审判，维护了司法公正和百姓权益。宋代官员总体上也比较清廉。龙游（今浙江省龙游县）人余端礼游宦 40 余年，历经南宋孝宗、光宗、宁宗 3 朝，官至左丞相，颇有政治作为。而平生吃素食、穿布衣，所有钱都用在义举上。1997 年发现其墓地占地约 48 平方米，仅有一方墓志，而没有任何随葬品。余端礼这类人物在宋代很常见。罗大经《鹤林玉露》甲编卷一四《清廉》云："士大夫若爱一文，不值一文。陈简斋诗云：'从来有名士，不用无名钱。'"[③] 表达了宋代士大夫从政的普遍信条。

　　余英时以《朱熹的历史世界：宋代士大夫政治文化的研究》为题，

---

① 脱脱等：《宋史》卷三一六《列传第七十五·包拯、吴奎、赵抃（子屼）、唐介（子淑问、义问、孙恕）》，中华书局 1977 年第 1 版。

② 司马光：《涑水记闻》，邓广铭、张希清点校，中华书局 1989 年第 1 版。

③ 罗大经：《鹤林玉露》丙编卷六，王瑞来点校，中华书局 1983 年第 1 版。

对宋代文化史和政治史进行综合研究，其侧重点在以前的研究者忽视的宋代政治文化或与宋学相互动的现实"历史世界"。余英时指出："政与学兼收并蓄不仅以朱熹为然，两宋士大夫几乎无不如是。"[①] 因此，此一历史世界不仅指南宋学者朱熹的个人生活史，而主要指朱熹生活所在的两宋政治世界，以及与朱熹相关联的国家政治生活和政治文化，呈现的是宋代士人群体的政治关切、政治主张和政治理想。在这一历史世界里，宋代士人的政治文化经历了 3 个发展阶段：第一阶段的高潮出现在北宋仁宗之世，是为建立期。经过七八十年的酝酿，宋初的儒学复兴终于找到了明确的方向，即超越汉唐而回向先秦的夏商周三代，回归古典儒学。范仲淹所倡导的士人当"以天下为己任"的呼声被普遍认同。第二阶段的结晶是熙宁变法，可称为定型期。回向三代的运动从"坐而行"转入"起而行"。大约就是《荀子·性恶篇》说的"坐而言之，起而可设"[②]。君主与士人之间突破性地形成了一种规则：君主必须与士人"共定国是"。治天下的权源仍握在君主手上，而治权的行使则完全划归以宰相为首的士人执政集团。第三阶段即朱熹的时代，可称为转型期。王安石变法虽是一次不成功的政治实验，但直到南宋时期一直有持续性的政治主导效应。[③] 熙宁时期建立的士人政治文化基本范式尽管在此时已发生变异，但并未脱离原型范围。南渡以后最有代表性的理学家朱熹、陆九渊等对儒学的贡献虽然主要在"内圣"方面，但他们兹念兹思所追求的仍然是"外王"。朱熹等人也始终陷于"国是"和"党争"的困扰中，"得君行道"的理想最后归于破灭。所以可以将朱熹的时代理解为"后王安石时代"。[④] 有学者不同意上述论断，认为这是一种理想化的推断。帝制国家都是专

---

① 余英时：《朱熹的历史世界：宋代士大夫政治文化的研究》，生活·读书·新知三联书店 2004 年第 1 版，第 7 页。

② 荀况撰，王先谦集解：《荀子集解》，沈啸寰、王星贤点校，《新编诸子集成》，中华书局 1961 年第 1 版。

③ 周膺、吴晶：《南宋四洪的思想和学术进退：宋代士人的别一种思想和政治生态》，《国际社会科学杂志》（中文版）2011 年第 4 期。

④ 余英时：《朱熹的历史世界：宋代士大夫政治文化的研究》，生活·读书·新知三联书店 2004 年第 1 版，第 8—9 页。

制王朝，这一基本特质决定了赵宋王朝不可能有真正的政治民主。宋代也说不上是"知识分子的黄金时代"，如党争和冤案时有发生，开放、清明并非其320年间的常态，但集权专制的方式与苛迫的程度历朝历代有所不同，相对而言，宋代朝政称得上是中国历代王朝中最开明的。尽管余英时的论据及论述尚需充实，但综合考察宋代的君相关系，大体可确认其判断具有合理性。当然，与当时的君权并非极权一样，相权或士人的权力也不能充分实现，并且在各个时期实现的程度也都有所不同，但总有了更多实现的可能。理学家埋首典册、穷究性理、修养身心，绝不仅仅为了独善其身。一旦时机闪现，就会义无反顾地投身政治，尽力争取君主的支持，以变更"国是"。① 这一时期的"内圣外王"之学"转而向内"的原因与政治息息相关："南宋'内圣'之学的骤盛与熙宁变法的失败有很密切的关系"，"他们转向'内圣'正是为了卷土重来，继续王安石未完成的'外王'大业"。②

二、变法之争

宋代发生过两次非常著名的变法运动，即范仲淹的"庆历新政"和王安石的"熙宁变法"。范仲淹比王安石大32岁，他们所领导的变法前后相差25年。庆历新政于庆历三年（1043年）以范仲淹的《答手诏条陈十事》为标志展开，此前1年王安石已登杨寘榜进士第四名。熙宁变法于熙宁元年（1068年）以王安石超越常规"越次入对"为标志展开③，此时王安石的偶像范仲淹已经去世16年。庆历新政历时仅仅1年零4个月；而熙宁变法从王安石面见神宗到两次入相共有8年，再加上后续神宗左右摇摆地坚持9年，总共是17年。比较庆历新政与熙宁变法，其间许多意味令人深思。庆历新政的核心是革新吏治，

---

① 赵峰：《理学的真精神：读余英时〈朱熹的历史世界〉有感》，"程朱与宋明理学"国际学术研讨会论文，2005年。

② 余英时：《朱熹的历史世界：宋代士大夫政治文化的研究》，生活·读书·新知三联书店2004年第1版，第11—13页。

③ 脱脱等：《宋史》卷一四《本纪第十四·神宗一》，中华书局1977年第1版。

解决冗官、冗兵和冗费问题。熙宁变法的目标也是解决冗官、冗兵和冗费问题，但侧重于从体制改革的角度重构社会经济关系。两次变法都体现"变更天下之弊法"[①]的通变思想，但也都有较大的局限性，因而最后均以失败告终。关于两次变法，当时或后代有许多争议和不同的评说，给人许多启示。

故宫南薰殿旧藏宋仁宗像（台北"故宫博物院"藏）

北宋改革的现实需求在庆历新政之前就已十分强烈。此前 4 年，宋祁就向仁宗上疏，指出造成财政赤字的症结在"三冗三费"，"今天下有定官，无定员"，"州县不广于前，而官五倍于旧"。[②]此时距北宋立国已 79 年，吃财政饭的人已翻了 5 倍。庆历三年（1043 年）官僚集团内部骚动，又遇对西夏的战争惨败，仁宗罢免宰相吕夷简，从西夏前线调范仲淹任参知政事，并任命韩琦和富弼为枢密副使，开始推行庆历新政。仁宗建立了一个强大的舆论班子，史称"四谏官"的欧阳修、余靖、王素和蔡襄。因他们的奏言，老臣吕夷简、夏竦和王举正被撤职，为范

① 王安石：《临川先生文集》卷三九《上仁宗皇帝言事书》，《四部丛刊》初编，商务印书馆民国 11 年（1922 年）版。

② 脱脱等：《宋史》卷二八四《列传第四十三·陈尧佐（兄尧叟、弟尧咨、从子渐）、宋庠（弟祁）》，中华书局 1977 年第 1 版。

仲淹、韩琦和富弼等少壮派走上政治前台扫清了障碍。范仲淹主持起草了著名的新政纲领《答手诏条陈十事》："明黜陟、抑侥幸、精贡举、择官长、均公田、厚农桑、修武备、减徭役、覃恩信、重命令。"①改革涉及面非常广泛，几乎面面俱到，主要着眼点是"整顿吏治"。这在官僚集团中引起巨大震动。明黜陟（严格官员升降）、抑侥幸（限制官宦子弟未经科举恩荫入仕）得罪了上层官员，减徭役、覃恩信（明赏罚）伤害了下层官员利益。许多措施需要财政支持，但十事中并没有增加财政收入的方案。庆历三年底，范仲淹选拔了一批精明强干的按察使到全国各路检查官吏的为政情况。每当按察使的报告送来，他就翻开各路官员的花名册，对照着把有问题的官员名字勾掉。在当时人看来，范仲淹这种做法非常粗疏和鲁莽。一向尊敬他的富弼曾忐忑不安地从旁劝阻："十二丈（按：范仲淹）则是一笔，焉知一家哭矣！"范仲淹则回答说："一家哭，何如一路哭耶！"②范仲淹的做法必然会失去自己的政治基础，不久几乎整个官僚集团都反对新政。夏竦伪造石介致富弼的书信说他想废仁宗，还散布谣言说改革派结党营私、阴谋另立皇帝。以仁宗的智慧和从政经验，其实未必相信这些，但也真切看到了反对力量之强大，终于下诏停止新政，并解除了范仲淹职务，改知邓州。富弼和欧阳修等改革人士也被逐出朝廷。欧阳修改知滁州，怀着无限怅惘写了著名的《醉翁亭记》。新政仅进行 1 年 4 个月，十事基本未得实施。

庆历新政发生时，王安石已 23 岁。"安石议论高奇，能以辨博济其说，果于自用，慨然有矫世变俗之志。"③他在《祭范颖州文》中称范仲淹为"一世之师"，但他也亲历过庆历新政的实施过程，对其失败原因及经验教训应做过深入细致的研究和思考。从他后来的改革

---

① 范仲淹：《范仲淹全集》之《范文正公政府奏议》卷上《答手诏条陈十事》，李勇先、刘琳、王蓉贵点校，中华书局 2020 年第 1 版。

② 朱熹辑：《宋名臣言行录》卷七《范仲淹文正公》，永瑢、纪昀等编纂：《文渊阁四库全书》，上海古籍出版社 2012 年第 1 版。

③ 脱脱等：《宋史》卷三二七《列传第八十六·王安石（子雱、唐坰附）、王安礼、王安国》，中华书局 1977 年第 1 版。

方案可以看出，熙宁变法绕开了庆历新政的吏治整顿，主要从经济制度改革入手。王安石变法的主要内容包括：一是经济方面实行青苗法（每年二月、五月粮食青黄不接时，由政府给农民贷款、贷粮，每半年取利息 20% 至 30%，分别随夏秋两税归还）、募役法（又称免役法。将按户轮流服差役改为由政府雇人承担，不愿服差役的民户按贫富等级交纳免役钱）、方田均税法（核实田地所有者，并按土质好坏将田地分为五等，作为征收田赋的依据）、农田水利法（鼓励垦荒，兴修水利，费用由当地住户按贫富等级出资，也可向政府贷款）、市易法（在都城开封设置市易务，出钱收购滞销货物，市场短缺时卖出）、均输法（设发运使，掌握东南 6 路生产和流通情况，按照"徙贵就贱，用近易远"[①] 的原则统一收购和运输），二是军事方面实行保甲法（乡村民户 10 家设 1 保，家有两丁以上抽一为保丁，农闲时接受军事训练）、裁兵法（整顿禁军和厢军，规定士兵 50 岁后必须退役。并对士兵进行测试，禁军不合格者改为厢军，厢军不合格者改为民籍）、将兵法（废除北宋初年定立的更戍法，将各路驻军分为若干单位，每单位置将和副将各 1 人负责训练）、保马法（将政府牧马或监养马改为保甲民户养马，不久改行民牧制度）、军器监法（监督兵器制造），三是用人方面改革科举制度（颁布贡举法，废除明经科，进士科考试改以经义和时务策论为主。增加法科）、整顿太学（实行上、中、下太学三舍法。以平日考核取代科举考试，成绩优异者不经科举考试可直接为官。设提举经义局，修撰儒家经典，编纂《三经新义》。设武学、医学、律学专科学校）、唯才用人（按才能和贡献对中下级官员进行选拔和任用）。王安石的改革比范仲淹的更富于想象力。如"重农桑"在范仲淹的政治设计中还只是一个弹性很大的概念性口号，怎么个"厚"法缺乏操作性，而王安石将它化为"青苗法""农田水利法"等具体措施。

通过熙宁变法，北宋财政收入大幅度增长，在一定程度上实现了富国强兵的目标，并在某种程度上扭转了西北边防长期以来屡战屡败的被动局面，但也有诸多负面效应。庆历新政主张节流，熙宁变法则

---

① 徐松辑：《宋会要辑稿·职官五》，中华书局 1957 年第 1 版。

传明摹宋李公麟绘王安石像（江西省博物馆藏）

以开源为主导。王安石《上仁宗皇帝言事书》就说："因天下之力，以生天下之财。取天下之财，以供天下之费。"[1] 这种开源法依据市场原理，听起来很有道理，然而实际操作上变成政府的垄断和掠夺。中国古代的生产只是一种简单再生产，主要依靠人力、畜力，生产力的发展和财富增加不可能奇迹般飞跃，要通过提高生产率来增加财政收入是十分有限的。最终的结果只能是巧立名目增加税收，扩大征赋范围，实质上是在社会财富总量不变的情况下，运用政治权力强制进行社会财富的重新分割。除农田水利法之外，其余的如青苗法、免役法、方田均税法、均输法、市易法都带有很浓厚的敛财色彩。加之在变法中用非其人，导致这些措施在推行过程中扭曲变性，甚至沦为巧取豪夺。地方政府或官员大搞"抑配"即强制摊派，"青苗钱""免役宽剩钱""市易息钱"变成变相的税收。如实行青苗法初衷有限制高利贷的目的，实施结果却是乡村上户、下户和客户甚至城市坊郭户都被抑配，完全异化为公开的掠夺。又如实行免役法时，当役钱固定后，不少地方不仅尽量扩大自愿投名、不支雇钱者的名额，还干脆取消耆长、户长、

---

[1] 王安石：《临川先生文集》卷三九《上仁宗皇帝言事书》，《四部丛刊》初编，商务印书馆民国11年（1922年）版。

壮丁等乡役人，以保甲制度履行差役。王安石变法虽然打着"摧抑兼并"的旗号，但实施中却"大小通吃"，对第四等以下贫困户照样没有放过。如实行免役法，虽然下户纳钱不多，但由于户数量大，这一阶层所纳役钱占役钱总数约一半。不少史料记载，免役法一出，连担水、理发、贩茶之类的小买卖不交免疫钱都不许经营，百姓叫苦不迭。地方官吏一有机会就向商贩索要市利钱，税额甚至比本钱收得还多。所以有的商人甚至以死相争。不管变法派如何标榜"摧抑兼并""凡此皆以为民，而公家无所利其入"[①]，但神宗府库里积攒下来的钱物增加是事实。熙宁六年（1073 年），王安石曾提到："两浙自去岁及今岁各半年间，所增盐课四十万，今又增及二十五万缗。"元丰七年（1084 年）廉正臣又说："先提点在京仓场，首尾六年，收出剩粮三十四万石、草二百五十九万束。"[②]"收出剩粮"即收支后积攒下来的余粮、余草。这些数据只是缩影。据《续资治通鉴长编》《宋会要辑稿》等资料，仅熙宁八年（1075 年）冬到熙宁九年秋，也就是 1 年左右时间，开封都市易司就收得息钱和市例钱 1332000 余贯。熙宁十年，又收得息钱 1430350 余贯，市例钱 98000 贯左右。到神宗子哲宗即位之初的十多年后，户部尚书李常算过一笔账，"今天下常平、免役、坊场积剩钱共五千六百余万贯，京师米盐钱及元丰库封桩钱及千万贯，总金、银、谷、帛之数复又过半"[③]，总计在 1 亿贯以上。而这还是在神宗对西北用兵、开疆拓土、长期消耗之后剩下来的钱物。王安石变法的成败得失有过于理想化的原因，更有立足点的问题。他于庆历七年（1047 年）至九年（1049 年）在鄞县任县令推行青苗法获得成功，是因为他在"国计"与"民生"的天平中偏向"民生"。而他任宰相后实施变法，却将天平严重地推向"国计"。变法对全国各个阶层甚至每个家庭都进行了财富切割，虽然短时间增加了财政收入，却导致国富民贫，

---

① 徐松辑：《宋会要辑稿·食货四》，中华书局 1957 年第 1 版。

② 李焘：《续资治通鉴长编》卷二四七、三四四，上海师范大学古籍研究所、华东师范大学古籍研究所点校，中华书局 2004 年第 1 版。

③ 李焘：《续资治通鉴长编》卷四〇七，上海师范大学古籍研究所、华东师范大学古籍研究所点校，中华书局 2004 年第 1 版。

国家税基被破坏，国家根本被动摇。正因为如此，熙宁变法遭到全国各阶层的强烈反对，最后只能以失败告终。

熙宁变法不仅给宋代社会经济带来伤害，而且破坏了政治生态，更为后代改革提供了极具危害的先例。北宋至仁宗朝时政治格局已比较接近于中国古代社会的理想状态。一是国家制度设计精良。较好地实现了分权制衡，基本消除了强藩、宦官、权臣、外戚等因素对国家统一和皇权稳定的干扰。二是政策制定顾及社会的承受能力。在国家利益与社会利益之间寻求到了平衡，避免过度扰民，所谓"出政发令之间，一以安利元元（百姓）为事"①。三是批评纠错机制实施有效。这套机制包括复杂精密的舆论、监察、信息沟通制度，以及包容批评的思想基础和政治风气。②虽然还有其他多种社会因素的作用，但熙宁变法改变了政策倾向，导致政治格局的逆转。法家缔造了专制帝国，汉代以后儒家非常艰难地将自己的思想融入这种国家政权之中。唐代颁布《唐律》，法家国家才实现了一定意义上的儒家化。而北宋中期以后的政治重新转向。神宗与王安石相得"如一人"的千古君臣知遇，被当时的宰相曾公亮叹为天意。实则这天意的背后，是君臣间共同的思想基础。王安石与神宗都受到法家的深刻影响。苏轼《王安石赠太傅制》称王安石"少学孔、孟，晚师瞿、聃。罔罗六艺之遗文，断以己意；糠秕百家之陈迹，作新斯人"③。《续资治通鉴长编》卷二〇六记录了一个耐人寻味的细节：即位之前，神宗曾亲自抄写《韩非子》让府僚们校对。从某种意义上说，是王安石和神宗共同造成了北宋政治的法家转向。王安石主张"天变不足畏，祖宗不足法，人言不足恤"④，实际上减弱了对皇权的约束，破坏了宽容的政治共识，动摇了批评纠错机制得以发挥作用的思想基础。具体而言，一是在施政方式上，从

---

① 王安石：《临川先生文集》卷四一《本朝百年无事札子》，《四部丛刊》初编，商务印书馆民国11年（1922年）版。

② 赵冬梅：《王安石变法下的大宋之变》，《中国青年报》2020年8月18日第10版。

③ 苏轼：《苏轼文集》卷三八《王安石赠太傅制》，孔凡礼点校，中华书局1986年第1版。

④ 脱脱等：《宋史》卷三二七《列传第八十六·王安石（子雱、唐坰附）、王安礼、王安国》，中华书局1977年第1版。

北宋前期的"异论相搅"①转向"一道德以变风俗"②，开创了"国是"新模式。其特点是排斥异己，群臣异论空间被大大压缩。王安石将变法等同于"国是"，重用支持者，排斥异见者。甚至用雕版印刷这种新技术来打击政敌。韩琦上书反对青苗法，王安石让一位官员写文章批驳，还亲自改写，然后将这篇檄文雕版印刷发给一定级别的官员。司马光反对变法，神宗给他一个枢密副使（副宰相级）的高位，

故宫南薰殿旧藏宋神宗像（台北"故宫博物院"藏）

条件是让他停止对变法的批评。司马光拒绝，离开京城去了长安，后来回到洛阳。老臣富弼后来也回到洛阳。洛阳变成在野党的根据地。二是在政策倾向上，从"不扰"转向"富国"，服务"强兵"。熙宁变法不久，司马光连续3次给王安石写信，批评变法"侵官、生事、征利、拒谏"，以致天下怨谤。王安石作《答司马谏议书》逐一反驳，并批评士大夫阶层因循守旧，表明坚持变法的决心。《宋史》卷

① 李焘：《续资治通鉴长编》卷二一三，上海师范大学古籍研究所、华东师范大学古籍研究所点校，中华书局 2004 年第 1 版。

② 李焘：《续资治通鉴长编》卷二一五，上海师范大学古籍研究所、华东师范大学古籍研究所点校，中华书局 2004 年第 1 版。

故宫南薰殿旧藏《历代圣贤名人像册》司马光像（台北"故宫博物院"藏）

三二六《列传第九十五·司马光（子康）、吕公著（子希哲、希纯）》记载了一段著名的对话："安石曰：'……且国用不足，非当世急务。所以不足者，以未得善理财故也。'光曰：'善理财者，不过头会箕敛尔。'安石曰：'不然，善理财者，不加赋而国用足。'光曰：'天下安有此理？天地所生财货百物，不在民，则在官。彼设法夺民，其害乃甚于加赋！'"①司马光点到了"夺民"（掠夺百姓）危害胜过"加赋"（增加赋税）的要害。三是在价值取向上，从"道德"转向"功利"。王安石的新法中有很多从现在看显得非常"先进"或具有"现代性"，比如青苗法像小额信贷、免役法像现代税制，其本质却似是而非。当时政府和官员的工具性被增强了，乃至新法推行人员违规操作对社会造成损害，王安石也基本上置之不理，只问其"实利"多少、"功状"如何。如处理程昉淤田"广害民稼"案、王广渊

---

① 脱脱等：《宋史》，中华书局 1977 年第 1 版。

在开封强制推行青苗贷款案皆如此类。吴居厚任京东路转运使，增收酒税等 175.9 万，他的前任则亏 21 万，相差近 200 万。神宗大加褒奖，升其为天章阁待制，而老百姓则对他恨之入骨。四是在权力设置上，从相对分权转向集权，并构造了皇权加相权的集权体制。在王安石的鼓励、纵容下，神宗甚至也不再承认批评是一种正向的力量，斥之为"流俗"。仁宗朝欧阳修称道的那种"但民称便，即是良吏"的为官理念和"不见治迹，不求声誉，宽简而不扰"的行政作风逐渐消失。①

　　熙宁变法在当时就遭到各种批评，是宋人思想或学术论争的主要论题之一。这种论争后来演化为新旧党争，乃至形成"一唱百和，唯力是视，抑此伸彼，唯胜是求。天子无一定之衡，大臣无久安之计，或信或疑，或起或仆，旋加诸膝，旋坠诸渊，以成波流无定之宇"②的局面。北宋士大夫群体的"恶性分裂"出现在哲宗亲政以后，然而论其根源则要上溯至熙宁变法。王安石开创了一种鼓励高效推行圣意、迎合圣意的政治风气，同时建设了一支不鼓励独立思考、非常善于执行、高度工具化的官僚队伍，并排斥持不同政见者。神宗的两个儿子哲宗和徽宗基本上沿用神宗的政策，而且越走越远。元祐年间（1086—1094 年）哲宗登基，他的祖母高太后垂帘听政，旧党执政，尽废新法。到绍圣年间（1094—1098 年）哲宗亲政，又重新启用新党，绍述（继承）父皇神宗的遗志与事业。徽宗建中靖国年间（1101—1101 年），神宗皇后向太后召回旧党余部，排斥绍圣新党，出现了政治迫害。等到权臣蔡京独揽国政，重用新党，揭开了打击元祐旧党最为残酷的一幕，甚至在全国张布政治黑名单残酷打击政治对手。有学者甚至认为，北宋灭亡的原因正是熙宁变法。③《宋史》王安石本传言："朱熹尝论安石：'以文章节行高一世，而尤以道德经济为己任。被遇神宗，致位宰相，世方仰其有为，庶几复见二帝三王之盛。而安石乃汲汲以财利兵革为先务，引用凶邪，排摈忠直，躁迫强戾，使天下之人，嚣然丧其乐生

---

① 朱熹辑：《宋名臣言行录》后集卷二《欧阳修文忠公》，永瑢、纪昀等编纂：《文渊阁四库全书》，上海古籍出版社 2012 年第 1 版。

② 王夫之：《宋论》卷四，舒士彦点校，中华书局 1964 年第 1 版。

③ 赵冬梅：《王安石变法下的大宋之变》，《中国青年报》2020 年 8 月 18 日第 10 版。

之心。卒之群奸嗣虐，流毒四海，至于崇宁、宣和之际，而祸乱极矣。'此天下之公言也。昔神宗欲命相，问韩琦曰：'安石何如？'对曰：'安石为翰林学士则有余，处辅弼之地则不可。'神宗不听，遂相安石。呜呼！此虽宋氏之不幸，亦安石之不幸也。"①

　　熙宁变法给现代财政国家的建立也有不少启示。在分析"税收国家"这一概念时，熊彼特曾特意加上"危机"概念，其论文名为《税收国家的危机》。该文一开始就强调，中央集权型政府特别是税收国家的出现，是君主面临持久的财政危机和沉重的债务负担被迫不断尝试创新的结果，最终导致现代国家崛起。他还特别指出，要区分制度运作的事件性（偶然性）崩溃和制度运行原则的内在冲突导致的必然性失败，才不至于将税收国家的进步和作为其成立背景和演进动力的全面性财政危机混淆在一起。②宋代财政政策的核心特点与在某一时期推行的竭泽而渔的理财之术当然是有区别的。某一时段募兵制引发的公共财政扩张也许是过度的，但是与税收货币化特别是榷卖制度并行而来的财政危机也是国家能力创新提升的必要背景。不能否认税收（财政）国家机制对社会发展的巨大推动作用，但防范其危机却始终是难以解决的历史课题。改革往往肇因于政府缺钱，而改革越多政府却缺钱越多，政府发展经济和与民争利扩大税基的动力不断增强，最后却换来经济发达与社会贫困、生态环境恶化并存的悖论。现代发达国家甚至还可能是收不抵支的债务国家。这个结在古代集权或专制政体缺乏民主制约的条件下不可解，即便在现代民主社会也是难题。在这种意义上，对王安石或也可以有更多的理解和体谅，但是总是需要客观认识、恰当解释和尽力把握的，而不能盲目肯定、模仿乃至于盲从。

　　不过，无论如何，庆历新政和熙宁变法都显示了宋代君主和士人勇于作为、人格磊落的一面。范仲淹"先天下之忧而忧，后天下之乐而乐""居庙堂之高则忧其民，处江湖之远则忧其君""不以物喜，

---

① 脱脱等：《宋史》卷三二七《列传第八十六·王安石（子雱、唐坰附）、王安礼、王安国》，中华书局 1977 年第 1 版。

② Joseph Alois Schumpeter, *The Crisis of the Tax State, INTERNATIONAL ECONOMIC PAPERS*, No. 4(1954).

不以己悲"①"宁鸣而死,不默而生"②的仁人志士节操,山高水长。范仲淹一生因坚持原则 3 次被贬,始终"不以毁誉累其心,不以宠辱更其守"③。每贬一次,时人都赞他"光"(光耀)一次,依次被称为极光、愈光、尤光。他在后世甚至得到从祀于历代帝王的人臣最高评价和荣誉。而即使是历史上风评褒贬不一的"拗相公"王安石,也是风骨凛然。元祐元年(1086 年)王安石去世,反对新法甚烈的宰相司马光身体已经非常不好,无法上朝,仍手书致函另外一位宰相吕公著,言"介甫(按:王安石)文章、节义过人处甚多,但性不晓事……今方矫其失、革其弊,不幸介甫谢世",建议"朝廷特宜优加厚礼,以振起浮薄之风"。④王安石才华横溢、人格高尚,虽主持改革有失误,而司马光不以事论人,显示了一代政治家的胸怀和价值观念。正因有这样的典范,有宋一代才有可能对改革进行多次校正纠错。这从侧面证明其政治制度的先进性。

三、和战之议

有关中原王朝与北方游牧民族政权的和战之议充斥整个宋代,也是时至今日仍争论剧烈的不衰话题。北宋与辽(契丹)和西夏发生过几次较大的战争,以太宗时的高梁河之战和雍熙北伐最为有名。南宋则有绍兴北伐、隆兴北伐、开禧北伐等,以绍兴北伐最为人熟知。北宋著名的和议有宋辽澶渊之盟(后又有庆历增币)、宋夏庆历和议、宋金宣和和议等,南宋则有绍兴和议、隆兴和议、嘉定和议等。和战是当时统治集团通过论争和权衡做出的选择,都有历史必然性。其实

---

① 范仲淹:《范仲淹全集》之《范文正公文集》卷三《岳阳楼记》,李勇先、刘琳、王蓉贵点校,中华书局 2020 年第 1 版。

② 范仲淹:《范仲淹全集》之《范文正公文集》卷一《灵乌赋》,李勇先、刘琳、王蓉贵点校,中华书局 2020 年第 1 版。

③ 范仲淹:《范仲淹全集》之《范文正公文集》卷一六《邠州谢上表》,李勇先、刘琳、王蓉贵点校,中华书局 2020 年第 1 版。

④ 李焘:《续资治通鉴长编》卷三七四,上海师范大学古籍研究所、华东师范大学古籍研究所点校,中华书局 2004 年第 1 版。

就今日而言，当时的战和双方都属于中华民族大家庭，和战是中华民族的内部问题。

许多国人都有汉唐盛世情结。汉唐建立了大一统帝国，国土面积甚为广大。西汉末年平帝时，"地东西九千三百二里，南北万三千三百六十八里"[1]。唐朝最盛时的国土，"凡东西九千五百一十里，南北万六千九百一十八里"[2]，这么大的疆域超过了当今中国的国土面积。但汉朝最终仍为魏晋南北朝分裂，唐朝也被五代十国肢解。汉唐的盲目扩张、穷兵黩武也给中华民族带来巨大灾难。如汉武帝与匈奴进行了长达几十年的战争，致使"海内虚耗，户口减半"[3]。汉武帝晚年曾下《轮台诏》，有人说这是他对自己主导的战争进行的反思，是份悔过罪己诏，这并不符合事实。《轮台诏》的主要内容是否定进一步在轮台屯田的提案，并检讨李广利出征匈奴失败投降一事。所以，与其说这是对"军旅连出，师行三十二年，海内虚耗"[4]的追悔，倒更像是总结兵败的经验教训。司马光《资治通鉴》卷二二《汉纪十四》指出："臣光曰：孝武穷奢极欲，繁刑重敛，内侈宫室，外事四夷，信惑神怪。巡游无度，使百姓疲敝，起为盗贼，其所以无异于秦始皇几矣。然秦以之亡，汉以之兴者，孝武能尊先王之道，知所统守，受忠直之言。恶人欺蔽，好贤不倦，诛赏严明。晚而改过，顾托得人，此其所以有亡秦之失，而免亡秦之祸乎！"[5]赞赏汉武帝的司马光也对其进行了严厉批评。此外，他对唐代的战争也多有批评。

中国古代中原政权与北方游牧民族政权的战争大致可以唐代为界分为两个阶段。唐代以前的战争主体是秦、汉对匈奴，隋、唐对突厥；唐代以后则是北宋对辽、金、西夏，南宋对金和蒙古，明朝对蒙古和满洲。唐代以前基本是中原政权完胜。汉朝胜匈奴，匈奴政治主体或被消灭，或远窜。唐朝胜突厥，唐太宗时灭东突厥，唐高宗时灭西突

① 班固：《汉书》卷二八下《地理志第八下》，颜师古注，中华书局 1962 年第 1 版。

② 刘昫等：《旧唐书》卷三八《志第十八·地理志一》，中华书局 1975 年第 1 版。

③ 班固：《汉书》卷七《昭帝纪第七》，颜师古注，中华书局 1962 年第 1 版。

④ 班固：《汉书》卷九六下《西域传下第六十六下》，颜师古注，中华书局 1962 年第 1 版。

⑤ 司马光：《资治通鉴》，胡三省音注，中华书局 1956 年第 1 版。

厥。唐代以后中原政权败绩较多。北宋对辽国和西夏一直负多胜少，后被金国所灭。南宋对金国一直被动，后被蒙古人所灭。明朝虽然将元人赶出了中原，但是终明近 300 年蒙古人一直是明朝的严重威胁，双方征战互有胜负，最后被清人所灭。这与历史大势变化有关。汉朝的匈奴、唐时的突厥并不是真正的国家，还只是部落联盟或游牧民族。部落联盟形态的统治集团在权力分配和传承时容易产生内部混乱，政权不稳定。汉代匈奴最终落于下风实际因其内部争斗，而非武帝的争战。匈奴由盛而衰的关键是"五单于争立"，突厥最强时也有突利和颉利两可汗并雄争权。而未经汉化的游牧民族南侵的目的主要是抢劫资源，并非灭掉南方政权和抢占领土。但宋朝的北方敌人辽、金、西夏、蒙古都是汉化的半农业文明国家。辽还早于北宋 50 年建国，不仅接受高丽、回鹘以及中国南方一些政权称臣进贡，还接管了后晋高祖石敬瑭割让的燕云十六州。游牧民族建立专制国家以后，都用两面官制即南北面官制（官员分汉人南面官和北面本族官两套官制）进行统治，政权稳定且强大。辽、蒙古的版图也超过宋朝。《续资治通鉴长编》卷一五〇云："自契丹侵取燕蓟以北，拓跋自得灵、夏以西，其间所生豪英皆为其用。得中国土地，役中国人力，称中国位号，仿中国官属，任中国贤才，读中国书籍，用中国车服，行中国法令，是二敌所为，皆与中国等。"[1] 游牧民族对中原王朝的优缺点了解透彻，再加上保有原有的血性和强悍，战胜中原政权的概率大大增加。它们军事上占优势还表现在以纯骑兵对中原步兵。这种优势在唐代以前也存在，但是秦汉隋唐都较好地解决了这个问题，如获取良马发展骑兵等。宋朝没有燕云十六州和西北马场，这方面无优势。宋朝在其他方面也曾努力仿效，但都无效。如汉将卫青、霍去病与匈奴漠北决战时的车阵加弩箭组合，唐将苏定方灭西突厥时的矛林加铁骑组合，宋人拿来对付金人和蒙古人就不管用。如果将强汉或盛唐挪到宋、明历史节点上，结局可能也差不多。而北宋开始又进入气候寒冷期，对北方

---

[1] 李焘：《续资治通鉴长编》卷一五〇，上海师范大学古籍研究所、华东师范大学古籍研究所点校，中华书局 2004 年第 1 版。

传宋李唐《晋文公复国图》局部（美国大都会艺术博物馆藏）

农业不利。游牧民族南侵的目的已不是简单的抢夺资源，而是争夺地理空间。因而战争规模升级，动辄就是举国作战。由于实力相差不大，战争又趋于持久，对各方都是残酷的消耗。辽、金、西夏亡于这种战争消耗经济，宋也是如此。蒙古崛起于南宋，它的战斗力比金更强大。在横扫欧亚大陆以后，与宋朝殊死决战。

汉唐都建立在统一王朝的基础上。汉朝以前是秦朝，唐朝则继承隋朝的衣钵。在它们立国之前，秦朝灭六国和隋朝平南北已经完成大一统伟业，结束了国家分裂混战的局面。宋朝通过兵变和平继承了后周国祚，但后周只是五代十国中的一个小国。宋太祖清楚地察觉这种历史格局，所以开国后不轻言战争，他知道北伐很难有取胜的把握。况且燕云十六州被辽国统治太久，当地人已认同其统治，即便收复了后期治理也很困难。所以他与赵普"雪夜定策"，确定"先南后北"即"先易后难"的策略。太祖曾对太宗说："中国自五代已来，兵连祸结，帑藏空虚。必先取巴蜀，次及广南、江南，即国用富饶矣。河东与契丹接境，若取之，则契丹之患我当之也。姑存之，以为我屏翰，俟我富实则取之。"[①]对于什么是当务之急，什么该徐图进取，太祖有较好的认识和把握。他通过招抚加以小规模战争统一南方，针对辽

---

① 王称：《东都事略》卷二三《列传六》，齐鲁书社 2000 年第 1 版。

宋佚名《景德四图》之《契丹使朝聘》（台北"故宫博物院"藏）

国则提出和平解决的方案。他在开封设立"封桩库"，每年存入一些财政盈余，计划存够 500 万匹彩绢后与辽国谈判将燕云十六州赎回来。如果辽国不答应，就用这笔钱作军饷武力收复。只是太祖英年早逝，没有完成这个计划。

宋太宗未坚持太祖的策略，发起北伐。而在雍熙三年（986 年）收复燕云十六州的雍熙北伐失利后，北宋对辽就一直心存畏惧，逐渐由主动进攻转为被动防御。相反，辽对宋却步步紧逼，不断南下侵扰。景德元年（1004 年）秋，萧太后与辽圣宗亲率大军南下深入宋境。不少宋臣主张避敌南逃，宋真宗也想南逃，因宰相（同中书门下平章事）寇准力劝才移驾至澶州（今河南省濮阳市）督战。宋军坚守，又在澶州城下以三弓床弩（八牛弩）射杀辽主将萧挞凛。辽通过降辽旧将王继忠与宋议和。真宗派曹利用前往辽营谈判，与辽订立和约：辽宋约为兄弟之国，宋每年送给辽岁币银 10 万两、绢 20 万匹，宋辽以白沟

故宫南薰殿旧藏宋真宗像（台北"故宫博物院"藏）

河为边界。[①] 因澶州在宋朝也称澶渊郡，所以这个和约又称"澶渊之盟"。此后宋辽两国 120 多年间未再发生大规模战事，互使达 380 多次。辽边地发生饥荒，宋也会赈济。

北宋末期，中原地区被金国占领，不仅国土大量丧失，人口也损失不少。南宋面对的是比辽国更强大的金国。南宋进行了积极抵抗，不仅有效阻挡金兵南下，而且还数次北进中原。绍兴八年（1138 年）宋与金达成和议。不久金朝发生政变，新执政完颜宗弼（金兀术）毁约再度侵宋。绍兴十一年实现第二次议和，即绍兴和议。盟约要点如下：一是宋对金奉表称臣，由金册封为皇帝。二是两国疆界东以淮水中流、西以大散关（今属陕西省宝鸡市）西南为界。自淮而西，宋割京西的唐（今河南省泌阳市）、邓（今河南省邓州市）二州，以及陕西的商（今陕西省商县）、秦（今甘肃省天水市）二州之半与金。三是每岁金主生辰及正旦，宋遣使称贺。四是宋岁贡银绢 25 万两匹，于每岁春季搬送至泗州（今江苏省盱眙县东北）交纳。五是金许归徽宗梓宫（棺木）及高宗母韦氏。宋称臣割地，岁贡贺旦，自列于藩属。第二次议和后宋金双方维持近 20 年平稳关系。至绍兴三十一年（1161 年），金海

① 李焘：《续资治通鉴长编》卷一三七，上海师范大学古籍研究所、华东师范大学古籍研究所点校，中华书局 2004 年第 1 版。

宋刘松年《中兴四将图》（故宫博物院藏）

陵王完颜亮重开战端，双方各有胜负。高宗于绍兴三十二年禅位于孝宗。孝宗起用老将张浚为枢密使主持隆兴北伐，符离之战却遭大败。隆兴二年（1164 年）宋金第三次议和，双方约定：一是易君臣之称为叔侄之国，宋主称金主为叔父。二是两国文书改表诏为国书。三是宋岁币银绢各减 5 万两匹，并不称岁贡。四是两国疆界仍一如绍兴之旧。五是归还俘虏，但叛亡者不与。此次盟约比前盟约稍利于宋。宋金最后一次和议是在宁宗嘉定元年（1208 年）。韩侂胄于开禧二年（1206 年）献谋举兵伐金，然而诸路皆败。宋杀韩侂胄函首乞和，重订盟约如下：一是两国国境如前，金尽以所侵之地还宋。二是改依靖康故事，世为伯侄之国，宋主称金主为伯。三是宋增岁币为银绢 30 万两匹。四是宋另外以犒军钱 300 万贯与金。[1] 此次议和后，金因受制于蒙古人再也无力大规模南犯，且终于理宗端平元年（1234 年）亡国。宋金和议是一个艰难而复杂漫长的过程。几十年来，南宋曾派出许多使臣前往金国议和。议和之事以及这些使臣往往在当时和后世都被小说等丑化，在正史上也多有不好的评说。

　　从宏观层面看，北宋和南宋的灭亡都缘于对唐以后战略全局判断的失误。北宋末发生靖康之难。导致靖康之难有多种原因，学界多有探讨。其中宋朝的战略失误是主要原因之一。宣和二年（1120 年）宋朝与金朝达成"海上之盟"，宋以收复燕云十六州为条件助金灭辽。宣和四年宋金合力出兵灭辽，但结果是辽亡后宋失去了战略屏障和外

① 陈邦瞻：《宋史纪事本末》卷一七《秦桧主和》、卷二二《北伐更盟》，中华书局 2018 年第 1 版。

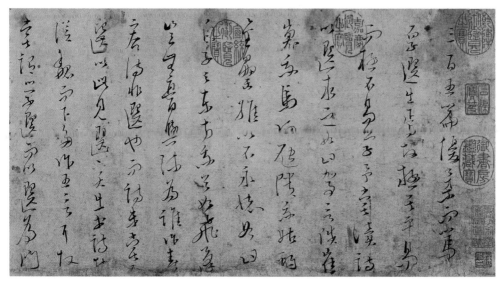

宋文天祥《木鸡集序卷》局部（辽宁省博物馆藏）

力牵制，金得以全力灭宋。南宋末又一次因战略失误导致南宋政权灭亡。宝庆三年（1227年）四月，蒙古成吉思汗见西夏灭亡已成定局，遂挥师攻金，连破临洮（今甘肃省临洮县）等地。七月，成吉思汗病卒。临终遗嘱："若假道于宋，宋金世仇，必能许我，则下兵唐、邓，直捣大梁。"[1] 端平元年（1234年）宋助蒙古灭金。然而灭金后，因失去外力牵制，元朝（1271年忽必烈建立元朝）得以全力灭宋。有的学者认为，宋联蒙灭金是因当时的时局而迫不得已，但如有较早的战略谋划就不会有这种被动。

在中原王朝与游牧民族政权的军事征战对抗中，出现了许多著名的主战将领。如北宋的狄青、曹彬、宗泽、杨业等，南宋著名的"中兴四将"岳飞、韩世忠、张俊、刘光世以及刘锜、辛弃疾、孟珙、文天祥等。杨家将、岳家军、韩家军更是家喻户晓。他们英勇善战、精忠报国的英雄事迹一直被传唱。如前所述，长期以来学界和社会上对宋朝有一种较负面的历史评价，如所谓"积贫积弱""重文抑武"，对南宋王朝更常常习惯性扣以"偏安一隅""投降派"等刻板概念。

---

① 宋濂等：《元史》卷一《本纪第一·太祖》，中华书局1976年第1版。

主和的历史人物大多受到贬抑或批判，文学艺术作品则加以丑化。这是不客观、非公允的。"重文抑武"就未必符合事实，宋代其实一直保有强大的军事力量。《水浒传》称林冲是东京80万禁军教头。据学界估算，实际上北宋真的常年维持约80万中央禁军规模，南宋也有70万左右。地方还有大量厢军。每年军费开支占财政收入的七八成之多，乃至造成巨大的财政赤字。邓广铭估算，11世纪中期北宋全国禁、厢军数量高达120万。当时一个禁军步卒的标准待遇为每年约50贯，则养兵费用占当时国家财政岁入的70%至80%。[1] 南宋的军费开支比重与之相当。又沈括《梦溪笔谈》卷三《辩证一》指出："器仗铠胄，极今古之工巧；武备之盛，前世未有其比。"[2] 和战是军事、经济、民生等综合博弈和考量的选择。当代学者徐规为何忠礼、徐吉军《南宋史稿》（政治军事和文化编）所作序指出："如在和战问题上，以往史家常常是无条件地赞美抗战，反对妥协，把一切主张妥协的人都归入到投降派的行列。本书作者却认为，对提出妥协的人必须作具体分析。如果在敌强我弱，或强弱相当的形势下，为争取喘息时间，与敌人作些妥协，以为后图，亦未尝不可，他们实质上与真正的抗战派并无两样。从历史上看，绝大多数和议的签订，都是双方军事力量和经济力量达到某种平衡的产物。一旦这种平衡局面遭到破坏，要继续维持和议就不可能，即使绍兴和议也不例外。那种以为南宋有力量收复中原的看法，有对宋、金国情缺乏了解的偏颇。绍兴和议当然对南宋有不良影响，但是它使大规模的战争得以停息，为南宋政权的休养生息、积蓄力量、报仇复国赢得了时间，在客观上有其一定的积极作用。因此，后人谴责宋高宗、秦桧集团签订绍兴和议，主要不在于签订和议的本身，而在于他们签订和议的目的只是为了偏安江南一隅，甘为金朝臣属，以及后来他们所执行的一系列迫害抗战派、文恬武嬉、不思恢复的反动政策，遂使以巨大代价换来的一点积极作用，丧失殆

---

[1] 邓广铭：《北宋的募兵制度及其与当时积弱积贫和农业生产的关系》，邓广铭：《邓广铭全集》第7卷，河北教育出版社2005年第1版。

[2] 沈括撰，胡道静校证：《梦溪笔谈校证》，上海古籍出版社1987年第1版。

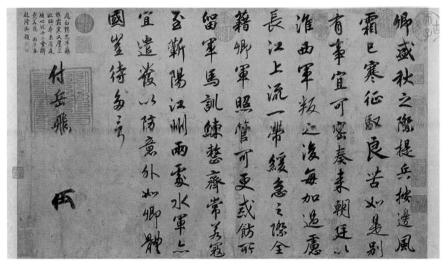

赵构《赐岳飞手敕》（台北"故宫博物院"藏）

尽。我认为这一观点和看法是完全正确的，是经得起时间检验的。"①
宋金对抗，战是必要的，军事实力是保全政权的重要前提，同时也是
和议的砝码。正因为宋朝具备军事实力，才能达成和议。和议成功，
证明宋朝并未偏废武功。曾经坚决主战的完颜宗弼最后主持绍兴和议，
正在于他探明了宋朝的实力。而在对峙之间，和议反过来是保全实力
或积蓄战斗力的基础，是取得战争胜利的前提。和议为宋朝争取了更
多的生存时空。这个被认为羸弱的"偏安王朝"最后迸发了惊人的战
争能力。从端平二年（1235 年）大规模南侵开始算起，至祥兴二年（1279
年），强大的蒙古灭宋约花了约 44 年。如果从宝庆三年（1228 年）
十二月入侵四川算起，则有约 51 年。而蒙古人灭西夏和金仅花了约
23 年。

南宋政权是宋高宗开创的，其建国思想对南宋影响巨大。如果对
其全盘否定，整个南宋存在的合理性也就一同被否定了。需要还原一
个真实的南宋。《宋史》卷三二《本纪第三十二·高宗九》云："高
宗恭俭仁厚，以之继体守文则有余，以之拨乱反正则非其才也。况时

① 何忠礼、徐吉军：《南宋史稿》（政治军事和文化编），杭州大学出版社 1999 年第 1 版，
第 1 页。

危势逼，兵弱财匮，而事之难处又有甚于数君者乎？君子于此，盖亦有悯高宗之心，而重伤其所遭之不幸也。然当其初立，因四方勤王之师，内相李纲，外任宗泽，天下之事宜无不可为者。顾乃播迁穷僻，重以苗、刘群盗之乱，权宜立国，确乎艰哉。其始惑于汪、黄，其终制于奸桧，恬堕猥懦，坐失事机。甚而赵鼎、张浚相继窜斥，岳飞父子竟死于大功垂成之秋。一时有志之士，为之扼腕切齿。帝方偷安忍耻，匿怨忘亲，卒不免于来世之诮，悲夫！"[1] 这种评价较为流行。而真实的宋高宗不仅颇有谋略，而且颇多政治

故宫南薰殿旧藏宋高宗像（台北"故宫博物院"藏）

建树。正是由于他的积极抗金，才建立了南宋政权。绍兴和议缔结前后，为了重构南宋社会，他竭力推行"倡仁孝""止兵革""贵清静"政策，争取稳定局势。特别是在加大力度推进民事、发展经济方面取得一定成就。绍兴十二年（1142 年），采纳两浙转运副使李椿的建议推行"经界法"，以乡都为单位，逐丘打量计算亩步大小，辨别土色高低，均定苗税。"要在均平，为民除害，不增税额"[2]，让百姓休养生息。当时陆上丝绸之路受限，他便大力开发海上丝绸之路，发展海外贸易。

---

[1] 脱脱等：《宋史》，中华书局 1977 年第 1 版。

[2] 脱脱等：《宋史》卷一七三《志第一百二十六·食货上一》，中华书局 1977 年第 1 版。

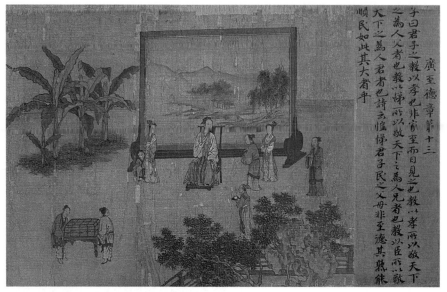

赵构书《孝经》（马和之绘图）之《广至德章第十三》（台北"故宫博物院"藏）

他曾说："市舶之利最厚，若措置得宜，所得动以百万计。"① 南宋初期财政非常困难，高宗缓解"国库空虚"时没有选择继续剥削百姓，而是发展商品经济。与北宋"元祐更化"（司马光为首的旧党在元祐年间推翻王安石变法）相似，秦桧死后他又推行"绍兴更化"。"绍兴更化"的制度更革并非翻天覆地的变革，而主要体现在革除时弊与复祖宗旧制两个方面，如宰枢分立、整顿吏治等。这期间朝廷清理了秦桧党羽，为包括岳飞在内的遭排挤和迫害的士人平反，削弱了相党政治，使言论环境相对宽松，士大夫参政热情高涨。

高宗主动禅位于孝宗也是非常了不起的。如前所述，清人顾炎武《日知录》卷一五《宋朝家法》云其"未及末命即立族子为皇嗣"。高宗为北宋太宗血脉，却挑选太祖七世孙为养子，并为嗣君，后又在56岁尚属壮年之际以"倦勤"为由禅位于他。这一行为还影响了孝宗，他后来也禅位。在中国历史上，皇帝主动禅位的屈指可数，南宋就有高宗、孝宗、光宗3位。其中光宗禅位主要因精神问题。有一种观点认为高宗不主张北伐，是担心迎回徽宗、钦宗后自己皇位不保，据此

---

① 徐松辑：《宋会要辑稿·职官四四》，中华书局 1957 年第 1 版。

可以判断不能成立。高宗并不贪恋皇位。高宗于政事十分勤勉，他曾说："朕省阅天下事，日有常度。每退朝，阅群臣及四方章奏，稍暇即读书史。至申时而常程皆毕，乃习射。晚则复览投匦封事，日日如是也。"[①] 每天退朝后要看各种奏章，晚上还要看类似今日群众来信的"投匦封事"。政事之余，有闲暇就读经史书籍，还练习射箭。又精于书法，笔法洒脱流畅，颇得晋人神韵。明陶宗仪《书史会要》称其"善真、行、草书，天纵其能，无不造妙"[②]。他的书法对南宋书坛影响很大。高宗也写得一手好词。他仿张志和《渔父》所作《渔父词》15首有较高

故宫南薰殿旧藏宋孝宗像（台北"故宫博物院"藏）

的艺术水平，曾作为童子试考试内容。高宗还能拒绝臣民献"祥瑞"，也不贪恋女色。生活也较为俭朴，座前笔砚之外不设长物。韩世忠曾送一宝马给他，高宗以宫中用不着骑马婉拒。据说献马被拒后，韩世忠请求高宗将朝廷拖欠的俸资发下来。高宗很诧异，马上调查。一查才知道，由于连年打仗，财政已极度空乏，除孟太后能够按时按量支取之外，其他人的俸资都或多或少地拖欠了。百姓的日子更苦，临近边界的地区一直在打仗。而为了给前线输送钱粮，不靠近边界的地区

---

① 李心传：《建炎以来系年要录》卷六五，中华书局 1956 年第 1 版。

② 陶宗仪：《书史会要》卷六《宋》，上海书店 1984 年第 1 版。

直在加税。临时首都越州的日子也非常艰难。建炎四年（1130年）十月十三日，高宗自己调查了解到，越州市场上1只兔子要卖五六千钱，1只鹌鹑也要三四百钱。绍兴元年（1131年）二月十八日，江西安抚大使朱胜非报告了自己在江西、湖南调查得到的情况：自从开始打仗以后，百姓本来应该纳税1斛米的，现在变成了五六斛；本来应该上税1000钱的，现在变成了七八十。这样的日子一直持续到绍兴和议之后的绍兴十三年（1143年）。这年秋天，高宗眼看金国还算遵守和约，没南侵迹象，才大规模减免各地税收，百姓的负担开始慢慢降低。从中也可以看到高宗主张和议的原因。

四、社会保障常制与荒政

现代国家福利制度起源于1601年英国颁布的《伊丽莎白济贫法》，而中国宋代即实行相当完备、富有人道主义精神的福利救济制度。宋代实行"不立田制""不抑兼并"的土地政策，不再授田给民户，所以由政府提供更多的社会保障。宋人有关社会保障的观念也发生了明显有别于前代的重大转变，即由过去的灾荒救济发展到人生全过程保障，对象涵盖弃婴、孤儿、孤寡老人、贫困人口、残疾人和乞丐等群体，"从摇篮到坟墓"都有政府关怀。《宋史》卷一七八《志一百三十一·食货上六》在评价宋代社会保障总体状况时有一段著名的论述："水旱、蝗螟、饥疫之灾，治世所不能免，然必有以待之，《周官》'以荒政十有二聚万民'是也。宋之为治，一本于仁厚，凡赈贫恤患之意视前代尤为切至。诸州岁歉，必发常平、惠民诸仓粟，或平价以粜，或贷以种食，或直以赈给之，无分于主客户。不足，则遣使驰传发省仓，或转漕粟于他路；或募富民出钱粟，酬以官爵，劝谕官吏，许书历为课；若举放以济贫乏者，秋成，官为理偿。又不足，则出内藏或奉宸库金帛，鬻祠部度僧牒；东南则留发运司岁漕米，或数十万石，或百万石济之。赋租之未入、入未备者，或纵不取，或寡取之，或倚阁以须丰年。宽逋负，休力役，赋入之有支移、折变者省之，应给蚕盐若米及科率追呼不急、妨农者罢之。薄关市之征，鬻牛者

刘履中《田畯醉归图》（故宫博物院藏）

免算，运米舟车除沿路力胜钱。利有可与民共者不禁，水乡则蠲蒲、鱼、果、蔬之税。选官分路巡抚，缓囚系，省刑罚。饥民劫囷窖者，薄其罪；民之流亡者，关津毋责渡钱；道京师者，诸城门赈以米，所至舍以官第或寺观，为淖糜食之，或人日给粮。可归业者，计日并给遣归；无可归者，或赋以闲田，或听隶军籍，或募少壮兴修工役。老疾幼弱不能存者，听官司收养。水灾州、县具船筏拯民，置之水不到之地，运薪粮给之。因饥疫若厌溺死者官为埋祭，厌溺死者加赐其家钱粟。京师苦寒，或物价翔踊，置场出米及薪炭，裁其价予民。前后率以为常。蝗为害，又募民扑捕易以钱粟。蝗子一升至易菽、粟三升或五升。诏州郡长吏优恤其民，间遣内侍存问，戒监司俾察官吏之老疾、罢懦不任职者。"[1] 这段话大意原出马端临《文献通考》卷二六《国用考四》对北宋仁宗、英宗朝的赞誉，但也可作为对宋代社会保障的基本评价。

因建立了较为完备的社会保障法律法规体系，宋代的社会保障呈现明显的制度化特征。转运司、常平司等行使赈济职权，主管财赋、官仓，负责转运、调配赈济粮食物品等事宜，并对执行情况进行监督检查。州（府）、县的各级地方行政长官都要负责落实赈济事宜。相关的法律法规主要有报灾检灾法、灾伤流移法、劝分法、养济法、安济法、举子法等，还设立了类似于现今贫困线的贫困救济标准。北宋太宗时将乡村五等户中田产 20 亩以下的人户列为贫民。[2] 神宗时规定五等户或产业在 50 贯以下的免出役钱。50 贯约合当时北方 20 亩土地的价格。[3] 故实际上确定人户 20 亩田产或等值产业为贫困线。报灾检

① 脱脱等：《宋史》，中华书局 1977 年第 1 版。

② 徐松辑：《宋会要辑稿·食货一》，中华书局 1957 年第 1 版。

③ 周宝珠等：《简明宋史》，人民出版社 1985 年第 1 版，第 128 页。

灾法、灾伤流移法、劝分法主要针对灾荒应急而设。报灾检灾法设定诉灾、检放、抄札 3 个程序。诉灾，即民户受灾后向县政府报告灾伤。检放，即由官吏检查灾伤。由县一级官员初查，州（府）一级官员复查。抄札，即由县级抄札赈恤官登记受灾人口。抄札后便可根据登记名册进行赈济。① 灾伤流移法规定流民所过州（府）、县地方政府须负责筹措宿泊，就地赈济，并发给券历遣返还乡。① 劝分法指政府于灾荒年间劝谕有力之家无偿赈济贫乏，或让富户减价出粜所积米谷以惠贫民。对出粜富户，政府根据贡献大小授予荣誉官职，即施行纳粟补官制度。同时，对于劝分有功的官吏也给予奖励。③ 养济的意思是供养周济无能力养活自己的人。实行养济法，大致相当于现代设立养老院、救济所、孤儿院等。养济法包括元丰惠养乞丐法和居养法两项。神宗熙宁年间（1068—1077 年）颁布、元丰年间（1078—1085 年）施行的元丰惠养乞丐法规定："诸州岁以十月差官检视内外老病贫乏不能自存者，注籍，人日给米豆共一升，小儿半之，三日一给。自十一月朔始，止明年三月晦。"④ 哲宗元符元年（1098 年）颁布的居养法又进一步加以完善："鳏寡孤独贫乏不能自存者以官屋居之，月给米豆。疾病者仍给医药。"⑤ 南宋时将元丰惠养乞丐法与居养法合并为养济法，主要内容为："将城内外老疾贫乏不能自存及乞丐之人依条养济。遇有疾病，给药医治。每岁自十一月一日起支常平钱米，止来年二月终（每名日支米一升，钱十文。小儿半之）。二十五年以后又降指挥，更展半月。唯临安府奉行最为详备。赖以全活者甚众。"⑥ 绍兴二年（1132 年）临安建养济院，"令临安府两通判体认朝廷惠养之

① 脱脱等：《宋史》卷一七三《志一百二十六·食货上一》，中华书局 1977 年第 1 版。

② 徐松辑：《宋会要辑稿·食货六八》，中华书局 1957 年第 1 版。

③ 李焘：《续资治通鉴长编》卷八八，上海师范大学古籍研究所、华东师范大学古籍研究所点校，中华书局 2004 年第 1 版。

④ 李焘：《续资治通鉴长编》卷二八〇，上海师范大学古籍研究所、华东师范大学古籍研究所点校，中华书局 2004 年第 1 版。

⑤ 徐松辑：《宋会要辑稿·食货六〇》，中华书局 1957 年第 1 版。

⑥ 赵与篱修，陈仁玉等纂：《淳祐临安志》卷七《仓场库务》，载中华书局编辑部编：《宋元方志丛刊》第 4 册，中华书局 1990 年第 1 版。

意，行下诸厢地分，都监将街市冻馁乞丐之人尽行依法收养"①。后又将此法扩大到其他州、军，只是救济范围有所缩小。"诸处有癃老废疾之人依临安例，令官司养济。穷民无告，王政之所先也。"② 安济的意思是安抚救济贫病交加的百姓。文献记载苏轼创办了最早的养老院，其实他办的"安乐坊"是一个类似医院、疗养院的所在。早在元祐四年（1089 年）苏轼任杭州知州时，就建安置贫病百姓的"安乐坊"："又作馇粥药饵，遣吏挟医，分坊治病，活者甚众。轼曰：'杭，水陆之会，因疫病死比他处常多。'轼乃裒集羡缗得二千，复发私橐得金五十两，以作病坊，稍蓄钱粮以待之，名曰'安乐'。崇宁初改赐名，曰'安济坊'。"③《宋史》卷一九《本纪第十九·徽宗一》载：崇宁元年"置安济坊，养民之贫病者，仍令诸郡县并置"④。可见杭州是安济坊的发源地，苏轼是安济制度的创始人。北宋末崇宁元年（1102 年）颁布的安济法是伴随安济坊而出台的法规。安济法规定，户数上千的城、寨、镇、市都要设置安济坊。⑤ 境内有病卧无依之人，地方里正甚至一般平民有责任将其送入安济坊收治。⑥ 举子法又称胎养助产令，是给米、钱助力贫困生子家庭以免有人弃养的措施。原本实行于福建，南宋初绍兴八年（1138 年）推广于全国。该法要求州（府）、县、乡村置举子仓，遇民户生产人给米 1 石。⑦ "禁贫民不举子。有不能育者，给钱养之。"⑧ "州、县、乡村五等，坊郭七等以下贫乏之家，生男女而不能养赡者，每人支免役宽剩钱四千。守令满替，并以生齿增减为殿最之首。刘大中之为礼部尚书也，尝有是请。事下礼部措置（去年十二月庚申），而久不之报。至是大中执政，乃检会取

---

① 徐松辑：《宋会要辑稿·食货六〇》，中华书局 1957 年第 1 版。

② 李心传：《建炎以来系年要录》卷一五〇，中华书局 1956 年第 1 版。

③ 李焘：《续资治通鉴长编》卷四三五，上海师范大学古籍研究所、华东师范大学古籍研究所点校，中华书局 2004 年第 1 版。

④ 脱脱等：《宋史》，中华书局 1977 年第 1 版。

⑤ 徐松辑：《宋会要辑稿·食货六〇》，中华书局 1957 年第 1 版。

⑥ 洪迈：《夷坚志》之《夷坚乙志》卷五《宋固杀人报》，何卓点校，中华书局 1981 年第 1 版。

⑦ 解缙：《永乐大典》卷七五一三《举子仓》引《临汀志》，中华书局 1986 年第 1 版。

⑧ 脱脱等：《宋史》卷二九《本纪第二十九·高宗（赵构）六》，中华书局 1977 年第 1 版。

旨行之（十五年五月改给米）。"①

宋代已建立了较为完善的仓储备荒体系，形成两大系统。一是由朝廷下诏建立、隶属于中央的仓种，另一种是各地自行设置、经费及管理都由地方负责的仓种。前者如常平仓、义仓、惠民仓、广惠仓、丰储仓，具有普遍性。其中常平仓尤为完备，县级以上政府均有设立。义仓也比较完善，县级以上城镇都有设立。后者名目繁多，如社仓、永利仓、籴纳仓、广济仓、赈粜仓、兼济仓、州济仓、循环通济仓、平止仓、济粜仓、平籴仓、平粜仓、州储仓、先备仓、均惠仓、通济仓、均济仓、端平仓、均粜仓、节爱仓、通惠仓、平济仓、续惠仓、丰本仓等，在二三十种以上。除少数如社仓、平籴仓之外，大多仅局限于一地一处，具有地方性或特殊性。其中社仓虽经朝廷大力推广遍及各地，但行政隶属关系仍在地方，经费筹措也主要靠地方自筹，包括社会捐助。各仓都以备灾荒为主要功能，兼有济贫、敬老慈幼等功能。

宋代也建立了系统的福利设施，使贫困救济得以常态化。福利设施包括两大类：一是收养和安葬贫困人口的福利机构，二是医疗救助机构。前者如福田院、居养院、养济院、安济坊、安养院、广惠院、实济院、利济院、慈幼局、漏泽园等。这些机构的具体功能又可分为3种，即综合性的养老慈幼机构、专门性的病患养济机构、救济贫困死者的助葬机构，以居养院、安济坊和漏泽园为代表。后者如翰林医官院、太医局、地方医学、合（和）剂局、惠民局、施药局、病坊、安乐坊、安济坊、养病院、病囚院等。具体功能也可分为3种：一是病院系统，如病坊、安乐坊等；二是治疗系统，如翰林医官院、太医局、地方医学等；三是药局系统，如合（和）剂局、惠民局、施药局等。北宋即推行保护婴幼儿的政策，如实行举子法、严惩杀子以及设举子仓、举子田等，但没有专门的慈幼机构，而与养老、医病等混在一起。专门的慈幼机构直到南宋中期才出现，主要有婴儿局、慈幼庄、慈幼局等。这些机构多由地方官员自发创置，有的被推广到全国。

宋代还建立了较完备的公租房制度，京城和各州、县设楼店务（北

① 李心传：《建炎以来系年要录》卷一一九，中华书局1956年第1版。

宋一度改名店宅务）建造和管理公租房。《宋会要辑稿·食货五》载，北宋天禧元年（1017 年）开封店宅务名下共有公租房 23300 间，天圣三年（1025 年）增加到 26100 间。方勺《泊宅编》卷一〇又载，熙宁十年（1077 年）有屋 14626 间、宅 164 所、空地 654 段。如以 1 开间住 1 户计，大约可满足京城 10% 的人口居住。租金每间每日仅约钱 15 文，大致是普通市民日收入的 1/10。另外还有其他多种租金减免政策。京城房价较贵，约一半从外地进入的百姓和官员都租屋居住，甚至有宰执大臣。

上述机构共构为一个较为完备的贫困救济体系。所谓"鳏寡孤独，古之穷民，生者养之，病者药之，死者葬之，惠亦厚矣"[1]。

宋佚名《六道绘》之《人道》（日本新知恩院藏）

相较于从前，宋代的社会保障事业有诸多创新。一是明确了保障主体和保障对象。社会保障定位于人的基本生活保障，既将保障对象确定为贫民而非灾民，又将保障主体确定为政府。二是重视动员社会力量，引入市场机制。动员社会力量主要通过劝分。遇灾荒往往施行劝分之

_____

① 徐松辑：《宋会要辑稿·食货六〇》，中华书局 1957 年第 1 版。

政，将劝分视为荒政的一部分，且依赖越来越重。劝分实际上是民间利益博弈的结果。发生灾荒时，对贫民来说，最好的结果是富民免费或低价向其提供充足的粮食，中间结果是得到富民以不高过以往太多的价格出粜的粮食，最坏的结果是得不到粮食而流亡或饿死。对富民来说，最好的结果是以极高的价钱卖出存粮，中间结果是以略高于平常的价格卖出存粮，最坏的结果是滞销或被没收、抢劫。而如果灾民因饥而死或流移到别处，田地没人耕作，富民的损失更大。如果双方都以争取利益最大化为目标，将陷入博弈困境。这时第三方即政府介入，可以使双方按中间目标达成妥协，达到双方皆不伤的目的。三是保障项目大大增多，满足多种需求。如仓制方面超越前代常平仓、义仓两种发展到二三十种以上，机构方面从南朝的孤独园、六疾馆和唐代的悲田养病坊等几种增为十多种，且具有专业性质。开办方式有纯公益性的，也有半公益性的。又有仓、庄、库等经营模式。"仓"一类的为纯消耗性机构，依靠政府拨款或捐助维持。"庄"一类的置买田产，可获取固定收入。"库"一类的将仓本或庄本转为质库本钱，通过质库经营取得收入。尽管宋代的社会保障不能与现代的相比，且实际效果也并非都尽如人意，但其保障方式、保障思想及对社会保障问题的重视是值得肯定的。它对后世影响很大，基本框架为元、明、清 3 代沿袭，成型于宋代的社会保障法律法规也被后代继承。范仲淹开创的义庄、朱熹开创的社仓制度更是影响深远。而且元、明、清的社会保障总体上不如宋代。今人梁其姿《施善与教化：明清的慈善组织》一书全面回顾宋代社会保障的情况后指出："然而官方的长期济贫机构在宋亡后约 300 多年间没有进一步发展，反而萎缩。"[①] 王卫平《明清时期江南城市史研究：以苏州为中心》一书也指出："沿至明清，政府虽大力提倡并举办福祉事业，但其规模、设施等似未必超越宋代。"[②] 除政府救济外，宋代民间通过成立慈善组织、实施互助济助、

---

① 梁其姿：《施善与教化：明清的慈善组织》，台湾联经出版事业股份有限公司 1997 年第 1 版，第 27—28 页。

② 王卫平：《明清时期江南城市史研究：以苏州为中心》，人民出版社 1999 年第 1 版，第 254 页。

捐资行善等方式行善也达到较高水平。在血缘性慈善之外，地缘性慈善、业缘性慈善、教缘性慈善乃至陌生人慈善在宋代民间慈善中也占据重要地位，它们共同构成多元慈善体系。

受文治政治影响，宋代也进一步强化对在职官员的优待，重视对致仕官员的物质和精神补偿，去世后还给予一定优恤。熙宁变法时推行增加吏禄、重法治赃的"重禄法"，市易法的收入是"重禄"的主

司晨卿致仕毕世长九十四岁

宋佚名《睢阳五老图（毕世长像）》（美国大都会艺术博物馆藏）

要经济来源。熙宁改革失败后重禄法难以推行，并于元祐初年在名义上废止，但实际上这种政策一直延续着。[1] 王应麟《玉海》卷一八五《庆元会计录》载："比年月支百二十万，大略官俸居十之一，吏禄十之二，兵廪十之七。"[2] 通过实行"重禄法"治吏惩贪，一定程度上遏制了官吏卖法弄权，改善了官场风气。宋代按《礼记·曲礼上》所说"士大夫七十而致仕"[3] 的古制，文官70、武将80才能致仕，所以六七十岁的老年在职官员不乏其数。有的到退休年龄还安排散官闲职，元老重臣可以"落致仕"，即再次出任政府要职。考虑到老年官员年迈力衰、不耐远途跋涉之苦，又规定老年官员可不在远地授官，甚至

---

① 赵旭：《宋代以"重禄法"治吏惩赃政策评析》，《文史集刊》2010 年第 1 期。

② 王应麟：《玉海》，江苏古籍出版社 1987 年第 1 版。

③ 郑玄注，孔颖达正义：《礼记正义》，阮元校刻《十三经注疏》，中华书局 1980 年第 1 版。

回乡任职。北宋初乾德三年（965年）就"令吏部流内铨以见任京西南州、县官满一周年者移注西川南北边，归降人及年七十以上者勿复移注"①。雍熙四年（987年）又规定："选人年六十，勿注远地；非土人而愿者听。"②再次降低了优礼年龄。同时也允许亲属就近为官，侍养致仕官员。又行特殊礼遇，如免行礼仪、遣医赐药、存问、奉朝请等。存问即政府派人探望，奉朝请即参加朝会。老年官员可免于朝谒、跪拜等。北宋建隆元年（960年）即规定："文武常参官请病假告过三日，以名闻，当遣太医诊视之。"③有时皇帝也亲自去看望生病大臣并赐药。南宋孝宗朝老臣李彦颖"病羸，艰拜起"，孝宗曰："老者不以筋力为礼。孟享礼繁，特免卿。"④又沿袭唐代旧制实行致仕官员半俸。北宋初淳化元年（990年）颁布《致仕官给半俸诏》，规定"曾任文武职事官恩许致仕者，并给半俸"⑤。此后成定制。但也有一些特例。大中祥符五年（1012年）"大赦天下，赐致仕官全俸一年"⑥。为鼓励值龄官员主动致仕，景祐三年（1036年）仁宗诏令"文武官年及七十者，乞并令自陈致仕，依旧敕与一子官，如分司官给全俸"⑦。神宗朝开始，只要有政绩，文臣自九品承务郎以上、武臣自从九品三班使臣以上都可全俸致仕，无功绩而有过被强迫致仕的则不给俸。徽宗朝又规定，侍郎以上高级官员致仕时，除支取半俸外还给职钱和贴职钱。官员获准致仕后可以升迁寄禄官一资或一阶。"国朝，

---

① 李焘：《续资治通鉴长编》卷六，上海师范大学古籍研究所、华东师范大学古籍研究所点校，中华书局2004年第1版。

② 脱脱等：《宋史》卷一五九《志第一百一十二·选举五》，中华书局1977年第1版。

③ 李焘：《续资治通鉴长编》卷一，上海师范大学古籍研究所、华东师范大学古籍研究所点校，中华书局2004年第1版。

④ 脱脱等：《宋史》卷三八六《列传第一百四十五·刘珙、王蔺、黄祖舜、王大宝、金安节、王刚中、李彦颖、范成大》，中华书局1977年第1版。

⑤ 佚名：《宋大诏令集》卷一一七八《致仕官给半俸诏》，中华书局1962年第1版。

⑥ 李焘：《续资治通鉴长编》卷七九，上海师范大学古籍研究所、华东师范大学古籍研究所点校，中华书局2004年第1版。

⑦ 李焘：《续资治通鉴长编》卷一一八，上海师范大学古籍研究所、华东师范大学古籍研究所点校，中华书局2004年第1版。

凡文武官致仕者皆转一官，或加恩其子孙。"[1] 遇皇帝登基、诞辰等大礼，致仕官员还能再升转官阶。四品以上文官和六品以上武官致仕，可以按照官品的高低授予 1—3 名近亲低级官衔；五品至七品文官和七品武官致仕，如果不愿升转寄禄官官资或官阶，也可荫补 1 名近亲。以后荫补范围进一步扩大。高级官员不但在致仕时可荫补近亲，致仕后遇郊祀大礼等还可继续荫补。也可为去世的直系亲属封赠官爵，或将所转官回授给祖父母。给致仕官员子孙加官加爵，实际也是对致仕官员养老物质基础的一种补充。官员致仕时，朝廷常赐赠钱物，如钱谷、房屋。岁时佳节、朝廷举行重大庆典之际，一些致仕官与现任官一样也能获得一定赏赐。年老多疾者加赠医药。又给一些致仕的高级官员配备白值（差役）。《宋刑统》还规定致仕官员在法律上保有与现任官相同的特权，如议、请、减、赎等特权。自身及亲属犯罪仍然与现任官员一样可减免刑罚。官员去世后都给予一定优恤，如天子临丧或遣使视丧、恩荫子孙、辍朝和赠封谥号，也有出钱助葬和赐予田宅等。

南宋治荒名吏、曾任温州府瑞安县知县的董煟所著《救荒活民书》是中国历史上第一部荒政学专著。宁宗看后认为董煟忠君报国爱民，诏令印发全国。此书上卷考察从先秦到南宋的古代荒政概况，中卷陈述当朝救荒策略，下卷详备本朝名臣贤士救荒实例和真知灼见。每条史事后作评语，常发前人所未发。它像一部百科全书，综合反映了各朝救荒大事、救荒措施、荒政制度，总结经验得失，提出可行办法。其中中卷归纳了 20 种救荒措施，提出完整的救荒思想体系。这个体系主要包括三大部分，一是粮食储备制度，二是赈济策略，三是流通与物价管理。《救荒活民书》也具有很强的思想性，对后来的荒政学和荒政文化影响甚大。这种思想性主要体现在民本、预防和权变 3 个方面：以民为本是救荒总的指导思想，是救荒的出发点和落脚点，体现在救荒的各个方面；未雨绸缪是备荒的指导思想，着眼于减轻灾害或避免灾害发生；应急权变是治荒的指导思想，着眼于荒政管理。以它为范本的荒政学著作元、明、清各代层出不穷。如元人欧阳玄的《拯

---

[1]　徐松辑：《宋会要辑稿·职官七七》，中华书局 1957 年第 1 版。

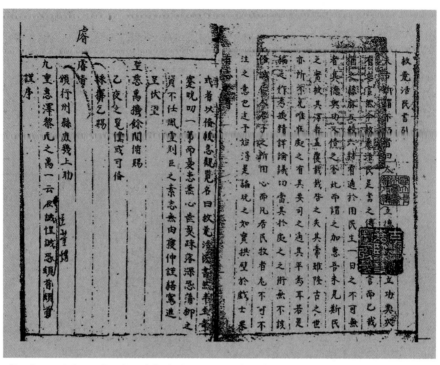

《救荒活民书》之《四库全书》底本原天一阁藏明蓝格抄本（现藏台湾省）

荒事略》，明人林希元的《荒政丛言》、屠隆的《荒政考》、陈继儒的《煮粥条议》、钟化民的《赈豫纪略》等，清人陆曾禹的《康济录》、俞森的《荒政丛书》、汪志伊的《荒政辑要》、劳潼的《救荒备览》、魏禧的《救荒策》等。另还有许多仿作或改编著作，如元人张光大的《救荒活民类要》，明人朱熊的《救荒活民补遗书》、王崇庆的《救荒补遗》、陈龙正的《救荒策会》等。董煟另著有《寿国脉书》《春秋资讲》《南隐文集》等。董煟之外，朱熹也提出系统的荒政思想。朱熹的荒政思想主要体现在 3 个方面：一是竭力推行以社仓为主的救荒措施，二是襄弭救荒的仁政思想，三是以安民、恤民为主旨的民本观。与董煟荒政思想有相通处，都体现宋代文人的民本思想。

　　董煟和朱熹等的荒政学思想对南宋特别是南宋后期都城临安的社会治理影响甚大。在其建议下，执政者对灾害做了更多预防，事后处置更有经验，方法也更得当。据文献记载，宋代发生的自然灾害主要有水灾、旱灾、虫灾、瘟疫、地震、雪灾、风灾、雹灾、霜灾、鼠灾与沙尘暴等 10 余种。据邱云飞《中国灾害通史》（宋代卷）统计，宋代发生水、旱、虫、震、疫、沙尘、风、雹、霜 9 类灾害 1543 次。其中水灾 628 次，旱灾 259 次，虫灾 168 次，地震 127 次，瘟疫 49 次，沙尘 69 次、风灾 109 次，雹灾 121 次，霜灾 13 次。[①] 据《宋史》《宋史全文》《文献通考》《宋会要辑稿》等不完全统计，宋代立国 320 年约 265 年有水灾，其中南宋 153 年间约 124 年。宋代发生旱蝗灾 500 余次，南宋稍多于北宋。宋代约 226 年有旱蝗灾，其中南宋约 110 年。北宋因赈灾不力引发的政治危机较多，如太宗淳化四年（993 年）青城王小波、李顺起义，仁宗庆历三年（1043 年）商山张海、郭邈山、李铁枪起义，哲宗元祐六年（1091 年）庐州、寿州灾民起义。南宋则较少见，临安基本未发生此类情况，这与加强荒政管理有关。董煟和朱熹的荒政学思想对乡村社会保障和社会治理也有很大的指导意义。

---

① 邱云飞：《中国灾害通史》（宋代卷），郑州大学出版社 2008 年第 1 版，第 10 页。

主要参考文献

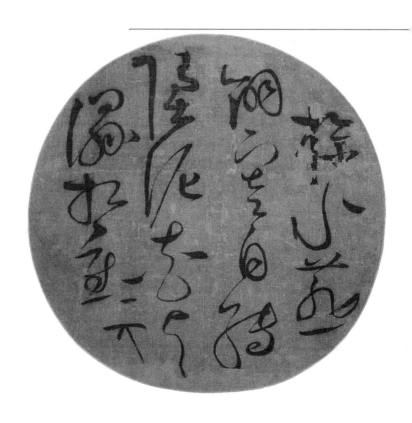

一、外文专著和论文

Joseph Samuel Nye, *The Paradox of American Power: Why the World's Only Superpower Can't Go It Alone*, Oxford, New York: Oxford University Press, 2002.

Joseph Alois Schumpeter, *The Crisis of the Tax State*, *INTERNATIONAL ECONOMIC PAPERS*, No. 4(1954).

Mark Elvin, *The Pattern of the Chinese Past*, Stanford, CA: Stanford University Press, 1973.

Sherman Emery Lee, *A History of Far Eastern Art*, Eaglewood Cliffs: Prentice Hall, 1964.

高井康雄主編：《世界百科大事典》，日本東京平凡社昭和四十一年（1966 年）第 1 版。

二、中文专著和文集

费正清、埃德温·奥德法斯·赖肖尔：《中国：传统与变革》，陈仲丹、潘兴明等译，江苏人民出版社 1996 年第 1 版。

包弼德：《斯文：唐宋思想的转型》，刘宁译，江苏人民出版社 2000 年第 1 版。

施坚雅主编：《中华帝国晚期的城市》，叶光庭等译，中华书局 2000 年第 1 版。

谢和耐：《蒙元入侵前夜的中国日常生活》，刘东译，北京大学出版社 2008 年第 1 版。

谢和耐：《中国社会史》，耿昇译，江苏人民出版社 1997 年第 1 版。

李约瑟：《中国科学技术史》，袁翰青、何兆武、刘祖慰、鲍国安等译，科学出版社、上海古籍出版社 1990 年第 1 版。

约瑟夫·塞缪尔·奈：《美国注定领导世界？——美国权力性质的变迁》，刘华译，中国人民大学出版社 2012 年第 1 版。

许理和：《佛教征服中国：佛教在中国中古早期的传播与适应》，李四龙、裴勇等译，江苏人民出版社 2003 年第 1 版。

韩南：《中国白话小说史》，尹慧珉译，浙江古籍出版社 1989 年第 1 版。

班宗华：《行到水穷处：班宗华画史论集》，白谦慎编，刘晞仪等译，生活·读书·新知三联书店 2018 年第 1 版。

高居翰：《图说中国绘画史》，李渝译，生活·读书·新知三联书店 2014 年第 1 版。

斯波义信：《宋代商业史研究》，庄景辉译，台湾稻禾出版社 1997 年第 1 版。

斯波义信：《宋代江南经济史研究》，方健、何忠礼译，江苏人民出版社 2000 年第 1 版。

青木正儿：《中国文学概说》，隋树森译，重庆出版社 1982 年第 1 版。

J. Z. 爱门森：《清空的浑厚：姜白石文艺思想纵横》，上海文艺出版社 1997 年第 1 版。

夏志清：《中国古典小说史论》，胡益民等译，陈正发校，江西人民出版社 2001 年第 1 版。

孔安国传，孔颖达疏：《尚书正义》，阮元校刻《十三经注疏》，中华书局 1980 年第 1 版。

王弼、韩康伯注，孔颖达疏：《周易正义》，阮元校刻《十三经注疏》，中华书局 1980 年第 1 版。

郑玄注，孔颖达正义：《礼记正义》，阮元校刻《十三经注疏》，中华书局 1980 年第 1 版。

郑玄注，贾公彦疏：《周礼注疏》，阮元校刻《十三经注疏》，中华书局 1980 年第 1 版。

郑玄注，贾公彦疏：《仪礼注疏》，阮元校刻《十三经注疏》，中华书局 1980 年第 1 版。

何休：《春秋公羊传注疏》，阮元校刻《十三经注疏》，中华书局 1980 年第 1 版。

老子撰，朱谦之校释：《老子校释》，中华书局 1984 年第 1 版。

庄子撰，郭庆藩集释：《庄子集释》，王孝鱼点校，《新编诸子集成》，中华书局 1961 年第 1 版。

孟轲撰，赵岐注，孙奭疏：《孟子注疏》，阮元校刻《十三经注疏》，中华书局 1980 年第 1 版。

荀况撰，王先谦集解：《荀子集解》，沈啸寰、王星贤点校，《新编诸子集成》，中华书局 1961 年第 1 版。

韩非撰，王先慎集解：《韩非子集解》，钟哲点校，《新编诸子集成》，中华书局 1961 年第 1 版。

孙武撰，中国人民解放军军事科学院战争理论研究部《孙子》注释小组注：《孙子兵法新注》，中华书局 2005 年第 1 版。

屈原：《屈原诗选》，王培源选注，山东大学出版社 1978 年第 1 版。

《黄帝内经》，姚春鹏译注，中华书局 2009 年第 1 版。

司马迁：《史记》，中华书局 1959 年第 1 版。

班固：《汉书》，颜师古注，中华书局 1962 年第 1 版。

许慎：《说文解字》，中华书局 1963 年第 1 版。

王充：《论衡》，北京大学历史系《论衡》注释小组编，中华书局 1990 年第 1 版。

蔡邕撰，邓安生校注：《蔡邕集编年校注》，河北教育出版社 2002 年第 1 版。

贾思勰：《齐民要术》，中华书局 1956 年第 1 版。

葛洪撰，金毅校注：《抱朴子内外篇校注》，上海古籍出版社 2018 年第 1 版。

房玄龄等：《晋书》，中华书局 1974 年第 1 版。

魏收等：《魏书》，中华书局 1974 年第 1 版。

刘义庆撰，刘孝标注，余嘉锡笺疏：《世说新语笺疏》，中华书局 2008 年第 1 版。

萧统编，李善注：《文选》，中华书局 1977 年第 1 版。

刘勰撰，王运熙、周锋译注：《文心雕龙译注》，上海古籍出版社 2010 年第 1 版。

顾野王：《原本玉篇残卷》，中华书局 2004 年第 1 版。

刘昫等：《旧唐书》，中华书局 1975 年第 1 版。

欧阳修、宋祁：《新唐书》，中华书局 1975 年第 1 版。

李林甫：《唐六典》，陈仲夫点校，中华书局 1992 年第 1 版。

白居易：《白氏长庆集》，文学古籍刊行社 1955 年第 1 版。

元稹：《元稹集》，冀勤点校，中华书局 1982 年第 1 版。

刘禹锡：《刘禹锡集》，上海人民出版社 1974 年第 1 版。

王定保：《唐摭言》，古典文学出版社 1957 年第 1 版。

张固：《幽闲鼓吹》，永瑢、纪昀等编纂：《文渊阁四库全书》，上海古籍出版社 2012 年第 1 版。

王廷珪：《卢溪集》，永瑢、纪昀等编纂：《文渊阁四库全书》，上海古籍出版社 2012 年第 1 版。

脱脱等：《宋史》，中华书局 1977 年第 1 版。

陆心源辑撰：《宋史翼》，中华书局 1991 年第 1 版。

李焘：《续资治通鉴长编》，上海师范大学古籍研究所、华东师范大学古籍研究所点校，中华书局 2004 年第 1 版。

李心传：《建炎以来系年要录》，中华书局 1956 年第 1 版。

李心传：《建炎以来朝野杂记》，徐规点校，中华书局 2000 年第 1 版。

徐梦莘：《三朝北盟会编》，上海古籍出版社 1987 年第 1 版。

杨仲良：《皇宋通鉴长编纪事本末》，李之亮校点，黑龙江人民出版社 2006 年第 1 版。

徐松辑：《宋会要辑稿》，中华书局 1957 年第 1 版。

陈邦瞻：《宋史纪事本末》，中华书局 2018 年第 1 版。

佚名：《宋大诏令集》，中华书局 1962 年第 1 版。

王钦若等：《册府元龟》，中华书局 1988 年第 1 版。

王存：《元丰九域志》，王文楚、魏嵩山点校，中华书局 1984 年第 1 版。

孟元老等：《东京梦华录》（外四种），周峰点校，文化艺术出版社 1998 年第 1 版。

王称：《东都事略》，齐鲁书社 2000 年第 1 版。

潜说友等：《咸淳临安志》，载中华书局编辑部编：《宋元方志丛刊》第 4 册，中华书局 1990 年第 1 版。

赵与愿修，陈仁玉等纂：《淳祐临安志》，载中华书局编辑部编：《宋元方志丛刊》第 4 册，中华书局 1990 年第 1 版。

周密：《齐东野语》，张茂鹏点校，中华书局 1983 年第 1 版。

周密：《癸辛杂识》，吴企明点校，中华书局 1988 年第 1 版。

周辉撰，刘永翔校注：《清波杂志校注》，中华书局 1994 年第 1 版。

宋敏求：《长安志》，载中华书局编辑部编：《宋元方志丛刊》第 1 册，中华书局 1990 年第 1 版。

范仲淹：《范仲淹全集》，李勇先、刘琳、王蓉贵点校，中华书局 2020 年第 1 版。

司马光：《资治通鉴》，胡三省音注，中华书局 1956 年第 1 版。

司马光：《温国文正司马公文集》，《四部丛刊》初编，商务印书馆民国 25 年（1936 年）版。

司马光：《增广司马温公全集》，广西师范大学出版社 2020 年第 1 版。

司马光：《涑水记闻》，邓广铭、张希清点校，中华书局 1989 年第 1 版。

欧阳修：《欧阳修全集》，李逸安点校，中华书局 2001 年第 1 版。

程颢、程颐：《二程集》，王孝鱼点校，中华书局 1981 年第 1 版。

王安石：《临川先生文集》，《四部丛刊》初编，商务印书馆民国 11 年（1922 年）版。

苏轼：《苏轼文集》，孔凡礼点校，中华书局 1986 年第 1 版。

苏轼：《苏轼诗集》，王文诰辑注，孔凡礼点校，中华书局 1982 年第 1 版。

苏轼：《东坡题跋》，白石校，浙江人民美术出版社 2016 年第 1 版。

苏轼：《经进东坡文集事略》，郎晔选注，庞石帚校订，中华书局香港分局 1979 年第 1 版。

苏颂：《苏魏公文集》，王同策等点校，中华书局 1988 年第 1 版。

黄庭坚：《豫章黄先生文集》，《四部丛刊》初编，商务印书馆民国 25 年（1936 年）版。

杨时：《杨龟山集》，《丛书集成初编》第 2367 册，中华书局 1985 年第 1 版。

周敦颐：《周敦颐集》，陈克明点校，中华书局 1990 年第 1 版。

张载：《张载集》，章锡琛校，中华书局 1978 年第 1 版。

邵雍：《伊川击壤集》，郭彧整理，中华书局 2013 年第 1 版。

沈括撰，胡道静校证：《梦溪笔谈校证》，上海古籍出版社 1987 年第 1 版。

文彦博：《文潞公集》，郝继文标点，山西人民出版社 2008 年第 1 版。

张耒：《明道杂志》，载陶宗仪编：《说郛》卷四三下，上海书店出版社 1986 年第 1 版。

李觏：《李觏集》，王国轩点校，中华书局 2011 年第 1 版。

毕仲衍撰，马玉臣辑校：《〈中书备对〉辑佚校注》，河南大学出版社 2007 年第 1 版。

赵令畤：《侯鲭录》，孔凡礼点校，中华书局 2002 年第 1 版。

陈善：《扪虱新话》，袁向彤点校，山东人民出版社 2018 年第 1 版。

楼钥：《攻媿集》，永瑢、纪昀等编纂：《文渊阁四库全书》，上海古籍出版社 2012 年第 1 版。

晁补之：《鸡肋集》，《四部丛刊》初编，商务印书馆民国 25 年（1936 年）版。

王禹偁：《小畜外集》，《四部丛刊》初编，商务印书馆民国 11 年（1922 年）版。

何溪汶：《竹庄诗话》，常振国、绛云点校，中华书局 1984 年第 1 版。

罗大经：《鹤林玉露》，王瑞来点校，中华书局 1983 年第 1 版。

何薳：《春渚纪闻》，中华书局 1983 年第 1 版。

谢深甫等纂修：《庆元条法事类》，国家图书馆出版社 2014 年第 1 版。

梅尧臣：《宛陵先生集》，《四部丛刊》初编，商务印书馆民国 11 年（1922 年）版。

侯延庆：《退斋笔录》，《丛书集成初编》第 2791 册，中华书局 1985 年第 1 版。

孔平仲：《孔氏谈苑》，杨倩描、徐立群点校，中华书局 2012 年第 1 版。

洪刍：《香谱》，永瑢、纪昀等编纂：《文渊阁四库全书》，上海古籍出版社 2012 年第 1 版。

唐慎微：《重修政和经史证类备用本草》，中医古籍出版社 2010 年第 1 版。

陈振孙：《直斋书录解题》，徐小蛮、顾美华点校，上海古籍出版社 1987 年第 1 版。

邓椿：《画继》，黄苗子点校，人民美术出版社 1963 年第 1 版。

郭思编：《林泉高致》，杨伯编著，中华书局 2010 年第 1 版。

郭若虚：《图画见闻志》，王群栗点校，浙江人民美术出版社 2013 年第 1 版。

《宣和画谱》，王群栗点校，浙江人民美术出版社 2012 年第 1 版。

米芾：《宝晋光集》，永瑢、纪昀等编纂：《文渊阁四库全书》，上海古籍出版社 2012 年第 1 版。

朱熹：《朱子全书》，朱杰人、严佐之、刘永翔主编，上海古籍出版社、安徽教育出版社 2002 年第 1 版。

朱熹辑：《宋名臣言行录》，永瑢、纪昀等编纂：《文渊阁四库全书》，上海古籍出版社 2012 年第 1 版。

陆九渊：《陆九渊集》，钟哲点校，中华书局 1980 年第 1 版。

张九成：《横浦先生文集》，永瑢、纪昀等编纂：《文渊阁四库全书》，上海古籍出版社 2012 年第 1 版。

叶适：《叶适集》，刘公纯、王孝鱼、李哲夫点校，中华书局 1961 年第 1 版。

叶适：《习学记言序目》，中华书局 1977 年第 1 版。

叶适：《水心集》，永瑢、纪昀等编纂：《文渊阁四库全书》，上海古籍出版社 2012 年第 1 版。

吕祖谦：《吕祖谦全集》，黄灵庚、吴战垒主编，浙江古籍出版社 2008 年第 1 版。

陈亮：《陈亮集》（增订本），邓广铭点校，中华书局 1987 年第 1 版。

胡祗遹：《紫山大全集》，永瑢、纪昀等编纂：《文渊阁四库全书》，上海古籍出版社 2012 年第 1 版。

洪迈：《容斋随笔》，孔凡礼点校，中华书局 2005 年第 1 版。

洪迈：《夷坚志》，何卓点校，中华书局 1981 年第 1 版。

范浚：《香溪集》，《丛书集成初编》第 1993—1995 册，中华书局 1985 年第 1 版。

方千里：《和清真词》，永瑢、纪昀等编纂：《文渊阁四库全书》，上海古籍出版社 2012 年第 1 版。

陆游：《陆游集》，中华书局 1976 年第 1 版。

陆游：《老学庵笔记》，李剑雄、刘德权校，中华书局 1979 年第 1 版。

陆游：《避暑漫抄》，《丛书集成初编》第 2863 册，中华书局 1985 年第 1 版。

辛弃疾撰，俞樟华注：《稼轩词注》，岳麓书社 2005 年第 1 版。

杨万里：《诚斋集》，永瑢、纪昀等编纂：《文渊阁四库全书》，上海古籍出版社 2012 年第 1 版。

姜夔撰，夏承焘笺校：《姜白石词编年笺校》，上海古籍出版社 1981 年第 1 版。

徐自明撰，王瑞来校补：《宋宰辅编年录校补》，中华书局 1986 年第 1 版。

胡仔：《苕溪渔隐丛话》，廖德明点校，人民文学出版社 1962 年第 1 版。

魏庆之：《诗人玉屑》，王仲闻点校，中华书局 2007 年第 1 版。

刘克庄：《后村集》，永瑢、纪昀等编纂：《文渊阁四库全书》，上海古籍出版社 2012 年第 1 版。

刘过：《龙洲集》，永瑢、纪昀等编纂：《文渊阁四库全书》，上海古籍出版社 2012 年第 1 版。

陈起辑：《江湖小集》，永瑢、纪昀等编纂：《文渊阁四库全书》，上海古籍出版社 2012 年第 1 版。

王应麟：《玉海》，江苏古籍出版社 1987 年第 1 版。

赵希鹄：《洞天清录》，尹意点校，浙江人民美术出版社 2016 年第 1 版。

陈著：《本堂集》，永瑢、纪昀等编纂：《文渊阁四库全书》，上海古籍出版社 2012 年第 1 版。

赵汝适撰，冯承钧校注：《诸蕃志校注》，中华书局 1956 年第 1 版。

周必大：《文忠集》，永瑢、纪昀等编纂：《文渊阁四库全书》，上海古籍出版社 2012 年第 1 版。

江少虞纂编：《宋朝事实类苑》，上海古籍出版社 1981 年第 1 版。

徐度：《南窗纪谈》，《丛书集成初编》第 2884 册，中华书局 1985

年第 1 版。

　　岳珂：《桯史》，吴企明点校，中华书局 1981 年第 1 版。

　　赵升：《朝野类要》，王瑞来点校，中华书局 2007 年第 1 版。

　　包恢：《敝帚稿略》，永瑢、纪昀等编纂：《文渊阁四库全书》，上海古籍出版社 2012 年第 1 版。

　　祝穆：《新编方舆胜览》，北京图书馆出版社 2004 年第 1 版。

　　范成大：《石湖居士诗集》，商务印书馆民国 29 年（1940 年）版。

　　朱弁：《曲洧旧闻》，孔凡礼点校，中华书局 2002 年第 1 版。

　　徐瑞：《松巢漫稿》，南昌胡思敬退庐民国 8 年（1919 年）刊本。

　　吴泳：《鹤林集》，永瑢、纪昀等编纂：《文渊阁四库全书》，上海古籍出版社 2012 年第 1 版。

　　陈景沂：《全芳备祖》，浙江古籍出版社 2014 年第 1 版。

　　袁采：《袁氏世范》，刘云军校注，商务印书馆 2017 年第 1 版。

　　马端临：《文献通考》，上海师范大学古籍研究所、华东师范大学古籍研究所点校，中华书局 1986 年第 1 版。

　　舒璘：《舒文靖集》，永瑢、纪昀等编纂：《文渊阁四库全书》，上海古籍出版社 2012 年第 1 版。

　　赵彦卫：《云麓漫钞》，傅根清校点，中华书局 1996 年第 1 版。

　　范公偁撰：《过庭录》，孔凡礼点校，中华书局 2002 年第 1 版。

　　罗烨：《醉翁谈录》，古典文学出版社 1957 年第 1 版。

　　佚名辑：《名公书判清明集》，中国社会科学院历史研究所宋辽金元史研究室点校，中华书局 1987 年第 1 版。

　　曾敏行：《独醒杂志》，《丛书集成初编》第 2775 册，中华书局 1985 年第 1 版。

　　叶梦得：《石林燕语》，宇文绍、奕考异、侯忠义点校，中华书局 1984 年第 1 版。

　　叶梦得：《避暑录话》，《丛书集成初编》第 2785 册，中华书局 1985 年第 1 版。

　　叶梦得撰，蒋哲伦笺注：《石林词笺注》，上海古籍出版社 2014 年第 1 版。

陈旉:《农书》,中华书局 1956 年第 1 版。

高斯得:《耻堂存稿》,《丛书集成初编》第 2041 册,中华书局 1991 年第 1 版。

程珌:《洺水集》,永瑢、纪昀等编纂:《文渊阁四库全书》,上海古籍出版社 2012 年第 1 版。

陈敬:《新纂香谱》,严小青编,中华书局 2012 年第 1 版。

祝穆:《古今事文类聚续集》,永瑢、纪昀等编纂:《文渊阁四库全书》,上海古籍出版社 2012 年第 1 版。

陈郁:《藏一话腴》,永瑢、纪昀等编纂:《文渊阁四库全书》,上海古籍出版社 2012 年第 1 版。

九山书会撰,胡雪冈校释:《张协状元校释》,上海社会科学院出版社 2006 年第 1 版。

施耐庵:《水浒传》,人民文学出版社 1997 年第 2 版。

宋濂等:《元史》,中华书局 1976 年第 1 版。

王祯:《农书》,《丛书集成初编》第 1467 册,中华书局 1991 年第 1 版。

杨维桢:《东维子集》,永瑢、纪昀等编纂:《文渊阁四库全书》,上海古籍出版社 2012 年第 1 版。

陆文圭:《墙东类稿》,永瑢、纪昀等编纂:《文渊阁四库全书》,上海古籍出版社 2012 年第 1 版。

方回辑,李庆甲集评校点:《瀛奎律髓汇评》,上海古籍出版社 1993 年第 1 版。

刘埙:《水云村稿》,永瑢、纪昀等编纂:《文渊阁四库全书》,上海古籍出版社 2012 年第 1 版。

陶宗仪:《南村辍耕录》,中华书局 1980 年第 1 版。

陶宗仪:《书史会要》,上海书店 1984 年第 1 版。

脱因、俞希鲁:《至顺镇江志》,载中华书局编辑部编:《宋元方志丛刊》第 3 册,中华书局 1990 年第 1 版。

陈元靓：《事林广记》，上海古籍出版社 1990 年第 1 版。

张廷玉等：《明史》，中华书局 1974 年第 1 版。

申時行等修：《明会典》，中华书局 1989 年第 1 版。

徐光启：《农政全书》，中华书局 1956 年第 1 版。

黄淮、杨士奇：《历代名臣奏议》，上海古籍出版社 1989 年第 1 版。

钱谦益：《钱牧斋全集》，钱曾笺注，钱仲联点校，上海古籍出版社 2003 年第 1 版。

冯梦龙：《喻世明言》，人民文学出版社 2004 年第 1 版。

胡应麟：《少室山房笔丛》，中华书局 1958 年第 1 版。

胡应麟：《诗薮》，上海古籍出版社 1979 年第 1 版。

张岱：《夜航船》，郑凌峰点校，浙江古籍出版社 2020 年第 1 版。

李渔：《李渔全集》，浙江古籍出版社 2010 年第 1 版。

董其昌：《画禅室随笔》，周远斌点校纂注，山东画报出版社 2007 年第 1 版。

王嗣奭：《管天笔记》，《丛书集成续编》第 17 册，台湾新文丰出版公司 1991 年第 1 版。

胡震亨：《唐音癸签》，上海古籍出版社 1981 年第 1 版。

陆容：《菽园杂记》，佚之点校，中华书局 1985 年第 1 版。

杨慎撰，王大厚笺证：《升庵诗话新笺证》，中华书局 2008 年第 1 版。

田汝成：《西湖游览志》，尹晓宁点校，上海古籍出版社 2018 年第 1 版。

田汝成：《西湖游览志余》，刘雄、尹晓宁点校，上海古籍出版社 2018 年第 1 版。

祝允明：《祝允明集》，薛维源点校，上海古籍出版社 2016 年第 1 版。

周祈：《名义考》，台湾学生书局 1972 年第 1 版。

高濂：《遵生八笺》，永瑢、纪昀等编纂：《文渊阁四库全书》，上海古籍出版社 2012 年第 1 版。

曹昭、王佐:《新增格古要论》,中国书店出版社 1987 年第 1 版。

洪应明:《菜根谭》,杨春俏评注,中华书局 2008 年第 1 版。

高儒:《百川书志》,古典文学出版社 1957 年第 1 版。

王夫之:《宋论》,舒士彦点校,中华书局 1964 年第 1 版。

顾炎武:《日知录》,严文儒、戴扬本点校,上海古籍出版社 1984 年第 1 版。

黄宗羲辑,全祖望订补,冯云濠、王梓材校正:《宋元学案》,《续修四库全书》第 519 册,上海古籍出版社 1995 年第 1 版。

全祖望撰,朱铸禹汇校集注:《全祖望集汇校集注》,上海古籍出版社 2018 年第 1 版。

王士禛:《香祖笔记》,湛之点校,上海古籍出版社 1982 年第 1 版。

解缙等:《永乐大典》,中华书局 1986 年第 1 版。

刘熙载:《艺概》,上海古籍出版社 1978 年第 1 版。

胡宗宪、薛应旗纂修:《浙江通志》,明嘉靖四十年(1561 年)刊本。

李时珍:《本草纲目》,王育杰整理,人民卫生出版社 2005 年第 2 版。

计成:《园冶》,刘艳春编,凤凰文艺出版社 2015 年第 1 版。

王骥德:《王骥德曲律》,陈多、叶长海注释,湖南人民出版社 1983 年第 1 版。

皮锡瑞:《经学历史》,周予同注释,中华书局 1959 年第 1 版。

毛念恃:《宋儒龟山杨先生年谱》,北京图书馆编:《北京图书馆世藏珍本年谱丛刊》第 1 册,北京图书馆出版社 1998 年第 1 版。

王植辑:《皇极经世书解》,永瑢、纪昀等编纂:《文渊阁四库全书》,上海古籍出版社 2012 年第 1 版。

沈德潜:《清诗别裁集》,中华书局 1984 年第 1 版。

吴之振、吕留良、吴自牧选,管庭芬、蒋光煦补:《宋诗钞》,中华书局 2015 年版。

厉鹗：《宋诗纪事》，上海古籍出版社 1983 年第 1 版。

叶德辉：《书林清话》，耿素丽点校，国家图书馆出版社 2009 年第 1 版。

吴乔：《围炉诗话》，齐鲁书社 1997 年第 1 版。

夏纶：《惺斋五种》，清乾隆十五年（1750 年）刊本。

曹寅、彭定求等辑：《全唐诗》，中华书局 1960 年第 1 版。

汤球辑：《晋诸公别传》，广雅书局清光绪年间（1875—1908 年）刊本。

谢章铤：《谢章铤集》，陈庆元编，吉林文史出版社 2009 年第 1 版。

周济：《介存斋论词杂著》，人民文学出版社 1959 年第 1 版。

永瑢、纪昀主编：《钦定四库全书总目》，中华书局 1997 年第 1 版。

翁方纲：《石洲诗话》，陈迩冬校点，人民文学出版社 1981 年第 1 版。

陈文述：《西泠怀古集》，丁申、丁丙编：《武林掌故丛编》第 6 集，嘉惠堂丁氏清光绪九年（1883 年）刊本。

倪涛：《六艺之一录》，钱伟强等点校，浙江人民美术出版社 2015 年第 1 版。

宋如林等纂修：《苏州府志》，清道光四年（1824 年）刊本。

钱泳：《履园丛话》，张伟点校，中华书局 1979 年第 1 版。

冯煦：《蒿庵论词》，顾学颉点校，人民文学出版社 1959 年第 1 版。

钱泰吉：《曝书杂记》，冯先思整理，吴格审定，中华书局 2021 年第 1 版。

《维摩诘经》，高永旺、张仲娟译注，中华书局 2016 年第 1 版。

释慧能述，释法海辑，郭朋校释：《坛经校释》，中华书局 1983 年第 1 版。

释普济:《五灯会元》,苏渊雷点校,中华书局 1984 年第 1 版。

释惠洪:《冷斋夜话》,陈新点校,中华书局 1988 年第 1 版。

释智圆:《闲居编》,《卍续藏经》第 56 册,台湾新文丰出版公司,1975 年。

真德秀:《西山先生真文忠公文集》,永瑢、纪昀等编纂:《文渊阁四库全书》,上海古籍出版社 2012 年第 1 版。

释德清辑:《憨山大师梦游全集》,文物出版社 1989 年第 1 版。

张伯端撰,王沐浅解:《悟真篇浅解》(外三种),中华书局 1990 年第 1 版。

白玉蟾:《海琼问道集》,《道藏》第 33 册,文物出版社、上海书店、天津古籍出版社 1988 年第 1 版。

白玉蟾:《琼琯白玉蟾上清集》,北京图书馆出版社 2005 年第 1 版。

黄元吉等编:《净明忠孝全书》,《道藏》第 24 册,文物出版社、上海书店、天津古籍出版社 1988 年第 1 版。

北京大学古文献研究所编:《全宋诗》,北京大学出版社 1995 年第 1 版。

唐圭璋编纂,王仲闻参订,孔凡礼补辑:《全宋词》,中华书局 1999 年第 1 版。

唐圭璋编:《词话丛编》,中华书局 1986 年第 1 版。

何文焕辑:《历代诗话》,中华书局 1981 年第 1 版。

丁福保辑:《历代诗话续编》,中华书局 1983 年第 1 版。

吴文治主编:《宋诗话全编》,凤凰出版社 1998 年第 1 版。

郭绍虞辑:《宋诗话辑佚》,中华书局 1980 年第 1 版。

郭绍虞主编:《中国历代文论选》,上海古籍出版社 2001 年第 1 版。

丁福保编:《全汉三国晋南北朝诗》,中华书局 1959 年第 1 版。

中国戏曲研究院编:《中国古典戏曲论著集成》,中国戏剧出版社 1959 年第 1 版。

上海书画出版社、华东师范大学古籍整理研究室编：《历代书法论文选》，上海书画出版社 1979 年第 1 版。

俞剑华：《中国绘画史》，上海书店 1992 年第 1 版。

俞剑华编：《中国古代画论类编》，人民美术出版社 1998 年第 1 版。

林庆彰主编：《民国文集丛刊》，台湾文听阁图书有限公司 2008 年第 1 版。

李庆编注：《东瀛遗墨：近代中日文化交流稀见史料辑注》，上海人民出版社 1999 年第 1 版。

严复：《严复集》，中华书局 1986 年第 1 版。

孙衣言：《瓯海轶闻》，上海社会科学院出版社 2005 年第 1 版。

陈寅恪：《金明馆丛稿初编》，生活·读书·新知三联书店 2001 年第 1 版。

陈寅恪：《金明馆丛稿二编》，生活·读书·新知三联书店 2001 年第 1 版。

陈寅恪：《寒柳堂集》，生活·读书·新知三联书店 2001 年第 1 版。

王国维：《王国维全集》，谢维扬、房鑫亮主编，浙江教育出版社、广东教育出版社 2009 年第 1 版。

康有为：《康有为全集》（增订本），姜义华、张荣华编校，中国人民大学出版社 2019 年第 1 版。

梁启超：《饮冰室合集》，中华书局 1989 年第 1 版。

鲁迅：《鲁迅全集》，人民文学出版社 2005 年第 1 版。

唐君毅：《中国文化之精神价值》，台湾正中书局 1994 年第 1 版。

钱穆：《中国近三百年学术史》，商务印书馆 1997 年第 1 版。

钱穆：《现代中国学术论衡》，生活·读书·新知三联书店 2001 年第 1 版。

钱穆：《宋代理学三书随札》，生活·读书·新知三联书店 2002 年第 1 版。

钱穆：《国史大纲》，商务印书馆 1991 年第 1 版。

朱越利：《道藏分类解题解》，华夏出版社 1986 年第 1 版。

葛兆光：《禅宗与中国文化》，上海人民出版社 1986 年第 1 版。

余英时：《士与中国文化》，上海人民出版社 2003 年第 1 版。

余英时：《朱熹的历史世界：宋代士大夫政治文化的研究》，生活·读书·新知三联书店 2004 年第 1 版。

柳诒徵：《中国文化史》，中国大百科全书出版社 1988 年第 1 版。

辜鸿铭：《辜鸿铭文集》，岳麓书社 1985 年第 1 版。

邓广铭：《邓广铭全集》，河北教育出版社 2005 年第 1 版。

钱锺书：《宋诗选注》，人民文学出版社 1979 年第 1 版。

钱锺书：《谈艺录》，中华书局 1984 年第 1 版。

郑振铎：《插图本中国文学史》，人民文学出版社 1982 年第 1 版。

缪钺：《诗词散论》，上海古籍出版社 1982 年第 1 版。

孙楷第：《论中国短篇白话小说》，棠棣出版社 1955 年第 1 版。

胡士莹：《话本小说概论》，中华书局 1980 年第 1 版。

张政烺：《讲史与咏史诗》，载"中央研究院"编：《历史语言研究所集刊》第 10 本，商务印书馆 1948 年第 1 版。

李泽厚：《美的历程》，文物出版社 1981 年第 1 版。

李泽厚、刘绪源：《中国哲学如何登场？》，上海译文出版社 2012 年第 1 版。

宗白华：《宗白华全集》，安徽教育出版社 1994 年第 1 版。

孔令宏：《宋明道教思想研究》，宗教文化出版社 2002 年第 1 版。

蒲亨强：《道教与中国传统音乐》，台湾文津出版社 1993 年第 1 版。

中国社会科学院文学研究所编：《中国文学史》，人民文学出版社 1962 年第 1 版。

严敦易：《水浒传的演变》，作家出版社 1957 年第 1 版。

陈洪：《浅俗之下的厚重：小说·宗教·文化》，南开大学出版社 2001 年第 1 版。

韩经太：《宋代诗歌史论》，吉林教育出版社 1995 年第 1 版。

张伯伟：《全唐五代诗格汇考》，凤凰出版社 2002 年第 1 版。

霍松林主编：《全国唐诗讨论会论文选》，陕西人民出版社 1984 年第 1 版。

刘念兹：《南戏新证》，中华书局 1986 年第 1 版。

张庚、郭汉城主编：《中国戏曲通史》，中国戏曲出版社 1992 年第 1 版。

陈望衡：《中国古典美学史》，湖南教育出版社 1998 年第 1 版。

金学智：《中国园林美学》，中国建筑工业出版社 2005 年第 1 版。

田自秉：《中国工艺美术史》，东方出版中心 1985 年第 1 版。

张十庆：《〈作庭记〉译注与研究》，天津大学出版社 2004 年第 1 版。

陈从周：《梓翁说园》，北京出版社 2004 年第 1 版。

陈从周：《中国园林》，广东旅游出版社 1996 年第 1 版。

杜正胜编：《中国上古史论文选集》，台湾华世出版社 1979 年第 1 版。

方朝晖：《"中学"与"西学"：重新解读现代中国学术史》，河北大学出版社 2002 年第 1 版。

何忠礼、徐吉军：《南宋史稿》（政治军事和文化编），杭州大学出版社 1999 年第 1 版。

周宝珠等：《简明宋史》，人民出版社 1985 年第 1 版。

林损：《林损集》，陈镇波编校，黄山书社 2010 年第 1 版。

杭州大学宋史研究室：《沈括研究》，浙江人民出版社 1985 年第 1 版。

漆侠：《宋学的发展和演变》，河北人民出版社 2002 年第 1 版。

张邦炜：《婚姻与社会：宋代》，四川人民出版社 1989 年第 1 版。

吴松弟：《中国人口史》，复旦大学出版社 2000 年第 1 版。

郭齐家：《中国古代考试制度》，商务印书馆 1997 年第 1 版。

邓洪波：《中国书院史》，东方出版中心 2006 年第 1 版。

吴学昭：《吴宓与陈寅恪》，清华大学出版社 1992 年第 1 版。

梁其姿：《施善与教化：明清的慈善组织》，台湾联经出版事业股份有限公司 1997 年第 1 版。

陈美东：《中国科学技术史》（天文学卷），科学出版社 2003 年第 1 版。

孟二冬：《登科记考补正》，燕山出版社 2003 年第 1 版。

漆侠：《宋代经济史》，上海人民出版社 1987 年第 1 版。

方健：《南宋农业史》，人民出版社 2010 年第 1 版。

陈国灿：《江南农村城市化历史研究》，中国社会科学出版社 2004 年第 1 版。

陈国灿：《宋代江南城市研究》，中华书局 2002 年第 1 版。

姜锡东：《宋代商业信用研究》，河北教育出版社 1993 年第 1 版。

李晓：《宋代工商业经济与政府干预研究》，中国青年出版社 2000 年第 1 版。

缪坤和：《宋代商业票据研究》，云南大学出版社 2002 年第 1 版。

陈祖槼、朱自振编：《中国茶叶历史资料选辑》，农业出版社 1981 年第 1 版。

王卫平：《明清时期江南城市史研究：以苏州为中心》，人民出版社 1999 年第 1 版。

邱云飞：《中国灾害通史》（宋代卷），郑州大学出版社 2008 年第 1 版。

三、中文论文

包弼德：《唐宋转型的反思：以思想的变化为主》，载刘东主编：《中国学术》第 3 辑，商务印书馆 2000 年第 1 版。

约瑟夫·塞缪尔·奈：《提升国家软实力是中国的明智战略》，《人民日报》2015 年 2 月 16 日第 15 版。

韩南：《中国短篇小说：年代、作者、作法研究》，曾虹、毛青平译，《明清小说研究》1986 年第 1 期。

内藤湖南：《概括的唐宋时代观》，载刘俊文主编：《日本学者研究中国史论著选译》第 1 卷，黄约瑟译，中华书局 1992 年第 1 版。

宫崎市定：《东洋的近世》，载刘俊文主编：《日本学者研究中国史论著选译》第 1 卷，黄约瑟译，中华书局 1992 年第 1 版。

山田晋卿：《赵宋以后的佛教宗派》，载张曼涛主编：《中国佛教史论集》（五）宋辽金元篇，现代佛教学术丛刊，台湾大乘文化出版社1977 年第 1 版。

大木康：《关于明末白话小说的作者和读者》，《明清小说研究》1988 年第 2 期。

陈寅恪：《论辟韩》，《历史研究》1954 年第 2 期。

钱穆：《理学与艺术》，《宋史研究集》第 7 辑，台湾书局 1974 年第1 版。

邓广铭：《谈谈有关宋史研究的几个问题》，《社会科学战线》1986年第 2 期。

赵冈、陈钟毅：《中国历史上的城市人口》，《食货》1983 年第 13卷第 3、4 期。

王曾瑜：《宋朝的坊郭户》，《宋辽金史论丛》第 1 辑，中华书局1985 年第 1 版。

傅海英、朱德举、石英、刘瑞：《我国土地利用总体规划应借鉴美国城市精明增长的理念》，《中国信息报》2006 年 9 月 20 日第 3 版。

陈国灿：《中国城市化道路的历史透视和现实思考》，《江汉大学学报》（社会科学版）2012 年第 2 期。

陈国灿：《论南宋江南地区市民阶层的社会形态》，《史学月刊》2008 年第 4 期。

罗筠筠：《从宋代城市审美文化的产生看士大夫与市民艺术的不同》，《文史哲》1997 年第 2 期。

王水照：《南宋文学的时代特点与历史定位》，《文学遗产》2010 年第 1 期。

嵇绍玉：《传统书法"韵"的晋、宋之别》，《中国艺术报》2019 年9 月 2 日第 7 版。

周膂、吴晶：《文化世俗化与南宋市民意识的兴起》，《国际社会科学杂志》（中文版）2016 年第 3 期。

周膺、吴晶：《南宋商工经济与商农经济的耦合效应研究——兼论南宋的都市化与城镇化两种城市化》，《国际社会科学杂志》（中文版）2014 年第 2 期。

周膺、吴晶：《南宋四洪的思想和学术进退：宋代士人的别一种思想和政治生态》，《国际社会科学杂志》（中文版）2011 年第 4 期。

何忠礼：《科举制度与宋代文化》，《历史研究》1990 年第 5 期。

金晓刚：《百年浙东学派研究误区拾零》，《光明日报》2016 年 7 月 4 日第 16 版。

柯汉琳：《王国维"有我之境"与"无我之境"新论》，《华南师范大学学报》（社会科学版）1994 年第 4 期。

李煌明：《朱熹对"孔颜之乐"的诠释》，《昆明师范高等专科学校学报》2003 年第 1 期。

莫砺锋：《宋诗三论》，《广西师范大学学报》（哲学社会科学版）2005 年第 2 期。

刘靓：《论宋人"含蓄不露"的诗学观》，《河南师范大学学报》（哲学社会科学版）2019 年第 4 期。

谢琰：《屈骚传统的失落与宋诗情感特征的形成》，《安徽师范大学学报》（人文社会科学版）2011 年第 1 期。

郭锋：《论江湖词派的词学理论》，《新疆大学学报》（社会科学版）2004 年第 2 期。

周利明：《论宋画以常为本》，《今日南国》2008 年第 1 期。

张鸿勋：《变文》，载颜廷亮主编：《敦煌文学》，甘肃人民出版社 1989 年第 1 版。

徐大军：《依相叙事源流论：以宋元叙事性伎艺为中心》，《文化艺术研究》2008 年第 2 期。

刘明澜：《论姜白石歌曲的风格》，《音乐艺术》2005 年第 1 期。

皮述民：《宋人"说话"分类的商榷》，《北方论丛》1987 年第 1 期。

李晓晖：《20 世纪以来宋元"说话"研究回顾》，《明清小说研究》2008 年第 1 期。

章启群：《重估宗白华：建构现代中国美学体系的一个范式》，《文学评论》2002 年第 4 期。

过婉珍：《天目茶碗》，《中国茶叶》2012 年第 5 期。

邱志诚：《宋代农书考论》，《中国农史》2010 年第 3 期。

杭州市文物考古研究所、临安市文物馆：《杭州市临安天目窑址2013 年度考古调查简报》，载浙江省博物馆编：《东方博物》第 53 辑，中国书店出版社 2015 年第 1 版。

李家治、陈士萍、张志刚、邓泽群、周学林、姚桂芳：《浙江临安天目窑黑釉瓷的科学技术研究》，《陶瓷学报》1997 年第 4 期。

张世君：《〈红楼梦〉的园林艺趣与文化意识》，《东莞理工学院学报》1995 年第 2 期。

刘光临、关棨匀：《唐宋变革与宋代财政国家》，《中国经济史研究》2021 年第 2 期。

郭正忠：《宋代包买商人的考察》，《江淮论坛》1985 年第 2 期。

刘朴兵：《从饮食文化的差异看唐宋社会变迁》，《史学月刊》2012 年第 9 期。

张玉璞：《"吏隐"与宋代士大夫文人的隐逸文化精神》，《文史哲》2005 年第 3 期。

韩毅：《宋代佛教的转型及其学术史意义》，《青海民族学院学报》（社会科学版）2005 年第 2 期。

钱建状、尹罗兰：《南渡士人的佛教因缘与文学创作》，《浙江大学学报》（人文社会科学版）2003 年第 3 期。

郑先彬：《禅对唐宋诗人及诗学的影响》，《文学教育》2007 年第 5 期。

邓莹辉：《试论禅宗对宋词的影响》，《华中师范大学学报》（哲学社会科学版）1990 年第 2 期。

陈峰：《中国古代治国理念及其转变：以宋朝"崇文抑武"治国理念为中心》，《文史哲》2013 年第 3 期。

邓小南：《一个"生于忧患，长于忧患"的朝代》，《光明日报》

2017 年 1 月 2 日第 6 版。

邓小南：《关于"道理最大"：兼谈宋人对于"祖宗"形象的塑造》，《暨南大学学报》（哲学社会科学版）2003 年第 3 期。

赵峰：《理学的真精神：读余英时〈朱熹的历史世界〉有感》，"程朱与宋明理学"国际学术研讨会论文，2005 年。

陈英：《"宋史研究计划"及其实施情况》，《中国史研究动态》1983 年第 4 期。

赵冬梅：《王安石变法下的大宋之变》，《中国青年报》2020 年 8 月 18 日第 10 版。

赵旭：《宋代以"重禄法"治吏惩赃政策评析》，《文史集刊》2010 年第 1 期。

张刚雁：《浙东学派概述》，《资料通讯》2001 年第 11 期。

毛汉光：《唐代统治阶层社会变动》，台湾政治大学博士论文，1968 年。

李晓晖：《宋元"说话"研究》，华中师范大学博士学位论文，2008 年。

罗燕萍：《宋词与园林》，苏州大学博士学位论文，2006 年。